ESV

Buchhaltung und Jahresabschluss

Mit Aufgaben und Lösungen

Von

Dr. Ulrich Döring
em. Professor für Betriebswirtschaftslehre
an der Universität Lüneburg

und

Dr. Rainer Buchholz, StB
Professor für Betriebswirtschaftslehre
an der Hochschule für angewandte Wissenschaften
Würzburg-Schweinfurt

13., durchgesehene Auflage

ERICH SCHMIDT VERLAG

Bibliografische Information der Deutschen Nationalbibliothek
Die Deutsche Nationalbibliothek verzeichnet diese Publikation in der Deutschen Nationalbibliografie; detaillierte bibliografische Daten sind im Internet über http://dnb.d-nb.de abrufbar.

Weitere Informationen zu diesem Titel finden Sie im Internet unter
ESV.info/978 3 503 14444 0

Hinweis für Dozenten

Bei Einsatz dieses Buches in Lehrveranstaltungen können bei Nachweis der Lehrtätigkeit vergrößerte Vorlagen der zahlreichen Abbildungen und Kontendarstellungen über das **Internet im PDF-Format** bezogen werden. Sie können rein zu Präsentationszwecken in Lehrveranstaltungen verwendet werden. Eine Weitergabe an die Lernenden darf nicht erfolgen. Bei Interesse wenden Sie sich bitte an den Erich Schmidt Verlag, Buchvertrieb, Genthiner Str. 30 G, 10785 Berlin. E-Mail: Buchvertrieb@ESVmedien.de

1. Auflage 1990
2. Auflage 1991
3. Auflage 1993
4. Auflage 1993
5. Auflage 1995
1.–5. Auflage S + W Steuer- und
Wirtschaftsverlag, Hamburg

6. Auflage 1998
7. Auflage 2001
8. Auflage 2003
9. Auflage 2005
10. Auflage 2007
11. Auflage 2009
12. Auflage 2011
13. Auflage 2013

ISBN 978 3 503 14444 0

Druck: Danuvia Druckhaus Neuburg/Donau

Vorwort zur 13. Auflage

Seit Erscheinen der 12. Auflage haben sich nur wenige rechtliche Änderungen ergeben, die im Wesentlichen die internationale Rechnungslegung betreffen. Daher wurden im 8. Kapitel die neuen Bezeichnungen für die internationale GuV-Rechnung und ihre Posten übernommen. Darüber hinaus konnte sich die Überarbeitung auf Verbesserungen in einigen Details beschränken.

Zur Übermittlung von Kritik und Verbesserungsvorschlägen können Sie uns wie folgt per E-Mail erreichen: doering@uni-lueneburg.de und rainer.buchholz@fhws.de

Lüneburg, Würzburg, im Januar 2013   Ulrich Döring
                                                                       Rainer Buchholz

Vorwort zur 3. Auflage

Der dritten Auflage dieses Buches wurden zwei Überarbeitungsschwerpunkte zugrunde gelegt. Die Organisation der Buchhaltung wird nun in einem eigenen Kapitel behandelt. Der Leser wird mit verschiedenen Kontenrahmen und konventionellen Formen der Buchhaltung, insbesondere aber mit den Grundlagen der EDV-gestützten Buchhaltung vertraut gemacht. Das neue Kapitel "Organisation der Buchhaltung", dem zahlreiche Aufgaben und Lösungen beigefügt sind, wurde bewusst an den Schluss gestellt. Während die Kapitel eins bis sieben dem Leser die Buchhaltungs- und Jahresabschlusstechnik vermitteln, will das achte Kapitel dem Anfänger den Einstieg in die Buchhaltungspraxis erleichtern.

Die Literatur zur "Bilanzierung" orientiert sich am Industriebetrieb, während die Lehrbücher zur "Buchhaltung" schwerpunktmäßig auf den Handelsbetrieb ausgerichtet sind. Wir haben deshalb das Kapitel "Verbuchung von Geschäftsvorfällen im Industriebetrieb" neu geschrieben, erweitert und mit zusätzlichen Übungsaufgaben versehen. Mit dieser Erweiterung und Vertiefung wollen wir den Leser auf die industrielle Ausrichtung des Lehrgebiets "Bilanzierung" vorbereiten.

In allen anderen Kapiteln beschränkte sich die Überarbeitung auf kleinere Ergänzungen zur Verbesserung der didaktischen Darstellung. Dem Einführungscharakter dieses Lehrbuchs entsprechend rangierte das Bemühen um Übersichtlichkeit und Verständlichkeit immer vor dem Wunsch nach Vollständigkeit. Bei der Herstellung einer druckreifen Vorlage hat uns

Frau cand. rer. pol. Ulrike Winterscheidt mit großer Umsicht unterstützt. Für ihre tatkräftige Mitarbeit bedanken wir uns an dieser Stelle ausdrücklich.

Lüneburg, im November 1992

Ulrich Döring
Rainer Buchholz

Vorwort zur 1. Auflage

Das betriebliche Rechnungswesen gehört traditionell zu den Schwerpunktgebieten der Betriebswirtschaftslehre, denn die Optimierung unternehmerischer Entscheidungen ist ohne Informationen aus diesem Bereich nicht möglich. Da das Rechnungswesen seinerseits auf der systematischen Aufzeichnung der Geschäftsvorfälle, also auf der Buchhaltung basiert, sind solide Buchhaltungskenntnisse eine der Grundvoraussetzungen zur erfolgreichen Absolvierung eines betriebswirtschaftlichen Studiums.

Das vorliegende Buch, das keine betriebswirtschaftlichen Grundkenntnisse voraussetzt, möchte den Studenten der Wirtschaftswissenschaften mit dem System der doppelten Buchhaltung und mit der Technik zur Erstellung des Jahresabschlusses vertraut machen. Zu diesem Zweck wird in den ersten drei Kapiteln zunächst buchhalterisches Grundlagenwissen vermittelt. Das vierte Kapitel befasst sich mit der Verbuchung laufender Geschäftsvorfälle im Handelsbetrieb; das fünfte Kapitel ist der Buchhaltung im Industriebetrieb gewidmet. Im sechsten Kapitel geht es um die Erstellung des Jahresabschlusses und im siebten Kapitel um die buchungstechnische Behandlung des Jahresergebnisses.

Da die Aneignung von Buchhaltungskenntnissen in erster Linie eine Frage der Übung ist, wird der Lehrstoff eines jeden Kapitels durch einen umfangreichen Aufgaben- und Lösungsteil ergänzt. Dieser Übungsteil soll dem Studenten die Möglichkeit geben, sich selbst den Lehrstoff schrittweise zu erarbeiten. Ergänzt wird der Übungsteil durch zwei Buchhaltungsklausuren (mit Lösung), die für eine Selbstkontrolle verwendet werden können.

Stoffauswahl und Didaktik wurden in langjährigen Lehrveranstaltungen im Fach "Buchhaltung" erprobt. Wir danken deshalb allen Studenten, die uns durch ihre kritischen Fragen gezwungen haben, die eigenen Ansprüche an dieses Lehrbuch zu erhöhen. Unser ganz besonderer Dank gilt unseren Mitarbeitern, die uns bei der Fertigstellung dieses Buches eine unentbehrliche Hilfe waren.

Lüneburg, im Mai 1990

Ulrich Döring
Rainer Buchholz

Inhaltsübersicht

Inhaltsverzeichnis

Abkürzungsverzeichnis

- Abkürzungen im Textteil -

Abs.	Absatz
Abschn.	Abschnitt
AfS Financial Assets	Available-for-Sale Financial Assets
AG	Aktiengesellschaft
AktG	Aktiengesetz
AO	Abgabenordnung
EBK	Eröffnungsbilanzkonto
EStG	Einkommensteuergesetz
GewSt	Gewerbesteuergesetz
GKR	Gemeinschaftskontenrahmen
GmbH	Gesellschaft mit beschränkter Haftung
GoB	Grundsätze ordnungsmäßiger Buchführung
GuV-Rechnung	Gewinn- und Verlustrechnung
HGB	Handelsgesetzbuch
IASB	International Accounting Standards Board
IFRS	International Financial Reporting Standards
IKR	Industriekontenrahmen
KG	Kommanditgesellschaft
KSt	Körperschaftsteuer
MES	Materialentnahmeschein
OHG	Offene Handelsgesellschaft
PWB	Pauschalwertberichtigung
RAP	Rechnungsabgrenzungsposten
SBK	Schlussbilanzkonto
SolZ	Solidaritätszuschlag
USt	Umsatzsteuer
UStG	Umsatzsteuergesetz
UStR	Umsatzsteuer-Richtlinien

- Abkürzungen in Konten und Buchungssätzen -

A	Aktiva
AB	Anfangsbestand
Abschr.	Abschreibung
Abschr. auf Sachanlagen	Abschreibung auf Sachanlagen
Abschr. auf Ford.	Abschreibung auf Forderungen
AGA	Arbeitgeberanteil
AHK	Anschaffungs- oder Herstellungskosten
ANA	Arbeitnehmeranteil
außerplanm. Abschr.	außerplanmäßige Abschreibung

AV	Anlagevermögen
Berechnete USt	Berechnete Umsatzsteuer
Betr.- u. Gesch.ausst.	Betriebs- und Geschäftsausstattung
Cr	Creditor
Darlehensverb.	Darlehensverbindlichkeiten
Div. Aufwendungen	Diverse Aufwendungen
Div. Erträge	Diverse Erträge
Dr	Debtor
EB	Endbestand
EBK	Eröffnungsbilanzkonto
EK	Eigenkapital
Erhalt. Anzahl.	Erhaltene Anzahlungen
fE	fertige Erzeugnisse
FK	Fremdkapital
Ford.	Forderungen
Gel. Anzahl.	Geleistete Anzahlungen
Gesch.ausst.	Geschäftsausstattung
Gez. Kapital	Gezeichnetes Kapital
Grundst. u. Gebäude	Grundstücke und Gebäude
GuV-Konto	Gewinn und Verlustkonto
H	Haben
Lieferantenverb.	Lieferantenverbindlichkeiten
L.u.G. Aufwand	Lohn- und Gehaltsaufwand
Masch. Anlagen	Maschinelle Anlagen
Nebenk. d. Geldverk.	Nebenkosten des Geldverkehrs
Noch abz. Abgaben	Noch abzuführende Abgaben
P	Passiva
PWB	Pauschalwertberichtigung
RBW	Restbuchwert
S	Soll
SBK	Schlussbilanzkonto
Sonst. betr. Aufwand	sonstiger betrieblicher Aufwand
Sonst. betr. Ertrag	sonstiger betrieblicher Ertrag
Sonstige Ford.	Sonstige Forderungen
Sonstige Verb.	Sonstige Verbindlichkeiten
uE	unfertige Erzeugnisse
USt	Umsatzsteuer
USt-Ver.	Umsatzsteuerverrechnung
UV	Umlaufvermögen
VKP_n	Verkaufspreis netto
VSt	Vorsteuer
Wertber. auf Anlagen	Wertberichtigung auf Anlagen
x_a	abgesetzte Menge
x_p	produzierte Menge
ZG	Zugang
Zweifelh. Ford.	Zweifelhafte Forderungen

Erstes Kapitel: Finanzbuchhaltung als Teil des Rechnungswesens

1. Begriff und Teilbereiche des Rechnungswesens

Unternehmer investieren viel Zeit und Geld, damit ein Betrieb am Markt bestehen kann. Deshalb interessieren sie sich für seine wirtschaftliche Entwicklung. Unternehmer können nur erfolgreich sein, wenn sie über alle betrieblichen Sachverhalte wie z.B. die Umsätze und Kosten informiert sind. Im betrieblichen Rechnungswesen wird das Unternehmensgeschehen zahlenmäßig erfasst und sachgerecht aufbereitet.

Das Rechnungswesen soll einerseits den Unternehmer selbst, andererseits unternehmensfremde Personen informieren. Im ersten Fall spricht man vom internen, im zweiten Fall vom externen Rechnungswesen. Das **interne Rechnungswesen** umfasst die Kostenrechnung, die Statistik und Vergleichsrechnung (z.B. Umsatzstatistik der letzten Monate) und die Planungsrechnung (z.B. Investitionsplanung zum Kauf neuer Maschinen). Das interne Rechnungswesen kann vom Unternehmen frei gestaltet werden.

Das **externe Rechnungswesen** bezeichnet man auch als Finanzbuchhaltung. Sie umfasst die Buchführung, die Bilanz und die Gewinn- und Verlustrechnung. In der Bilanz werden Informationen über die Höhe und Zusammensetzung des Vermögens und der Schulden vermittelt. Die Gewinn- und Verlustrechnung informiert über den Erfolg des abgelaufenen Geschäftsjahres. Umfangreiche **gesetzliche Vorschriften** sind im externen Rechnungswesen zu beachten, damit eine Manipulation von Unternehmenszahlen möglichst vermieden wird.

Das vorliegende Lehrbuch behandelt nur einen Teil des Rechnungswesens, nämlich die Finanzbuchhaltung. Das Buch soll den Leser mit der Technik der Buchhaltung und Jahresabschlusserstellung vertraut machen. Diese Fertigkeiten sollen durch die Bearbeitung von Aufgaben gefestigt werden, so dass das vorliegende Buch ein **Lehr- und Arbeitsbuch** ist. Die folgende Abbildung fasst die Ausführungen zum Rechnungswesen zusammen.

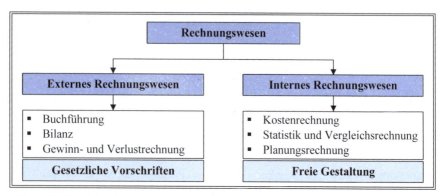

Abb. 1: Teilbereiche des Rechnungswesens

2. Aufgaben und Inhalt der Finanzbuchhaltung

Die Finanzbuchhaltung hat zunächst die Aufgabe, alle wirtschaftlich relevanten Ereignisse (**Geschäftsvorfälle**) chronologisch, systematisch und lückenlos aufzuzeichnen (**Dokumentationsfunktion**). Hierzu werden das Grundbuch und Hauptbuch verwendet. Im **Grundbuch** werden die Geschäftsvorfälle in zeitlicher Folge – meist täglich – aufgezeichnet, so dass auch der Begriff Journal ("Tagebuch") verwendet wird. Dagegen wird im **Hauptbuch** eine Dokumentation nach sachlichen Gesichtspunkten vorgenommen. Die Einzelheiten zum Grund- und Hauptbuch werden im neunten Kapitel behandelt.

Die zeitliche Abrechnungsperiode der Finanzbuchhaltung ist das **Geschäftsjahr**. Es darf höchstens zwölf Monate umfassen und beginnt meist am 1.1. eines Jahres, so dass es dem Kalenderjahr entspricht. Bei unterjähriger Betriebsöffnung bzw. Betriebsschließung sind das erste bzw. letzte Geschäftsjahr regelmäßig kürzer als zwölf Monate. In diesen Fällen entsteht ein **Rumpf-Geschäftsjahr**. Wird der Geschäftsbetrieb im Laufe des Jahres aufgenommen, kann auch ein **abweichendes Geschäftsjahr** gewählt werden: Dann fallen Geschäftsjahr und Kalenderjahr dauerhaft auseinander.

Die Dokumentationsfunktion ist Voraussetzung für die Informationsfunktion der Finanzbuchhaltung: Einerseits soll der Unternehmer selbst über die wirtschaftliche Entwicklung unterrichtet werden (**Selbstinformation**). Andererseits sollen außenstehende Personen, z.B. Kredit gewährende Banken und Lieferanten Informationen über die wirtschaftliche

Lage des Unternehmens erhalten (**Fremdinformation**). Die Informationsfunktion umfasst somit die Selbst- und Fremdinformation. Der Gesetzgeber betont die Fremdinformation der Finanzbuchhaltung, da Dritte nur einen beschränkten Informationszugang haben. Die Gläubiger sollen vor Vermögensverlusten bewahrt werden (**Gläubigerschutz**), indem sie über die wirtschaftliche Lage des Kreditnehmers informiert werden.

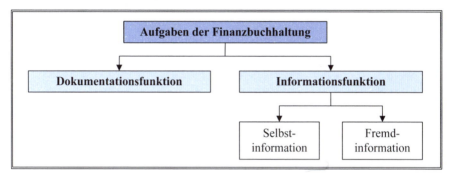

Abb. 2: Aufgaben der Finanzbuchhaltung

Für die Kreditvergabe gilt der folgende Zusammenhang. Verfügt ein Unternehmen über ein geringes Vermögen bei einem bereits hohen Schuldenstand, ist seine Kreditwürdigkeit gering und das Kreditausfallrisiko hoch. Auskunft über die Höhe und Zusammensetzung des Vermögens und der Schulden gibt die **Bilanz**. Sie wird zum Ende des Geschäftsjahres, dem **Bilanzstichtag**, aufgestellt. Somit gilt unter zeitlichem Aspekt:

Die Bilanz ist eine Zeitpunktrechnung

Die Bilanz gibt Auskunft über die einzelnen **Vermögensgegenstände** (z.B. Grundstücke, Maschinen, Warenbestände) und Schulden (z.B. Darlehensverbindlichkeiten, Lieferantenverbindlichkeiten) des Unternehmens. Die Differenz aus Vermögensgegenständen und Schulden wird als Reinvermögen oder Eigenkapital bezeichnet.

Die Veränderung des Reinvermögens wird in der Gewinn- und Verlustrechnung dargestellt. Die Zunahme des Reinvermögens (Eigenkapitals) ist ein Gewinn, die Abnahme ein Verlust. Die Gewinn- und Verlustrechnung gibt somit an, ob das **Jahresergebnis** (der

Erfolg) positiv oder negativ ausgefallen ist. Da sie das gesamte Geschäftsjahr (Zeitraum) abbildet, gilt unter zeitlichem Aspekt:

> Die Gewinn- und Verlustrechnung ist eine Zeitraumrechnung

Auch die Gewinn- und Verlustrechnung gibt Auskunft über die Kreditwürdigkeit des Schuldnerunternehmens. Ein Unternehmen, das in der Vergangenheit Gewinne erzielt hat, verfügt bei den Gläubigern über eine höhere Kreditwürdigkeit als ein Unternehmen, das dauerhaft Verluste erwirtschaftet hat.

Bilanz und Gewinn- und Verlustrechnung bilden den Jahresabschluss. Die Bilanz informiert über die Vermögens- und Schuldenlage (kurz: **Vermögenslage**), die Gewinn- und Verlustrechnung über die Ertrags- und Aufwandslage (kurz: **Ertragslage**) des Unternehmens. Die Vermögens- und Ertragslage bilden zusammen die wirtschaftliche Lage bei Einzelunternehmen und Personengesellschaften.

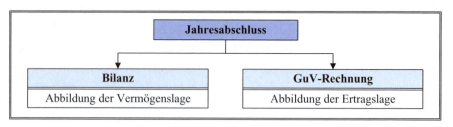

Abb. 3: Komponenten des Jahresabschlusses

Der Jahresabschluss ist bei **Kapitalgesellschaften** (z.B. GmbH und Aktiengesellschaft) um einen **Anhang** zu erweitern. Er soll insbesondere die Bilanz und Gewinn- und Verlustrechnung erläutern, damit die Informationen für Gläubiger noch klarer werden.

> Jahresabschluss der Kapitalgesellschaft: Bilanz, Gewinn- und Verlustrechnung, Anhang

Die Unternehmen können die Finanzbuchhaltung nicht nach ihren Wünschen gestalten. Sie müssen vielmehr gesetzliche Vorschriften einhalten. Die wesentlichen Regelungen werden im nächsten Kapitel erläutert.

Zweites Kapitel: Grundlagen der Buchhaltung

1. Gesetzliche Vorschriften

Grundsätzlich wird jeder Kaufmann (Gewerbetreibende) durch gesetzliche Vorschriften verpflichtet, Bücher zu führen. Die Vorschriften finden sich im Handels- und Steuerrecht. Im Handelsgesetzbuch (HGB) müssen die folgenden Vorschriften befolgt werden:

§§ 238 - 263 HGB: Allgemeine Vorschriften für alle Kaufleute
§§ 264 - 289a HGB: Ergänzende Vorschriften, insbesondere für Kapitalgesellschaften

Für Kapitalgesellschaften, z.B. eine Aktiengesellschaft, gelten mehr Vorschriften als für alle Kaufleute (z.B. einen Einzelunternehmer). Die ergänzenden Vorschriften sind genauer als die allgemeinen Regelungen. Die Steuergesetze wie z.B. das Einkommen- und das Umsatzsteuergesetz (EStG, UStG) enthalten weitere Vorschriften. Bestimmte Kleinunternehmer können sich nach § 241a HGB von der Buchführungspflicht befreien lassen.

Die §§ 238 und 239 HGB enthalten grundlegende Buchhaltungsvorschriften, deren Inhalte in der Abbildung gezeigt werden. Die Bücher müssen nicht in deutscher Sprache geführt werden, so dass z.B. ein italienischer Kaufmann seine Muttersprache verwenden kann.

§ 238 HGB	§ 239 HGB
• Verpflichtung, Bücher zu führen. • Ersichtlichmachung der Handelsgeschäfte und der Lage des Vermögens nach den Grundsätzen ordnungsmäßiger Buchführung (GoB). • Buchführung muss Überblick über die Geschäftsvorfälle und Lage des Unternehmens innerhalb angemessener Zeit vermitteln.	• Führung der Bücher in lebender Sprache. • Eindeutigkeit von Abkürzungen, Ziffern, Buchstaben oder Symbolen. • Eintragungen müssen vollständig, richtig, zeitgerecht und geordnet sein. • Keine Unkenntlichmachung ursprünglicher Eintragungen.

Abb. 4: Inhalt handelsrechtlicher Buchführungsvorschriften

Bereits in § 238 HGB werden die Grundsätze ordnungsmäßiger Buchführung (GoB) erwähnt. Viele dieser Grundsätze, die oft auch für den Jahresabschluss gelten, sind im Gesetz enthalten. Darüber hinaus existieren weitere Prinzipien, die von der Wissenschaft und Rechtsprechung entwickelt wurden. Viele steuerrechtliche Vorschriften, wie z.B. die Einkommensteuer-Richtlinien haben für das Handelsrecht den Charakter von GoB. Auch das **Deutsche Rechnungslegungs Standards Committee** (DRSC), ein privater Verein mit Sitz in Berlin, entwickelt Rechnungslegungsgrundsätze. Das DRSC soll nach dem Willen des Gesetzgebers zur Rechtsentwicklung beitragen (§ 342 Abs. 1 Nr. 1 HGB).

Ein wichtiger GoB, der im Handelsgesetzbuch geregelt wird, ist der Grundsatz der **Vorsicht** (§ 252 Abs. 1 Nr. 4 HGB). Er besagt allgemein, dass der Kaufmann bei der Darstellung der Vermögens- und Ertragslage eher pessimistisch als optimistisch sein sollte. Der Grundsatz dient dem Gläubigerschutz, da riskante Geschäfte eher vermieden werden. Ein wichtiger Aspekt des Vorsichtsprinzips ist das **Realisationsprinzip**. Ein Gewinn darf erst ausgewiesen werden, wenn er durch den Umsatz verwirklicht wurde. Werden z.B. im Geschäftsjahr 01 Waren eingekauft, die erst im Folgejahr an Dritte veräußert werden, ist ein entstehender Gewinn erst in 02 auszuweisen.

Ein weiterer wichtiger Grundsatz ist das **Stetigkeitsgebot**. Der Gesetzgeber fordert insbesondere, dass die Vermögensgegenstände und Schulden nach denselben Methoden bewertet werden wie im Vorjahr. Das Stetigkeitsgebot dient der Vergleichbarkeit der Jahresabschlüsse mehrerer aufeinander folgender Perioden und stärkt die Informationsfunktion des Jahresabschlusses. Weitere wichtige gesetzliche GoB sind:

Grundsätze ordnungsmäßiger Buchführung	
Belegprinzip:	Alle Buchungen müssen sich auf Belege zurückführen lassen.
Vollständigkeit:	Alle Geschäftsvorfälle, die die Höhe oder die Zusammensetzung des Reinvermögens und Erfolges verändern, sind zu verbuchen.
Richtigkeit:	Alle Geschäftsvorfälle sind auf dem richtigen Konto in der richtigen Höhe zu verbuchen.
Identität:	Die Anfangsbestände der Konten zum Jahresbeginn müssen mit den Schlussbeständen des Vorjahres identisch sein.
Klarheit:	Eindeutige Kennzeichnung der relevanten Konten.

Abb. 5: Wichtige gesetzliche GoB

2. Inventur und Inventar

Nach § 240 Abs. 2 HGB ist der Kaufmann verpflichtet, für den Schluss eines jeden Geschäftsjahres ein Inventar zu erstellen. Das **Inventar** ist ein Verzeichnis der Vermögensgegenstände und Schulden nach Art, Menge und Wert. Damit ein Inventar erstellt werden kann, müssen vorher die einzelnen Vermögensgegenstände und Schulden durch eine Inventur ermittelt werden.

Bei der **Inventur** handelt es sich um eine körperliche Bestandsaufnahme der einzelnen Vermögensgegenstände und Schulden, die durch Zählen, Messen oder Wiegen an einem bestimmten Stichtag festgestellt werden. Da dieses Vorgehen nicht immer möglich ist (z.B. bei Krediten), erfolgt stattdessen eine Überprüfung der entsprechenden Vertragsunterlagen (z.B. Darlehensvertrag). Eine derartige Inventur wird als **Beleginventur** oder **Buchinventur** bezeichnet. Die folgenden **Inventurverfahren** lassen sich unterscheiden:

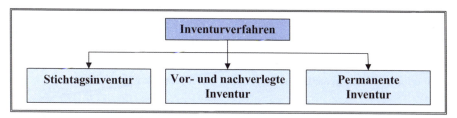

Abb. 6: Inventurverfahren

Bei der **Stichtagsinventur** im strengen Sinne erfolgt die körperliche Bestandsaufnahme an einem ganz bestimmten Stichtag. Durch das Zusammendrängen der Inventurarbeiten auf einen Tag ist diese Methode praktisch kaum anwendbar. Deshalb wird die Inventur meist innerhalb weniger Tage vor bzw. nach dem Bilanzstichtag durchgeführt. Wenn sich in dieser Zeit die Bestände z.B. durch Verkäufe ändern, müssen entsprechende Anpassungen vorgenommen werden.

Bei der **vor- und nachverlegten Inventur** wird der Erfassungszeitraum ausgedehnt:
- Bis zu drei Monate vor dem Bilanzstichtag bzw.
- Bis zu zwei Monate nach dem Bilanzstichtag.

Die ermittelten Werte werden in einem **besonderen Inventar** verzeichnet. Anschließend erfolgt eine Vorrechnung (bei Erfassung vor dem Stichtag) bzw. Rückrechnung (bei Erfassung nach dem Stichtag) auf das Ende des Geschäftsjahres.

Beispiel: Ein Gastwirt führt infolge von Silvesterfeiern seine Inventur für das Geschäftsjahr 01 erst am 31.1.02 durch. Er ermittelt einen Bestand von 30 Flaschen "Moselblick". Am 10.1.02 hat er zwei Kartons zu je sechs Flaschen erhalten. Der Verbrauch im Januar beziffert sich auf vier Flaschen. Der zum 31.12.01 benötigte Bestand ergibt sich durch Rückrechnung: Bestand Ende Januar (30 Flaschen), vermindert um Zugänge (12 Flaschen) und erhöht um Abgänge (4 Flaschen) ergibt 22 Flaschen zum 31.12.01.

Auch bei der **permanenten Inventur** müssen Vor- bzw. Rückrechnungen erfolgen. Hierbei wird die körperliche Bestandsaufnahme der einzelnen Vermögensgegenstände und Schulden quasi auf das ganze Jahr verteilt. Dadurch wird eine hohe Flexibilität erreicht, da die Erfassung jeweils bei freien Personalkapazitäten oder niedrigen Lagerbeständen erfolgen kann. Auch hierbei muss sichergestellt sein, dass die zum Jahresende fortgeschriebenen Werte auch tatsächlich vorhanden sind. Das setzt ein ordnungsgemäßes **Belegwesen** voraus, da ansonsten die Gefahr besteht, dass falsche Bestände ausgewiesen werden. In diesem Fall würde die Finanzbuchhaltung ihre Dokumentationsfunktion nicht mehr erfüllen und die in der Bilanz dargestellte Vermögenslage wäre falsch.

Die Inventurergebnisse werden im Inventar zusammengefasst. Es besteht aus drei Teilen. Der **erste Teil** umfasst die Vermögensgegenstände, die in das Anlage- und Umlaufvermögen unterteilt werden. Zum **Anlagevermögen** gehören alle Vermögensgegenstände, die dauernd im Unternehmen eingesetzt werden sollen (z.B. Grundstücke, Betriebs- und Geschäftsausstattung, Maschinen). Im Unternehmen nur vorübergehend genutzte Vermögensgegenstände werden zum **Umlaufvermögen** gezählt (z.B. Rohstoffe, Waren).

> Anlagevermögen: Vermögensgegenstände mit dauernder Nutzungsabsicht
> Umlaufvermögen: Vermögensgegenstände mit vorübergehender Nutzungsabsicht

Im **zweiten Teil** des Inventars werden die Schulden des Unternehmens aufgelistet. Das Fremdkapital kann langfristig oder kurzfristig zur Verfügung stehen. Als Differenz aus Vermögensgegenständen und Schulden wird im **dritten Teil** des Inventars das Reinvermögen (Eigenkapital) ermittelt. Die folgende Abbildung zeigt beispielhaft das Inventar einer Gastwirtschaft. Die Auflistung der Vermögensgegenstände und Schulden erfolgt untereinander, d.h. in **Staffelform**. Die Posten werden grundsätzlich nach Art, Menge und Wert aufgelistet. Bei der Bewertung werden im Regelfall zunächst die Werte für jeden einzelnen Posten angegeben (**Grundsatz der Einzelbewertung**) und anschließend die Gesamtwerte berechnet. Dadurch erhält das Inventar schon bei kleineren Unternehmen einen sehr großen Umfang. Die Bewertung der Posten erfolgt in **Euro**.

Inventar zum 31.12.01			
I. Vermögensgegenstände			
1 Grundstück mit Gebäude			200.000 €
1 Zapfanlage mit Kühlaggregat			20.000 €
10 Tische	à	300,- €	3.000 €
60 Stühle	à	50,- €	3.000 €
200 Biergläser	à	-,50 €	100 €
50 Weingläser	à	2,- €	100 €
100 Aktien	à	20,- €	2.000 €
5 hl Bier	à	200,- €	1.000 €
200 Flaschen Wein	à	5,- €	1.000 €
Forderungen A			50 €
Forderungen B			60 €
Forderungen C			90 €
Bankguthaben			1.000 €
Kasse			600 €
Vermögen			**232.000 €**
II. Schulden			
Kreissparkasse			120.000 €
Brauerei X			4.000 €
Weinhandlung Y			8.000 €
Schulden			**132.000 €**
III. Reinvermögen (Eigenkapital):			
Reinvermögen (Vermögen - Schulden = 232.000 € - 132.000 €)			**100.000 €**

Abb. 7: Inventar einer Gastwirtschaft

3. Bilanz

Die detaillierte Auflistung der **einzelnen** Vermögensgegenstände und Schulden im Inventar wird für die Bilanz verkürzt: Aus zusammengehörigen Vermögensgegenständen und Schulden werden **Posten** gebildet, wobei auf Mengenangaben verzichtet wird. In der Bilanz werden die Zapfanlage mit Kühlaggregat, Tische, Stühle, Biergläser, Weingläser aus der vorigen Abbildung zum Bilanzposten "Betriebs- und Geschäftsausstattung" zusammengefasst. Dieser Posten bildet zusammen mit den Grundstücken (mit Gebäude) die Sachanlagen des Unternehmens. In der Bilanz werden die aktiven und passiven Bilanzposten nebeneinander aufgelistet, so dass die **Kontoform** verwendet wird.

Da eine Bilanz immer ausgeglichen ist, erscheint als Saldo der Posten "Eigenkapital" auf der kleineren Bilanzseite. Dadurch wird sichergestellt, dass beide Seiten gleich groß sind. Die Abbildung zeigt die Bilanz der Gastwirtschaft. Bei handschriftlicher Erstellung muss **dokumentenecht** geschrieben werden (z.B. mit Füllfederhalter). Der Unternehmer muss die Richtigkeit der Bilanz durch seine Unterschrift bestätigen (**Unterzeichnungspflicht**).

Aktiva	Bilanz zum 31.12.01		Passiva	
A. Anlagevermögen			A. Eigenkapital	100.000
I. Sachanlagen			B. Verbindlichkeiten	
1. Grundstücke		200.000	1. Darlehensverbindlich-	
2. Betriebs- und Ge-			keiten	120.000
schäftsausstattung		26.200	2. Lieferantenverbindlich-	
II. Finanzanlagen		2.000	keiten	12.000
B. Umlaufvermögen				
I. Vorräte		2.000		
II. Forderungen		200		
III. Bank und Kasse		1.600		
		232.000		232.000

Abb. 8: Bilanz einer Gastwirtschaft

Die Summe aller Aktiva entspricht der Summe aller Passiva: Die **Bilanzsumme** beträgt im obigen Beispiel auf jeder Bilanzseite 232.000 €. Das Eigenkapital (Reinvermögen) ergibt sich als Differenz aus der Summe aller Aktivposten und der gesamten Schulden. Es beträgt für die Gastwirtschaft 100.000 € im obigen Beispiel.

Auf der linken Seite der Bilanz (Aktivseite) erscheint die Zusammensetzung des Vermögens. Auf der rechten Seite (Passivseite) ist zu sehen, welche Kapitalgeber die Mittel zur Finanzierung der unternehmerischen Tätigkeit bereitgestellt haben. Die Aktivseite zeigt die **Mittelverwendung**, die Passivseite die **Mittelherkunft**.

Aktiva	=	Passiva
Mittelverwendung	=	Mittelherkunft
Vermögen	=	Kapital
Vermögen	=	Anlagevermögen + Umlaufvermögen
Kapital	=	Eigenkapital + Fremdkapital

Abb. 9: Grundgleichungen der Bilanz

Das Eigenkapital muss nicht immer positiv sein. Ein **negatives Eigenkapital** wird ausgewiesen, wenn das Vermögen kleiner ist als die Schulden. Dann erscheint das Eigenkapital auf der Aktivseite der Bilanz. Bei der obigen Gastwirtschaft würde dieser Fall bei einem Vermögen unter 132.000 € eintreten. Diese Situation kennzeichnet eine wirtschaftlich ungünstige Vermögenslage, die den Unternehmensbestand gefährden kann.

Für die Bilanz ist die folgende Gliederung zu beachten. Um außenstehende Personen schnell informieren zu können, muss in der Bilanz – anders als in den Handelsbüchern – die deutsche Sprache verwendet werden. Hierdurch werden Übersetzungen überflüssig.

Aktiva	Bilanz	Passiva
A. ANLAGEVERMÖGEN		A. EIGENKAPITAL
I. Immaterielle Vermögensgegenstände		
II. Sachanlagen		B. FREMDKAPITAL (SCHULDEN)
III. Finanzanlagen		I. Langfristige Schulden
B. UMLAUFVERMÖGEN		II. Kurzfristige Schulden
I. Vorräte		
II. Forderungen und sonstige Vermögensgegenstände		
III. Wertpapiere		
IV. Liquide Mittel		

Abb. 10: Gliederungsschema der Bilanz

Das Anlagevermögen lässt sich in die Posten "Immaterielle Vermögensgegenstände", "Sachanlagen" und "Finanzanlagen" unterteilen. Die immateriellen Vermögensgegenstände umfassen z.b. entgeltlich erworbene Patente, die längerfristig im Unternehmen genutzt werden sollen.

Die Maschinen, die Betriebs- und Geschäftsausstattung und der Fuhrpark des Unternehmens werden unter dem Posten "Sachanlagen" bilanziert. Zu den Finanzanlagen zählen Wertpapiere (z.b. Aktien) und Beteiligungen, die langfristige Finanzinvestitionen darstellen. Auch längerfristige Ausleihungen (z.b. Darlehensforderungen) gehören zu den Finanzanlagen. Eine Veräußerung dieser Posten ist in absehbarer Zeit nicht vorgesehen.

Das Umlaufvermögen umfasst die Posten "Vorräte", "Forderungen und sonstige Vermögensgegenstände", "Wertpapiere" und "Liquide Mittel". Zu den Vorräten zählen im Handelsbetrieb die Waren (vgl. viertes Kapitel) und im Industriebetrieb die Roh-, Hilfs- und Betriebsstoffe sowie die fertigen bzw. unfertigen Erzeugnisse (vgl. fünftes Kapitel). Forderungen entstehen durch den Verkauf von Waren auf Ziel, wenn die Bezahlung nicht sofort erfolgt. Soweit Wertpapiere nur der kurzfristigen Anlage (spekulativen Zwecken) dienen, sind sie im Umlaufvermögen auszuweisen. Zu den liquiden Mitteln gehören die Bankguthaben und die Kassenbestände eines Unternehmens.

Die Gliederung der **Aktivseite** erfolgt grundsätzlich nach der **Liquidierbarkeit**, d.h. der Geldnähe. So wird eine Forderung meist in einer wesentlich kürzeren Zeit wieder zu Bargeld als z.b. ein Grundstück, welches zu den Sachanlagen zählt. Es gilt der Grundsatz: Je "höher" die Position eines Vermögensgegenstandes auf der Aktivseite, desto "länger" dauert es meistens, bis er wieder im Geschäftsverkehr umgesetzt und damit zu Geld wird.

Die **Passivseite** der Bilanz ist grundsätzlich nach der **Fristigkeit** des Kapitals gegliedert. Je "höher" sich die Position auf der Passivseite befindet, um so "länger" steht sie dem Unternehmen im Regelfall zur Verfügung. Das Eigenkapital kann am längsten genutzt werden und erscheint an oberster Stelle. Es wird erst bei der Auflösung des Unternehmens zurückgezahlt. Beim Fremdkapital rangieren die langfristigen Darlehensverbindlichkeiten (Laufzeit z.b. acht Jahre) vor den kurzfristigen Lieferantenverbindlichkeiten (Laufzeit z.b. 30 Tage). Im sechsten Kapitel des Buches werden die Rückstellungen als besondere Schuldenart behandelt – sie stehen zwischen dem Eigenkapital und den Verbindlichkeiten.

4. Distanzrechnung

Die Bilanz stellt das Reinvermögen (Eigenkapital) zu einem bestimmten Zeitpunkt, dem Bilanzstichtag, dar. Vergleicht man diese Größe mit dem Vorjahreswert, ergibt sich die Reinvermögensänderung. Zur **Erfolgsbestimmung** benötigt man somit nur die Eigenkapitalbestände der beiden aufeinander folgenden Zeitpunkte t_0 und t_1 (Periodenbeginn und Periodenende).

Ohne Kenntnis der einzelnen Geschäftsvorfälle kann der Bilanzleser durch Vergleich der Eigenkapitalbestände zweier aufeinander folgender Bilanzen den Erfolg feststellen. Die Eigenkapitalbestände sind (nach vorheriger Inventur) dem Inventar zu entnehmen. Eine derartige Erfolgsermittlung bezeichnet man als einfache **Distanzrechnung**. Weist sie eine Eigenkapitalmehrung aus, hat das Unternehmen einen **Gewinn** erzielt. Im Fall einer Eigenkapitalminderung ist ein **Verlust** entstanden.

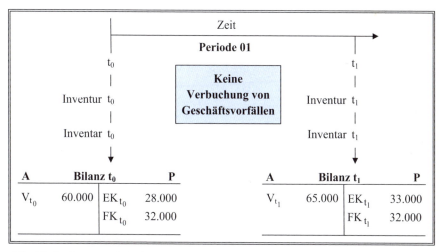

Abb. 11: Aufbau der einfachen Distanzrechnung

Das **Eigenkapital** zum Zeitpunkt t_0 beträgt 28.000 € (ermittelt durch Inventur/Inventar). Zum Zeitpunkt t_1 ist es auf 33.000 € angewachsen (ermittelt durch Inventur/Inventar). Der Gewinn für die Periode 01 beträgt somit 5.000 € (33.000 € - 28.000 €). Allgemein kann der Erfolg einer Periode nach der folgenden Gleichung bestimmt werden:

EK_1 - EK_0 = $\Delta\,EK$ = Erfolg				
$\Delta\,EK$	>	0	=	Gewinn
$\Delta\,EK$	<	0	=	Verlust

Abb. 12: Erfolgsermittlung durch einfache Distanzrechnung

Das Eigenkapital der Bilanz (EK_0 bzw. EK_1) wird zu einem Zeitpunkt ermittelt. Es stellt eine **Bestandsgröße** dar. Der Erfolg bezieht sich immer auf einen bestimmten Zeitraum. Es handelt sich um eine **Strömungsgröße**. Aus der Veränderung zweier Bestandsgrößen im Zeitverlauf lässt sich die Strömungsgröße (Eigenkapitalveränderung - $\Delta\,EK$) ableiten.

Ein Nachteil der Distanzrechnung ist darin zu sehen, dass die **Quellen des Erfolges** nicht sichtbar werden. In der Bilanz haben sich die einzelnen Posten betragsmäßig verändert, ohne dass die Möglichkeit besteht, die Ursachen für diese Entwicklung zu verfolgen. Dagegen macht die Verbuchung der einzelnen Geschäftsvorfälle deutlich, welche Vorgänge zum Erfolg bzw. Misserfolg des Unternehmens beigetragen haben. Die Verbuchung führt allerdings zu einer erhöhten Arbeitsbelastung des Unternehmens.

Beide Methoden führen zu demselben Ergebnis. Im Vergleich zur Distanzrechnung lässt sich die Erfolgsermittlung durch Verbuchung der Geschäftsvorfälle mittels folgender Schlagworte beurteilen:
- **Nachteil:** Hoher Arbeitsaufwand,
- **Vorteil:**   Transparenz der Erfolgsquellen (Erträge bzw. Aufwendungen).

Da die Vorteile überwiegen, hat der Gesetzgeber die Verbuchung der einzelnen Geschäftsvorfälle vorgeschrieben. Hierbei kann auf verschiedene Weisen vorgegangen werden. Es könnte nach jedem Geschäftsvorfall eine neue Bilanz erstellt werden, die den aktuellen und vollständigen Bestand des Vermögens und der Schulden ausweist. Angesichts des hohen Arbeitsaufwands ist dieses Vorgehen jedoch unpraktisch. Deshalb wird die Bilanz zu Jahresbeginn in einzelne Rechnungsstellen (**Konten**) unterteilt, auf denen die Verbuchung erfolgt. Diese Vorgehensweise wird im nächsten Kapitel behandelt.

Drittes Kapitel: Technik der Buchhaltung

1. Erfolgsneutrale Buchungsvorgänge

1.1 Kontenarten

Die Verbuchung der einzelnen Geschäftsvorfälle kann untereinander (= Staffelform) oder nebeneinander (= Kontoform) erfolgen. Bei der **Staffelrechnung** wird, ausgehend von einem Anfangsbestand, nach jedem Zu- oder Abgang ein neuer Endbestand ermittelt. Am Beispiel des Kassenkontos wird diese Kontenart dargestellt:

Datum	Vorgang	Betrag
1.1.	Anfangsbestand	2.000 €
2.1.	Einzahlung des Kunden A	1.500 €
		3.500 €
3.1.	Auszahlung Miete	800 €
		2.700 €
4.1.	Steuerrückzahlung	2.000 €
		4.700 €
5.1.	Auszahlung an Lieferanten	4.000 €
		700 €

Abb. 13: Staffelrechnung

Der Anfangsbestand beträgt 2.000 € am 1.1. des Jahres. Durch die Einzahlung des Kunden A erhöht sich der Bestand um 1.500 € auf 3.500 € (2.1.). Durch die Mietauszahlung am 3.1. in Höhe von 800 € verringert sich der Kontostand auf 2.700 €. Am 5.1. beträgt der Endbestand (nach weiteren Ein- und Auszahlungen) 700 €.

Die kontinuierliche Ermittlung eines Endbestandes ist von Vorteil, wenn eine ständige Kontrolle dieser Größe notwendig ist. Der Nachteil der Staffelrechnung besteht darin, dass viel Schreibarbeit anfällt und Ein- und Auszahlungen nicht getrennt dargestellt werden. Daher werden beim Konto in Reihenform die Zugänge bzw. Abgänge der verschiedenen

Geschäftsvorfälle jeweils nebeneinander in einer eigenen Spalte verbucht. Das folgende Kassenkonto stellt die beschriebenen Geschäftsvorfälle exemplarisch dar.

Datum	Vorgang (Text)	Betrag	
		Einzahlung	Auszahlung
1.1.	Anfangsbestand	2.000 €	
2.1.	Einzahlung des Kunden A	1.500 €	
3.1.	Auszahlung Miete		800 €
...	...	...	...

Abb. 14: Konto in Reihenform

Auch beim Konto in "**T-Form**" erfolgt eine Trennung der Ein- und Auszahlungen. Es ist dadurch gekennzeichnet, dass der Anfangsbestand und die Zugänge auf einer Kontenseite, die Abgänge und der Endbestand auf der anderen Seite erfasst werden. Nach buchhalterischer Konvention werden beim Kassenkonto der Anfangsbestand und die Zugänge auf der linken, die Abgänge dagegen auf der rechten Kontenseite erfasst:

Soll		Kassenkonto	Haben
1.1. Anfangsbestand	2.000	3.1. Auszahlung Miete	800
2.1. Einzahlung des Kunden A	1.500	5.1. Auszahlung an Lieferanten	4.000
4.1. Steuerrückzahlung	2.000		

Abb. 15: Konto in T-Form

Die linke Seite des T-Kontos wird traditionell mit "**Soll**" überschrieben, die rechte Seite mit "**Haben**", so dass das T-Konto eine Sollseite und eine Habenseite aufweist. Wie die Bilanz, muss auch jedes einzelne Konto beim Abschluss ausgeglichen sein. Ein Konto ist ausgeglichen, wenn die Summen auf der Sollseite und Habenseite gleich groß sind. Meist stellt sich dieses Gleichgewicht nicht automatisch ein, so dass das Konto erst durch Eintragung eines Saldos ausgeglichen wird. Der **Saldo** wird als Unterschiedsbetrag auf die "kürzere" Seite des Kontos gesetzt.

Im obigen Beispiel betragen im Kassenkonto die Sollbuchungen 5.500 €, die Haben-buchungen 4.800 €. Als Saldo sind folglich 700 € auf der **Habenseite** zu verbuchen. Der Saldo entspricht somit dem rechnerischen Kassenendbestand, der am Jahresende durch eine Inventur überprüft werden muss.

Soll		Kassenkonto			Haben
1.1.	Anfangsbestand	2.000	3.1.	Auszahlung	800
2.1.	Einzahlung	1.500	5.1.	Auszahlung	4.000
4.1.	Einzahlung	2.000			
			Saldo (Endbestand)		**700**
		5.500			5.500

Abb. 16: Kontenabschluss

Die Verwendung von T-Konten ist in der Buchhaltungspraxis weitgehend unüblich geworden. Aber als didaktisches Hilfsmittel zum Erkennen der Zusammenhänge zwischen Beständen (Anfangs- und Endbestand) und Bestandsänderungen (Zu- und Abgängen) sind T-Konten auch heute noch unverzichtbar.

Die Buchhaltung und der Jahresabschluss sollen nach dem Willen des Gesetzgebers insbesondere die **Gläubiger** eines Unternehmens über dessen Vermögens- und Ertragslage informieren (Fremdinformation). Hierdurch werden die Gläubiger vor Vermögensver-lusten geschützt, da sie ihre Kredite im Zweifelsfall kündigen können.

Der Gesetzgeber muss sicherstellen, dass die Buchhaltung und der Jahresabschluss nicht von den Unternehmen verfälscht werden, indem z.B. die Werte des Vermögens nachträg-lich nach oben korrigiert oder Schulden gestrichen werden. Daher müssen Eintragungen in den Büchern **dokumentenecht** erfolgen (z.B. mit Füllfederhalter). Entsprechendes gilt für den Jahresabschluss, d.h. für die Bilanz und Gewinn- und Verlustrechnung.

Das Verbot, Eintragungen unleserlich zu machen, ist Bestandteil der Grundsätze ord-nungsmäßiger Buchführung. Es dient der Verhinderung buchhalterischer Manipulationen.

Daher sind nach § 239 Abs. 3 HGB nachträgliche Änderungen der Buchhaltungsdaten verboten. Die folgende Abbildung verdeutlicht, wie derartige Fälschungen verhindert werden.

S	Kasse		H	S	Kasse		H
AB	3.000	6.1.	1.500	AB	20.000	5.1.	3.000
5.1.	2.000	EB	12.500			6.2.	5.000
3.2.	3.000					8.3.	10.000
4.3.	6.000					EB	2.000
	14.000		14.000		20.000		20.000

Abb. 17: Kontensicherung gegen nachträgliche Änderungen

Durch Eintragung von sogenannten "**Buchhalternasen**" in Leerräumen werden Konten vor nachträglichen Veränderungen geschützt. Diese formalen Vorschriften gelten auch für den Abschluss der Bilanz und der Gewinn- und Verlustrechnung. Im Folgenden wird aus technischen Gründen auf die Eintragung von Buchhalternasen verzichtet.

1.2 Auflösung der Bilanz in Bestandskonten

Zur Verbuchung von Geschäftsvorfällen wird die Bilanz in einzelne Konten aufgelöst. Jeder Bilanzposten erhält ein eigenes **Bestandskonto**. Konten auf der Aktivseite der Bilanz sind aktive Bestandskonten (Aktivkonten), Konten auf der Passivseite der Bilanz sind passive Bestandskonten (Passivkonten). Es gilt somit:

> Aktivkonten entsprechen aktiven Bilanzposten
> Passivkonten entsprechen passiven Bilanzposten

Bei einem **aktiven** Bestandskonto werden der Anfangsbestand und die Zugänge im Soll erfasst. Die Abgänge und der Endbestand (als Saldo) sind im Haben zu verbuchen. Das **passive** Bestandskonto erfasst den Anfangsbestand und die Zugänge im Haben, die Abgänge und den Endbestand (als Saldo) im Soll. Den Einstieg in die Doppelte Buchführung sichern die folgenden Merksätze: Bestände, die in der Bilanz auf der linken Seite stehen, erscheinen als Anfangsbestände der jeweiligen Aktivkonten ebenfalls links. Bestände, die in der Bilanz auf der rechten Seite stehen, erscheinen als Anfangsbestände der jeweiligen Passivkonten ebenfalls rechts. Somit gilt schlagwortartig:

Anfangsbestände von Aktivkonten im Soll – von Passivkonten im Haben .

Die folgende Abbildung zeigt die Bestände und Bestandsveränderungen von aktiven und passiven Konten in vollständiger Form.

Soll	Aktivkonto	Haben		Soll	Passivkonto	Haben
Anfangsbe-stand (AB)	Abgänge . .			Abgänge . . .	Anfangsbe-stand (AB)	
Zugänge	. . .			. . . .	Zugänge . .	
	Saldo (Endbestand)			Saldo (Endbestand)	. . .	

Abb. 18: Aufbau aktiver und passiver Bestandskonten

Die folgende **Kontengleichung** gilt sowohl für aktive als auch für passive Bestandskonten. Sie gewährleistet den Ausgleich jedes einzelnen Kontos.

Anfangsbestand + Zugänge = Abgänge + Endbestand

Zu Beginn eines Geschäftsjahres wird die Bilanz (Anfangsbilanz) in einzelne Konten aufgelöst. Die Verbuchung der einzelnen Geschäftsvorfälle verändert die Kontenbestände. Am Ende eines Jahres wird aus den Endbeständen der aktiven und passiven Bestandskonten (nach vorheriger Inventur) die neue Bilanz (Schlussbilanz) erstellt. Die Konten stellen ein Bindeglied zwischen Anfangsbilanz und Schlussbilanz dar. Die Bilanz am Ende des Geschäftsjahres ist mit der Anfangsbilanz des Folgejahres vollkommen identisch. Dieser **Grundsatz der Bilanzidentität** zählt zu den kodifizierten GoB, die im HGB angeführt werden.

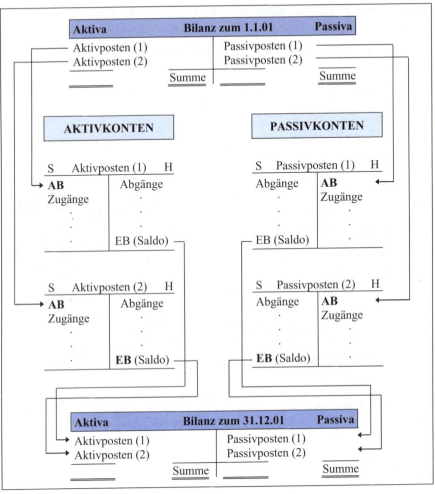

Abb. 19: Anfangsbilanz - Verbuchung auf Bestandskonten - Schlussbilanz

Ist bei einem Aktivkonto die Summe aus Anfangsbestand und Zugängen größer als die Abgänge, entsteht ein positiver Endbestand. Er erscheint als Saldo auf der Habenseite. Ein Saldo, der die Sollseite eines Kontos ausgleicht, heißt **Sollsaldo**. In entsprechender Weise bringt der **Habensaldo** die Habenseite zum Ausgleich. Es gilt somit:

Sollsalden stehen auf der Habenseite – Habensalden stehen auf der Sollseite

S	Aktivkonto		H
AB Zugänge . . .		Abgänge . . .	
	SOLLSALDO		

S	Passivkonto		H
Abgänge . . .		**AB** Zugänge . . .	
HABENSALDO			

Abb. 20: Soll- und Habensaldo

Wird ein Konto im Laufe eines Geschäftsjahres ausgeglichen (Endbestand gleich null), wird es nicht mehr in die Schlussbilanz aufgenommen. Werden dagegen im Laufe eines Jahres Bestände gebildet, die in der Anfangsbilanz nicht enthalten waren, wird ein neues Bestandskonto eingerichtet. Sein Saldo wird in die Schlussbilanz übernommen.

Bestandskonten können im Geschäftsjahr neu entstehen oder untergehen (ausgeglichen werden). Im letzten Fall erscheint das Konto nicht mehr in der Bilanz. Bestandskonten können aber auch die Bilanzseite wechseln. Aus einem Aktivkonto kann ein Passivkonto werden und umgekehrt. Ein typisches Beispiel ist das Konto "Bank":

Soll		Bank		Haben
Anfangsbestand	1.000	Abgänge		1.800
Zugänge	200			
Endbestand	**600**			
	1.800			1.800

Abb. 21: Veränderung des Kontencharakters

Wäre am Jahresende noch ein Bankguthaben vorhanden, müsste der Endbestand auf der Habenseite ausgewiesen werden. Im obigen Beispiel bestehen aber am Jahresende Bankverbindlichkeiten, die durch eine Überziehung des Bankkontos zustande kommen. Das Aktivkonto wird zu einem Passivkonto. In der Bilanz erscheint der Posten auf der Passivseite, indem eine Verbindlichkeit gegenüber Kreditinstituten ausgewiesen wird.

1.3 Grundtypen erfolgsneutraler Geschäftsvorfälle

Bei der Distanzrechnung wurde festgestellt, dass unter einem positiven (negativen) Unternehmenserfolg eine Erhöhung (Verminderung) des Eigenkapitals zu verstehen ist. **Erfolgswirksame** Geschäftsvorfälle sind Vorgänge, die zu einer Veränderung des Reinvermögens führen. Wird eine Ware für 120 € verkauft, die für 80 € eingekauft wurde, entsteht eine Eigenkapitalerhöhung (ein Gewinn) von 40 €. Dagegen verändert sich das Eigenkapital bei **erfolgsneutralen** Geschäftsvorfällen nicht. Diese Vorgänge lassen sich in vier Klassen einteilen:

1. **Aktivtausch**	(Bilanzsumme konstant)
2. **Passivtausch**	(Bilanzsumme konstant)
3. **Bilanzverlängerung**	(Aktiv-/Passivmehrung)
4. **Bilanzverkürzung**	(Aktiv-/Passivminderung)

Abb. 22: Grundtypen erfolgsneutraler Geschäftsvorfälle

Ausgehend von der folgenden Bilanz werden die erfolgsneutralen Geschäftsvorfälle erläutert. Die Ausgangsbilanz wird als "Alte Bilanz" bezeichnet.

A	Alte Bilanz		P
Waren	**100**	**EK**	**30**
		Kredit A	**70**
Kasse	**20**	**Kredit B**	**20**

Die bilanziellen Auswirkungen der folgenden vier Geschäftsvorfälle sind zu überprüfen. Jeder Geschäftsvorfall gehört in eine bestimmte Klasse erfolgsneutraler Vorgänge.

a) Warenverkauf für 100 € gegen Barzahlung
b) Kredittilgung bei der B-Bank durch zusätzliche Kreditaufnahme
   bei der A-Bank (20 €)
c) Wareneinkauf auf Ziel in Höhe von 40 €
d) Kredittilgung bei der B-Bank durch Barzahlung von 20 €

Abb. 23: Bilanzänderungen

a): Aktivtausch - Warenverkauf gegen Barzahlung (100 €)

A	Alte Bilanz		P		A	Neue Bilanz		P
Waren	100	EK	30	Kasse steigt, Waren sinkt	Kasse	120	EK	30
		Kredit A	70				Kredit A	70
Kasse	20	Kredit B	20				Kredit B	20

b): Passivtausch - Kredittilgung durch Umschuldung (20 €)

A	Alte Bilanz		P		A	Neue Bilanz		P
Waren	100	EK	30	Kredit A steigt, Kredit B sinkt	Waren	100	EK	30
		Kredit A	70					
Kasse	20	Kredit B	20		Kasse	20	Kredit A	90

Abb. 24: Aktivtausch und Passivtausch

c): Bilanzverlängerung - Wareneinkauf auf Ziel (40 €)

A	Alte Bilanz		P		A	Neue Bilanz		P
Waren	100	EK	30	Waren steigt, Lieferantenver-bindlichkeit steigt	Waren	140	EK	30
		Kredit A	70				Kredit A	70
Kasse	20	Kredit B	20				Kredit B	20
					Kasse	20	Lieferan-tenverb.	40

d): Bilanzverkürzung - Kredittilgung durch Barzahlung (20 €)

A	Alte Bilanz		P		A	Neue Bilanz		P
Waren	100	EK	30	Kasse sinkt, Kredit B sinkt	Waren	100	EK	30
		Kredit A	70				Kredit A	70
Kasse	20	Kredit B	20					

Abb. 25: Bilanzverlängerung und Bilanzverkürzung

Alle erfolgsneutralen Geschäftsvorfälle lassen sich einem dieser vier Grundtypen zuord-nen. Wenn die Bilanzsumme unverändert bleibt, muss es sich um einen Aktivtausch oder Passivtausch handeln. In diesen Fällen wird nur die Struktur der Aktiv- oder Passivposten verändert. Dagegen hat eine Bilanzverlängerung bzw. Bilanzverkürzung immer eine Veränderung der Bilanzsummen (Mehrung bzw. Minderung) zur Folge.

1.4   Verbuchung von Geschäftsvorfällen

Ein Aktivtausch ist dadurch gekennzeichnet, dass sich ein Aktivposten in der Bilanz erhöht und sich mindestens ein anderer Aktivposten entsprechend vermindert. Ein Aktivtausch berührt also immer zwei Bestandsgrößen auf jeweils einer Bilanzseite. Gleiches gilt auf der Passivseite für den Passivtausch.

Bei einer Bilanzverlängerung kommt es zu einer Vermehrung mindestens eines aktiven und eines passiven Bilanzpostens. Die Bilanzverkürzung ist dagegen durch die Verminderung der Aktiv- bzw. Passivseite gekennzeichnet. Daraus folgt: Jeder erfolgsneutrale Geschäftsvorfall berührt (mindestens) zwei Bilanzposten. Da für jeden Bilanzposten ein gesondertes Konto geführt wird, werden durch jeden Geschäftsvorfall mindestens **zwei Konten** angesprochen.

Das System der **Doppelten Buchführung** (Doppik) verlangt, jeden Geschäftsvorfall auf (mindestens) zwei Konten zu verbuchen. Um ein geschlossenes Buchungssystem zu entwickeln, erfolgt die Verbuchung jedes Geschäftsvorfalls in einer bestimmten Form, die als **Buchungssatz** bezeichnet wird. Dieser spricht in seiner **einfachen** Form zwei Konten an: ein Konto wird auf der Sollseite, ein anderes auf der Habenseite verändert. Nach buchhalterischer Konvention wird zuerst die Sollbuchung und dann die Habenbuchung genannt. Die allgemeine Schreibweise des einfachen Buchungssatzes lautet also:

Soll   an   Haben

Für die vier folgenden Geschäftsvorfälle sind die Buchungssätze und Konten anzugeben:

a) Warenverkauf zu 100 € gegen Barzahlung,

b) Kredittilgung von 20 € bei Bank B durch neue Kreditaufnahme bei Bank A,

c) Wareneinkauf auf Ziel in Höhe von 40 €,

d) Kredittilgung bei Bank B durch Barzahlung von 20 €.

Es ergeben sich die folgenden Buchungssätze mit den zugehörigen Kontenveränderungen. Die Soll- und Habenbuchungen weisen immer die gleichen Beträge auf.

a) Kasse			an	Waren		100,-

S	Kasse	H		S	Waren	H
AB	20			AB	100	a) 100
a)	100					

b) Verb. B-Bank			an	Verb. A-Bank		20,-

S	Verb. B-Bank	H		S	Verb. A-Bank	H
b)	20	AB 20				AB 70
						b) 20

Abb. 26: Einfache Buchungssätze (Aktiv- und Passivtausch)

c) Waren			an	Lieferantenverb.		40,-

S	Waren	H		S	Lieferantenverb.	H
AB	100					c) 40
c)	40					

d) Verb. B-Bank			an	Kasse		20,-

S	Verb. B-Bank	H		S	Kasse	H
d)	20	AB 20		AB	20	d) 20

Abb. 27: Einfache Buchungssätze (Bilanzverlängerung und -verkürzung)

Bei einfachen Buchungssätzen steht einer Sollbuchung genau eine betragsgleiche Habenbuchung gegenüber. Ein **zusammengesetzter Buchungssatz** ergibt sich, wenn auf einer Kontenseite mindestens zwei Konten angesprochen werden, wie die folgenden Beispiele verdeutlichen:

(1)   Wir kaufen Waren für 5.000 € und zahlen 2.000 € bar und den Rest durch Banküberweisung.

(2)   Ein Möbelgeschäft kauft sechs Schreibtische zu je 1.000 €, von denen einer für den eigenen Bedarf (Anlagevermögen) und fünf zum Weiterverkauf (Umlaufvermögen) bestimmt sind. Der Kauf erfolgt zur Hälfte auf Ziel und zur Hälfte durch Barzahlung.

Buchungssätze:				
(1) Waren	5.000,-	an	Kasse	2.000,-
			Bank	3.000,-
(2) Geschäftsausstattung	1.000,-	an	Kasse	3.000,-
Waren	5.000,-		Lieferantenverb.	3.000,-

Abb. 28: Zusammengesetzte Buchungssätze

Abschließend soll kurz auf die Frage eingegangen werden, wann die Verbuchung von Geschäftsvorfällen vorgenommen werden muss. Der **Zeitpunkt der Buchung** wird anhand des folgenden Beispiels erläutert.

Beispiel: Ein Kaufmann bestellt am 1.10. Ware im Wert von 1.000 €. Die Bestellung wird vom Lieferanten am 5.10. bestätigt. Am 12.10. wird die Ware geliefert, der die Rechnung beigefügt ist. Die Bezahlung erfolgt am 22.10. durch Banküberweisung.

Mit der Lieferung am 12.10. ist die Ware zu verbuchen, da sie sich im Besitz des Kaufmanns befindet und er über sie verfügen kann. Gleichzeitig ist eine Lieferantenverbindlichkeit zu verbuchen, da keine sofortige Bezahlung erfolgt. Am 12.10. haben sich die Aktiva und Passiva verändert. Es liegt ein (erfolgsneutraler) Geschäftsvorfall vor, der zu einer Bilanzverlängerung führt.

Am 22.10. muss ein weiterer Geschäftsvorfall gebucht werden, weil die Aktiva (Bank) bzw. Passiva (Lieferantenverbindlichkeiten) abnehmen (Bilanzverkürzung). Die Bestellung der Ware bzw. ihre Bestätigung lösen keine Geschäftsvorfälle aus. Erst wenn ein Unternehmer über die Ware verfügen kann, ist sie zu verbuchen. Auch ein gesonderter Rechnungseingang löst keine Buchung aus. Erst die Bezahlung der Rechnung führt zur Veränderung von Kontenbeständen.

1.5 Konteneröffnung und Kontenabschluss

Das Wesen der Doppelten Buchhaltung besteht darin, dass jeder Geschäftsvorfall im Soll eines Kontos und im Haben eines anderen Kontos erfasst wird, wobei die **Summe** der im Soll bzw. Haben gebuchten Beträge **gleich** ist. Außerdem muss jede Eintragung in einem Konto auf einen Buchungssatz zurückzuführen sein. Bislang wurden die Posten der Aktiv- und Passivseite der Bilanz ohne Buchungen in die entsprechenden Konten eingetragen. Diese Übertragung galt für die Anfangs- und Endbestände zum Jahresbeginn und zum Jahresende.

Um das System der Doppelten Buchhaltung (Doppik) durchgängig beizubehalten, werden zwei neue Konten eingeführt, nämlich das Eröffnungsbilanzkonto und das Schlussbilanzkonto. Das **Eröffnungsbilanzkonto** (EBK) ist die **seitenverkehrte** Darstellung der Bilanz zu Jahresbeginn. Die Anfangsbestände der Aktiv- und Passivkonten werden durch spezielle Buchungssätze eingebucht.

Für die Übernahme der Endbestände in die Schlussbilanz am Jahresende wird das **Schlussbilanzkonto** (SBK) verwendet, das denselben Aufbau wie die Bilanz aufweist. Die Konteneröffnungs- und Kontenabschlussbuchungen lauten allgemein:

Konteneröffnung:		
Eröffnungsbilanzkonto	an	Passivkonten
Aktivkonten	an	Eröffnungsbilanzkonto
Kontenabschluss:		
Schlussbilanzkonto	an	Aktivkonten
Passivkonten	an	Schlussbilanzkonto

Abb. 29: Buchungen für Konteneröffnung und Kontenabschluss

Dieses Vorgehen soll an einem Beispiel verdeutlicht werden. Aus der Anfangsbilanz eines Unternehmens wird das Eröffnungsbilanzkonto gebildet, indem Aktiv- und Passivseite **vertauscht** werden:

Aktiva		Bilanz zum 1.1.01	Passiva	
Fuhrpark	15.000	Eigenkapital		15.000
Waren	4.000	Darlehensverb.		12.000
Bank	10.000	Lieferantenverb.		2.000
	29.000			29.000

Soll		Eröffnungsbilanzkonto	Haben	
Eigenkapital	15.000	Fuhrpark		15.000
Darlehensverb.	12.000	Waren		4.000
Lieferantenverb.	2.000	Bank		10.000
	29.000			29.000

Abb. 30: Erstellung des Eröffnungsbilanzkontos

Die Verbuchung der Anfangsbestände wird wie folgt vorgenommen:

Buchungssätze:

(1)	Fuhrpark	an	Eröffnungsbilanzkonto	15.000,-
(2)	Waren	an	Eröffnungsbilanzkonto	4.000,-
(3)	Bank	an	Eröffnungsbilanzkonto	10.000,-
(4)	Eröffnungsbilanzkonto	an	Eigenkapital	15.000,-
(5)	Eröffnungsbilanzkonto	an	Darlehensverb.	12.000,-
(6)	Eröffnungsbilanzkonto	an	Lieferantenverb.	2.000,-

Abb. 31: Verbuchung der Anfangsbestände

Am Bilanzstichtag werden die Endbestände der Aktiv- und Passivkonten über das Schlussbilanzkonto verbucht. Wenn der Bestand des Aktivkontos "Bank" am Ende des Geschäftsjahres z.B. mit 6.000 € auf der Habenseite steht, wird gebucht: "Schlussbilanzkonto an Bank 6.000,-". Für Passivkonten lautet die Buchung allgemein "Passivkonto an Schlussbilanzkonto".

Die folgende Abbildung mit beispielhaften Endbeständen macht deutlich, dass kein inhaltlicher Unterschied zwischen dem Schlussbilanzkonto und der Schlussbilanz besteht. Im Unterschied zum Eröffnungsbilanzkonto ist das Schlussbilanzkonto **keine** seitenverkehrte Abbildung der Schlussbilanz.

Soll		Schlussbilanzkonto	Haben
Fuhrpark	25.000	Eigenkapital	15.000
Waren	6.000	Darlehensverb.	8.000
Bank	6.000	Lieferantenverb.	14.000
	37.000		37.000

Aktiva		Bilanz zum 31.12.01	Passiva
Fuhrpark	25.000	Eigenkapital	15.000
Waren	6.000	Darlehensverb.	8.000
Bank	6.000	Lieferantenverb.	14.000
	37.000		37.000

Abb. 32: Erstellung des Schlussbilanzkontos

2. Erfolgswirksame Buchungsvorgänge

2.1 Aufwand und Ertrag als Erfolgskomponenten

Im vorigen Abschnitt wurden nur Geschäftsvorfälle verbucht, die das Eigenkapital des Unternehmens unberührt ließen (erfolgsneutrale Geschäftsvorfälle). Viele betriebliche Vorgänge führen jedoch zu einer Veränderung des Eigenkapitals. Dabei kann es sich um Minderungen oder Mehrungen handeln.

Beispiele:

(1) Die Bank schreibt uns Zinsen gut

(2) Wir zahlen Miete für Büroräume bar.

Im Fall (1) nimmt der Bestand des Bankkontos zu, ohne dass der Bestand eines anderen bisher verwendeten Kontos beeinflusst wird. Das Vermögen wächst, ohne dass sich die Schulden verändern. Somit steigt das Reinvermögen an – der Bestand des **Eigenkapitals erhöht** sich. Im Fall (2) nimmt der Bestand des Kassenkontos ab, ohne dass sich der Bestand eines anderen bisher verwendeten Kontos verändert. Das Vermögen schrumpft, ohne dass sich die Schulden verändern. Somit vermindert sich das Reinvermögen – der Bestand des **Eigenkapitals nimmt ab**. Es handelt sich um erfolgswirksame Geschäftsvorfälle.

Die Minderung des Eigenkapitals (Reinvermögens) innerhalb einer bestimmten Periode wird als Aufwand, die Mehrung als Ertrag bezeichnet. Der **Aufwand** stellt somit die **Wertabnahme** innerhalb einer Periode dar, der **Ertrag** repräsentiert den **Wertzuwachs**. Der Erfolg einer Periode ergibt sich aus der folgenden Gleichung:

Erfolg	**=**	**Ertrag**	**-**	**Aufwand**
		(Positivkomponente)		(Negativkomponente)

Wir kennen jetzt zwei Möglichkeiten der Erfolgsermittlung, die in der folgenden Abbildung dargestellt werden:

Abb. 33: Verfahren der Erfolgsermittlung

Die Erfolgsermittlung durch **Distanzrechnung** wurde bereits im zweiten Kapitel erläutert. Es handelt sich um den Vergleich der Eigenkapitalbestände (Bestandsgrößen) am Schluss zweier aufeinanderfolgender Geschäftsjahre. Damit handelt es sich um eine Zeitpunktrechnung. Wird der Erfolg dagegen durch die Differenz der Erträge und Aufwendungen ermittelt, werden zwei Strömungsgrößen miteinander verglichen. Diese Form der Erfolgsermittlung wird als **Gewinn- und Verlustrechnung** (GuV-Rechnung) bezeichnet. Sie bildet die Ereignisse des gesamten Geschäftsjahres (eines Zeitraums) ab, so dass es sich um eine Zeitraumrechnung handelt. Die GuV-Rechnung wird noch genauer behandelt.

2.2 Verbuchung auf Aufwands- und Ertragskonten

Die Verbuchung von Erträgen (als Eigenkapitalerhöhungen) und Aufwendungen (als Eigenkapitalminderungen) kann direkt über das Eigenkapitalkonto erfolgen. Das Eigenkapitalkonto ist ein passives Bestandskonto, da es in der Bilanz auf der Passivseite steht. Somit werden Erträge im Haben und Aufwendungen im Soll dieses Kontos erfasst.

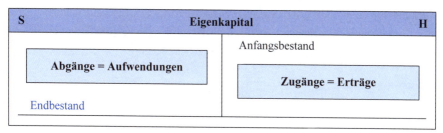

Abb. 34: Eigenkapitalkonto als Passivkonto

Die Verbuchung einer Zinsgutschrift (= Ertrag) bzw. einer Mietzahlung (= Aufwand) stellt sich kontenmäßig wie folgt dar:

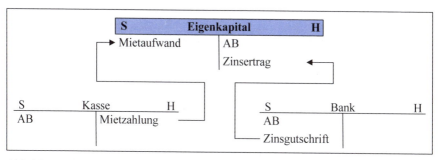

Abb. 35: Direktverbuchung über Eigenkapitalkonto

Der Mietaufwand vermindert den Vermögensbestand (Kasse) und das Eigenkapital. Es kommt zu einer **Bilanzverkürzung**, so dass die Bilanzsumme sinkt. Der Zinsertrag erhöht den Vermögensbestand (Bank) und das Eigenkapital. Es kommt zu einer **Bilanzverlängerung**, so dass die Bilanzsumme steigt. Diese bilanztechnischen Zusammenhänge wurden bereits erläutert.

Die direkte Verbuchung von Aufwendungen und Erträgen auf dem Eigenkapitalkonto hat zwei schwerwiegende **Nachteile**. Erstens: Die jährliche Zahl der Aufwands- und Ertragsbuchungen geht schon bei Kleinbetrieben in die Hunderte. Das Eigenkapitalkonto wird unübersichtlich (**Unübersichtlichkeit**). Zweitens: Der Jahreserfolg als Saldo zwischen Ertrag und Aufwand wird nicht sichtbar (**Intransparenz**).

Zur Beseitigung dieser Mängel werden **Erfolgskonten** eingerichtet. Zu unterscheiden sind Aufwandskonten und Ertragskonten. Aufwandskonten erfassen Eigenkapitalminderungen und Ertragskonten Eigenkapitalmehrungen. Aufwandskonten werden grundsätzlich im Soll und Ertragskonten grundsätzlich im Haben gebucht. Es gilt:

> Aufwands- und Ertragskonten sind Erfolgskonten

Die im Laufe eines Geschäftsjahres geleisteten Mietzahlungen werden auf dem **Aufwandskonto** "Mietaufwand" gebucht. Entsprechend werden die dem Bankkonto gutgeschriebenen Zinsen auf dem **Ertragskonto** "Zinsertrag" gebucht.

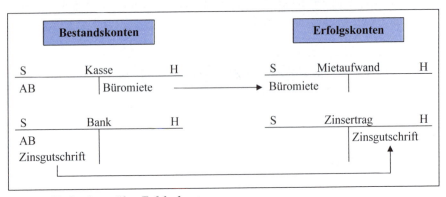

Abb. 36: Verbuchung über Erfolgskonten

Für jede Aufwandsart (Personalaufwand, Mietaufwand, Zinsaufwand, usw.) wird ein gesondertes Aufwandskonto eingerichtet. Entsprechendes gilt für jede Ertragsart (Umsatzerlöse, Mietertrag, Zinsertrag, usw.). Im Allgemeinen ist der Aufwand mit einem **Geldabfluss** und der Ertrag mit einem **Geldzufluss** verbunden. Die Aufwandsverbuchung erfolgt somit auf dem Bestandskonto im Haben und auf dem **Aufwandskonto** im **Soll**.

Entsprechend werden Erträge auf dem Bestandskonto im Soll und auf dem **Ertragskonto** im **Haben** verbucht. Der Kontenabschluss wird im nächsten Abschnitt behandelt.

2.3 Gewinn- und Verlustkonto

Am Ende eines Geschäftsjahres stehen im Soll eines Aufwandskontos bzw. im Haben eines Ertragskontos viele Einzelbuchungen. In Ausnahmefällen kann es auf einem Aufwandskonto (Ertragskonto) aber auch Habenbuchungen (Sollbuchungen) geben.

Beispiel: Wir zahlen monatlich 1.000 € Büromiete durch Banküberweisung. Da das Mietverhältnis Ende November abgelaufen ist, leistet der Vermieter eine Rückzahlung in Höhe von 1.000 € für die zu viel gezahlte Dezembermiete (Banküberweisung).

Buchungssätze:

| (1) - (12) | Mietaufwand | an | Bank | 1.000,- |
| (13) | Bank | an | Mietaufwand | 1.000,- |

Kontendarstellung:

S	Mietaufwand		H
(1)	1.000	(13)	1.000
...	...	**Saldo**	**11.000**
(12)	1.000		
	12.000		12.000

Abb. 37: Saldierung von Erfolgskonten

Jedes der Erfolgskonten gibt seinen **Saldo** an ein Sammelkonto ab, welches **Gewinn- und Verlustkonto** (GuV-Konto) genannt wird. Auf den Aufwandskonten erscheinen die Salden auf der Habenseite. Sie werden daher auf der **Sollseite** des GuV-Kontos gegengebucht. Entsprechend erscheinen die Salden der **Ertragskonten** im GuV-Konto auf der **Habenseite**. Das GuV-Konto erfasst somit alle Aufwands- und Ertragsarten der Periode, wie die folgende Abbildung zeigt.

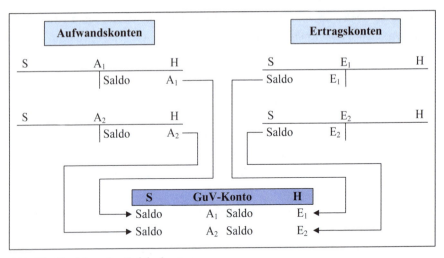

Abb. 38: Abschluss der Erfolgskonten

Nachdem die einzelnen Aufwendungen und Erträge auf dem **GuV-Konto** verbucht sind, kann der Erfolg ermittelt werden. Übersteigen die Erträge die Aufwendungen, ist ein **Gewinn** erwirtschaftet worden, der als Saldo auf der Sollseite des GuV-Kontos erscheint. Im umgekehrten Fall ist ein **Verlust** entstanden, der auf der Habenseite ausgewiesen wird:

S	GuV-Konto		H		S	GuV-Konto		H
Aufwand	400	Ertrag	500		Aufwand	500	Ertrag	400
Gewinn	**100**						**Verlust**	**100**

Abb. 39: Gewinn- und Verlustfall

Durch die Verwendung des GuV-Kontos kann der Erfolg gesondert ermittelt und analysiert werden. Auf diese Weise werden die Erfolgsquellen sichtbar gemacht. Das wäre nicht möglich, wenn die Erfolgskonten ihre Salden direkt an das Eigenkapitalkonto abgeben würden. Das GuV-Konto dient der **Erfolgsermittlung und Erfolgsanalyse.**

Darüber hinaus ist zu beachten, dass der Gesetzgeber nicht nur die Erstellung einer Bilanz, sondern auch einer GuV-Rechnung verlangt. Bilanz und GuV-Rechnung bilden zusammen den **Jahresabschluss** für alle Kaufleute. Die GuV-Rechnung wird aus dem GuV-Konto abgeleitet, indem Aufwendungen und Erträge in einer bestimmten Reihenfolge angeordnet werden. Durch die GuV-Rechnung erhalten unternehmensfremde Personen (insbesondere Gläubiger) wichtige Informationen über die Quellen des Periodenerfolges.

Zu beachten ist, dass ein Saldierungsverbot zwischen (sachlich gleichen) Aufwands- und Ertragsposten besteht. So dürfen z.b. die Posten "Zinsaufwand" und "Zinsertrag" nicht miteinander saldiert werden, da sonst wertvolle Informationen verlorengehen (**Bruttoprinzip**). Dieser Grundsatz ist wichtig, weil die aus dem GuV-Konto abgeleitete GuV-Rechnung einen Einblick in die Ertragslage des Unternehmens gewährleisten soll.

Das GuV-Konto muss am Jahresende ebenfalls abgeschlossen werden. Sein Saldo wird auf das Eigenkapitalkonto gebucht. Ein Gewinn erscheint als Reinvermögensmehrung im Haben des Eigenkapitalkontos – ein Verlust ist im Soll (als Reinvermögensminderung) zu verbuchen. Die zugehörigen Buchungssätze lauten:

> Gewinnfall: GuV-Konto an Eigenkapital - Verlustfall: Eigenkapital an GuV-Konto

Die Verbindung zwischen dem GuV-Konto, dem dort ermittelten Erfolg und dem Eigenkapitalkonto zeigt die folgende Abbildung.

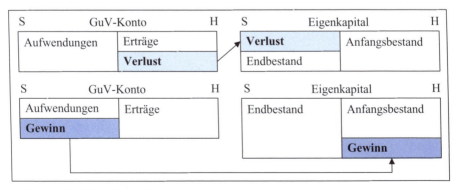

Abb. 40: Abschluss des GuV-Kontos

Beispiel: Im Geschäftsjahr 01 wurden Erträge von 200.000 € und Aufwendungen von 80.000 € erzielt. Der Erfolg beläuft sich auf 120.000 € (Gewinn). Der Buchungssatz lautet: "GuV-Konto an Eigenkapital 120.000,-". Das Eigenkapitalkonto verzeichnet einen Zugang, da der Gewinn das Reinvermögen vermehrt. Wären bei konstanten Erträgen Aufwendungen von 240.000 € entstanden, wäre ein Verlust zu verbuchen: "Eigenkapitalkonto an GuV-Konto 40.000,-". Das Reinvermögen sinkt um 40.000 €.

Abschließend lässt sich der Buchungsablauf bei erfolgswirksamen Geschäftsvorfällen schematisch durch die folgende Abbildung darstellen. Hierbei ist zu berücksichtigen, dass der Saldo des GuV-Kontos entweder einen Gewinn oder Verlust darstellt, je nachdem, ob die wirtschaftliche Tätigkeit erfolgreich oder erfolglos verlaufen ist. Ein Gewinn führt zur Mehrung und ein Verlust zu einer Minderung des Eigenkapitalbestandes.

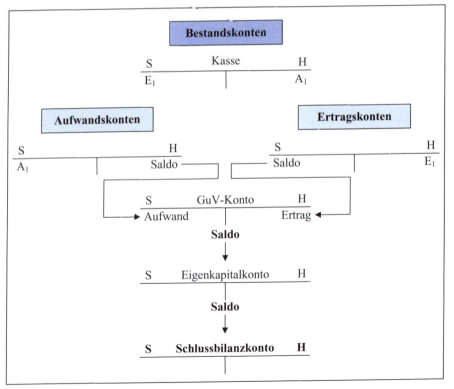

Abb. 41: Buchungsablauf erfolgswirksamer Geschäftsvorfälle

2.4 Gewinn- und Verlustrechnung

Das GuV-Konto enthält in T-Kontenform eine Gegenüberstellung von Aufwendungen (im Soll) und Erträgen (im Haben). Zur Information Außenstehender wird das GuV-Konto in eine GuV-Rechnung transformiert, für die die **Staffelform** gilt. Dabei werden Erträge mit einem Pluszeichen und Aufwendungen mit einem Minuszeichen untereinander geschrieben. Die GuV-Rechnung in Staffelform hat im Vergleich zur T-Form einen großen Vorteil: Die Staffelform erlaubt die Bildung von Zwischensummen, so dass der Gesamterfolg (Gewinn oder Verlust) in **Teilergebnisgrößen** aufgegliedert werden. Mit dieser Erfolgsspaltung soll der Einblick in die Ertragslage für externe Personen (z.B. kreditgebende Banken) verbessert werden.

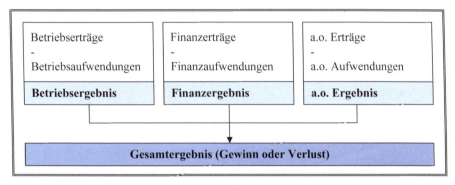

Abb. 42: Komponenten des Gesamtergebnisses

Im **Betriebsergebnis**, das auch als ordentliches Ergebnis bezeichnet wird, soll der Erfolg aus dem Kerngeschäft abgebildet werden. Zu den Betriebserträgen zählen Umsatzerlöse und sonstige betriebliche Erträge aus Nebenleistungen des Unternehmens wie z.B. Mieterträge oder Erträge aus dem Verkauf von Abfallprodukten (z.B. Sägespäne in der Möbelindustrie). Typische Betriebsaufwendungen sind im Handelsbetrieb: Wareneinsatz, Personalaufwand und sonstiger betrieblicher Aufwand (z.B. Mietaufwand, Portokosten).

Das **Finanzergebnis** ist der Saldo aus Finanzerträgen (z.B. Beteiligungserträge, Zinserträge oder Dividenden) und Finanzaufwendungen (z.B. Zinsaufwand). Bei Betrieben mit hohem Fremdkapitalanteil ist die Zinsbelastung meist höher als erzielten Finanzerträge, so dass das Finanzergebnis negativ ist.

Nach dem handelsrechtlichen Gliederungsschema der GuV-Rechnung werden das Betriebsergebnis und Finanzergebnis zum "Ergebnis der gewöhnlichen Geschäftstätigkeit" zusammengefasst. Damit soll der nachhaltig erzielbare Jahreserfolg abgebildet werden.

Im Gegensatz dazu werden nur selten anfallende Erfolgskomponenten (Einmaleffekte) im außerordentlichen Ergebnis (a.o. Ergebnis) ausgewiesen. Beispiele für einen außerordentlichen Aufwand (a.o. Aufwand) sind Vermögensverluste durch Enteignungen oder Naturkatastrophen. Als außerordentlicher Ertrag (a.o. Ertrag) sind z.b. Gewinne aus dem Verkauf von Teilbetrieben auszuweisen. Die GuV-Rechnung in Staffelform kann für einen Handelsbetrieb das folgende Aussehen haben. Hierbei werden Ertragsteuern, die am Gewinn anknüpfen, vernachlässigt. Zu nennen ist die **Gewerbesteuer**, die auf gewerbliche Gewinne anfällt. Auf die Ertragsteuern wird im nächsten Gliederungspunkt eingegangen.

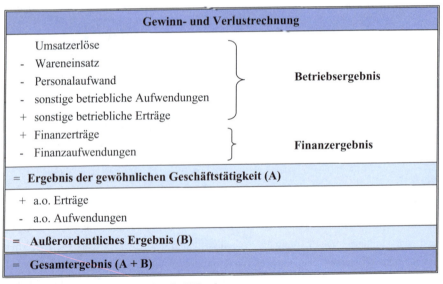

Abb. 43: Gliederungsschema der GuV-Rechnung

Ausgehend von einem gleich hohen Gesamtergebnis (1.000 €) für die drei Vergleichsunternehmen A, B und C lässt sich der Informationsgehalt der Erfolgsspaltung an folgendem Beispiel verdeutlichen. Ausgangspunkt ist Unternehmen A mit einem Ergebnis der gewöhnlichen Geschäftstätigkeit in Höhe von 1.000 € (außerordentliches Ergebnis: Null).

Fallbeispiele	A	B	C
Betriebsergebnis	950	1.450	950
+/- Finanzergebnis	50	50	- 250
= **Ergebnis der gewöhnlichen Geschäftstätigkeit**	**1.000**	**1.500**	**700**
+/- a.o. Ergebnis	-	- 500	300
= **Gesamtergebnis**	**1.000**	**1.000**	**1.000**

Abb. 44: Erfolgsspaltung in der GuV-Rechnung (Fallbeispiele)

Die nachhaltige Ertragskraft von B (1.500 €) ist um 500 € höher als die des Unternehmens A (1.000 €). Das Gesamtergebnis von B wird allerdings durch einen außerordentlichen Verlust (-500 €) belastet. Dennoch ist Unternehmen B aus langfristiger Sicht besser zu beurteilen als A, da der außerordentliche Verlust einen einmaligen Charakter hat.

Unternehmen C hat zwar dasselbe Betriebsergebnis wie Unternehmen A. Durch hohe Fremdkapitalzinsen von 250 € sinkt das nachhaltige Ergebnis von C aber auf 700 €. Nur durch einen positiven Einmaleffekt von 300 €, der sich als außerordentlicher Gewinn niederschlägt, kommt C auf dasselbe Gesamtergebnis wie A. Insgesamt wird ein Kreditgeber die Bonität von Unternehmen B am höchsten einstufen, da die nachhaltige Ertragskraft am besten ist. Unternehmen B erwirtschaftet die höchsten Mittel zur Kredittilgung.

3. Eigenkapitalkonto und Privatkonto

Bislang wurden in diesem Kapitel die folgenden Vorgänge behandelt: **Erfolgsneutrale** Geschäftsvorfälle, die auf Bestandskonten und **erfolgswirksame** Geschäftsvorfälle, die auf Erfolgskonten verbucht werden. Das Eigenkapitalkonto nimmt hierbei eine Sonderstellung ein. Auf diesem Konto finden hauptsächlich erfolgswirksame Geschäftsvorfälle ihren Niederschlag. Durch Übernahme des Saldos des **GuV-Kontos** auf das Eigenkapitalkonto findet im Fall eines Gewinns eine Eigenkapitalmehrung und im Fall eines Verlustes eine Eigenkapitalminderung statt. Der Gewinn erscheint im Haben des Eigenkapitalkontos und der Verlust im Soll. Das Eigenkapitalkonto ist ein Passivkonto, bei dem

Zugänge im Haben und Abgänge im Soll erfasst werden. Auch das Eigenkapitalkonto folgt dem allgemeinen Kontoformalismus passiver Bestandskonten.

Neben **wirtschaftlich** bedingten Eigenkapitaländerungen können sich bei Einzelunternehmen und Personengesellschaften weitere Einflüsse auf den Eigenkapitalbestand ergeben. Es handelt sich um Privateinlagen und Privatentnahmen. Von **Privateinlagen** spricht man, wenn der Unternehmer Geld (oder Güter) aus seinem Privatvermögen in das Unternehmen überträgt. Beispielsweise verwendet ein Einzelhändler eine bisher privat genutzte Stereoanlage ab dem 1.7.01 zur Unterhaltung seiner Kunden im Geschäft. Zu diesem Zeitpunkt liegt eine Privateinlage vor. Umgekehrt sind **Privatentnahmen** gegeben, wenn der Unternehmer Geld (oder Güter) aus dem Unternehmen in den Privatbereich überführt. Die Auswirkungen auf das Eigenkapital ergeben sich wie folgt:

Privateinlagen: Eigenkapitalmehrungen – Privatentnahmen: Eigenkapitalminderungen

---

Bei der Verbuchung von Steuerzahlungen ist zwischen den privaten Steuern des Unternehmers und den Aufwandsteuern des Unternehmens zu unterscheiden. Es gilt:

Private Steuern	Aufwandsteuern
• Einkommensteuer (mit SolZ) • Kirchensteuer	• Körperschaftsteuer (mit SolZ) • Gewerbesteuer • Grundsteuer • Kfz-Steuer

Abb. 45: Private und betriebliche Steuern

Der Gewinn eines Einzelunternehmens oder des Gesellschafters einer Personengesellschaft unterliegt der **Einkommensteuer**. Die Höhe des Steuersatzes hängt von den persönlichen Einkommensverhältnissen der betreffenden Personen ab. Der Solidaritätszuschlag (SolZ) wird als Zuschlag auf die Einkommensteuer erhoben. Ähnlich verhält es sich mit der Kirchensteuer, wenn eine Kirchensteuerpflicht besteht. Werden die **privaten Steuern** über ein betriebliches Bankkonto gezahlt, sind sie als **Privatentnahmen** zu verbuchen. Umgekehrt werden Rückerstattungen privater Steuern als Privateinlagen behandelt, wenn sie dem betrieblichen Bankkonto gutgeschrieben werden.

Im Gegensatz zu den privaten Steuern werden **Aufwandsteuern** durch die betriebliche Tätigkeit verursacht. Zu den Aufwandsteuern gehören die Kfz-Steuer und die Grundsteuer, soweit die Fahrzeuge bzw. Grundstücke und Gebäude betrieblich genutzt werden. Unabhängig von der Rechtsform des Unternehmens wird der Gewinn eines Gewerbebetriebs mit **Gewerbesteuer** belastet. Damit ist auch diese Steuer betriebsbedingt und als Steueraufwand in der GuV-Rechnung zu erfassen.

Die **Körperschaftsteuer** und der daran anknüpfende Solidaritätszuschlag sind von Unternehmen zu zahlen, die in der Rechtsform einer Kapitalgesellschaft (Aktiengesellschaft oder GmbH) geführt werden. Auch diese Steuern werden über ein Aufwandskonto ("Steueraufwand") gebucht, das über das GuV-Konto abgeschlossen wird. Somit gilt:

Privateinlagen und Privatentnahmen lassen erkennen, dass nicht jede Eigenkapitaländerung als Erfolg gedeutet werden kann. Zum Jahreserfolg gehören nur solche Eigenkapitaländerungen, die sich auf die Geschäftstätigkeit (auf wirtschaftliche Aktivitäten) zurückführen lassen. Wenn das Eigenkapital im Laufe des Geschäftsjahres um 100.000 € gestiegen ist und der Unternehmer eine Privateinlage von 70.000 € geleistet hat, beziffert sich der Jahreserfolg nur auf 30.000 €. Nur dieser Betrag ist erwirtschaftet worden.

Daher müssen bei der Ermittlung des Jahreserfolges durch Eigenkapitalvergleich (Distanzrechnung) Korrekturen vorgenommen werden, wenn private Vorgänge zu berücksichtigen sind. Es gilt: **Privateinlagen werden in Abzug gebracht und Privatentnahmen werden hinzugerechnet**. Ist das Eigenkapital im Laufe des Jahres um 100.000 € angestiegen, obwohl der Unternehmer monatliche Privatentnahmen in Höhe von 5.000 € getätigt hat, beträgt sein Gewinn nicht 100.000 €, sondern 160.000 €. Der entnommene Betrag von insgesamt 60.000 € (12 x 5.000 €) ist bei der Erfolgsermittlung durch Eigenkapitalvergleich wieder hinzuzurechnen, da auch dieser Betrag erwirtschaftet wurde.

Unter Berücksichtigung von Privatentnahmen (Fall a) und Privateinlagen (Fall b) muss die Erfolgsermittlung durch Distanzrechnung folgendermaßen erweitert werden:

		(a)	(b)
	Eigenkapital t_1	400.000	400.000
-	**Eigenkapital t_0**	- 300.000	- 300.000
+	**Privatentnahmen**	+ 60.000	
-	**Privateinlagen**		- 70.000
=	**Erfolg**	**+ 160.000**	**+ 30.000**

Abb. 46: Erweiterte Distanzrechnung (Beispiele)

Die erweiterte Distanzrechnung stellt sicher, dass der Erfolg einer Periode nur durch die unternehmerische Tätigkeit zustande kommt und nicht durch private Vorgänge beeinflusst wird. Auch unternehmensfremde Personen interessieren sich vorrangig für diese Erfolgsgröße, da sie meist einen nachhaltigen Charakter aufweist (z.B. als Betriebsergebnis).

Die Auswirkungen privater Vorgänge auf das Eigenkapital und den Erfolg werden oft verwechselt. Durch die Neutralisierung privater Vorgänge bei der erweiterten Distanzrechnung besteht **keine Erfolgswirkung** durch private Einlagen oder Entnahmen. Es gilt:

Privatvorgänge verändern das Eigenkapital, aber nicht den Erfolg

Werden die einzelnen Privateinlagen und Privatentnahmen (nachfolgend Nr. 1 bis 3) direkt über das Eigenkapitalkonto gebucht, ergibt sich folgender Aufbau des Eigenkapitalkontos. Im Fall A wird eine Gewinnsituation, im Fall B eine Verlustsituation unterstellt.

Fall A: Gewinnsituation

S	Eigenkapitalkonto H
Privatentnahme 1 Privatentnahme 2 Privatentnahme 3	AB
EB	Privateinlage 1 Privateinlage 2 Privateinlage 3
	Gewinn

Fall B: Verlustsituation

S	Eigenkapitalkonto H
Privatentnahme 1 Privatentnahme 2 Privatentnahme 3	AB
Verlust	Privateinlage 1 Privateinlage 2 Privateinlage 3
EB	

Abb. 47: Eigenkapitalkonto mit Entnahmen und Einlagen

Die **direkte Verbuchung** der Privateinlagen und Privatentnahmen über das Eigenkapital-konto ist **unzweckmäßig**, da das Volumen dieses Kontos stark zunimmt. Im Interesse der Übersichtlichkeit des Eigenkapitalkontos werden Privateinlagen und Privatentnahmen auf einem besonderen Konto verbucht, das Privatkonto genannt wird.

Das **Privatkonto** ist ein Unterkonto des Kontos "Eigenkapital". Ein **Unterkonto** wird eingerichtet, wenn die direkte Verbuchung vieler Geschäftsvorfälle auf dem Hauptkonto zu Unübersichtlichkeiten führen würde. Das Unterkonto wird immer über das zugehörige Hauptkonto abgeschlossen, indem der Saldo des Unterkontos auf das Hauptkonto gebucht wird. Durch dieses Vorgehen wird das Eigenkapitalkonto zu einem **"ruhenden" Konto**, da auf ihm nur noch einmal am Ende des Geschäftsjahres Buchungen (z.B. Saldo des Privatkontos oder des GuV-Kontos) vorgenommen werden.

Das Unterkonto folgt immer dem Kontenformalismus des Hauptkontos: Beim Privatkonto werden Zugänge (Einlagen) im Haben und Abgänge (Entnahmen) im Soll gebucht. Auf dem Privatkonto werden nur Strömungsgrößen erfasst. Es enthält weder Anfangsbestand noch Endbestand. Es wird beim Einzelunternehmen nur zur Verbuchung privater Vor-gänge im Laufe des Jahres eingerichtet, so dass es **nicht in der Bilanz** ausgewiesen wird.

Der buchungstechnische Zusammenhang zwischen Privatkonto und Eigenkapitalkonto wird in der folgenden Abbildung gezeigt. Es findet eine Eigenkapitalminderung statt, da ein Verlust erwirtschaftet wurde und außerdem die Entnahmen die Einlagen übersteigen.

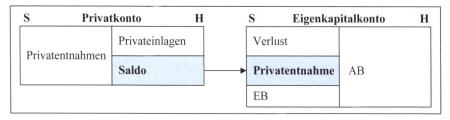

Abb. 48: Abschluss des Privatkontos

Beispiel: Der Anfangsbestand des Eigenkapitalkontos betrage 80.000 €. Vom betrieb-lichen Bankkonto, dessen Anfangsbestand 50.000 € betragen soll, werden monatlich - Buchungen (1) bis (12) - jeweils 2.000 € auf das private Bankkonto des Unternehmers abgebucht (Privatentnahme). Gegen Jahresende - Buchung (13) - leistet der Unternehmer eine Einzahlung in Höhe von 10.000 € auf das Bankkonto des Betriebes (Privateinlage). Am Jahresende hat per Saldo eine Eigenkapitalminderung von 14.000 € stattgefunden, die aber nicht durch die wirtschaftliche Tätigkeit des Unternehmers verursacht wurde.

Buchungssätze:				
(1) - (12)	Privatkonto	an	Bank	2.000,-
(13)	Bank	an	Privatkonto	10.000,-
Abschlussbuchung:				
(14)	Eigenkapital	an	Privatkonto	14.000,-

Abb. 49: Verbuchung privater Zahlungsvorgänge

S	Bank		H
AB	50.000	(1)	2.000
(13)	10.000	(2)	2.000
		.	.
		.	.
		.	.
		(12)	2.000
		EB	36.000
	60.000		60.000

S	Privatkonto		H
(1)	2.000	(13)	10.000
(2)	2.000	(14)	**14.000**
.	.		
.	.		
.	.		
(12)	2.000		
	24.000		24.000

S	Eigenkapital		H
(14)	**14.000**	AB	80.000
EB	66.000		
	80.000		80.000

Abb. 50: Private Zahlungsvorgänge im Kontenschema

Bei Einzelunternehmen genügt die Einrichtung eines Privatkontos zur laufenden Erfassung der Privatvorgänge. An einer **Personengesellschaft** (z.B OHG) sind mehrere Gesellschafter beteiligt, so dass aus Gründen der Klarheit und Übersichtlichkeit für jeden Gesellschafter ein eigenes Eigenkapitalkonto und Privatkonto geführt wird. Hierdurch können die personenbezogenen Eigenkapitaländerungen dargestellt werden.

Viertes Kapitel: Verbuchung laufender Geschäftsvorfälle im Handelsbetrieb

1. Verbuchung des Warenverkehrs

1.1 Warenverbuchung ohne Umsatzsteuer

1.1.1 Gemischtes Warenkonto

Das Merkmal von Handelsbetrieben besteht im Wareneinkauf und Warenverkauf, ohne dass eine Bearbeitung der Produkte erfolgt. Der Verkauf erfolgt meist zu einem Preis, der über den **Anschaffungskosten** liegt. Sie umfassen den Anschaffungspreis (Einkaufspreis) der Waren und den Bezugsaufwand, der direkt mit der Beschaffung verbunden ist (z.B. Transportkosten, Transportversicherung). Preisminderungen (z.B. Rabatte) verringern die Anschaffungskosten, die auch als **Einstandspreis** bezeichnet werden. Da der Bezugsaufwand die Nebenkosten der Beschaffung umfasst, gilt die allgemeine Gleichung:

> Anschaffungskosten = Anschaffungspreis + direkte Nebenkosten - Preisminderungen

Die Verbuchung des Warenverkehrs kann auf einem gemischten Warenkonto vorgenommen werden, auf dem sowohl Wareneinkäufe als auch Warenverkäufe gebucht werden. Das gemischte Warenkonto ist die älteste Form der Warenverbuchung, die aus didaktischen Gründen zunächst behandelt wird. Das Warenkonto eines Unternehmens zeigt in einem Geschäftsjahr die folgenden **mengenmäßigen** Bewegungen auf:

S	Waren		H
Anfangsbestand	200 St.	Abgang	250 St.
Zugang	100 St.	Endbestand	50 St.
	300 St.		300 St.

Abb. 51: Warenkonto (mengenmäßig)

Die Mengengrößen sind anschließend zu bewerten. Der Anfangsbestand, die Zugänge und der Endbestand werden mit den Einstandspreisen (z.B. ein Euro je Stück) bewertet. Die Abgänge werden mit den Verkaufspreisen (z.B. zwei Euro je Stück) bewertet. Somit gilt:

S		Waren		H
AB	200	Abgang		500
Zugang	100	EB		50
Warenrohgewinn				
(Saldo)	**250**			
	550			550

Abb. 52: Gemischtes Warenkonto

Ein **Nachteil** des gemischten Warenkontos liegt in der **unterschiedlichen Bewertung** der Waren und der damit verbundenen **Unübersichtlichkeit**: Anfangsbestand, Zugänge und Endbestand müssen nach den handelsrechtlichen Vorschriften mit den Anschaffungskosten (hier: 1 €/Stück), die Abgänge mit den Verkaufspreisen (hier: 2 €/Stück) bewertet werden. Das Warenkonto ist deshalb zunächst unausgeglichen. Der Ausgleich erfolgt durch den Warenrohgewinn oder Warenrohverlust, die sich wie folgt berechnen:

> Warenrohgewinn: Verkaufspreis > Einstandspreis
> Warenrohverlust: Verkaufspreis < Einstandspreis

Der Warenrohgewinn (Warenrohverlust) kann erst ermittelt werden, wenn der Endbestand nach der **Inventur** feststeht. Der Warenrohgewinn ist ein Ertrag, der in das GuV-Konto gebucht wird ("Waren an GuV-Konto"). Umgekehrt ist der Warenrohverlust ein Aufwand, der auf die Sollseite des GuV-Kontos gebucht wird: "GuV-Konto an Waren". Dieser Ablauf zeigt einen weiteren **Nachteil** des gemischten Warenkontos: Die **Unhandlichkeit**.

Zusammenfassend ist festzuhalten: Das gemischte Warenkonto ist zugleich Bestands- und Erfolgskonto. Als **Bestandskonto** gibt es seinen Endbestand an das **Schlussbilanzkonto** ab. Als **Erfolgskonto** leitet es den Warenrohgewinn (Warenrohverlust) auf die Habenseite (Sollseite) des **GuV-Kontos** weiter. Die folgende Abbildung zeigt den Kontenabschluss:

S	GuV-Konto	H	S	Waren		H
	Rohgewinn 250		AB	200	Abgang	500
			Zugang	100	EB	50
			GuV	**250**		
				550		550

Buchungssatz:			
Waren	an	GuV-Konto	250,-

Abb. 53: Abschluss des gemischten Warenkontos

Die Nachteile des gemischten Warenkontos lassen sich durch eine Aufteilung des Warenkontos in ein Bestandskonto und ein Erfolgskonto vermeiden. Damit erfolgt der Übergang zum getrennten Warenkonto, das nachfolgend erläutert wird.

1.1.2 Getrenntes Warenkonto

Beim getrennten Warenkonto werden die mit **Einstandspreisen** zu bewertenden Waren (Anfangsbestand, Zugänge, Endbestand) auf dem **Wareneinkaufskonto** (Warenbestandskonto) gebucht. Dieses Konto ist ein aktives Bestandskonto, das am Jahresbeginn den Bestand des Bilanzpostens "Waren" aufnimmt und am Jahresende seinen Endbestand an das Schlussbilanzkonto abgibt. Der Warenverkauf wird zu **Verkaufspreisen** auf dem **Warenverkaufskonto** gebucht. Es handelt sich um ein Erfolgskonto, das über das GuV-Konto abgeschlossen wird.

Beispiel:

Anfangsbestand:	100 St. à 1 €/Stück (= 100 €).
Einkauf (Zugang):	200 St. à 1 €/Stück (= 200 € - auf Ziel).
Verkauf (Abgang):	250 St. à 2 €/Stück (= 500 € - auf Ziel).
Endbestand lt. Inventur:	50 St. à 1 €/Stück (= 50 €).

Buchungssätze:			
Wareneinkauf	an	Verbindlichkeiten	200,-
Forderungen	an	Warenverkauf	500,-

Abb. 54: Verbuchung des Warenverkehrs

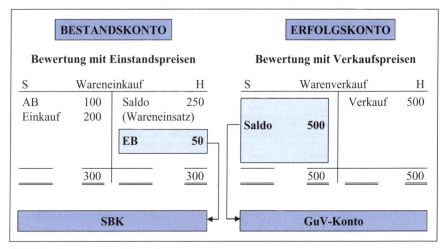

Abb. 55: Trennung der Warenkonten

Zunächst wird das **Wareneinkaufskonto** abgeschlossen. Man ermittelt den Endbestand im Rahmen der Inventur und bucht – wie beim aktiven Bestandskonto üblich – "SBK an Wareneinkauf". Nach Verbuchung des Endbestandes erscheint im Haben des Kontos "Wareneinkauf" ein Saldo. Hierbei handelt es sich um den Warenabgang, bewertet zu Einstandspreisen. Man bezeichnet ihn als **Wareneinsatz**.

Der Wareneinsatz stellt **Aufwand** dar: Es ist der Geldbetrag, den der Unternehmer für die Beschaffung der verkauften Waren aufbringen musste. Es zeigt sich, dass das Konto "Wareneinkauf" kein reines Bestandskonto, sondern ein **gemischtes Konto** ist. Gemischte Konten zeichnen sich dadurch aus, dass sie nicht nur Bestandsgrößen (Anfangs- und Endbestand), sondern auch Erfolgskomponenten (Wareneinsatz = Aufwand) enthalten.

Der **Warenverkauf** (hier: 500 €) ist als **Ertrag** zu interpretieren. Verbucht man den Wareneinsatz als Aufwand und den Warenverkauf als Ertrag über das GuV-Konto, bezeichnet man diesen Abschluss der beiden Warenkonten als **Bruttomethode**. Die aus dem GuV-Konto abgeleitete GuV-Rechnung weist dann ebenfalls den Warenverkauf (Warenumsatz) als Ertrag und den Wareneinsatz als Aufwand aus. Per Saldo ergibt sich der **Warenrohgewinn**. Zur Ermittlung des Gesamtgewinns eines Geschäftsjahres müssen aber noch weitere Aufwendungen abgezogen werden, die im vorigen Kapitel erläutert wurden.

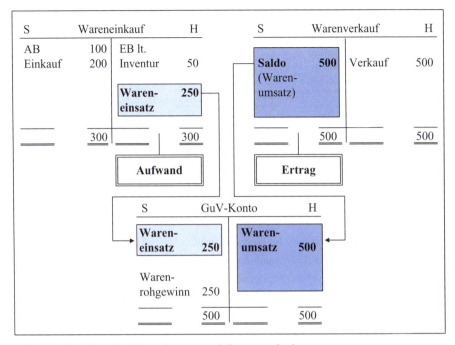

Abb. 56: Abschluss der Warenkonten nach Bruttomethode

Bei der **Nettomethode** wird der Endbestand des Wareneinkaufskontos ebenfalls im Schlussbilanzkonto gegengebucht. Der **Wareneinsatz** wird aber nicht auf das GuV-Konto, sondern auf das **Warenverkaufskonto** übertragen ("Warenverkauf an Wareneinkauf"). Anschließend wird dessen Saldo ins GuV-Konto gebucht. Per Saldo erhält man den Warenrohgewinn, der wie bei der Bruttomethode 250 € beträgt. Die Abbildung auf der folgenden Seite zeigt den Kontenabschluss.

Da das GuV-Konto die Grundlage für die Gewinn- und Verlustrechnung darstellt, gehen für den Bilanzleser bei der Nettomethode wertvolle Informationen verloren: Er erfährt nur die Höhe des Warenerfolges, nicht jedoch dessen Zusammensetzung. Der **Bruttomethode** ist daher der **Vorzug** zu geben. Das hat auch der Gesetzgeber erkannt und deshalb die Bruttomethode im HGB verankert. Nach § 246 Abs. 2 HGB dürfen Erträge und Aufwendungen grundsätzlich nicht miteinander verrechnet werden (Saldierungsverbot). Die Nettomethode kann aber von den meisten Unternehmen ebenfalls angewendet werden.

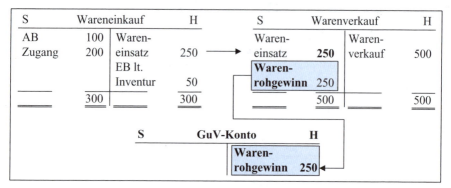

Abb. 57: Abschluss der Warenkonten nach Nettomethode

Größere Handelsbetriebe müssen zur **Lagerdisposition** laufend über die Höhe des Warenbestandes und aus Gründen der (monatlichen) **Erfolgskontrolle** ständig über die Höhe des
bislang erwirtschafteten Warenerfolges informiert sein. Die bisher dargestellte Buchungstechnik macht diese **Information unmöglich**, weil der Warenendbestand laut Inventur
und damit der Wareneinsatz erst am Jahresende ermittelt werden kann.

Die Einführung des Kontos "**Wareneinsatz**" erweitert die Informationsmöglichkeiten. Es
handelt sich um ein Aufwandskonto, das über das GuV-Konto abgeschlossen wird. Auf
dem Warenverkaufskonto wird wie bisher der Warenverkauf zu Verkaufspreisen im Haben verbucht. Gleichzeitig wird auf dem Konto "Wareneinsatz" jeder einzelne Verkaufsvorgang zum Einstandspreis im Soll verbucht (Gegenbuchung: Wareneinkauf).

Beispiel:

Warenanfangsbestand:	100 Stück à 1 €/Stück.
1. Warenverkauf (bar):	20 Stück à 2 €/Stück.
2. Warenverkauf (bar):	10 Stück à 2,50 €/Stück.

Buchungssätze:			
(1a) Kasse	an	Warenverkauf	40,-
(1b) Wareneinsatz	an	Wareneinkauf	20,-
(2a) Kasse	an	Warenverkauf	25,-
(2b) Wareneinsatz	an	Wareneinkauf	10,-

Abb. 58: Warenverbuchung mit Wareneinsatzkonto (Buchungssätze)

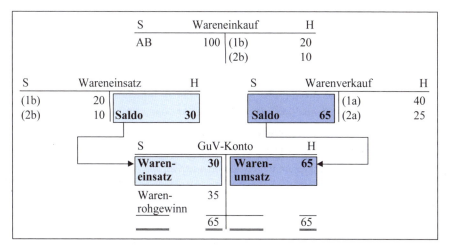

Abb. 59: Warenverbuchung mit Wareneinsatzkonto (Kontoform)

Das Beispiel verdeutlicht, dass der buchmäßige Warenendbestand (ohne Inventur) und der erwirtschaftete Warenerfolg monatlich, täglich, im Extremfall nach jedem Verkauf, festgestellt werden können. Nach Abschluss des ersten (zweiten) Verkaufsvorgangs lässt sich auf dem Konto "Wareneinkauf" der **aktuelle Endbestand** mit 80 Stück (70 Stück) **buchmäßig errechnen**.

Schließt man die beiden Erfolgskonten "Wareneinsatz" und "Warenverkauf" nach dem ersten (zweiten) Verkaufsvorgang über das GuV-Konto ab, zeigt sich dort ein **aktueller Warenroherfolg** (Saldo aus Warenverkauf und Wareneinsatz) in Höhe von 20 € (35 €). Die Einschaltung des Aufwandskontos "Wareneinsatz" weist den Nachteil erhöhter Arbeitsbelastung, aber den Vorteil verbesserter Informationsgewinnung auf.

Durch computergestützte Kassensysteme hält sich der Nachteil in Grenzen. Im 9. Kapitel wird gezeigt, dass die EDV-gestützte Buchhaltung erheblich zur Rationalisierung der Buchungsabläufe beiträgt. Werden für spezielle Warengruppen (z.B. Oberhemden, Unterhemden) gesonderte Warenkonten eingerichtet, können produktbezogene Erfolge ermittelt und anschließend **optimale Sortimente** zusammengestellt werden.

1.2   Warenverbuchung mit Umsatzsteuer

1.2.1   System der Umsatzsteuer

Viele Produkte, die ein Verbraucher erwerben kann, werden nicht von einem Unternehmen allein hergestellt und veräußert. Die Produkte durchlaufen verschiedene Fertigungsstufen, bis sie den Endverbraucher erreichen (z.B. von der Urerzeugung über die weiterverarbeitende Industrie, den Groß- und Einzelhandel an den Endverbraucher). Dabei steigt der Wert eines Produktes im Regelfall kontinuierlich an.

Dieser Wertzuwachs wird vom Staat mit der **Umsatzsteuer** (USt) belastet, die umgangssprachlich als "Mehrwertsteuer" bezeichnet wird. Der Mehrwert einer Stufe ergibt sich dabei aus der Differenz aus Verkaufs- und Einkaufspreis. Die Höhe der "Mehrwertsteuerschuld" ergibt sich dann aus der Multiplikation von Mehrwert und Mehrwertsteuersatz. Der Steuersatz beträgt seit Anfang 2007 grundsätzlich 19%.

Stufe	Verkaufspreis	-	Einkaufspreis	=	Mehrwert	Mehrwertsteuer
Urerzeugung	3.000	-	0	=	3.000	570
Weiterverarbeitende Industrie	5.000	-	3.000	=	2.000	380
Großhandel	8.500	-	5.000	=	3.500	665
Einzelhandel	10.000	-	8.500	=	1.500	285
Gesamter Mehrwert und Umsatzsteuer:					**10.000**	**1.900**

Abb. 60: Besteuerung des „Mehrwerts"

Die gesamte Steuer beträgt in obigem Beispiel 1.900 €, die nach dem Willen des Gesetzgebers vom Endverbraucher zu tragen ist. Damit hat die "Mehrwertsteuer" für die Unternehmen den Charakter eines durchlaufenden Postens, der nicht die Unternehmen selbst, sondern den Endverbraucher treffen soll. Die "**Mehrwertsteuer**" stellt für die Unternehmen - von wenigen Ausnahmen abgesehen - **keinen Aufwand** dar. Beim Wareneinkauf gehört die Umsatzsteuer regelmäßig nicht zu den Anschaffungskosten. Die Waren werden im Wareneinkaufskonto mit dem Nettowert aufgenommen. Im Folgenden wird nur noch der steuerrechtliche Begriff "Umsatzsteuer" verwendet.

Nach geltendem Umsatzsteuerrecht stellt ein Lieferant seinem Kunden die Umsatzsteuer (in der folgenden Abbildung: 3.800 €) in Rechnung. Der Kunde zahlt den Bruttopreis. Wenn der Kunde seinerseits Unternehmer ist und die Ware für netto 30.000 € weiterveräußern möchte, stellt er seinem Kunden den Bruttopreis von 35.700 € in Rechnung. Als Unternehmer hat er die Möglichkeit, die bezahlte Umsatzsteuer (3.800 €), die **Vorsteuer**, bei der Berechnung seiner Umsatzsteuerschuld abzuziehen. Per Saldo führt er die **Umsatzsteuerzahllast** (in der folgenden Abbildung: 1.900 €) an das Finanzamt ab.

Einkauf		Verkauf	
Wareneinkauf	20.000	Warenverkauf	30.000
+ 19 % USt	3.800	+ 19 % USt	5.700
Lieferantenverb.	23.800	Kundenforderung	35.700

Geschuldete USt	
Berechnete USt	5.700
- Vorsteuer	- 3.800
= **USt-Zahllast**	**1.900**

Abb. 61: Berechnung der geschuldeten USt (Zahllast)

Vereinfachend gilt, dass der Umsatzsteuer alle inländischen Lieferungen und sonstigen Leistungen unterliegen. Auch die Warenentnahme eines Kaufmanns, z.B. für private Zwecke, zählt nach dem Umsatzsteuergesetz (UStG) zu den Lieferungen. Zu beachten ist, dass nicht alle Umsätze dem allgemeinen Steuersatz von 19% unterliegen. Es existieren:

1. **Steuerbefreite Umsätze** wie z.B. die Vermietung von Gebäuden, Zinsen für Kredite, Versicherungsleistungen, Kauf von Wertpapieren. Bei einigen Umsätzen kann auf die Steuerbefreiung verzichtet werden, worauf aber nicht weiter eingegangen wird.
2. **Umsätze mit ermäßigtem Steuersatz** (derzeit 7%), der z.B. auf Umsätze für bestimmte Lebensmittel und Bücher angewendet wird.

Im Folgenden werden aus Vereinfachungsgründen nicht die geltenden Steuersätze von 19% bzw. 7% verwendet, sondern ein fiktiver Steuersatz in Höhe von **10%**. Steuerbefreite Umsätze werden als solche behandelt.

Die Umsatzsteuer muss am Ende des jeweiligen Umsatzsteuer-Voranmeldungszeitraums (meist: Kalendermonat) abgeführt werden. Dieser Zeitraum ist von der Umsatzhöhe abhängig. Im Normalfall gilt, dass die Umsatzsteuer bis zum **zehnten** Tag des jeweiligen Folgemonats an das Finanzamt abgeführt werden muss. Am Ende des Umsatzsteuer-Voranmeldungszeitraums ist die berechnete Umsatzsteuer normalerweise größer als die Vorsteuer, so dass eine **Verbindlichkeit** gegenüber dem Finanzamt entsteht.

In Ausnahmefällen kann auch einmal die Situation eintreten, dass der Vorsteuerbetrag größer ist als die berechnete Umsatzsteuer. Dann hat das Unternehmen eine **Forderung** gegenüber dem Finanzamt, die zu einer entsprechenden Rücküberweisung vom Finanzamt an das Unternehmen führt.

1.2.2   Verbuchung der Umsatzsteuer

Für die Verbuchung der Umsatzsteuer werden die Konten "Vorsteuer" und "Berechnete Umsatzsteuer" eingeführt. Das Konto **"Vorsteuer"** wird angesprochen, wenn ein Unternehmer Waren vom Beschaffungsmarkt erwirbt, die der Umsatzsteuer unterliegen. Da das Unternehmen die gezahlte Vorsteuer bei der Berechnung der eigenen Umsatzsteuerschuld geltend machen kann, weist das Vorsteuerkonto einen **Forderungscharakter** auf. Die Forderung besteht gegenüber dem Finanzamt. Es gilt:

> Konto "Vorsteuer" = Aktives Bestandskonto (Forderung)

Auf dem Konto **"Berechnete Umsatzsteuer"** wird die Umsatzsteuer verbucht, die bei der Veräußerung der Waren dem Kunden in Rechnung gestellt wird. Das Konto besitzt einen **Verbindlichkeitscharakter**. Die Verbindlichkeit besteht gegenüber dem Finanzamt.

> Konto "Berechnete Umsatzsteuer" = Passives Bestandskonto (Verbindlichkeit)

Die Konten "Vorsteuer" und "Berechnete USt" werden in der Buchhaltungspraxis über ein drittes Umsatzsteuerkonto mit dem Namen **"Umsatzsteuerverrechnung"** abgeschlossen

(Drei-Konten-Methode). Per Saldo erscheint auf diesem Konto die **"USt-Zahllast"**, d.h. der Betrag, der als Umsatzsteuerschuld an das Finanzamt abzuführen ist.

Beispiel:
1. Wareneinkauf per Bank 20.000,- (+ 10% USt) - kein Endbestand am Jahresende.
2. Warenverkauf per Bank 30.000,- (+ 10% USt).
3. Überweisung der USt an das Finanzamt am Jahresende.

Buchungssätze:					
(1)	Wareneinkauf	20.000,-	an	Bank	22.000,-
	Vorsteuer	2.000,-			
(2)	Bank	33.000,-	an	Warenverkauf	30.000,-
				Berechnete USt	3.000,-
(3)	USt-Verrechnung		an	Vorsteuer	2.000,-
(4)	Berechnete USt		an	USt-Verrechnung	3.000,-
(5)	USt-Verrechnung		an	Bank	1.000,-

Abb. 62: Verbuchung der USt (Drei-Konten-Methode) - Buchungssätze

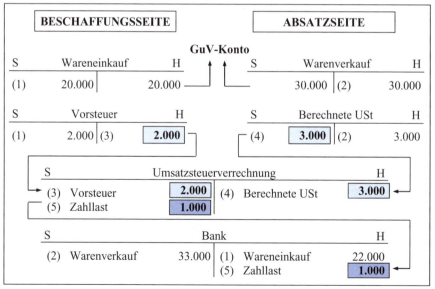

Abb. 63: Verbuchung der USt (Drei-Konten-Methode) - Kontoform

Am **Jahresende** wird der Saldo des Kontos "USt-Verrechnung" regelmäßig auf das Konto "Sonstige Verbindlichkeiten" gebucht, da die Umsatzsteuer des Monats Dezember erst bis zum 10. Januar des Folgejahres gezahlt werden muss. Es entsteht eine Verbindlichkeit gegenüber dem Finanzamt. Der zugehörige Buchungssatz lautet: "Umsatzsteuerverrechnung an Sonstige Verbindlichkeiten". Anschließend wird der Betrag auf das Schlussbilanzkonto gebucht ("Sonstige Verbindlichkeiten an SBK") und erscheint somit auf der Passivseite der Bilanz am Ende des Geschäftsjahres.

Entsteht am Jahresende ausnahmsweise ein Saldo im Haben des Kontos "Umsatzsteuerverrechnung", wird die Verbuchung über das Konto "Sonstige Forderungen" auf das Schlussbilanzkonto vorgenommen. Die Buchungssätze lauten: "Sonstige Forderungen an Umsatzsteuerverrechnung" und "SBK an Sonstige Forderungen". In der Bilanz wird ein Aktivposten ausgewiesen.

Bei der **Zwei-Konten-Methode** wird das Konto "Vorsteuer" über das Konto "Berechnete Umsatzsteuer" abgeschlossen (Buchungssatz: "Berechnete USt an Vorsteuer"). Der Saldo des Kontos "Berechnete USt" gibt die Zahllast an das Finanzamt wieder. Die buchungstechnische Behandlung der USt am Jahresende erfolgt analog zur Drei-Konten-Methode.

1.2.3 Verbuchung von Rücksendungen

Besondere Probleme ergeben sich, wenn die erhaltene bzw. veräußerte Ware fehlerhaft ist und eine Rücksendung (von dem Kunden bzw. an den Lieferanten) erfolgt. Dann muss neben der Korrektur der Warenkonten auch noch eine Korrektur der Umsatzsteuerkonten "Berechnete USt" bzw. "Vorsteuer" erfolgen. Aus didaktischen Gründen wird zuerst die grundsätzliche buchhalterische Erfassung von Rücksendungen **ohne Umsatzsteuer** dargestellt. Anschließend wird die Umsatzsteuerkorrektur berücksichtigt.

Erhalten wir eine **Rücksendung** von einem **Kunden**, handelt es sich um einen Warenzugang. Da die Lieferung der Ware an den Kunden auf dem **Warenverkaufskonto** (zu Verkaufspreisen) erfolgte, muss die Korrektur ebenfalls auf diesem Konto vorgenommen werden. Die Gegenbuchung erfolgt auf dem Konto "Forderungen", wenn ein Zielverkauf stattgefunden hatte.

Bei einer **Rücksendung** an unseren **Lieferanten** handelt es sich um einen Warenabgang. Dieser ist auf dem **Wareneinkaufskonto** zu verbuchen, da der Zugang auch auf diesem Konto (zu Einstandspreisen) festgehalten wurde. Die Gegenbuchung erfolgt beim Zieleinkauf auf dem Konto "Lieferantenverbindlichkeiten".

Zusammenfassend gilt: Rücksendungen von Kunden erfolgen zum Verkaufspreis auf dem Warenverkaufskonto - Rücksendungen an Lieferanten erfolgen zum Einstandspreis auf dem Wareneinkaufskonto. Die Verbuchung der Rücksendung erfolgt jeweils auf dem Konto, auf dem die Ursprungssendung verbucht wurde.

	Lieferantenrücksendungen	**Kundenrücksendungen**
Warenkonto	Wareneinkaufskonto	Warenverkaufskonto
Bewertung	Einstandspreise	Verkaufspreise
Buchungssatz (Zielkäufe)	Lieferantenverbindlichkeiten an Wareneinkauf	Warenverkauf an Forderungen

Abb. 64: Behandlung von Rücksendungen (ohne USt)

Das folgende Beispiel verdeutlicht die Buchungstechnik anhand der Kontendarstellung. Die Umsatzsteuer wird zunächst vernachlässigt. Der Abschluss der Warenkonten erfolgt nach der Bruttomethode (am Jahresende). Im Geschäftsjahr sind Kundenrücksendungen und Lieferantenrücksendungen zu berücksichtigen.

Beispiel:				
Anfangsbestand	100 Stück	à	1,-	(100,-)
Einkauf (Zugang)	200 Stück	à	1,-	(200,-)
Verkauf (Abgang)	250 Stück	à	2,-	(500,-)
Kundenrücksendung	60 Stück	à	2,-	(120,-)
Lieferantenrücksendung	30 Stück	à	1,-	(30,-)
Endbestand lt. Inventur	80 Stück	à	1,-	(80,-)

Abb. 65: Beispiel zu Rücksendungen

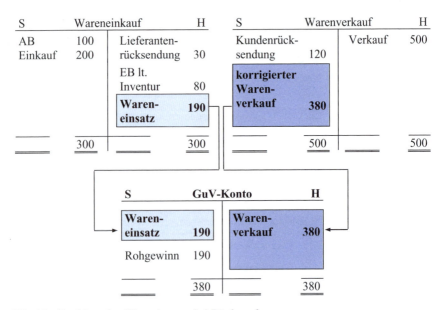

Abb. 66: Abschluss der Warenkonten bei Rücksendungen

Mit unserer Rücksendung an den Lieferanten (Habenbuchung auf „Wareneinkauf") wird der früher getätigte Wareneinkauf teilweise rückgängig gemacht. Analog wird durch die Rücksendung unseres Kunden (Sollbuchung auf „Warenverkauf") unser vorheriger Verkauf teilweise rückgängig gemacht. Die Rücksendungen führen also zu einer Korrektur bereits gebuchter Geschäftsvorfälle, die als **Stornobuchungen** bezeichnet werden. Wird die Umsatzsteuer berücksichtigt, sind Rücksendungen wie folgt zu buchen:

Kundenrücksendungen:		Lieferantenrücksendungen:	
Warenverkauf an Forderungen Berechnete USt		Lieferantenverb. an Wareneinkauf Vorsteuer	

Abb. 67: Verbuchung von Rücksendungen (mit USt)

Bei den **Kundenrücksendungen** ist nicht nur das Warenverkaufskonto, sondern auch das Konto "Berechnete USt" zu korrigieren, da sich der Umsatz nachträglich vermindert hat. Die **Umsatzsteuerschuld** gegenüber dem Finanzamt **nimmt ab**. Wird Ware an den **Lieferanten** zurückgesendet, ist das Vorsteuerkonto zu korrigieren, da der Umsatz mit dem

Lieferanten abgenommen hat. Der Vorsteueranspruch gegenüber dem Finanzamt hat sich **verringert**. Rücksendungen führen dazu, dass die Vorsteuer und die Umsatzsteuer (nachträglich) geändert werden müssen.

Die Geschäftsvorfälle aus dem vorhergehenden Beispiel sind unter Berücksichtigung der Umsatzsteuer wie folgt zu verbuchen (Drei-Konten-Methode):

Buchungssätze:					
(1) Wareneinkauf	200,-	an	Lieferantenverb.		220,-
Vorsteuer	20,-				
(2) Forderungen	550,-	an	Warenverkauf		500,-
			Berechnete USt		50,-
(3) Warenverkauf	120,-	an	Forderungen		132,-
Berechnete USt	12,-				
(4) Lieferantenverb.	33,-	an	Wareneinkauf		30,-
			Vorsteuer		3,-
(5) USt-Verrechnung		an	Vorsteuer		17,-
(6) Berechnete USt		an	USt-Verrechnung		38,-

Abb. 68: Warenrücksendung (mit USt) - Buchungssätze

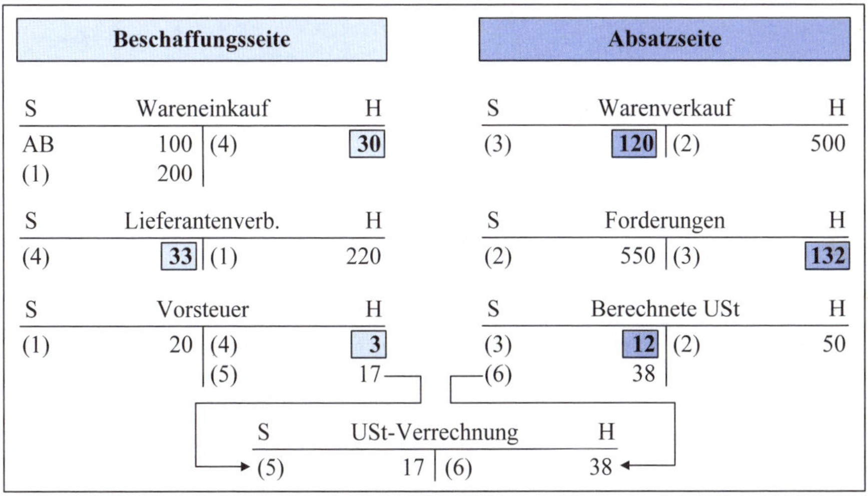

Abb. 69: Warenrücksendung (mit USt) - Kontoform

1.2.4 Verbuchung von Bezugsaufwand (Anschaffungsnebenkosten)

Beim Einkauf von Waren fallen für das bestellende Unternehmen zusätzlich zum Einkaufspreis meist noch weitere Kosten an, die als **Bezugsaufwand** oder Anschaffungsnebenkosten (kurz: Nebenkosten) bezeichnet werden. Beispiele für den vom Kunden zu tragenden Bezugsaufwand sind Transportkosten, Transportversicherung und Provisionen. Diese Aufwendungen sind dem Beschaffungsvorgang meist direkt zuzurechnen.

Bei der Verbuchung des Bezugsaufwands ist das **Prinzip periodengerechter Gewinnermittlung** zu beachten. Danach ist ein Aufwand bzw. Ertrag der Periode zuzurechnen, in welcher der Wertverzehr bzw. Wertzuwachs verursacht wurde. Die zugehörigen Zahlungen sind insoweit ohne Bedeutung.

Beispiel:
1. Wareneinkauf (bar) in **Periode I** für 10.000 € zuzüglich 10% USt.
2. Bezugsaufwand (bar) in **Periode I** für 2.000 € zuzüglich 10% USt.
3. Vollständiger Warenverkauf (bar) in **Periode II** für 15.000 € zuzüglich 10% USt.

	Aufwandsverrechnung		Aktivierung	
Periode	I	II	I	II
Ertrag	-	15.000	-	15.000
- Aufwand	2.000	10.000	-	12.000
Erfolg	**- 2.000**	**5.000**	**-**	**3.000**

Abb. 70: Erfolgsausweise beim Bezugsaufwand

Wenn der Bezugsaufwand sofort in voller Höhe als Aufwand verrechnet wird, kommt es zu einer **Verzerrung** der Periodenergebnisse: In Periode I wird ein Verlust und in Periode II ein zu hoher Gewinn ausgewiesen. Der Bezugsaufwand sollte nicht der Beschaffungsperiode, sondern der Veräußerungsperiode zugerechnet werden. Dann wird in Periode I kein Verlust und in Periode II nur ein Gewinn von 3.000 € ausgewiesen (rechte Spalte).

Die veräußerungsproportionale Verrechnung von Bezugsaufwand wird durch **Aktivierung** erreicht. Der in Periode I bezahlte Bezugsaufwand wird nicht über ein Aufwandskonto, sondern über das Bestandskonto "Wareneinkauf" verbucht. Der Warenbestand erscheint dann am Ende der Periode I nicht mit 10.000 €, sondern mit 12.000 € in der Schlussbilanz. Der Wareneinsatz (Aufwand) der Veräußerungsperiode II beträgt 12.000 €.

Würde die Ware zu einem Viertel in Periode I veräußert werden, sollte auch ein Viertel des Bezugsaufwands als Aufwand verrechnet werden. Dem Ertrag von 3.750 € steht in diesem Fall ein Aufwand (inklusive des Bezugsaufwands) von 3.000 € gegenüber, so dass sich der Gewinn auf 750 € beziffert. Die Gewinnermittlung erfolgt periodengerecht.

Die Aktivierung des Bezugsaufwands führt nicht nur zum periodengerechten **Erfolgsausweis**. Darüber hinaus wird auch die **Vermögenslage** in der Bilanz richtig ermittelt: Ware, die sich in unserem Lager befindet, hat für unser Unternehmen einen höheren Wert als Ware, die sich im Lager des Lieferanten befindet. Sie ist deshalb nicht mit dem Einkaufspreis (10.000 €), sondern mit dem **Einstandspreis** - den Anschaffungskosten - von 12.000 € zu bewerten. Die direkt zurechenbaren Nebenkosten sind zu aktivieren.

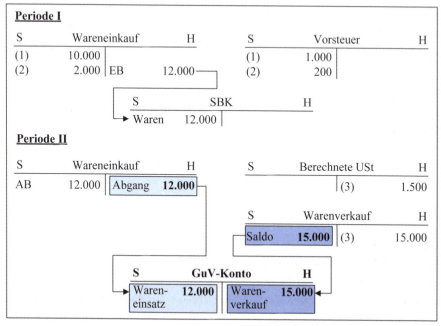

Abb. 71: Verbuchung des Bezugsaufwands

Wäre die Ware in Periode I zu einem Viertel verkauft worden, wären im Haben des Kontos "Wareneinkauf" 9.000 € als Endbestand und 3.000 € als Abgang (Wareneinsatz) verbucht worden. Dem Wareneinsatz würde im GuV-Konto ein Warenverkauf von 3.750 € gegenüberstehen (Gewinn: 750 €). In der Praxis wird zur Kostenkontrolle oft ein Konto "Bezugsaufwand" eingerichtet, das am Jahresende über Wareneinkauf abgeschlossen wird.

Die **Anschaffungsnebenkosten** sind nicht nur bei Waren zu aktivieren. Auch bei anderen Vermögensgegenständen, die für ein Unternehmen beschafft werden, müssen die vollen Anschaffungskosten berücksichtigt werden. Wenn betriebliche Fahrzeuge gekauft werden, müssen z.B. die Überführungskosten (vom Herstellungs- zum Auslieferungsort) dem Anschaffungspreis zugerechnet werden. Die Umsatzsteuer gehört nicht zu den Anschaffungskosten, wenn sie als Vorsteuer gegenüber dem Finanzamt geltend gemacht werden kann.

Beispiel: Unternehmer Müller betreibt in Würzburg ein Lebensmittelgeschäft mit verschiedenen Filialen im Umkreis von Würzburg. Für ihre Belieferung erwirbt er am 22.3.01 einen neuen Transporter für 40.000 € zzgl. 10% USt. Die Überführungskosten betragen 500 € zzgl. 10% USt, die Zulassungskosten beziffern sich auf 100 € (ohne USt). Für die Betankung des Fahrzeugs fallen weitere 80 € zzgl. 10% USt an. Alle Zahlungen werden vom Bankkonto des Unternehmers abgebucht, wobei eine Vorsteuer von 4.058 € entsteht.

Die Anschaffungskosten beziffern sich auf 40.600 €. Die Überführungs- und Zulassungskosten fallen an, um das Fahrzeug in einen **betriebsbereiten Zustand** zu versetzen. Die Kosten der Tankfüllung stellen einen sonstigen betrieblichen Aufwand dar, weil sie nicht für die Beschaffung des Fahrzeugs anfallen, sondern für dessen Betrieb. Die Anschaffung des Fahrzeugs wird gebucht: "Fuhrpark 40.600,- und Vorsteuer 4.050,- an Bank 44.650,-".

1.2.5 Verbuchung der Rabatte und Boni

Oft müssen Betriebe beim Warenbezug nicht den vollen, sondern nur einen prozentual verminderten Preis bezahlen. Sie erhalten einen Preisnachlass. Nach dem **Zeitpunkt** der Gewährung lassen sich Rabatte und Boni unterscheiden. Ein **Rabatt** wird sofort beim Erwerb wirksam, während ein **Bonus** nachträglich gewährt wird. Ein Beispiel ist der Umsatzbonus, der bei Erreichen eines bestimmten Umsatzes in einem Jahr gewährt wird.

Wenn ein Kunde bei seinem Lieferanten im Jahr z.B. einen Umsatz von mehr 500.000 €
netto erzielt, wird ihm ein Nachlass von 2% auf den Warenwert gutgeschrieben. Werden
520.000 € erzielt, erhält der Kunde eine Gutschrift von 10.400 €.

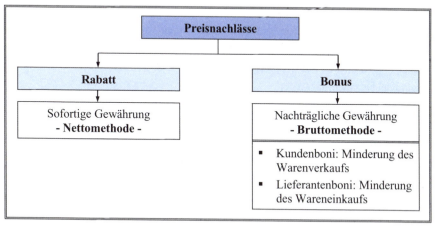

Abb. 72: Systematisierung der Preisnachlässe

Als sofortiger Preisnachlass wird der **Rabatt** schon bei der Rechnungserteilung in Abzug
gebracht. Die Rabattgewährung hat aus Sicht eines Unternehmens die folgenden Wirkungen (ein Beispiel findet sich in der folgenden Abbildung):
- Lieferantenrabatt (wir erhalten von unserem Lieferanten einen Rabatt): Verminderung
  des Wareinkaufswertes.
- Kundenrabatt (wir gewähren unserem Kunden einen Rabatt): Verminderung des Warenverkaufswertes.

Als nachträglicher Preisnachlass ist ein möglicher Bonus bei einer Warenlieferung noch
nicht bekannt. Deshalb wird zum Zeitpunkt der Warenlieferung zunächst der volle Warenwert zu Anschaffungskosten bzw. Verkaufspreisen auf die Konten "Wareneinkauf" bzw.
"Warenverkauf" gebucht. Erhalten wir von unseren Lieferanten im Laufe des Jahres Boni,
sammeln wir diese auf der Habenseite des Kontos "**Lieferantenboni**" an. Am Jahresende
wird dieses Konto über das Konto "Wareneinkauf" abgeschlossen, da es sich beim Lieferantenbonus um eine nachträgliche **Minderung der Anschaffungskosten** handelt.

Beim Kundenbonus verhält es sich anders. Räumen wir unseren Kunden nachträgliche Preisnachlässe ein, werden diese zunächst auf der Sollseite des Kontos "Kundenboni" gesammelt. Am Jahresende übertragen wir den Saldo auf die Sollseite des Kontos "Warenverkauf", da es sich beim Kundenbonus um eine Minderung des Warenverkaufswertes handelt, die zu einer **Erlösschmälerung** führt.

Die Verbuchung der Rabatte wird an dem folgenden Beispiel verdeutlicht. Im Fall A erhält der Handelsbetrieb selbst einen Rabatt (von seinem Lieferanten), im Fall B räumt er seinem Kunden einen Rabatt ein.

Fall A: Lieferantenrabatt		Fall B: Kundenrabatt	
Beschaffungsmarkt:		**Absatzmarkt**:	
Waren	10.000,-	Waren	15.000,-
- 15% Rabatt	1.500,-	- 12% Rabatt	1.800,-
Waren netto	8.500,-	Waren netto	13.200,-
+ 10% USt	850,-	+ 10% USt	1.320,-
Waren brutto	9.350,-	Waren brutto	14.520,-
Buchungssatz:		**Buchungssatz**:	
Wareneinkauf	8.500,-	Forderungen	14.520,-
Vorsteuer	850,-		
an		an	
Lieferantenver-		Warenverkauf	13.200,-
bindlichkeiten	9.350,-	Berechnete USt	1.320,-

Abb. 73: Nettoverbuchung von Rabatten

Bei der Verbuchung der Boni ist zu beachten, dass die Bemessungsgrundlagen für die Umsatzsteuer (Wareneinkaufspreis bzw. Warenverkaufspreis) nachträglich verändert werden. Deshalb müssen beim Lieferantenbonus die Beträge auf dem Konto "Vorsteuer" und beim Kundenbonus die Beträge auf dem Konto "Berechnete USt" gekürzt werden.

Beispiel (Lieferantenbonus):

1. Wareneinkauf auf Ziel 50.000 € (+ 10% USt).
2. Am Quartalsende gewährt uns unser Lieferant einen Bonus in Höhe von 6%, da wir die vereinbarte Umsatzgrenze überschritten haben.

Buchungssätze:

(1)	Wareneinkauf	50.000,-	an	Lieferantenverb.	55.000,-
	Vorsteuer	5.000,-			
(2)	Lieferantenverb.	3.300,-	an	Lieferantenboni	3.000,-
				Vorsteuer	300,-
(3)	Lieferantenboni		an	Wareneinkauf	3.000,-

Abb. 74: Verbuchung von Lieferantenboni (Buchungssätze)

S	Wareneinkauf	H		S	Lieferantenverb.	H
(1)	50.000	(3) 3.000	◄──	(2)	**3.300**	(1) 55.000

S	Vorsteuer	H		S	Lieferantenboni	H
(1)	5.000	(2) **300**	└── (3) 3.000	(3)	3.000	(2) **3.000**
		EB 4.700				

Abb. 75: Verbuchung von Lieferantenboni (Kontoform)

Beispiel (Kundenbonus):

1. Warenverkauf auf Ziel 80.000 € (+ 10% USt).
2. Am Quartalsende gewähren wir unserem Kunden einen Bonus in Höhe von 5%.

Buchungssätze:

(1)	Forderungen	88.000,-	an	Warenverkauf	80.000,-
				Berechnete USt	8.000,-
(2)	Kundenboni	4.000,-	an	Forderungen	4.400,-
	Berechnete USt	400,-			
(3)	Warenverkauf		an	Kundenboni	4.000,-

Abb. 76: Verbuchung von Kundenboni (Buchungssätze)

S	Forderungen	H		S	Warenverkauf	H
(1)	88.000	(2) **4.400**	──► (3) 4.000	(3)	4.000	(1) 80.000

S	Kundenboni	H		S	Berechnete USt	H
(2)	**4.000**	(3) 4.000	──	(2)	**400**	(1) 8.000
				EB	7.600	

Abb. 77: Verbuchung von Kundenboni (Kontoform)

1.2.6 Verbuchung der Skonti

Erhält ein Handelsbetrieb Waren von seinem Lieferanten, muss im Allgemeinen nicht sofort die Bezahlung erfolgen. In vielen Fällen räumt der Lieferant eine Zahlungsfrist (Zahlungsziel) ein. Auf einer Rechnung findet sich z.b. folgender Hinweis:

> **Zahlung innerhalb von acht Tagen unter Abzug von 3% Skonto, innerhalb 30 Tage netto Kasse.**

Wird die zusätzliche Frist von 22 Tagen vom Kunden nicht genutzt, darf er bei Bezahlung drei Prozent vom Rechnungsbetrag abziehen. Dieser Betrag wird **Skonto** genannt. Zahlt ein Kunde unter Ausnutzung des vollständigen Zahlungsziels, dann "kostet" dies den Verzicht auf den Skontoabzug. Damit kann der Skonto zum einen als ein Zinssatz für die Kreditgewährung innerhalb des Zahlungsziels angesehen werden. Zum anderen lässt sich der Skonto auch als ein Preisnachlass interpretieren, den ein Unternehmen bei vorzeitiger Zahlung einräumt bzw. erhält. Zunächst wird von der letzten Interpretation ausgegangen, die zur **Bruttomethode** führt.

Zu unterscheiden ist der Skonto, den ein Betrieb von seinem Lieferanten selbst erhält (Lieferantenskonto) und der Skonto, den ein Betrieb seinen Kunden einräumt (Kundenskonto). Mit dem Abzug des **Lieferantenkontos** verringert sich unsere Zahlungsverpflichtung, wobei zunächst das Ertragskonto "Lieferantenskonto" gebucht wird. Mit dem Abzug des **Kundenskontos** verringert unser Kunde seine Zahlungsverpflichtung, wobei das Aufwandskonto "Kundenskonto" gebucht wird. Am Jahresende sind Umbuchungen vorzunehmen, die im Folgenden behandelt werden.

Beispiel (Lieferantenskonto): Wareneinkauf auf Ziel: 10.000 € zuzüglich 10% USt. Bei Zahlung innerhalb von acht Tagen dürfen 3% Skonto abgezogen werden.

Am Tag des Wareneingangs ist die volle Lieferantenverbindlichkeit zu verbuchen. Lassen wir die Skontofrist verstreichen, ist der volle Rechnungsbetrag (inklusive Umsatzseuer, d.h. der Bruttobetrag) zu bezahlen. Bei Zahlung innerhalb der Skontofrist stellen wir die folgende Rechnung auf.

Rechnungsbetrag	-	3% Skontoabzug	=	Zahlungsbetrag
Netto 10.000	-	300	=	9.700
Vorsteuer 1.000	-	30	=	970
Brutto **11.000**	-	**330**	=	**10.670**

Abb. 78: Abzug des Lieferantenskontos

Wie der Lieferantenbonus bewirkt auch der Abzug des Lieferantenskontos:

1. Eine nachträgliche Minderung unserer Zahlungsverpflichtung (330 €).
2. Eine nachträgliche Minderung der Vorsteuer (30 €).
3. Eine nachträgliche Minderung des Einkaufswertes (der Anschaffungskosten von 300 €).

	Buchung bei Wareneingang				
(1)	Wareneinkauf	10.000,-	an	Lieferantenverb.	11.000,-
	Vorsteuer	1.000,-			
a)	**Buchung bei Zahlung nach Ablauf der Skontofrist**				
(2a)	Lieferantenverb.		an	Bank	11.000,-
b)	**Buchung bei Zahlung innerhalb der Skontofrist**				
(2b)	Lieferantenverb.	11.000,-	an	Bank	10.670,-
				Lieferantenskonto	300,-
				Vorsteuer	30,-
	Abschlussbuchung am Jahresende				
(3b)	Lieferantenskonto		an	Wareneinkauf	300,-

Abb. 79: Skonto beim Wareneinkauf (Lieferantenskonto)

Beispiel (Kundenskonto): Warenverkauf auf Ziel: 10.000 € zuzüglich 10% USt. Bei Zahlung innerhalb von acht Tagen dürfen 3% Skonto abgezogen werden.

Da unbekannt ist, ob der Kunde vor oder nach Ablauf von acht Tagen zahlt, wird zunächst der Rechnungsbetrag (inklusive der USt) in voller Höhe als Forderung gebucht (Bruttobetrag). Zahlt der Kunde nach Ablauf der Skontofrist, schuldet er den vollen Rechnungsbetrag (11.000 €). Bei Zahlung innerhalb der Skontofrist ergibt sich Folgendes:

1. Eine nachträgliche Minderung seiner Zahlungsverpflichtung (330 €).
2. Eine nachträgliche Minderung der berechneten Umsatzsteuer (30 €).
3. Eine nachträgliche Minderung des Verkaufswertes (Erlösschmälerung von 300 €).

Buchung bei Warenverkauf				
(1) Forderungen	11.000,-	an	Warenverkauf	10.000,-
			Berechnete USt	1.000,-
a) Buchung bei Zahlung nach Ablauf der Skontofrist				
(2a) Bank		an	Forderungen	11.000,-
b) Buchung bei Zahlung innerhalb der Skontofrist				
(2b) Bank	10.670,-	an	Forderungen	11.000,-
Kundenskonto	300,-			
Berechnete USt	30,-			
Abschlussbuchung am Jahresende				
(3b) Warenverkauf		an	Kundenskonto	300,-

Abb. 80: Skonto beim Warenverkauf (Kundenskonto)

Am Jahresende werden die Skontokonten durch die Buchungen "Lieferantenskonto an Wareneinkauf" bzw. "Warenverkauf an Kundenskonto" abgeschlossen. Es besteht eine Minderung der Anschaffungskosten bzw. eine Erlösschmälerung.

Lieferantenskonto Skontoabzug bei Wareneingang	**Kundenskonto** Skontoabzug bei Warenverkauf
Laufende Buchung: Konto "Lieferantenskonto"	Laufende Buchung: Konto "Kundenskonto"
Kontenabschluss: Konto "Wareneinkauf"	Kontenabschluss: Konto "Warenverkauf"

Abb. 81: Konten bei der Skontoverbuchung

Die **Beschaffungspraxis** folgt dem dargestellten Verfahren der Skontoverbuchung (**Brut-tomethode**). Wird der Skonto nicht als Preisnachlass, sondern als Zinsbetrag angesehen, kommt die nachfolgende Nettomethode zur Anwendung.

Exkurs: Nettomethode

Betriebswirtschaftlich spricht manches dafür, den Nettorechnungsbetrag (hier: 10.000 €) in zwei Bestandteile zu zerlegen: den **Warenwert** (9.700 €) und den **Zinsanteil** (300 €). Die Leistung des Lieferanten lässt sich gedanklich in eine Warenlieferung (Kosten: 9.700 €) und eine Kreditgewährung (Kosten: 300 €) unterteilen.

Lieferantenskonto: Bezahlen wir innerhalb der Skontofrist, ist der "reine" Warenwert (9.700 €) zuzüglich Vorsteuer (970 €) zu begleichen. Der Skontoaufwand als Preis für die Kreditgewährung ist zu stornieren, da der Kredit nicht genutzt wird; die Vorsteuer ist ebenfalls zu korrigieren. - Andernfalls bezahlen wir den Warenwert (9.700 €), den Skontoaufwand als Preis für die Kreditgewährung (300 €) und die Vorsteuer auf beide Leistungen (1.000 €). Da der Skontobetrag jetzt als Zinsaufwand interpretiert wird, ist der Skontoaufwand über das GuV-Konto abzuschließen. Der Wareneinkaufspreis bleibt unverändert, da der Wert **netto** gebucht wurde.

	Buchung bei Wareneingang				
(1)	Wareneinkauf	9.700,-	an	Lieferantenverb.	11.000,-
	Skontoaufwand	300,-			
	Vorsteuer	1.000,-			
a)	**Buchung bei Zahlung nach Ablauf der Skontofrist**				
(2a)	Lieferantenverb.		an	Bank	11.000,-
b)	**Buchung bei Zahlung innerhalb der Skontofrist**				
(2b)	Lieferantenverb.	11.000,-	an	Bank	10.670,-
				Skontoaufwand	300,-
				Vorsteuer	30,-

Abb. 82: Lieferantenskonto beim Wareneinkauf (Nettomethode)

Kundenskonto: Der Rechnungsbetrag (netto) wird in den Warenverkaufswert (9.700 €) und den Zinsanteil (300 €) zerlegt. Zahlt der Kunde vor Ablauf der Skontofrist, stornieren wir den bereits gebuchten Skontoertrag und korrigieren die berechnete USt. Hierdurch wird auch dem Handelsrecht Genüge getan, da der Verkaufswert netto erfasst wird.

	Buchung bei Warenverkauf				
(1)	Forderungen	11.000,-	an	Warenverkauf	9.700,-
				Skontoertrag	300,-
				Berechnete USt	1.000,-

a)	Buchung bei Zahlung nach Ablauf der Skontofrist				
(2a)	Bank		an	Forderungen	11.000,-

b)	Buchung bei Zahlung innerhalb der Skontofrist				
(2b)	Bank	10.670,-	an	Forderungen	11.000,-
	Skontoertrag	300,-			
	Berechnete USt	30,-			

Abb. 83: Kundenskonto beim Warenverkauf (Nettomethode)

1.2.7 Verbuchung privater Warenentnahmen

Auch die Warenentnahmen des Unternehmers für private Zwecke (z.B. Lebensmittel eines Händlers zum eigenen Verzehr) zählen zu den umsatzsteuerpflichtigen Lieferungen. Dadurch wird sichergestellt, dass der Unternehmer nicht begünstigt wird. Er könnte sonst Waren erhalten, für die er die Vorsteuer abgezogen hat, ohne dass er selbst Umsatzsteuer entrichtet. Die Warenentnahme lässt sich als eine Art "Lieferung des Unternehmens an den Unternehmer selbst" interpretieren. Somit wird das Konto "**Warenverkauf**" angesprochen, auf dessen Habenseite der entnommene Warenwert erscheint.

Die Warenbewertung erfolgt grundsätzlich mit den **Anschaffungskosten**. Haben sich jedoch zwischen Anschaffungs- und Entnahmezeitpunkt die Wiederbeschaffungskosten verändert, sind Letztere zu verwenden. Die Buchung erfolgt regelmäßig über das Privatkonto, da der Unternehmer meist keine Zahlung leistet. Es liegt eine Privatentnahme vor.

Beispiel: Ein Unternehmer entnimmt Waren für private Zwecke, unmittelbar nachdem sie geliefert wurde. Der Einkaufspreis beträgt 600 €, der Verkaufspreis 1.000 €. Es sind Nebenkosten von 50 € angefallen. Beim Erwerb wurde die Vorsteuer geltend gemacht.

Buchungssatz:				
Privatkonto	715,-	an	Warenverkauf	650,-
			Berechnete USt	65,-

Abb. 84: Verbuchung privater Warenentnahmen

Die Bewertung der Entnahme erfolgt mit den Anschaffungskosten von 650 €, die der Unternehmer entrichtet hat. Der Verkaufspreis ist ohne Bedeutung, da keine Veräußerung an Dritte stattgefunden hat. Die USt-Schuld erhöht sich um den abgezogenen Vorsteuerbetrag in Höhe von 65 €, so dass der Unternehmer keinen Vorteil erhält.

2. Verbuchung des Zahlungsverkehrs

2.1 Verbuchung von Anzahlungen

Erhält ein Handelsbetrieb **vor** der Auslieferung eines größeren Warenpostens eine Anzahlung, so entsteht eine Verbindlichkeit besonderer Art gegenüber dem Kunden. Diese Verbindlichkeit wird mit der Lieferung der Ware getilgt. Es wird ein besonderes **Passivkonto** eingerichtet, welches die Höhe der erhaltenen Anzahlungen angibt. Das Konto heißt **"Erhaltene Anzahlungen"** (Erhalt. Anzahl.).

Der zahlende Kunde besitzt eine Forderung gegenüber dem Handelsbetrieb in Höhe der geleisteten Anzahlung. Die Anzahlung auf eine Warenlieferung wird auf dem Aktivkonto **"Geleistete Anzahlungen"** (Gel. Anzahl.) im Umlaufvermögen ausgewiesen. Das Konto hat Forderungscharakter und wird bei Erhalt der Ware ausgeglichen. Entsprechend wird beim Lieferanten das Konto "Erhaltene Anzahlungen" mit der Lieferung kompensiert.

Bei der **Umsatzsteuer** besteht eine Besonderheit: Erhält der Unternehmer eine Anzahlung, entsteht die Umsatzsteuerschuld bereits bei Erhalt des Zahlungsbetrages. Bei einer Anzahlung von 10.000 € ist folgende Aufteilung vorzunehmen: Entgelt 9.090 € und USt 910 € (Berechnung: 0,1/1,1 x 10.000 € beim Steuersatz von 10%). Der Unternehmer, der die Anzahlung leistet, kann die in diesem Betrag enthaltene Umsatzsteuer als Vorsteuer abziehen, wenn eine entsprechende Rechnung über die Anzahlung vorliegt.

Beispiel:

1. Der Kunde leistet eine Anzahlung von 11.000 € durch Banküberweisung (Aufteilung: Anzahlung netto: 10.000 € und USt: 1.000 €).
2. Ausführung einer Warenlieferung zu 40.000 € (+ 10% USt) auf Ziel.
3. Der Kunde überweist die Restschuld in Höhe von 33.000 €.

Buchungssätze des Lieferanten:					
(1)	Bank	11.000,-	an	Erhaltene Anzahlungen	10.000,-
				Berechnete USt	1.000,-
(2)	Forderungen	33.000,-	an	Warenverkauf	40.000,-
	Erhaltene Anzahlungen	10.000,-		Berechnete USt	3.000,-
(3)	Bank		an	Forderungen	33.000,-
Buchungssätze des Kunden:					
(1)	Geleistete Anzahlungen	10.000,-	an	Bank	11.000,-
	Vorsteuer	1.000,-			
(2)	Wareneinkauf	40.000,-	an	Lieferantenverb.	33.000,-
	Vorsteuer	3.000,-		Geleistete Anzahlungen	10.000,-
(3)	Lieferantenverb.		an	Bank	33.000,-

Abb. 85: Verbuchung von Anzahlungen

Die Buchungen des Lieferanten und des Kunden verhalten sich spiegelbildlich zueinander. Die folgende Übersicht fasst die wesentlichen Aspekte der Anzahlungen zusammen.

Anzahlungen	
Geleistete Anzahlungen	**Erhaltene Anzahlungen**
Forderungscharakter	Verbindlichkeitscharakter
Aktivkonto: Geleistete Anzahlungen	Passivkonto: Erhaltene Anzahlungen
Vorsteuerabzug	**USt-Schuld**

Abb. 86: Systematisierung von Anzahlungen

2.2   Bedeutung und Funktion des Wechsels

Ein nicht unerheblicher Teil des Warengeschäfts wird über Wechsel finanziert. Der Wechsel ist ein Wertpapier, in dem sich der Schuldner verpflichtet, einen bestimmten Geldbetrag zu einem bestimmten Zeitpunkt zu zahlen. Die **Aufgaben** des Wechsels sind:

1. Der Wechsel ist ein **Kreditmittel**, da die Schuld des Käufers nicht sofort, sondern erst zu einem späteren Zeitpunkt fällig wird.

2. Der Wechsel ist ein **Zahlungsversprechen** des Käufers an den Verkäufer.

3. Der Wechsel ist ein **Kreditsicherungsmittel**, da für den Wechsel die strengen Vorschriften des Wechselgesetzes gelten.

Beispiel: Ein Fabrikant A liefert Ware an den Großhändler B, der sie an den Einzelhändler C weiterveräußert. C akzeptiert einen Wechsel, B gibt diesen Wechsel zahlungshalber an A weiter. Der Einzelhändler C zahlt auf Vorlage des Wechsels an Fabrikant A.

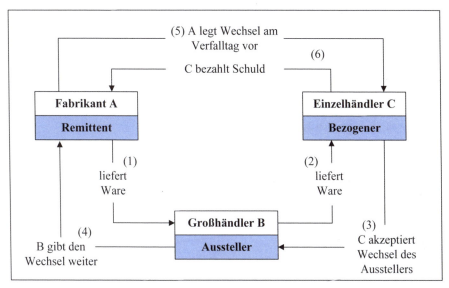

Abb. 87: Lieferungen und Zahlungen mit Wechsel

Weder der Großhändler noch der Einzelhändler können ihre Verbindlichkeiten sofort bezahlen. Zur Finanzierung des Warengeschäfts wird ein Wechsel verwendet. Der Großhändler B stellt einen Wechsel aus, den der Einzelhändler C durch seine Unterschrift akzeptiert. Großhändler B heißt **Aussteller**, Einzelhändler C **Bezogener** des Wechsels. Da B selbst Verbindlichkeiten gegenüber dem Fabrikanten A hat, gibt er den Wechsel an A weiter. A wird zum Wechselnehmer (**Remittent**). Im Normalfall legt der Fabrikant A am Verfalltag (Fälligkeitstag des Wechsels) den Wechsel bei C (Wechselschuldner) vor, der die Schuld begleicht. Die Laufzeit des Wechsels beträgt im Allgemeinen drei Monate.

Der Wechsel muss nach Artikel 1 des Wechselgesetzes verschiedene **Bestandteile** enthalten, damit er gültig ist. Im Einzelnen müssen vorhanden sein:

1. Das Wort "Wechsel",

2. Die Anweisung zur Zahlung einer Geldsumme,

3. Der Name des Bezogenen,

4. Der Verfalltermin,

5. Der Zahlungsort,

6. Der Namen des Remittenten,

7. Der Ausstellungstag und Ausstellungsort,

8. Die Unterschrift des Ausstellers.

Im folgenden Wechselformular sind diese Bestandteile fett gedruckt:

Lüneburg, den 20.6.01

Gegen diesen **Wechsel zahlen** Sie **am 20.9.01**
an die Order von **Fabrikant A € 11.000,- (elftausend Euro)**
in **Lüneburg, Müllerstr. 12.**

Bezogener

Einzelhändler C
- Anschrift –

Unterschrift des Bezogenen (vertical, left margin)

Unterschrift des Ausstellers B

Abb. 88: Merkmale des Wechsels

Links auf der Vorderseite des Wechsels unterschreibt der Bezogene quer. Der Fabrikant A ist der Remittent, an den C zahlen soll. Gibt A den Wechsel an einen neuen Wechselgläubiger (z.B. an D) weiter, wird dies auf dem Wechsel vermerkt. Mit seiner Unterschrift auf der Wechselrückseite, dem **Indossament**, garantiert A dem neuen Wechselinhaber D die Einlösung des Wechsels. Kann C am Verfalltag nicht zahlen, haften Aussteller B und Indossant A gesamtschuldnerisch für die Zahlung der Wechselsumme. Der aktuelle Wechselinhaber kann sich an jeden einzelnen Indossanten wenden, der auf dem Wechsel unterschrieben hat. Dadurch steht dem aktuellen Wechselinhaber eine breite Haftungsbasis zur Verfügung. Er hat die **beste rechtliche Position** inne. Der Inhaber kann den Wechsel auf folgende Weisen verwenden:

1. Er **präsentiert** ihn am Verfalltag dem Wechselschuldner.

2. Er gibt den Wechsel zwecks **Tilgung** eigener Verbindlichkeiten durch Indossament weiter.

3. Er **veräußert** ihn an seine Hausbank. Diese zahlt nicht die volle Wechselsumme, sondern nur den Barwert aus (Wechselsumme abzüglich Zinsen).

Abb. 89: Verwendungsmöglichkeiten des Wechsels

Ein **Warenwechsel** dient der Absicherung einer Forderung aus einer Warenlieferung. Im obigen Beispiel erhält der Großhändler einen Wechsel vom Einzelhändler. Hierdurch ist er z.B. in der Lage, seine eigenen Verbindlichkeiten beim Fabrikanten zu tilgen. Durch das strenge Wechselrecht ist für den Großhändler – aus rechtlicher Sicht – ein Wechsel vorteilhafter als die reine Forderung.

Die **Bilanzierung** des Wechsels wird wie folgt vorgenommen. Der Einzelhändler C als Wechselschuldner bilanziert den Wechsel auf der Passivseite unter dem Posten **"Schuldwechsel"**. Der Schuldwechsel stellt eine **kurzfristige Verbindlichkeit** dar, da die Laufzeit des Wechsels im Allgemeinen höchstens drei Monate beträgt.

Großhändler B bilanziert den Wechsel unter dem Posten **"Besitzwechsel"**. Es handelt sich um eine **kurzfristige Forderung**, die im Umlaufvermögen bilanziert wird. Wird der Wechsel vom Großhändler B weitergegeben, erscheint er nicht mehr in seiner Bilanz. B muss aber trotzdem damit rechnen, eventuell den Wechsel einlösen zu müssen (insbesondere bei Zahlungsunfähigkeit des C). Deshalb muss nach § 251 HGB **unter der Bilanz** des B ein Vermerk über die Höhe der weitergegebenen Wechsel (Indossamentverbindlichkeit) erfolgen. Diese besondere Darstellungsform zeigt den Gläubigern eine eventuell noch auftretende Verpflichtung. Der Fabrikant A wird durch die Weitergabe zum neuen Wechselgläubiger und bucht den Wechsel bei Erhalt auf das aktive Bestandskonto "Besitzwechsel".

Kann der Einzelhändler am Verfalltag nicht zahlen, kann sich der Fabrikant A (Remittent) mit der Verlängerung der Zahlungsfrist einverstanden erklären. Es wird ein neuer Wechsel ausgestellt, der **Prolongationswechsel** genannt wird. Ist A nicht zur Prolongation (Verlängerung) bereit, geht der Wechsel zu Protest (**Protestwechsel**).

2.3 Buchungstechnische Behandlung des Wechselverkehrs

Der Wechselverkehr verursacht bestimmte Kosten, die der Aussteller dem Wechselschuldner meist berechnet. Neben den Wechselspesen fallen Zinsen für die Kreditgewährung an, die als **Wechseldiskont** bezeichnet werden. Von der Bundesbank wurden früher Diskontsätze festgelegt, die die Kreditinstitute verwendeten. Die Europäische Zentralbank legt keinen Diskontsatz mehr fest, so dass die Kreditinstitute meist den "EURIBOR" zugrunde legen, der um einen Zuschlag erhöht wird. Der EURIBOR (European Interbank Offered Rate) ist ein Referenzzins am Eurogeldmarkt, der als Durchschnitt der Geldmarktsätze für Ein- bzw. Zwölfmonatsgelder im Interbankenhandel berechnet wird.

Wechseldiskont	-	Zinsen für die Kreditgewährung zuzüglich USt
Wechselspesen	-	Verwaltungskosten wie Porto- und Telefonkosten zuzüglich USt

Abb. 90: Kosten des Wechselverkehrs

Akzeptiert der Wechselschuldner einen Wechsel seines Lieferanten (Wechselgläubiger), werden die folgenden Buchungen bei den Parteien ausgelöst:

Wechselgläubiger verbucht:		
• Wechsel	auf	Aktivkonto "Besitzwechsel"
• Vereinnahmte Zinsen	auf	Ertragskonto "Diskontertrag"
• Ausgelegte Spesen	auf	Aufwandskonto "Nebenkosten des Geldverkehrs"
• Berechnete Spesen	auf	Aufwandskonto "Nebenkosten des Geldverkehrs"
• Umsatzsteuer	auf	Konto "Berechnete USt"

Wechselschuldner verbucht:		
• Wechsel	auf	Passivkonto "Schuldwechsel"
• Bezahlte Zinsen	auf	Aufwandskonto "Diskontaufwand"
• Bezahlte Spesen	auf	Aufwandskonto "Nebenkosten des Geldverkehrs"
• Umsatzsteuer	auf	Konto "Vorsteuer"

Abb. 91: Konten beim Warenwechsel

Beispiel: Der Einzelhändler C erhält vom Großhändler B eine Warenlieferung. C akzeptiert einen von B ausgestellten Wechsel. Die folgenden Geschäftsvorfälle sind mit dem Wechselverkehr verbunden:

| 1. Warenverkauf auf Ziel 10.000 € zuzüglich 10% USt. |
| 2. Der Schuldner C akzeptiert einen Wechsel des Gläubigers B über 11.000 €. |
| 3. Der Gläubiger B hat Barauslagen (umsatzsteuerfreie Spesen) von 25 €. |
| 4. Der Gläubiger B stellt dem Schuldner C die Wechselumlaufkosten (25 €) und den Wechseldiskont (165 €) zuzüglich USt in Rechnung. |

Abb. 92: Geschäftsvorfälle beim Warenwechsel

(1)	Forderungen	11.000,-	an	Warenverkauf	10.000,-
				Berechnete USt	1.000,-
(2)	Besitzwechsel		an	Forderungen	11.000,-
(3)	Nebenk. d. Geldverk.		an	Kasse	25,-
(4)	Sonstige Ford.	209,-	an	Diskontertrag	165,-
				Nebenk. d. Geldverk.	25,-
				Berechnete USt	19,-

Abb. 93: Buchungssätze beim Wechselgläubiger (B)

Durch den Warenverkauf entsteht eine Forderung von B gegenüber dem Einzelhändler C. Wenn C den Wechsel akzeptiert, erfolgt die Umbuchung auf das Konto "Besitzwechsel" (Aktivtausch). Die Spesen werden vom Großhändler B ausgelegt und auf dem Aufwandskonto "Nebenkosten des Geldverkehrs" verbucht. Anschließend werden sie mit den Zinsen (Wechseldiskont) dem Bezogenen in Rechnung gestellt, wobei Umsatzsteuer anfällt. Die Nebenkosten werden storniert, wodurch das Konto "Nebenkosten des Geldverkehrs" ausgeglichen wird. Das Konto "Diskontertrag" dient der Verbuchung der Wechselzinsen.

Analoge Buchungssätze ergeben sich beim Wechselschuldner C. Allerdings entfällt ein vergleichbarer Buchungssatz (3), da der Wechselschuldner keine Auslagen hat:

(1)	Wareneinkauf	10.000,-	an	Lieferantenverb.	11.000,-
	Vorsteuer	1.000,-			
(2)	Lieferantenverb.		an	Schuldwechsel	11.000,-
(3)	Diskontaufwand	165,-			
	Nebenk. d. Geldverk.	25,-			
	Vorsteuer	19,-	an	Sonstige Verb.	209,-

Abb. 94: Buchungssätze beim Wechselschuldner (C)

Der Wechselgläubiger kann den Wechsel auf verschiedene Weisen verwenden:

a) Er kann den Wechsel bis zum Verfalltag behalten und ihn dem C **präsentieren**. Wenn C durch Banküberweisung zahlt, lauten die Buchungssätze:

Wechselgläubiger bucht:			
Bank	an	Besitzwechsel	11.000,-
Wechselschuldner bucht:			
Schuldwechsel	an	Bank	11.000,-

Abb. 95: Buchungssätze bei Einlösung des Wechsels

b) Der Wechselgläubiger B kann den Wechsel sofort nach Erhalt an seinen Fabrikanten A **weitergeben**. A stellt ihm Wechselspesen in Höhe von 8,50 € und 165 € Diskont zuzüglich – vereinfachend – 10% USt in Rechnung.

Neuer Wechselgläubiger A bucht:				
(1) Besitzwechsel		an	Forderungen	11.000,-
(2) Sonstige Ford.	190,85	an	Diskontertrag	165,-
			Nebenk. d. Geldverk.	8,50
			Berechnete USt	17,35
Alter Wechselgläubiger B bucht:				
(1) Lieferantenverb.		an	Besitzwechsel	11.000,-
(2) Diskontaufwand	165,-	an	Sonstige Verb.	190,85
Nebenk. d. Geldverk.	8,50			
Vorsteuer	17,35			

Abb. 96: Buchungssätze bei Weitergabe des Wechsels

c) Der Wechselgläubiger B kann den Wechsel bei seiner Hausbank **diskontieren**. Er erhält eine um Zinsen (110 €) und Spesen (25 €) verringerte Bankgutschrift. Umsatzsteuerrechtlich ist nach Auffassung der Finanzverwaltung die **Umsatzsteuer auf den Diskontbetrag** zu berichtigten, da sich insoweit das Entgelt für die Lieferung von B an C vermindert. Diese Regelung gilt immer, wenn Warenlieferung und Kredit **einheitlich** behandelt werden. Dann ist der obige Diskontbetrag (110 €) in 100 € Diskontaufwand und 10 € USt aufzuteilen (beim unterstellten Steuersatz von 10%). In dem Maße, in dem sich die Umsatzsteuer von Großhändler B vermindert, reduziert sich der Vorsteueranspruch des Einzelhändlers C. Großhändler B muss den Einzelhändler C hierüber informieren.

Alter Wechselgläubiger B bucht:				
Bank	10.865,-	an	Besitzwechsel	11.000,-
Diskontaufwand	100,-			
Berechnete USt	10,-			
Nebenk. d. Geldverk.	25,-			

Abb. 97: Buchungssatz bei Wechseldiskontierung

d) Der Wechselgläubiger B hat den Wechsel bis zur Fälligkeit behalten. Am Verfalltag kann C nicht zahlen. C akzeptiert daraufhin einen von B ausgestellten **Prolongationswechsel** (Laufzeit drei Monate) über 11.000 €. Die von B in Rechnung gestellten Beträge (165 € Wechseldiskont zzgl. 25 € Wechselspesen zzgl. 10% USt) hat der Schuldner durch Überweisung beglichen.

Wechselgläubiger bucht:				
(1) Prolongationswechsel		an	Besitzwechsel	11.000,-
(2) Bank	209,-	an	Diskontertrag	165,-
			Nebenk. d. Geldverk.	25,-
			Berechnete USt	19,-
Wechselschuldner bucht:				
Diskontaufwand	165,-	an	Bank	209,-
Nebenk. d. Geldverk.	25,-			
Vorsteuer	19,-			

Abb. 98: Buchungssätze bei Prolongation des Wechsels

e) Der Wechselgläubiger B hat den Wechsel bis zur Fälligkeit behalten. Da C zahlungsunfähig und B nicht zur Prolongation bereit ist, geht der Wechsel zu **Protest**. Beim Wechselprotest kann der Wechselinhaber den Wechselbetrag vom Schuldner oder von jedem Indossanten verlangen. Da Protestwechsel ein besonders großes Risiko beinhalten, werden sie im Interesse der Klarheit auf ein gesondertes Konto gebucht, das den Namen "Protestwechsel" trägt. Mit Erstellung der Regressrechnung (80 €) durch den Regressnehmer erfolgt die Umbuchung des Protestwechsels auf das Konto "Sonstige Forderungen", da der Wechsel nicht mehr besteht. Gleichzeitig bucht der Regresspflichtige den Betrag bei Rechnungserhalt auf das Konto "Sonstige Verbindlichkeiten". Die Kosten des Protestwechsels unterliegen nach Auffassung der Finanzverwaltung beim Wechselgläubiger nicht der Umsatzsteuer. Der Wechselgläubiger kann keine Vorsteuer abziehen.

Wechselgläubiger bucht:				
(1) Protestwechsel		an	Besitzwechsel	11.000,-
(2) Sonstige Ford.	11.080,-	an	Protestwechsel	11.000,-
			Nebenk. d. Geldverk.	80,-
Wechselschuldner bucht:				
(1) Schuldwechsel		an	Protestwechsel	11.000,-
(2) Protestwechsel	11.000,-	an	Sonstige Verb.	11.080,-
Nebenk. des Geldverkehrs	80,-			

Abb. 99: Buchungssätze bei Wechselprotest

3. Verbuchung des Personalaufwands

3.1 Komponenten des Personalaufwands

Die Arbeitnehmer erhalten für ihre Tätigkeit im Unternehmen ein Entgelt, den Bruttolohn bzw. das Bruttogehalt. Dieser Betrag wird aber nicht in voller Höhe ausgezahlt, da die folgenden Komponenten abgezogen werden: Der Sozialversicherungsbeitrag (Arbeitnehmeranteil) und die Lohn- und Kirchensteuer. Der auf die Lohnsteuer erhobene Solidaritätszuschlag wird im Folgenden vernachlässigt.

Der Beitrag zur **Sozialversicherung** umfasst Zahlungen an die Renten-, Kranken-, Pflege- und Arbeitslosenversicherung. Die Höhe der Zahlungen richtet sich nach dem jeweiligen Bruttolohn bzw. Bruttogehalt, auf die prozentuale Beitragssätze erhoben werden. Allerdings bezahlt der Arbeitnehmer nur 50% des gesamten Beitrags (Arbeitnehmeranteil zur Sozialversicherung). Die andere Hälfte wird vom Arbeitgeber übernommen (Arbeitgeberanteil zur Sozialversicherung).

Die **Lohnsteuer** ist eine besondere Erhebungsform der Einkommensteuer. Die Lohnsteuer wird zwar direkt vom Arbeitgeber an das Finanzamt abgeführt, der Arbeitnehmer bleibt jedoch Schuldner der Steuer. Die Höhe der monatlichen Lohnsteuer kann speziellen Steuertabellen entnommen werden. Der Arbeitnehmer ist grundsätzlich verpflichtet, nach Ablauf eines Jahres eine Einkommensteuererklärung beim Finanzamt einzureichen, die alle von ihm erzielten Einkünfte enthält.

Die **Kirchensteuer** ist zu entrichten, wenn der Arbeitnehmer Mitglied einer anerkannten religiösen Gemeinschaft ist. Die Höhe der Kirchensteuer hängt grundsätzlich von der Einkommensteuer ab, auf die ein fester Prozentsatz von meist 9% erhoben wird. Die Einzelheiten werden in speziellen Kirchensteuergesetzen geregelt. Auch die Kirchensteuer wird vom Arbeitgeber für den Arbeitnehmer direkt an das Finanzamt abgeführt.

Für das Unternehmen stellt das Bruttogehalt Aufwand dar ("Lohn- und Gehaltsaufwand"). Dieser Aufwand wird noch um den Betrag erhöht, den der Arbeitgeber an die Sozialversicherung zu entrichten hat (Arbeitgeberanteil zur Sozialversicherung). Dieser Betrag wird über das Konto "Sozialaufwand" gebucht.

Somit ergeben sich für den Arbeitnehmer bzw. Arbeitgeber unterschiedliche Sichtweisen bezüglich des Nettogehalts bzw. des gesamten Personalaufwands, wenn vom Bruttogehalt ausgegangen wird. Wie die beispielhaften Zahlen zeigen, weicht der Personalaufwand des Arbeitgebers deutlich vom Nettogehalt des Arbcitnehmers ab, wie die folgende Abbildung zeigt (AGA = Arbeitgeberanteil, ANA = Arbeitnehmeranteil):

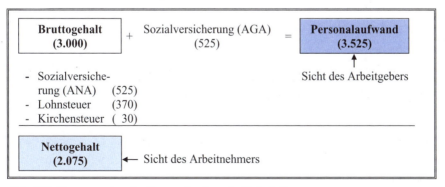

Abb. 100: Komponenten des Personalaufwands (Beispiel)

3.2 Buchungstechnische Behandlung des Personalaufwands

Die Verbuchung des Personalaufwands wird dadurch erschwert, dass die einzelnen Komponenten an verschiedene Empfänger überwiesen werden müssen. Außerdem sind diese Buchungen teilweise zu unterschiedlichen Zeitpunkten durchzuführen, wie das folgende vereinfachte Beispiel zeigt.

30.09.	Nettogehalt	An den Arbeitnehmer
30.09.	Sozialversicherung	
	• Krankenversicherung	• An die Krankenkassen
	• Pflegeversicherung	• An die Pflegekassen
	• Rentenversicherung	• An die Bundesversicherungsanstalt
	• Arbeitslosenversicherung	• An die Bundesagentur für Arbeit
10.10.	Lohnsteuer	An das Finanzamt
10.10.	Kirchensteuer	An das Finanzamt

Abb. 101: Zahlungsempfänger beim Personalaufwand

Das Nettogehalt wird dem Arbeitnehmer am Monatsende überwiesen. Die Überweisung der Sozialversicherungsbeiträge ist so zu leisten, dass die Gutschrift auf dem Konto der Sozialversicherungsträger ebenfalls zum Monatsende erfolgt. Die Lohn- und Kirchensteuer sind dagegen erst zum 10. des Folgemonats zu überweisen. Zum Monatsende (hier: 30.9.) werden sie auf das Konto "Sonstige Verbindlichkeiten" gebucht. Oft wird auch ein besonderes Passivkonto "Noch abzuführende Abgaben" eingerichtet.

(1) Lohn- und Gehaltsaufwand	an	Bank
		Sonstige Verbindlichkeiten
		(Noch abzuführende Abgaben)
(2) Sozialaufwand (AGA)	an	Bank

Abb. 102: Struktur der Personalaufwandsverbuchung

Die folgende Abbildung zeigt die Ermittlung des Nettogehalts bzw. des gesamten Personalaufwands auf. Hierbei wird von beispielhaften Beträgen für die Steuern und Sozialversicherungsbeiträge ausgegangen:

Fritz Müller	Gehaltsabrechnung	September 01
Bruttogehalt		**3.000,-**
▪ Lohnsteuer	370,-	
▪ Kirchensteuer	30,-	
▪ Sozialversicherung ANA	<u>525,-</u>	<u>925,-</u>
Nettogehalt		**2.075,-**
Sozialversicherung AGA	525,-	

Abb. 103: Beispiel zum Personalaufwand

Gemäß obiger Gehaltsabrechnung überweisen wir die folgenden Beträge:

1. Am 30.09. an Fritz Müller das Nettogehalt in Höhe von 2.075 €.
2. Am 30.09. den Arbeitnehmeranteil zur Sozialversicherung in Höhe von 525 €.
3. Am 30.09. den Arbeitgeberanteil zur Sozialversicherung in Höhe von 525 €.
4. Am 10.10. die Lohn- und Kirchensteuer in Höhe von 400 € an das Finanzamt.

Buchungssätze:				
30.09.	Lohn- und Gehalts- aufwand	3.000,- an	Bank	2.075,-
			Bank	525,-
			Noch abz. Abgaben	400,-
30.09.	Sozialaufwand (AGA)	an	Bank	525,-
10.10.	Noch abz. Abgaben	an	Bank	400,-

Abb. 104: Verbuchung des Personalaufwands

Das Bruttogehalt wird buchungstechnisch in die Komponenten "Nettogehalt", "Arbeitnehmeranteil" und "Lohn- und Kirchensteuer" zerlegt. Das Nettogehalt und der Arbeitnehmeranteil werden am Monatsende überwiesen. Das gilt auch für den Arbeitgeberanteil. Im obigen Beispiel sinkt der Bestand des betrieblichen Bankkontos um 3.125 € (2.075 € + 525 € + 525 €). Die Buchungen auf dem Bankkonto können in der Abbildung auch zusammengefasst werden. Die Lohn- und Kirchensteuer (400 €) wird am Monatsende auf das Konto "Noch abzuführende Abgaben" gebucht und am 10. des Folgemonats überwiesen.

Sind am Jahresende noch Beträge an das Finanzamt zu überweisen, werden sie unter dem Posten "Sonstige Verbindlichkeiten" in der Bilanz passiviert. Im folgenden Geschäftsjahr wird dieser Posten über das Bankkonto des Unternehmens aufgelöst, da Zahlungen an das Finanzamt bargeldlos, d.h. über den Bankenverkehr zu leisten sind.

Erhält der Arbeitnehmer einen **Vorschuss**, weist der Betrieb zunächst eine Forderung aus ("Sonstige Forderungen an Bank"). Der Vorschuss wird mit dem auszuzahlenden Nettogehalt des nächsten Monats verrechnet: Das Konto "Sonstige Forderungen" wird ausgeglichen und das Bankkonto vermindert sich um den Betrag des Nettogehalts abzüglich des Vorschusses.

Beispiel: Es gelten die Daten des obigen Beispiels mit folgenden Änderungen:

1. Herr Müller erhält am 15.9. einen Vorschuss in Höhe von 1.000 € durch Banküberweisung.

2. Die Gehaltsabrechnung erfolgt unter Abzug von 1.000 € Vorschuss in Anlehnung an das obige Beispiel.

Buchungssätze:				
15.9.	Sonstige Ford.		an	Bank	1.000,-
30.9.	Lohn- und Gehaltsaufwand	3.000,-	an	Sonstige Ford.	1.000,-
				Bank	1.075,-
				Bank	525,-
				Noch abz. Abgaben	400,-
30.9.	Sozialaufwand		an	Bank	525,-

Abb. 105: Verbuchung von Gehaltsvorschüssen

Bis zum 10.10. muss die Lohn- und Kirchensteuer von 400 € an das Finanzamt überwiesen werden. Das Konto "Noch abzuführende Abgaben" wird wieder ausgeglichen. Stehen am Bilanzstichtag noch Gehaltsvorschüsse aus, erfolgt ein bilanzieller Ausweis unter dem Aktivposten "Sonstige Forderungen" im Umlaufvermögen. Im Folgejahr wird dieser Posten aufgelöst, indem eine Verrechnung mit den nächsten Gehaltszahlungen der betreffenden Arbeitnehmer erfolgt.

Fünftes Kapitel: Verbuchung laufender Geschäftsvorfälle im Industriebetrieb

1. Erfolgswirkungen der Produktion

Viele Buchungen des Handelsbetriebs sind auch im Industriebetrieb vorzunehmen (z.B. Verbuchung des Zahlungsverkehrs und des Personalaufwands). Daneben weisen Handels- und Industriebetrieb aber auch Unterschiede auf. Im Handelsbetrieb werden Waren eingekauft und ohne weitere Bearbeitung weiterveräußert. Im Mittelpunkt des Industriebetriebs steht dagegen der **Produktionsprozess**, d.h. die Verarbeitung von Produktionsfaktoren zu Produkten, die am Absatzmarkt zur Erzielung von Umsatzerlösen angeboten werden.

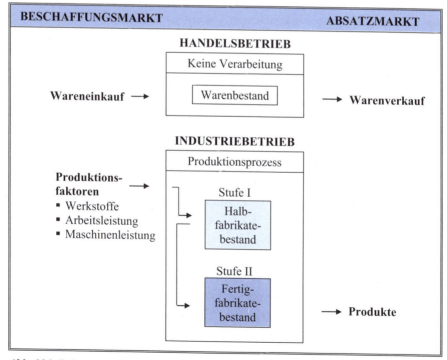

Abb. 106: Leistungserstellung im Handels- und Industriebetrieb

Ein Produktionsprozess kann ein- oder mehrstufig sein. Bei der Produktion von Wärme in einem Heizwerk handelt es sich um einen **einstufigen** Produktionsprozess: Eine Feuerungsanlage verwandelt Brennstoffe in einem einzigen Arbeitsgang in das Produkt "Wärme". Bei einem **mehrstufigen** Produktionsprozess vollzieht sich die industrielle Leistungserstellung auf mindestens zwei Fertigungsstufen: In der ersten Stufe werden die Produktionsfaktoren zunächst zu Halbfabrikaten (unfertigen Erzeugnissen = uE) und anschließend in der zweiten Stufe zu Fertigfabrikaten (fertigen Erzeugnissen = fE) weiterverarbeitet. Bei der Stuhlherstellung in einer Möbelfabrik könnte die Fertigungsstufe 1 die Fertigung von Stuhlgestellen umfassen, die in der Fertigungsstufe 2 (Polsterei) zu fertigen Stühlen weiterverarbeitet werden.

Sind in einem Handelsbetrieb am Jahresende noch Warenbestände vorhanden, werden sie in der Bilanz mit den **Anschaffungskosten** bewertet. Die Bewertung der im Industriebetrieb am Jahresende vorhandenen Halb- und Fertigfabrikate kann jedoch **nicht** zu Anschaffungskosten erfolgen, da dieser Wert bei selbst erstellten Erzeugnissen nicht existiert. Zur Bewertung der Endbestände unfertiger und fertiger Erzeugnisse zieht man deshalb eine Hilfsgröße heran, die als **Herstellungskosten** bezeichnet wird. Dieser Wert lässt sich wie folgt definieren:

> Herstellungskosten umfassen alle Aufwendungen, die durch die Fertigung der Erzeugnisse bedingt sind

Werden in einer Abrechnungsperiode 100 Stück Fertigerzeugnisse mit einem Produktionsaufwand (z.B. für Material und Personal) von insgesamt 30.000 € hergestellt, liegen die Herstellungskosten pro Stück bei 300 €. Abweichend von dieser einfachen Divisionskalkulation enthält das Handelsrecht in § 255 Abs. 2 HGB spezielle Vorschriften zur Ermittlung der Herstellungskosten.

Bezeichnet man die in einer Periode produzierte Menge als x_p und die abgesetzte Menge als x_a, dann lassen sich im Rahmen der industriellen Leistungserstellung hinsichtlich der Lagerbestandsveränderungen prinzipiell drei Fälle unterscheiden, die nachfolgend drei verschiedenen Perioden zugeordnet werden:

Periode	Verhältnis von Produktion und Absatz	Bestand uE, fE
01	$x_p = x_a$ – Synchron	**Keine Änderung**
02	$x_p > x_a$ – Produktion auf Lager	**Zunahme**
03	$x_p < x_a$ – Verkauf vom Lager	**Abnahme**

Abb. 107: Produktion und Absatz im Industriebetrieb

In **Periode 1** laufen Produktion und Absatz synchron. Waren die Bestände an Halb- und Fertigfabrikaten am Periodenanfang gleich null, sind auch am Periodenende keine Lagerbestände mehr vorhanden. Beim **Vermögensausweis** in der Schlussbilanz gibt es kein Bewertungsproblem. Die **Vermögenslage** wird richtig abgebildet. Der **Erfolgsausweis** im GuV-Konto folgt dem gleichen Aufbau wie im Handelsbetrieb, so dass auch die **Ertragslage** richtig dargestellt wird:

Handelsbetrieb			
S	GuV-Konto 01		H
Waren-einsatz **13.000**	Waren-verkäufe		
Weitere Aufwands-arten	17.000		
Gewinn	10.000		40.000

Industriebetrieb			
S	GuV-Konto 01		H
Werkstoff-einsatz **13.000**	Umsatz-erlöse		
Weitere Aufwands-arten	17.000		
Gewinn	10.000		40.000

Abb. 108: Erfolgsermittlung im Handels- und Industriebetrieb ($x_p = x_a$)

Im Soll des GuV-Kontos des Industriebetriebs erscheint der mit der Herstellung von x_p verbundene Gesamtaufwand. Er setzt sich aus dem Werkstoffeinsatz und weiteren Aufwandsarten (Personalaufwand, Mietaufwand, usw.) zusammen. Der Gesamtaufwand zur Herstellung von 100 Stück betrage 30.000 €. Die Umsatzerlöse im Industriebetrieb, die mit den Warenverkäufen des Handelsbetriebs vergleichbar sind, mögen sich für 100 Stück auf 40.000 € belaufen (100 Stück à 400 €/Stück). Der Periodengewinn ist somit 10.000 €. Da keine Lagerbestandsveränderungen auftreten, können Aufwand und Ertrag direkt gegenübergestellt werden.

In **Periode 2** werden ebenfalls 100 Stück für 30.000 € produziert. Die Herstellungskosten pro Stück betragen somit 300 €. Es werden aber nur 60 Stück für 24.000 € zzgl. USt veräußert. Die restlichen 40 Stück werden als Fertigerzeugnisse auf Lager genommen. Beim **Vermögensausweis** in der Bilanz muss dieser Endbestand angesetzt und mit den Herstellungskosten bewertet werden. Im Beispiel ergibt sich ein Lagerwert von 12.000 € (40 Stück x 300 €/Stück).

Die Aktivierung der Lagermenge mit Herstellungskosten führt im GuV-Konto zum richtigen **Erfolgsausweis**. Dem mit der Herstellung der Produktionsmenge x_p verbundenen Gesamtaufwand (30.000 €) stehen zwei Ertragskomponenten gegenüber:
- Abgesetzte Produkte: Umsatzerlöse in Höhe von 24.000 €.
- Gelagerte Produkte: Bestandserhöhung der Fertigerzeugnisse in Höhe von 12.000 €.

Würde die Lagermenge dagegen vernachlässigt, stimmten Aufwendungen und Erträge inhaltlich nicht überein: Dem Aufwand für 100 Stück stünden nur die Erträge für die abgesetzten 60 Stück gegenüber. Durch die Aktivierung werden die Mengenkomponenten aufeinander abgestimmt. Der richtige Erfolg der zweiten Periode beträgt 6.000 €.

S	GuV-Konto 02		H
Werkstoffeinsatz	13.000	Umsatzerlöse	24.000
Weitere Aufwandsarten	17.000		
		Bestandserhöhung fE	**12.000**
Gewinn	6.000		

Abb. 109: Erfolgsermittlung bei Bestandserhöhung fertiger Erzeugnisse

In **Periode 3** gehen wir davon aus, dass $x_p = 0$ ist; es findet also keine Produktion mehr statt. Der vorhandene Fertigerzeugnisbestand, der mit Herstellungskosten von 12.000 € in der Anfangsbilanz der Periode 3 steht, wird für 16.000 € zzgl. USt verkauft. Der Bestand der Fertigerzeugnisse geht somit auf null Stück zurück. Daraus folgt für den bilanziellen **Vermögensausweis** eine Abnahme des Postens "fertige Erzeugnisse" von 12.000 € auf null Euro. Dem steht die Zunahme eines Zahlungs- oder Forderungskontos in Höhe von 16.000 € zzgl. USt gegenüber.

Dem Ertrag in Form von Umsatzerlösen der Periode 3 (16.000 €) steht ein Aufwand in Höhe der wertmäßigen Bestandsabnahme bei den fertigen Erzeugnissen (12.000 €) gegenüber. Dieser erscheint im GuV-Konto auf der Sollseite und führt somit zum richtigen **Erfolgsausweis** der Gewinn- und Verlustrechnung. Der Gewinn beträgt 4.000 €.

S	GuV-Konto 03		H
Bestandsminderung fE	12.000	Umsatzerlöse	16.000
Gewinn	4.000		

Abb. 110: Erfolgsermittlung bei Bestandsminderung fertiger Erzeugnisse

Die Parallele zum Erfolgsausweis des Handelsbetriebs wird deutlich: Im Handelsbetrieb wird der Wareneinsatz, d.h. der Abgang des Warenbestands als Aufwand verbucht. Im Industriebetrieb wird die "Bestandsminderung fE", d.h. der Abgang des Fertigerzeugnisbestandes als Aufwand verbucht.

Bei genauerem Hinsehen zeigt sich, dass die Perioden 2 und 3 zusammengenommen dasselbe Produktions-, Absatz- und Gewinnvolumen aufweisen wie Periode 1 allein. Unterschiede bestehen aber in der Verteilung auf die einzelnen Perioden, wie die folgende Abbildung zeigt. Der Grundsatz der **periodengerechten Erfolgsermittlung** fordert, dass jeder Periode die entsprechenden Erfolge zugerechnet werden. Hinsichtlich des Ertragsausweises ist das **Realisationsprinzip** zu beachten: Die Umsatzerlöse werden erst erfasst, wenn der Kaufmann alle Vertragspflichten erfüllt hat und ein Anspruch auf die Bezahlung der gelieferten Produkte besteht.

	Periode 01	Periode 02	Periode 03
Produzierte Menge x_p (Stück)	100	100	0
Abgesetzte Menge x_a (Stück)	100	60	40
Gewinn (€)	10.000	6.000	4.000

Abb. 111: Periodenerfolge bei Bestandsänderungen von Fertigerzeugnissen

Mit der Aktivierung der Bestandserhöhung der Fertigerzeugnisse am Ende der Periode 2 werden zwei Ziele verfolgt: Zum einen soll das Vermögen in der Bilanz vollständig ausgewiesen werden. Die Fertigerzeugnisse werden im Umlaufvermögen unter den Vorräten aktiviert. Zum anderen soll der Ertrag richtig (= periodengerecht) in der GuV-Rechnung abgebildet werden. Hierdurch werden die Vermögens- und Ertragslage im Jahresabschluss richtig dargestellt.

2. Verbuchung des Werkstoffverbrauchs

Im Industriebetrieb werden Werkstoffe unter Einsatz menschlicher und maschineller Arbeit auf einer oder mehreren Fertigungsstufen in Produkte umgewandelt. In diesem Gliederungspunkt wird zunächst unterstellt, dass in jeder Periode die gesamte Produktionsmenge verkauft wird, dass also **keine Bestände an unfertigen und fertigen Erzeugnissen** entstehen.

Analog zum Handelsbetrieb, der den Warenzugang auf dem Aktivkonto "Warenbestand" verbucht, wird im Industriebetrieb der Werkstoffzugang auf einem **aktiven Bestandskonto** erfasst. Dabei unterscheidet man drei Arten von Werkstoffen, nämlich die Roh-, Hilfs- und Betriebsstoffe. **Rohstoffe** gehen als Hauptbestandteil und **Hilfsstoffe** als Nebenbestandteil in die Produkte ein.

Betriebsstoffe (z.B. Strom oder Diesel) werden nicht zum Bestandteil der Produkte. Sie dienen der Herstellung mittelbar, indem sie die Maschinen und Fertigungsanlagen antreiben. Am Beispiel der Buchherstellung lassen sich die Begriffe näher erläutern:

Rohstoffe	:	Papier, Einbanddeckel
Hilfsstoffe	:	Druckerschwärze, Leim
Betriebsstoffe	:	Dieselkraftstoff für Maschinenantrieb

Abb. 112: Werkstoffarten (Bücherherstellung)

In der Buchhaltungspraxis wird jeder Werkstoffeinkauf (auf Ziel) auf einem separaten Bestandskonto (zum Nettowert) mit den folgenden Buchungssätzen verbucht:

Rohstoffe	an	Lieferantenverbindlichkeiten
Vorsteuer		
Hilfsstoffe	an	Lieferantenverbindlichkeiten
Vorsteuer		
Betriebsstoffe	an	Lieferantenverbindlichkeiten
Vorsteuer		

Abb. 113: Verbuchung des Werkstoffzugangs

Nach jeder Beschaffung wird ein Zugang auf dem entsprechenden Werkstoffkonto verbucht. Die Abgänge der Werkstoffe werden durch den Verbrauch in den einzelnen Produktionseinheiten ausgelöst. Bei der **Inventurmethode** wird der Verbrauch erst am Ende der Periode verbucht, nachdem der Endbestand durch Inventur ermittelt wurde. Bei der **Skontrationsmethode** wird jeder einzelne Verbrauch durch Materialentnahmescheine (oder per EDV) erfasst. Es entsteht ein rechnerischer Endbestand, der mit einer Inventur zu überprüfen ist.

Verfahren	Charakterisierung	Anwendungsbereich
Inventurmethode	Keine Erfassung der Einzelabgänge. Verbrauchsermittlung am Periodenende. **Verbrauch** = AB + Zugänge - EB	Kleinbetriebe
Skontrationsmethode	Erfassung der Einzelabgänge durch Materialentnahmescheine (MES). **Verbrauch** = MES_1 + MES_2 + ...	Mittel- und Großbetriebe mit Lagerbuchhaltung

Abb. 114: Methoden zur Erfassung des Werkstoffverbrauchs

Die Erfassung des Werkstoffverbrauches mit der Inventurmethode zeichnet sich durch **Einfachheit** aus. Es ist keine umfassende Lagerbuchhaltung notwendig. Auf den Einsatz von Materialentnahmescheinen kann verzichtet werden. Allerdings ist die Inventurmethode nicht geeignet, um Verbrauchs- und Bestandskontrollen fortlaufend durchführen zu können. Diese Überprüfungen sind für einen effizienten Materialeinsatz unerlässlich.

Der **Werkstoffverbrauch** stellt einen Wertverzehr, also **Aufwand** dar. Der Abgang im Haben des Bestandskontos findet seine Gegenbuchung im Soll der folgenden Aufwandskonten: "Aufwand Rohstoffe", "Aufwand Hilfsstoffe" und "Aufwand Betriebsstoffe".

Beispiel:

Anfangsbestand Rohstoffe	30.000,- €
Einkauf von Rohstoffen	24.000,- €
Endbestand lt. Inventur	18.000,- €

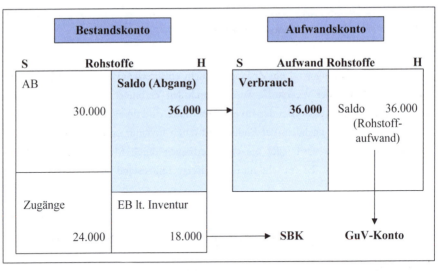

Abb. 115: Abschluss der Rohstoffkonten nach Inventurmethode

Bei der Inventurmethode wird der Rohstoffabgang am **Periodenende** insgesamt erfasst und auf dem Aufwandskonto gegengebucht, das seinerseits über das GuV-Konto abgeschlossen wird. Der zu verbuchende Aufwand ergibt sich nach Inventur als Saldo von Anfangsbestand und Zugängen abzüglich Endbestand.

Im Rahmen der **Skontrationsmethode** wird im Laufe des Jahres jede einzelne Rohstoff-
entnahme mit dem Buchungssatz "Aufwand Rohstoffe an Rohstoffe" erfasst. Buchungs-
beleg ist der jeweilige Materialentnahmeschein für den betreffenden Rohstoff.

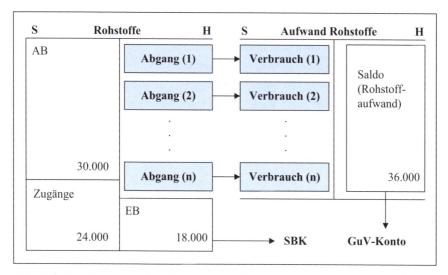

Abb. 116: Abschluss der Rohstoffkonten nach Skontrationsmethode

Dem zusätzlichen Arbeitsaufwand der Skontrationsmethode stehen erhebliche Vorteile
gegenüber:

- **Optimierung der Bestellungen**: Zu jedem beliebigen Zeitpunkt können der buchmäßige Rohstoffbestand ermittelt und eventuell notwendige Nachbestellungen recht-
  zeitig vorgenommen werden.

- **Verbrauchskontrolle**: Der Rohstoffverbrauch kann auch für kürzere Abrechnungs-
  zeiträume (z.B. Monat, Woche) für unternehmensinterne Kontrollzwecke dem Aufwandskonto entnommen werden.

- **Bestandskontrolle**: Der tatsächliche Endbestand lt. Inventur kann mit einem Sollwert,
  dem rechnerischen Endbestand des Bestandskontos verglichen werden, so dass die
  Ordnungsmäßigkeit der Lagerverwaltung überprüft werden kann.

Die Verbrauchserfassung durch Inventur- bzw. Skontrationsmethode führt allerdings nur
zum **selben Ergebnis**, wenn keine Inventurdifferenzen bestehen.

3. Verbuchung der Bestandsänderungen an Halb- und Fertigfabrikaten

3.1 Bestandserhöhung an Fertigfabrikaten

Werden in einer Periode die produzierten Fertigerzeugnisse nicht verkauft, sondern vollständig auf Lager genommen, findet nur ein **Aktivtausch** statt. Durch den Verbrauch von Rohstoffen und die Zahlung von Löhnen tritt zunächst eine Bestandsminderung ein: Die Bestandskonten "Rohstoffe" und "Bank" weisen einen Abgang aus. Diesem Wertverzehr steht aber eine entsprechende Bestandserhöhung auf dem aktiven Bestandskonto "fertige Erzeugnisse (fE)" gegenüber. Die Fertigfabrikate werden im Umlaufvermögen unter dem Posten "Vorräte" aktiviert. Das Vermögen bleibt in der Summe unverändert.

Entsprechend steht im GuV-Konto dem Aufwand an Rohstoffen und dem Personalaufwand die Bestandserhöhung an fertigen Erzeugnissen, also eine Ertragsgröße, gegenüber. Diese wird im Haben des Ertragskontos "Bestandsänderung fertiger Erzeugnisse" gebucht. Zur weiteren Erklärung wird auf die Daten des Beispiels am Anfang dieses Kapitels zurückgegriffen. Danach gilt für die Periode 02:

Anfangsbestand fE			0 Stück	0 €
Produktionsaufwand	x_p	=	100 Stück	30.000 €
Umsatzerlöse	x_a	=	60 Stück	24.000 €
Endbestand fE			40 Stück	12.000 €
Bestandsmehrung fE	$(x_p - x_a)$		**40 Stück**	**12.000 €**

Abb. 117: Bestandserhöhung von Fertigfabrikaten

Am Ende der Periode 02 beziffert sich der zu Herstellungskosten bewertete Endbestand fertiger Erzeugnisse auf 12.000 €. Die Bestandsmehrung in Höhe von 12.000 € stellt einen Wertzuwachs (Ertrag) dar. Dieser wird auf dem Erfolgskonto "Bestandsänderung fE" im Haben verbucht. Der Saldo dieses Kontos wird auf das GuV-Konto übertragen. Der Abschluss des Kontos "fertige Erzeugnisse" erfolgt über das Schlussbilanzkonto.

Durch diese Buchungstechnik wird sichergestellt, dass die richtigen Mengenkomponenten gegenübergestellt werden. Dem Produktionsaufwand, der für die Fertigung von 100 Stück anfällt, werden die Umsatzerlöse der abgesetzten 60 Stück und die Bestandserhöhung von 40 Stück gegenübergestellt. Die folgenden Buchungssätze (a) bis (c) geben den Buchungsablauf im Kontendiagramm wieder.

(a)	SBK	an	fertige Erzeugnisse	12.000,-
(b)	fertige Erzeugnisse	an	Bestandsänderung fE	12.000,-
(c)	Bestandsänderung fE	an	GuV-Konto	12.000,-

Abb. 118: Bestandserhöhung von Fertigfabrikaten (Buchungssätze)

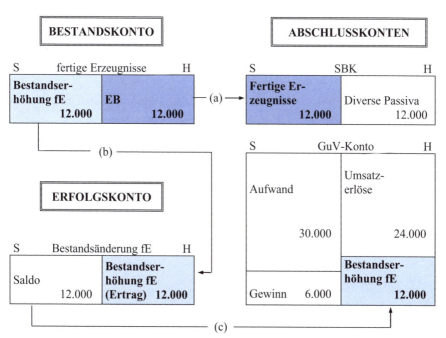

Abb. 119: Bestandserhöhung von Fertigfabrikaten (Kontoform)

3.2 Bestandsminderung an Fertigfabrikaten

Anknüpfend an das obige Beispiel für die Verbuchung der Bestandserhöhung fertiger Erzeugnisse wird von den folgenden Daten ausgegangen. Der Anfangsbestand fE beträgt Anfang 03 40 Stück (Wert 12.000 €). Dieser Anfangsbestand ist nach dem Grundsatz der **Bilanzidentität** völlig identisch mit dem Endbestand am Schluss des Vorjahres. Der Bestand wird in 03 vollständig abgesetzt. Vereinfachungsbedingt wird unterstellt, dass keine Produktion mehr stattfindet und somit kein zusätzlicher Aufwand mehr anfällt. Daher gelten die folgenden Angaben:

Anfangsbestand fE			40 Stück	12.000 €
Produktionsaufwand	x_p	=	0 Stück	---
Umsatzerlöse	x_a	=	40 Stück	16.000 €
Endbestand fE			0 Stück	0
Bestandsminderung fE			**40 Stück**	**12.000 €**

Abb. 120: Bestandsminderung von Fertigfabrikaten

Der Endbestand an Fertigerzeugnissen ist am Ende der Periode 03 gleich null. Ein Abschluss des Bestandskontos "fertige Erzeugnisse" über das Schlussbilanzkonto erübrigt sich. Der Posten "fertige Erzeugnisse" erscheint nicht mehr in der Bilanz. Die Veräußerung der Fertigerzeugnisse (40 Stück) führt zu einem Abgang auf dem Konto "fertige Erzeugnisse" (Habenbuchung). Die Gegenbuchung erfolgt als Aufwand im Soll des Erfolgskontos "Bestandsänderung fE". Es gibt seinen Saldo an das GuV-Konto ab, wodurch der Erfolg entsprechend abnimmt. Die Buchungssätze für diese Geschäftsvorfälle lauten:

(a)	Bestandsänderung fE	an	fertige Erzeugnisse	12.000,-
(b)	GuV-Konto	an	Bestandsänderung fE	12.000,-

Abb. 121: Bestandsminderung von Fertigfabrikaten (Buchungssätze)

Die folgende Abbildung zeigt die kontenmäßige Darstellung der Bestandsminderung. Im Bestandskonto findet ein Abgang statt, der im Haben gebucht wird. Im Aufwandskonto "Bestandsänderung fE" wird die Gegenbuchung im Soll vorgenommen.

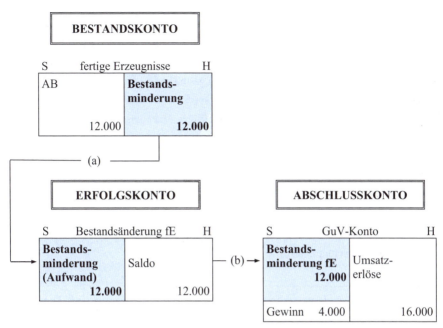

Abb. 122: Bestandsminderung von Fertigfabrikaten (Kontoform)

3.3 Bestandsänderungen bei Halb- und Fertigfabrikaten

Oben wurde gezeigt, wie Bestandsmehrungen bzw. Bestandsminderungen von Fertigerzeugnissen verbucht werden. Die Verbuchung von Beständen und Bestandsänderungen bei unfertigen Erzeugnissen (uE) folgt denselben Grundsätzen. Die folgende Abbildung zeigt den Ablauf schematisch auf.

(1) Einrichtung eines separaten Bestandskontos für unfertige Erzeugnisse.

(2) Abschluss des Bestandskontos "unfertige Erzeugnisse" über SBK.

(3) Verbuchung von Bestandserhöhungen als Ertrag im Haben des Erfolgskontos "Bestandsänderung uE".

(4) Verbuchung von Bestandsminderungen als Aufwand im Soll des Erfolgskontos "Bestandsänderung uE".

(5) Abschluss des Erfolgskontos "Bestandsänderung uE" über GuV-Konto.

Abb. 123: Verbuchung von unfertigen Erzeugnissen

Im GuV-Konto erscheinen die Bestandserhöhungen (Bestandsminderungen) als Ertrag (Aufwand). Sie werden im Haben (Soll) des GuV-Kontos ausgewiesen. Das folgende GuV-Konto zeigt den Fall, dass der Bestand unfertiger Erzeugnisse zugenommen hat (Ertrag), während der Bestand fertiger Erzeugnisse gesunken ist (Aufwand). Der Aufwand x_p umfasst sowohl die Aufwendungen zur Produktion der unfertigen Erzeugnisse als auch die Aufwendungen für ihre Weiterverarbeitung zu fertigen Erzeugnissen.

S	GuV-Konto	H
Aufwand x_p	Umsatzerlöse x_a	
	Bestandserhöhung uE - Ertrag	
Bestandsminderung fE - Aufwand		
Gewinn		

Abb. 124: Bestandsänderungen fertiger und unfertiger Erzeugnisse im GuV-Konto

Die Bestandserhöhung unfertiger Erzeugnisse (uE) stellt einen Wertzuwachs, also einen Ertrag dar. Die Bestandsminderung fertiger Erzeugnisse (fE) ist mit einem Wertverzehr, also mit Aufwand verbunden. Allgemein gelten die folgenden Gleichungen:

Bestandserhöhung = Ertrag   –   Bestandsminderung = Aufwand

Der buchungstechnische Zusammenhang zwischen den Bestandskonten "fertige Erzeugnisse" und "unfertige Erzeugnisse" und den zugehörigen Erfolgskonten "Bestandsänderung fertiger Erzeugnisse" und "Bestandsänderung unfertiger Erzeugnisse" lässt sich der nächsten Abbildung entnehmen. Hierbei gilt die folgende Entwicklung:

Am Periodenende werden die Endbestände (EB) der unfertigen (a) und fertigen Erzeugnisse (b) in das Schlussbilanzkonto gebucht. Auf beiden Bestandskonten erscheint die Bestandsänderung als Saldo. Die Bestandserhöhung auf dem Konto "unfertige Erzeugnisse" wird auf dem Erfolgskonto "Bestandsänderung unfertiger Erzeugnisse" als Ertrag (c) gegengebucht. Auf dem Konto "fertige Erzeugnisse" zeigt sich eine Bestandsminderung, die als Aufwand auf dem Erfolgskonto "Bestandsänderung fertiger Erzeugnisse" gegengebucht wird (d). Die Bestandsänderungen werden danach im GuV-Konto erfasst: Die Bestandserhöhung uE führt zum Ertrag (e), die Bestandsminderung fE zum Aufwand (f).

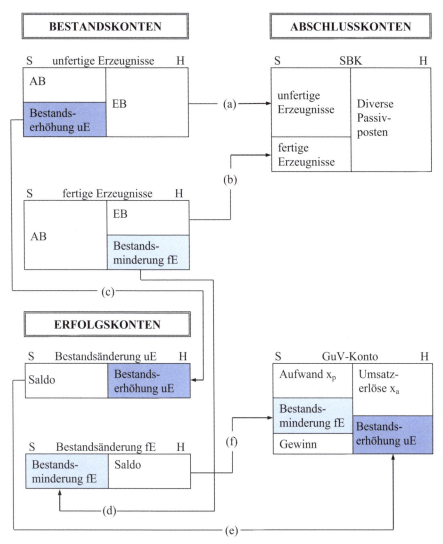

Abb. 125: Kontenabschluss bei Bestandsänderungen fertiger und unfertiger Erzeugnisse

4. Gesamt- und Umsatzkostenverfahren

Der Erfolg kann im Industriebetrieb nach dem Gesamt- oder Umsatzkostenverfahren ermittelt werden. Für die GuV-Rechnung nach dem **Gesamtkostenverfahren** wird im HGB der folgende grundsätzliche Aufbau vorgeschrieben, wenn betriebliche Steuern (z.B. die Gewerbesteuer) vernachlässigt werden. Das Betriebs- und Finanzergebnis werden zwar nicht gesondert ausgewiesen, lassen sich aber leicht berechnen.

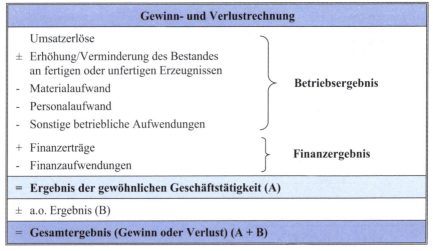

Abb. 126: *Schema der GuV-Rechnung nach Gesamtkostenverfahren*

Bisher wurde der Erfolg nach dem Gesamtkostenverfahren ermittelt, bei dem eine Bestandsänderung direkt ausgewiesen wird. Eine Bestandserhöhung ("+") steigert den Ertrag, eine Bestandsminderung ("-") erhöht den Aufwand. Der **Materialaufwand** umfasst den Aufwand für die verbrauchten Werkstoffe (Roh-, Hilfs- und Betriebsstoffe). Der **Personalaufwand** umfasst den Lohn- und Gehaltsaufwand und den Arbeitgeberanteil zur Sozialversicherung. Zu den **sonstigen betrieblichen Aufwendungen** gehören z.B. der Mietaufwand und der Reparaturaufwand. Zwischen den beiden Posten "Personalaufwand" und "sonstige betriebliche Aufwendungen" werden im gesetzlichen Gliederungsschema noch die Abschreibungen erfasst, die wir im 6. Kapitel kennen lernen werden. Das außerordentliche Ergebnis umfasst nur selten vorkommende Erträge und Aufwendungen.

Statt des Gesamtkostenverfahrens kann für die handelsrechtliche GuV-Rechnung auch das **Umsatzkostenverfahren** angewendet werden (§ 275 Abs. 3 HGB). Hierbei wird das folgende vereinfachte Schema angewendet (ohne betriebliche Steuern):

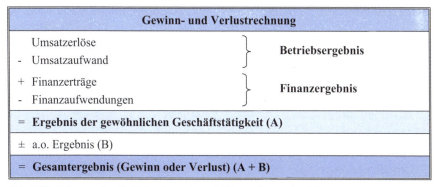

Gewinn- und Verlustrechnung

Umsatzerlöse	} **Betriebsergebnis**
- Umsatzaufwand	
+ Finanzerträge	} **Finanzergebnis**
- Finanzaufwendungen	
= **Ergebnis der gewöhnlichen Geschäftstätigkeit (A)**	
± a.o. Ergebnis (B)	
= **Gesamtergebnis (Gewinn oder Verlust) (A + B)**	

Abb. 127: Schema der GuV-Rechnung nach Umsatzkostenverfahren

Beim Ausweis des Finanzergebnisses und des außerordentlichen Ergebnisses gibt es keine Unterschiede zwischen den beiden Verfahren. Damit kann man sich auf die verschiedenen Wege zur Ermittlung des Betriebsergebnisses konzentrieren.

Beispiel: In 01 werden 100 Stück eines Produktes hergestellt, wobei Aufwendungen von 1.000 € entstehen. Durch den Absatz von 60 Stück werden Umsatzerlöse von 1.200 € netto erzielt. Die Bestandsmehrung von 40 Stück wird mit den Herstellungskosten von insgesamt 400 € bewertet und stellt beim Gesamtkostenverfahren eine Bestandsmehrung (Ertrag) dar. Der Umsatzaufwand für 60 Stück beträgt 600 € (60 Stück x 10 €/Stück).

Gesamtkostenverfahren			Umsatzkostenverfahren		
	Umsatzerlöse x_a	1.200		Umsatzerlöse x_a	1.200
+	Bestandsmehrung $(x_p - x_a)$	+ 400	-	Umsatzaufwand x_a	- 600
=	Gesamtleistung x_p	1.600	=	**Jahreserfolg**	600
-	Gesamtaufwand x_p	- 1.000			
=	**Jahreserfolg**	600			

Abb. 128: Gegenüberstellung von Gesamt- und Umsatzkostenverfahren

Das Gesamtkostenverfahren ermittelt den Jahreserfolg, indem der Gesamtleistung x_p der gesamte **Produktionsaufwand** (= Herstellungskosten für x_p) gegenübergestellt wird. Das Umsatzkostenverfahren ermittelt einen Jahreserfolg in derselben Höhe, indem es den Umsatzerlösen den **Umsatzaufwand** (= Herstellungskosten für x_a) gegenüberstellt. Es wird nur der Aufwand berücksichtigt, der zur Erstellung der Umsatzerlöse notwendig ist.

Abschließend wird der Kontenabschluss nach dem Gesamt- und Umsatzkostenverfahren am Beispiel eines **einstufigen Produktionsprozesses** erläutert.

Produzierte Menge x_p	100 Stück
Abgesetzte Menge x_a	60 Stück
Diverse Aufwendungen x_p	1.000 €
Herstellungskosten/Stück	10 € (1.000 €/100 Stück)
Umsatzerlöse x_a (60 Stück à 20 €)	1.200 €
Anfangsbestand fE (50 Stück à 10 €)	500 €
Endbestand fE (90 Stück à 10 €)	900 € → SBK (Bestand)
Bestandsmehrung (40 Stück à 10 €)	**400 € → GuV (Ertrag)**

Abb. 129: Beispiel zum Gesamt- und Umsatzkostenverfahren

Die folgende Abbildung zeigt für das **Gesamtkostenverfahren**, dass im Soll des GuV-Kontos die gesamten Aufwendungen in Höhe von 1.000 € erscheinen. Sie werden durch Buchung (d) übertragen. Im Haben werden die Umsatzerlöse (1.200 €) durch Buchung (c) und die Bestandserhöhung durch Buchung (e) erfasst. Die Bestandserhöhung von 400 € wird **explizit** ausgewiesen. Der Gewinn beträgt als Saldo 600 € und die Kontensumme des GuV-Kontos beläuft sich beim Gesamtkostenverfahren auf insgesamt 1.600 €.

Der Bestand des Kontos "fertige Erzeugnisse" steigt durch die nicht abgesetzte Menge von 500 € auf 900 €, bewertet zu Herstellungskosten. Dieser Endbestand wird durch die Buchung (a) in das Schlussbilanzkonto übertragen und erscheint somit am Bilanzstichtag in der Bilanz. Der Ausweis erfolgt im Umlaufvermögen unter den Vorräten. Die Bestandserhöhung wird durch Buchung (b) berücksichtigt. Diese Buchung verknüpft das Bestands- und Ertragskonto hinsichtlich der fertigen Erzeugnisse miteinander.

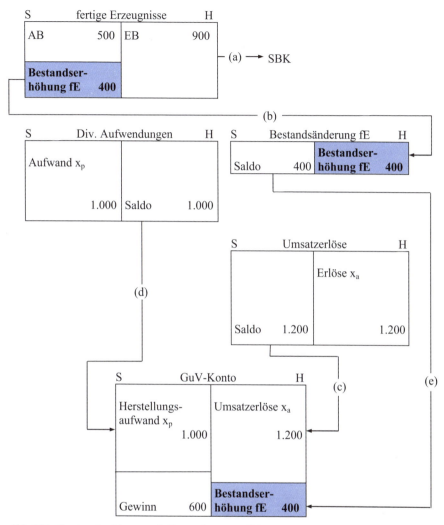

Abb. 130: Kontenabschluss nach Gesamtkostenverfahren

Beim **Umsatzkostenverfahren** werden die zur Herstellung der Fertigerzeugnisse getätigten Aufwendungen nicht im GuV-Konto gegengebucht. Sie werden vielmehr auf dem Bestandskonto "fertige Erzeugnisse" als Zugang im Soll erfasst (a), wenn alle angefallenen Aufwendungen zu den Herstellungskosten gehören. Das Ertragskonto "Umsatzerlöse" gibt seinen Saldo an die Habenseite des GuV-Kontos ab (b). Hat man den Endbestand auf dem Bestandskonto "fertige Erzeugnisse" verbucht ("SBK an fertige Erzeugnisse"), erhält man im Haben dieses Kontos einen Saldo in Höhe des Abgangs. Bei diesem Abgang handelt es sich um die abgesetzte Menge x_a, bewertet zu Herstellungskosten. Dieser Saldo, der mit dem Wareneinsatz im Handelsbetrieb vergleichbar ist, wird als Aufwand ins GuV-Konto gebucht (c). Es handelt sich um den **Umsatzaufwand**, der zur Erzielung der Umsatzerlöse angefallen ist und im Beispiel 600 € beträgt.

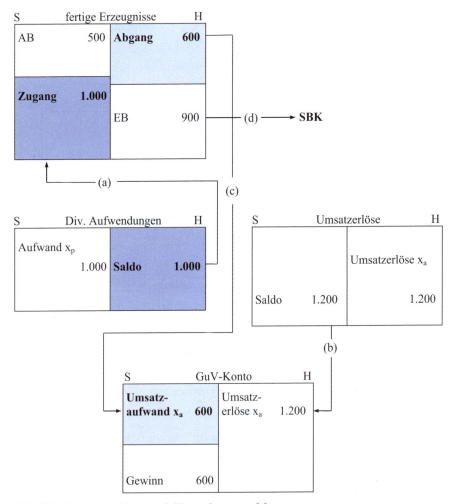

Abb. 131: Kontenabschluss nach Umsatzkostenverfahren

Vergleicht man die beiden vorigen Abbildungen jeweils hinsichtlich der Kontensummen des GuV-Kontos, ist Folgendes festzustellen: Die Kontensumme beim Umsatzkostenverfahren ist mit 1.200 € niedriger als beim Gesamtkostenverfahren (1.600 €). Die Ursache ist darin zu sehen, dass beim Umsatzkostenverfahren nur der Herstellungsaufwand für die abgesetzte Menge berücksichtigt wird. Die Lagerbestandsveränderung wird **implizit** berücksichtigt, indem die Aufwendungen auf das Niveau der Absatzmenge heruntergerechnet werden.

Da die Kontensumme des GuV-Kontos im Fall der Bestandserhöhung beim Umsatzkostenverfahren niedriger ist als beim Gesamtkostenverfahren, wird das Umsatzkostenverfahren als **Nettoverfahren** und das Gesamtkostenverfahren als **Bruttoverfahren** bezeichnet. Da es jedoch gleichgültig ist, ob die Erträge oder die Aufwendungen an das Mengengerüst x_a angepasst werden, muss bei gleicher Bewertung der Lagermenge gelten:

Gesamt- und Umsatzkostenverfahren führen zum selben Jahreserfolg

Die folgende Abbildung stellt die beiden Verfahren der Erfolgsermittlung gegenüber:

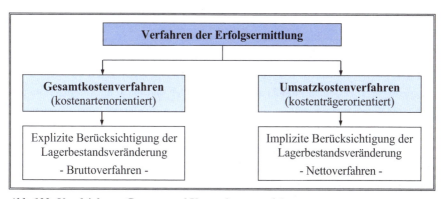

Abb. 132: Vergleich von Gesamt- und Umsatzkostenverfahren

Aus der Sicht der Finanzbuchhaltung hat das in der Praxis viel stärker eingesetzte Gesamtkostenverfahren den Vorteil arbeitstechnischer Einfachheit. Zusätzlich zu den einzelnen Aufwandsarten werden die Bestandserhöhungen (als Ertrag) bzw. Bestandsminderungen (als Aufwand) berücksichtigt. Da die Aufwandsarten bzw. aus Sicht der Kostenrechnung die Kostenarten im Vordergrund stehen, gilt:

Gesamtkostenverfahren ist kostenartenorientiert

Das Umsatzkostenverfahren baut eine Brücke von der Finanzbuchhaltung zur Kostenrechnung. Der Kostenrechner will im Rahmen der **kurzfristigen Erfolgsrechnung** erfahren, welche Produkte mit Gewinn oder Verlust produziert und abgesetzt werden. Diese Information erhält er, indem er die Umsatzerlöse jedes einzelnen Produktes (x_1, x_2 ... x_n) ihren jeweiligen Herstellungskosten gegenüberstellt.

Übersteigen die Erlöse die zugehörigen Herstellungskosten, entsteht ein produktbezogener Gewinn. Die Produktion gewinnbringender Produkte soll gefördert, die Herstellung verlustbringender Produkte eingeschränkt werden. Aus Sicht der Kostenrechnung werden die Produkte auch als Kostenträger bezeichnet. Da das Umsatzkostenverfahren die Kostenträger (Produkte) in den Vordergrund rückt, lässt sich feststellen:

Umsatzkostenverfahren ist kostenträgerorientiert

Das **Umsatzkostenverfahren** der Finanzbuchhaltung leistet eine gute Vorarbeit für die Erfolgskontrolle in der Kostenrechnung, wenn die Abgänge vom Konto "fertige Erzeugnisse" nach einzelnen Produktarten erfasst werden und ihnen die Umsatzerlöse produktbezogen gegenübergestellt werden. Das Gesamtkostenverfahren ist zur kostenträgerorientierten **Erfolgskontrolle** nicht geeignet, weil es den Aufwand nach den jeweiligen Aufwandsarten (Personalaufwand, Rohstoffaufwand, usw.) systematisiert. Dem Vorteil arbeitstechnischer Einfachheit steht beim Gesamtkostenverfahren der Nachteil fehlender Erfolgskontrolle gegenüber. Schlagwortartig gilt:

Erfolgskontrollen: Umsatzkostenverfahren: ja – Gesamtkostenverfahren: nein

---

Sechstes Kapitel: Abschlussbuchungen für den Jahresabschluss

1. Kontenabschluss

Im Laufe eines Geschäftsjahres werden alle **Geschäftsvorfälle**, die die Höhe oder Zusammensetzung des Reinvermögens oder des Erfolges verändern, auf Konten verbucht. Nach Vornahme dieser **laufenden Buchungen**, die in den vorigen Kapiteln behandelt wurden, können die Konten abgeschlossen werden. Die Salden der Aufwands- und Ertragskonten werden zunächst auf das GuV-Konto gebucht, dessen Saldo (Gewinn oder Verlust) anschließend im Eigenkapitalkonto erscheint. Die Endbestände der Aktiv- und Passivkonten werden auf das Schlussbilanzkonto gebucht, aus dem die Bilanz erstellt wird.

Neben diesen **formalen Abschlussbuchungen** sind noch materielle Abschlussbuchungen vorzunehmen. Wenn im industriellen Fertigungsprozess Maschinen eingesetzt werden, nimmt deren Wert durch Verschleiß ab. Man berücksichtigt die Wertminderung der Maschinen im Rahmen einer **materiellen Abschlussbuchung**. In Höhe der Wertminderung wird Aufwand verrechnet, der als Abschreibung bezeichnet wird. Die materiellen Abschlussbuchungen haben somit die folgenden Aufgaben:

- Richtige Abbildung der **Vermögenslage**: Die Vermögensgegenstände und Schulden sind in der Bilanz mit den richtigen handelsrechtlichen Werten auszuweisen.
- Richtige Abbildung der **Ertragslage**: Der Erfolg eines Geschäftsjahres ist in der GuV-Rechnung nach den Vorschriften des HGB darzustellen.

Buchungstechnisch beziehen sich alle formalen und materiellen Abschlussbuchungen auf den Bilanzstichtag, das Ende des Geschäftsjahres (meist der 31.12. eines Jahres). Aus arbeitstechnischen Gründen werden die Abschlussbuchungen aber nicht am Bilanzstichtag selbst, sondern erst am Anfang des Folgejahres vorgenommen. Das HGB schreibt für alle Kaufleute keine genaue **Aufstellungsfrist** für den Jahresabschluss vor. In der Literatur wird meist ein Zeitraum von **sechs bis neun Monaten** für die Aufstellung angegeben. Für viele Kapitalgesellschaften gilt eine kürzere Aufstellungsfrist von **drei Monaten**, so dass bei diesen Rechtsformen die Bilanzleser schneller informiert werden können.

Die Erläuterung der handelsrechtlichen Vorschriften zur Bewertung des Vermögens und der Schulden sowie zur Erfolgsermittlung ist Gegenstand der weiterführenden Literatur (siehe Teil B des Literaturverzeichnisses). Der Studienanfänger muss zunächst mit der **Technik der Erstellung des Jahresabschlusses** vertraut gemacht werden. Weitergehende Bewertungsfragen gehören zu speziellen Veranstaltungen im Bereich "Bilanzierung".

Materielle Abschlussbuchungen dienen hauptsächlich dem Ziel einer periodengerechten Erfolgsermittlung. Hierbei sollen Erträge, vor allem aber Aufwendungen, der Periode zugeordnet werden, in der sie verursacht wurden. Die Verbuchung der folgenden Vorgänge dient dem Ziel, die Verrechnung von Aufwendungen und Erträgen vom Zeitpunkt der zugehörigen Geldzahlungen unabhängig zu machen:

- **Abschreibungen und Zuschreibungen,**
- **Rechnungsabgrenzungsposten,**
- **Rückstellungen,**
- **Latente Steuern.**

Nicht die Geldbewegungen (Einzahlungen und Auszahlungen), sondern die Höhe der positiven und negativen Reinvermögensänderung (Ertrag und Aufwand) ist maßgebend für den jeweiligen Periodenerfolg. Hierdurch wird eine zutreffendere Verteilung der Erfolgskomponenten (periodengerechte Gewinnermittlung) erreicht. Wird Anfang 01 eine Maschine für 500.000 € erworben und bezahlt, die zehn Jahre lang genutzt wird, dann nimmt der Erfolg bei gleichmäßiger Entwertung in jedem Jahr um 50.000 € ab. Der Periodenerfolg wird zutreffender ermittelt, als wenn die Auszahlung von 500.000 € zugrunde gelegt wird. Sie würde zu einer hohen Belastung des Erfolges im Zahlungsjahr führen.

Gegenstand der Buchungen	Laufende Buchungen	Abschlussbuchungen zum 31.12.	
		Materielle	**Formale**
Gegenstand der Buchungen	▪ Einkauf und Verbrauch von Rohstoffen ▪ Zahlung von Lohn und Gehalt	▪ Abschreibungen und Zuschreibungen ▪ Rechnungsabgrenzungsposten ▪ Rückstellungen ▪ Latente Steuern	Saldenübertragung auf: ▪ GuV-Konto ▪ Eigenkapitalkonto ▪ Schlussbilanzkonto

Abb. 133: Laufende Buchungen und Abschlussbuchungen

2. Periodengerechte Gewinnermittlung

Die Ermittlung des **Totalerfolges** eines Unternehmens von der Gründung bis zur Geschäftsschließung ist relativ leicht durchzuführen. Zu diesem Zweck muss, wenn von privaten Vorgängen abgesehen wird, nur die Differenz der Eigenkapitalbestände zum Zeitpunkt der Schließung und Gründung gebildet werden. Die Information über den Totalerfolg kommt aber für Kreditvergabeentscheidungen von Gläubigern (Banken) zu spät. Der Gesetzgeber schreibt deshalb eine periodische Erfolgsermittlung in jährlichen Abständen vor. Um den richtigen Periodengewinn zu ermitteln, müssen die Aufwendungen und Erträge jeder Periode richtig zugeordnet werden.

Beispiel: Das Eigenkapital (EK) eines Unternehmens beträgt bei der Gründung am 1.1.01 300 €. Bei Unternehmenseinstellung am 31.12.03 ist das Eigenkapital auf 550 € gestiegen. Der Totalerfolg beträgt 250 €. Fraglich ist jedoch, wie hoch die Periodenerfolge sind. Es müssen Regeln zur Abgrenzung von Erträgen und Aufwendungen bestimmt werden.

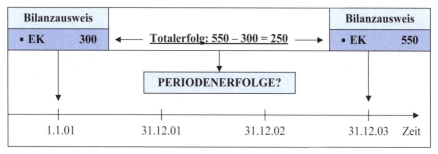

Abb. 134: Abgrenzung von Periodenerfolgen

Erfolg ist die Differenz von Erträgen und Aufwendungen. Fraglich ist dabei, welcher Abrechnungsperiode der Ertrag und Aufwand zugerechnet wird. Beim Warenverkehr ist das einfach: Erträge aus Warenverkäufen und Aufwendungen des zugehörigen Wareneinsatzes werden der Periode zugeordnet, in der die Warenlieferung stattfand. Schwieriger ist die Frage zu beantworten, ob die Wertminderung von Geschäftsfahrzeugen dem ersten, dem zweiten oder späteren Nutzungsjahren zugerechnet wird. Diese und ähnliche Fragen werden in den folgenden Gliederungspunkten behandelt.

3. Verbuchung von Abschreibungen und Zuschreibungen

3.1 Wertverzehr und Abschreibung

Die im Unternehmen eingesetzten Vermögensgegenstände des Anlagevermögens lassen sich in zwei Gruppen einteilen: Zum **nicht abnutzbaren Anlagevermögen** zählen solche Vermögensgegenstände, deren Nutzungsvorrat auf Dauer zur Verfügung steht und die keiner Abnutzung unterliegen (z.b. unbebaute Grundstücke und Finanzanlagen). Zum **abnutzbaren Anlagevermögen** gehören dagegen alle Vermögensgegenstände des Anlagevermögens, die nur eine begrenzte Zeit verwendet werden können (z.b. Maschinen, Fuhrpark, Gebäude).

Der Wert abnutzbarer Vermögensgegenstände nimmt im Laufe der Zeit ab. Wird eine Maschine in t_0 für 100.000 € erworben, kann sich die Wertentwicklung wie folgt ergeben:

Zeitpunkt	t_0		t_1		t_2		t_3
Wert	100.000		60.000		25.000		0
Wertmin- derungen	**01:**	**40.000**	**02:**	**35.000**	**03:**	**25.000**	
			Gesamte Wertminderung: 100.000 €				

Abb. 135: Wertminderung beim abnutzbaren Anlagevermögen

Die zwischen den einzelnen Zeitpunkten eingetretene **Wertminderung** muss der betreffenden Periode 01, 02 bzw. 03 als Aufwand angelastet werden. Die Verrechnung dieser Wertminderung wird als **Abschreibung** bezeichnet. Der Periodenerfolg wird nur dann periodengerecht ermittelt, wenn nicht sofort die vollen Anschaffungskosten der Maschine als Aufwand verrechnet werden, sondern nur die im Laufe der jeweiligen Geschäftsjahre entstandene Wertminderung.

Zu unterscheiden sind die planmäßige und die außerplanmäßige Abschreibung. Die **planmäßige Abschreibung** erfasst die "normale", vorhersehbare Wertminderung, die im Rahmen der betriebsüblichen Abnutzung eintritt. Sie wird nach einem festgelegten Abschreibungsplan verrechnet. Dagegen wird eine zufällige, unerwartete Wertminderung (z.b. durch Unfallschaden) durch eine **außerplanmäßige Abschreibung** verrechnet, die durch ihre Zufälligkeit nicht im Abschreibungsplan berücksichtigt werden kann.

Planmäßige und außerplanmäßige Abschreibungen unterscheiden sich nur hinsichtlich der Wertminderungsursache. Gemeinsam ist den Abschreibungsvarianten, dass der Wert des Anlagegegenstandes (z.b. einer Maschine) am Periodenende niedriger ist als am Periodenanfang und dass diese Wertminderung als Aufwand (Abschreibung) verrechnet wird.

Die Wertminderung kann verschiedene Ursachen aufweisen. Die **verbrauchsbedingte** Abschreibung ist durch eine mengenmäßige Abnahme des Nutzungsvorrats gekennzeichnet (z.B. Wertminderung durch Verschleiß). Die **wirtschaftlich bedingte** Abschreibung beinhaltet eine Wertminderung des Nutzungsvorrats (z.B. Wertminderung durch sinkende Wiederbeschaffungskosten). Bei der **zeitlich bedingten** Abschreibung kann der Nutzungsvorrat nur zeitlich befristet (z.B. Patentnutzung) in Anspruch genommen werden.

Abschreibungsursachen		
Verbrauchsbedingt	Wirtschaftlich bedingt	Zeitlich bedingt
Abnahme der Nutzungsmenge	Abnahme des Nutzungswertes	Ablauf der Nutzungszeit

Abb. 136: Abschreibungsursachen

Die Grundlage für die Verrechnung der Abschreibungen auf Anlagen ist die Anlagenkartei. In ihr wird für jeden Anlagegegenstand eine Karteikarte (Stammkarte) angelegt, auf der alle für die Abschreibung wichtigen Daten (z.B. Nutzungsdauer, Anschaffungskosten, Abschreibungsverfahren) festgelegt sind. Bei einer EDV-orientierten Buchhaltung werden diese Daten im Computer gespeichert.

In der **Stammkarte** für eine Druckmaschine werden ihre technischen und wirtschaftlichen Daten erfasst. Im folgenden Beispiel betragen die Anschaffungskosten einer Druckmaschine 100.000 €, die sich aus dem Anschaffungspreis und den Nebenkosten (insbesondere dem Bezugsaufwand) zusammensetzen. Die Abschreibungsdauer beträgt zehn Jahre. Die Abschreibungen werden linear, d.h. in gleichen Jahresbeträgen verrechnet.

Bezeichnung: Druckmaschine		Inventar Nr. 4711
Technische Daten		
Typ: Heidelberger Offset GTO		
Baujahr: 02		
Weitere technische Daten: ...		
Wirtschaftliche Daten		
Anschaffungspreis (ohne USt)		80.000,-
▪ Zusatzgeräte (ohne USt)	9.000,-	
▪ Fundamente (ohne USt)	5.000,-	
▪ Montagekosten (ohne USt)	6.000,-	
Anschaffungsnebenkosten	20.000,-	20.000,-
Anschaffungskosten		**100.000,-**
Datum der Inbetriebnahme:	5.2.03	
Planmäßige Nutzungsdauer:	**10 Jahre**	
Abschreibungsverfahren:	**linear**	

Abb. 137: Stammkarte für maschinelle Anlage

3.2   Abschreibungen auf Sachanlagen

3.2.1 Planmäßige Abschreibungen

Das HGB schreibt vor, dass bei Vermögensgegenständen, deren Nutzung zeitlich begrenzt ist, die Anschaffungs- oder Herstellungskosten um planmäßige Abschreibungen zu vermindern sind (§ 253 Abs. 3 HGB). Die planmäßige Abschreibung ist eine **Verteilungsabschreibung,** der ein bestimmter **Abschreibungsplan** zugrunde liegt. Bereits im Zeitpunkt der Inbetriebnahme kann die Höhe jedes einzelnen Abschreibungsbetrages bestimmt werden. Der Abschreibungsplan umfasst drei Komponenten, nämlich die Abschreibungsbasis, die planmäßige Nutzungsdauer und das Abschreibungsverfahren.

1. Abschreibungsbasis

Abschreibungsbasis sind die Anschaffungs- oder Herstellungskosten einer Anlage. Die Anschaffungskosten setzen sich aus dem Anschaffungspreis und den einzeln zurechenbaren Anschaffungsnebenkosten (z.b. Transportkosten) zusammen. Bei selbst erstellten Anlagen bilden die Herstellungskosten die Abschreibungsbasis. Ein Restwert am Ende der Nutzungsdauer wird nur berücksichtigt, wenn er einen hohen Wert aufweist. Ansonsten wird grundsätzlich der volle Ausgangswert auf die Nutzungsjahre verteilt.

2. Planmäßige Nutzungsdauer

Die planmäßige Nutzungsdauer umfasst den Zeitraum, innerhalb dessen ein zeitlich begrenzt nutzbarer Vermögensgegenstand im Unternehmen eingesetzt werden kann. Die Nutzungsdauer muss vom Unternehmer geschätzt werden. Anhaltspunkte sind: Herstellerangaben, Nutzungsdauer vergleichbarer Anlagen oder steuerrechtliche Abschreibungstabellen. Wird eine Maschine im Laufe eines Jahres erworben, muss im Steuerrecht monatsgenau abgeschrieben werden: Bei einer Lieferung am 6.4.01 werden **im Zugangsjahr** neun Monate erfasst. Der angebrochene Monat (hier: April) zählt mit. Auch im Handelsrecht wird in der Praxis bei einem unterjährigen Erwerb von abnutzbaren Vermögensgegenständen **monatsgenau** abgeschrieben.

3. Abschreibungsverfahren

a)   Lineare Abschreibung

Bei der linearen Abschreibung werden die Anschaffungskosten in jährlich gleich bleibenden Beträgen auf die einzelnen Perioden verteilt. Ist ausnahmsweise ein Restwert am Ende der Nutzungsdauer zu berücksichtigen, wird nur die Differenz aus Anschaffungskosten und Restwert auf die Nutzungsjahre verteilt.

Beispiel: Anschaffungskosten: 100.000 €, Nutzungsdauer: 4 Jahre, Restwert: 0 €. Die Abschreibungsbeträge betragen konstant 25.000 € (100.000 € : 4 Jahre) pro Jahr.

b)   Degressive Abschreibung

Bei der degressiven Abschreibung nimmt die Höhe der Abschreibungsbeträge jährlich ab. Die degressive Abschreibung existiert in zwei Varianten: Arithmetisch-degressive und geometrisch-degressive Abschreibungsmethode.

Bei der **arithmetisch-degressiven** Abschreibung werden die Abschreibungsbeträge wie folgt ermittelt (Daten des obigen Beispiels): Die Anschaffungskosten werden durch die Summe der Jahresziffern der Nutzungsdauer geteilt. Die Summe der Jahresziffern beträgt 10 (4 + 3 + 2 + 1 = 10). Der sich dabei ergebende Wert (100.000 € : 10 = 10.000 €) wird als **Degressionsbetrag** bezeichnet. Die Abschreibung in den einzelnen Jahren erhält man, indem der Degressionsbetrag mit den Jahresziffern in fallender Folge multipliziert wird:

Abschreibung im Jahr 1:	4 x	10.000 €	=	40.000 €
Abschreibung im Jahr 2:	3 x	10.000 €	=	30.000 €
Abschreibung im Jahr 3:	2 x	10.000 €	=	20.000 €
Abschreibung im Jahr 4:	1 x	10.000 €	=	10.000 €

Abb. 138: Abschreibungsbeträge bei arithmetisch-degressiver Methode

Bei der **geometrisch-degressiven** Abschreibung wird jeweils ein bestimmter Prozentsatz des Restbuchwertes abgeschrieben. Da diese Methode nicht zum Restwert null führt, wird in der Praxis meist ein Wechsel auf die lineare Abschreibungsmethode durchgeführt. Unterbleibt der Wechsel, muss am Ende der Nutzungsdauer der gesamte noch vorhandene Restwert abgeschrieben werden.

Beispiel: (Zahlen wie oben) Abschreibungsprozentsatz: 20 %
Jahr 1: 20% von 100.000 € = 20.000 € - Restwert: 80.000 €,
Jahr 2: 20% von   80.000 € = 16.000 € - Restwert: 64.000 € usw.

c) Progressive Abschreibung

Sie stellt das Gegenstück zur degressiven Abschreibung dar und verteilt die Anschaffungskosten in steigenden Jahresbeträgen auf die Nutzungsdauer. Dies entspricht nur selten dem Wertverlauf, so dass die progressive Abschreibungsmethode praktisch bedeutungslos ist.

d) Leistungsabschreibung

Bei den Abschreibungsverfahren (a bis c) handelt es sich um eine Zeitabschreibung, da die Anschaffungskosten nach Maßgabe der Nutzungsjahre verteilt werden. Bei der **Leistungsabschreibung** wird die jährliche Abschreibungsquote dagegen als Quotient aus der Leistungsabgabe des betreffenden Jahres (z.B. 2.400 Betriebsstunden) und dem gesamten Leistungsvorrat (z.B. 20.000 Betriebsstunden) ermittelt. Im obigen Beispiel müssten im betreffenden Jahr 12.000 € ((2.400 : 20.000) x 100.000 €) abgeschrieben werden. Die Leistungsabschreibung stellt die verbrauchsbedingte Abnahme des Nutzungsvorrates in den Vordergrund.

Am **Ende der planmäßigen Nutzungsdauer** ist die Anlage vollständig abgeschrieben. Wird sie trotzdem noch eingesetzt, dürfen in den Folgejahren keine weiteren Abschreibungsbeträge mehr verrechnet werden. Das Handelsrecht begrenzt die Summe der Periodenabschreibungen maximal auf die Anschaffungs- oder Herstellungskosten.

Wird eine Anlage nach Ablauf ihrer Nutzungsdauer noch genutzt, wird sie nicht auf null abgeschrieben. Der letzte Abschreibungsbetrag wird so bemessen, dass ein **Erinnerungswert** von 1 € übrig bleibt. Hierauf wird beim Anlagenverkauf näher eingegangen. Die buchungstechnische Behandlung der Abschreibung zeigt das folgende Beispiel, wobei die **blaue Fläche** den jährlichen Abschreibungsbetrag (25.000 €) kennzeichnet:

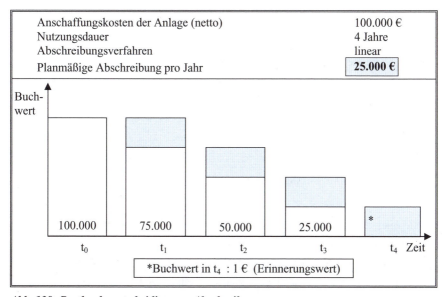

Abb. 139: Restbuchwerte bei linearer Abschreibung

Durch die Abschreibungen sinken die Restbuchwerte jährlich um 25.000 €. Die Abschreibungsverbuchung fügt sich folgendermaßen in das Kontenschema ein:

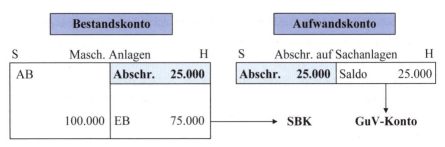

Abb. 140: Abschreibung im Kontenschema

Die Bilanzierung und Abschreibung einer maschinellen Anlage lässt sich in die folgenden Schritte einteilen:

(1) Erwerb einer maschinellen Anlage für 100.000 € zuzüglich USt (Banküberweisung).

(2) Abschreibung (Aufwandsverrechnung) von 25.000 € am Periodenende.

(3) Abschluss des Kontos "Maschinelle Anlagen".

(4) Abschluss des Kontos "Abschreibung auf Sachanlagen".

Buchungssätze:					
(1)	Masch. Anlagen	100.000,-	an	Bank	110.000,-
	Vorsteuer	10.000,-			
(2)	Abschr. auf Sachanlagen		an	Masch. Anlagen	25.000,-
(3)	Schlussbilanzkonto		an	Masch. Anlagen	75.000,-
(4)	GuV-Konto		an	Abschr. auf Sachanlagen	25.000,-

Abb. 141: Verbuchung von Abschreibungen

Das Beispiel verdeutlicht, dass die Abschreibung sowohl den **Vermögensausweis** als auch den **Erfolgsausweis** beeinflusst: Die Abschreibungen reduzieren das Vermögen (Maschinelle Anlagen) von 100.000 € auf 75.000 €. In der GuV-Rechnung vermindert sich der Erfolg um 25.000 € durch den Abschreibungsaufwand. Die Verrechnung von Abschreibungen beinhaltet eine **Bilanzverkürzung**: Auf der Aktivseite verringert sich der Posten "Maschinelle Anlagen" und auf der Passivseite der Posten "Eigenkapital".

In der **GuV-Rechnung** werden die planmäßigen Abschreibungen beim Gesamtkostenverfahren als spezielle Aufwandsart unter der Bezeichnung "Abschreibung auf Sachanlagen" ausgewiesen. Die planmäßigen Abschreibungen auf immaterielle Vermögensgegenstände (z.b. ein zehn Jahre nutzbares Patent) sind getrennt von den Sachanlagen auszuweisen.

3.2.2 Außerplanmäßige Abschreibungen

Da nur abnutzbare Gegenstände des Anlagevermögens einer verbrauchsabhängigen Wertminderung unterliegen, können nur diese Gegenstände planmäßig abgeschrieben werden. Dagegen können außerplanmäßige Abschreibungen beim abnutzbaren und nicht abnutzbaren Anlagevermögen sowie beim Umlaufvermögen vorgenommen werden. Hierbei erfolgt eine Anpassung der Buchwerte an **gesunkene Marktwerte**.

Die Gründe für eine außerplanmäßige Abschreibung können beim abnutzbaren Anlagevermögen verbrauchsbedingter und wirtschaftlich bedingter Art sein. Hierdurch ändert sich der ursprünglich zugrunde gelegte **Abschreibungsplan**. Die nach einer außerplanmäßigen Abschreibung relevanten Abschreibungsbeträge waren zum Beginn der Nutzung nicht vorherzusehen.

Beim nicht abnutzbaren Anlagevermögen (unbebaute Grundstücke, Finanzanlagen) und Umlaufvermögen (Waren, Rohstoffe, Fertigfabrikate, Forderungen) kann es sich dagegen nur um wirtschaftlich bedingte Wertminderungsursachen handeln. Wenn der Kurs von Aktien sinkt, die zu den Finanzanlagen gehören, liegt eine wirtschaftliche Wertminderung vor. Bei abnutzbaren Vermögensgegenständen wie z.B. Fahrzeugen können die Wiederbeschaffungskosten durch einen Modellwechsel sinken. Trotz unveränderter Nutzungsmöglichkeiten findet eine wirtschaftliche Entwertung statt.

	Planmäßige Abschreibung	**Außerplanmäßige Abschreibung**
Anwendungsbereich	Nur abnutzbares Anlagevermögen	Anlage- und Umlaufvermögen
Wertminderungsursache	Primär verbrauchsbedingt	Primär wirtschaftlich bedingt
Ziel	Verteilung der Anschaffungskosten	Anpassung der Buchwerte an gesunkene Marktwerte

Abb. 142: Planmäßige und außerplanmäßige Abschreibungen

Bezüglich der Buchungstechnik besteht kein Unterschied zwischen planmäßiger und außerplanmäßiger Abschreibung. Die außerplanmäßige Abschreibung wird aber nicht anstelle der planmäßigen Abschreibung verrechnet, sondern ist zusätzlich zu berücksichtigen. Hinsichtlich der Verrechnungsfolge gilt bei abnutzbaren Vermögensgegenständen:

> **Erst planmäßige, dann außerplanmäßige Abschreibungsverrechnung**

Beispiel: Eine maschinelle Anlage mit Anschaffungskosten von 200.000 € (netto) soll planmäßig auf acht Jahre linear abgeschrieben werden. Am Ende der vierten Periode (t_4) beträgt der Restbuchwert nach planmäßiger Abschreibung 100.000 €. Ihr Marktwert beläuft sich dagegen nur noch auf 40.000 €. In t_4 wird neben der planmäßigen Abschreibung von 25.000 € zusätzlich noch eine außerplanmäßige Abschreibung (60.000 €) verrechnet:

Abschr. auf Sachanlagen	25.000,-	an	Maschinelle Anlagen	85.000,-
Außerplanmäßige Abschr.	60.000,-			

Die planmäßige Abschreibung reduziert sich nach t_4 auf 10.000 € jährlich (40.000 €/4 Jahre). Der Restbuchwert wird auf die verbleibende Nutzungsdauer verteilt.

Alter Abschreibungsplan			**Neuer Abschreibungsplan**	
Zeitpunkt	Buchwert			
t_0	200.000			
t_1	175.000			
t_2	150.000		**In t_4: außerplanmäßig 60.000 €**	
t_3	125.000		Buchwert	Zeitpunkt
t_4	100.000 ◄- - - - - - - - - ►		40.000	t_4
t_5	75.000		30.000	t_5
t_6	50.000		20.000	t_6
t_7	25.000		10.000	t_7
t_8	0		0	t_8

Abb. 143: Änderung des Abschreibungsplans nach außerplanmäßiger Abschreibung

3.2.3 Abgang von Anlagegütern

Wird eine vollständig abgeschriebene maschinelle Anlage unbrauchbar, scheidet sie aus dem Anlagevermögen aus. Die Stammkarte wird gelöscht, die Maschine wird ausgebucht. Dieser Vorgang wird **Ausmusterung** genannt. Bei einer abgeschriebenen Maschine wird der Erinnerungswert von 1 € als Abschreibungsaufwand ausgebucht.

Buchungssatz:					
Abschr. auf Sachanlagen		an	Maschinelle Anlagen		1,-

S	Masch. Anlagen	H	S	Abschr. auf Sachanlagen	H
AB	1 | (1)	1	(1)	1 | GuV	1

Abb. 144: Ausmusterung einer vollständig abgeschriebenen Maschine

Scheidet eine **noch nicht vollständig abgeschriebene Maschine** im Laufe eines Jahres aus, müssen bis zu diesem Zeitpunkt noch planmäßige Abschreibungen verrechnet werden. Wird eine Anlage am 7.3.06 unbrauchbar, sind im **Abgangsjahr** 06 noch für drei Monate Abschreibungen zu verrechnen. Der angebrochene Monat wird mitgezählt.

Besteht im Abgangszeitpunkt noch ein Restbuchwert von z.B. 10.000 €, tritt ein zusätzlicher Aufwand in Höhe dieses Betrages ein. Der Wertverzehr stammt aus einer früheren Periode, da die Abschreibungen in der Vergangenheit um diesen Betrag **zu niedrig** waren. Unter zeitlichem Aspekt liegt ein **periodenfremder Aufwand** vor, der in der GuV-Rechnung als "sonstiger betrieblicher Aufwand" ausgewiesen wird. Die folgende Abbildung zeigt eine Ausbuchung zum Beginn eines Jahres:

Buchungssatz:					
Sonst. betr. Aufwand		an	Maschinelle Anlagen		10.000,-

S	Masch. Anlagen	H	S	sonst. betr. Aufwand	H
AB	10.000 | (1)	10.000	(1)	10.000 | GuV	10.000

Abb. 145: Ausmusterung einer nicht vollständig abgeschriebenen Maschine

Zum Abgang von Anlagen kommt es nicht nur durch eine Ausmusterung, sondern auch durch einen **Verkauf**. Die Veräußerung ist ein umsatzsteuerpflichtiger Vorgang. Folglich muss zwischen dem Brutto- und dem Nettoverkaufspreis unterschieden werden. Die Veräußerung bringt einen **Wertzugang** in Höhe des Nettoverkaufspreises mit sich. Gleichzeitig entsteht ein **Wertabgang** in Höhe des Restbuchwertes. Bis zum Verkaufszeitpunkt werden noch monatsgenaue planmäßige Abschreibungen verrechnet.

Beim Verkauf des Anlagegegenstandes können grundsätzlich drei Fälle unterschieden werden (VKP_n = Nettoverkaufspreis, RBW = Restbuchwert):

Fall	(a)	(b)	(c)
Verhältnis von VKP_n und RBW	$VKP_n = RBW$	$VKP_n < RBW$	$VKP_n > RBW$
Erfolgswirkung	keine	periodenfremder Aufwand	periodenfremder Ertrag
Erfolgsneutrale oder erfolgswirksame Vorgänge	VKP_n | RBW	sonst. betr. Aufwand / VKP_n | RBW	VKP_n | sonst. betr. Ertrag / RBW

Abb. 146: Erfolgswirkungen beim Verkauf von Anlagegütern

Im **Fall (a)** entspricht der Restbuchwert (RBW) genau dem Nettoverkaufspreis (VKP_n). Der Anlagenverkauf ist ein **erfolgsneutraler Vorgang**. Die GuV-Rechnung wird also nicht berührt. Im **Fall (b)** steht dem Nettoverkaufspreis (z.B. 10.000 €) ein höher Restbuchwert (z.B. 12.000 €) gegenüber. Der Anlagenverkauf ist mit einem Veräußerungsverlust (im Beispiel: 2.000 €) verbunden, der in der GuV-Rechnung als sonstiger betrieblicher Aufwand erfasst wird.

Im **Fall c)** steht dem Nettoverkaufspreis (z.b. 10.000 €) ein geringerer Restbuchwert (z.b. 7.000 €) gegenüber. Der Anlagenverkauf ist mit einem Veräußerungsgewinn (im Beispiel: 3.000 €) verbunden, der in der GuV-Rechnung als sonstiger betrieblicher Ertrag ausgewiesen wird.

Beispiel: Eine Anlage wird für 11.000 € inkl. 10% USt bar verkauft. Die Restbuchwerte betragen alternativ: (a) 10.000,- (b) 12.000,- und (c) 7.000,-.

Buchungssätze:					
(a) Kasse	11.000,-	an	Maschinelle Anlagen		10.000,-
			Berechnete USt		1.000,-
(b) Kasse	11.000,-	an	Maschinelle Anlagen		12.000,-
Sonst. betr. Aufwand	2.000,-		Berechnete USt		1.000,-
(c) Kasse	11.000,-	an	Maschinelle Anlagen		7.000,-
			sonst. betr. Ertrag		3.000,-
			Berechnete USt		1.000,-

Abb. 147: Verbuchung des Anlagenverkaufs

Beim Anlagenverkauf muss vom Konto "Maschinelle Anlagen" immer der Restbuchwert in voller Höhe ausgebucht werden. Die Differenz zwischen Restbuchwert und Nettoverkaufspreis stellt einen periodenfremden Aufwand bzw. Ertrag dar.

3.2.4 Exkurs: Indirekte Abschreibungstechnik

Die bisher behandelte Methode der Abschreibung bezeichnet man als **direkte Abschreibung**, weil der Wertverzehr der Anlage (als Abschreibungsaufwand) direkt vom aktiven Bestandskonto "Maschinelle Anlagen" abgebucht wird. Dadurch erscheint die Maschine zum Jahresende mit ihrem **Restbuchwert** auf der **Aktivseite** der Schlussbilanz.

Bei **indirekter Abschreibung** wird die durch den Wertverzehr bedingte Wertkorrektur auf der Passivseite der Schlussbilanz ausgewiesen. In der Buchhaltungspraxis kommt die Methode der indirekten Abschreibung nur noch selten zur Anwendung. Daher wird diese Buchungstechnik nur in Form eines kurzen Exkurses erläutert.

Beispiel: Zum Beginn der Periode 01 wird eine Anlage für 100.000 € zuzüglich USt angeschafft. Nach Abzug der Vorsteuer wird die Anlage mit 100.000 € aktiviert. Die Wertminderung dieses Jahres beträgt 25.000 €.

A	Bilanz 1.1.01		P
Maschinelle Anlagen	100.000	Eigenkapital	100.000

(a) Direkte Abschreibung   **(b) Indirekte Abschreibung**

A	Bilanz 31.12.01	P
Maschinelle Anlagen	EK	
75.000		75.000

A	Bilanz 31.12.01		P
Maschinelle Anlagen		EK	75.000
	100.000	Wertber. auf Sachanlagen	25.000

Abb. 148: Vermögensausweis bei direkter und indirekter Abschreibung

Die direkte und indirekte Abschreibung weisen die **Gemeinsamkeit** auf, dass ein Abschreibungsaufwand von 25.000 € über das GuV-Konto gebucht wird. Der wesentliche **Unterschied** zwischen beiden Methoden besteht darin, dass bei der direkten Abschreibung das aktive Bestandskonto "Maschinelle Anlagen" vermindert wird. Bei der indirekten Abschreibung wird dagegen ein **passives Bestandskonto** "Wertberichtigung auf Sachanlagen" eingeführt, das die Anschaffungskosten der Maschine **indirekt** vermindert.

Buchungssatz bei direkter Abschreibung:			
Abschr. auf Sachanlagen	an	Maschinelle Anlagen	25.000,-
Buchungssatz bei indirekter Abschreibung:			
Abschr. auf Sachanlagen	an	Wertber. auf Sachanlagen	25.000,-

Abb. 149: Verbuchung von direkter und indirekter Abschreibung

Das Passivkonto "Wertberichtigung auf Sachanlagen" ist weder dem Eigenkapital noch dem Fremdkapital zuzuordnen. Es handelt sich um ein **Wertkorrekturkonto**, das anzeigt, um welchen Betrag sich die auf der Aktivseite zu Anschaffungskosten ausgewiesenen Vermögensgegenstände im Zuge der Nutzungsdauer im Wert verringert haben. Die folgende Abbildung zeigt, wie die Konten abgeschlossen werden. In der Schlussbilanz erscheinen die maschinellen Anlagen mit den vollen Anschaffungskosten auf der Aktivseite (a) – durch die Wertberichtigung auf der Passivseite ergibt sich per Saldo der Restbuchwert. Das Konto "Wertberichtigung auf Sachanlagen" wird durch den Abschreibungsaufwand angefüllt (b) und erscheint auf der Passivseite der Schlussbilanz (c).

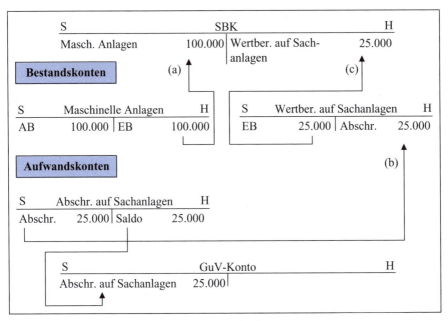

Abb. 150: Kontenabschluss bei indirekter Abschreibung

3.3   Abschreibungen auf Forderungen

3.3.1 Gegenstand und Verfahren der Forderungsabschreibung

Forderungen lassen sich in Kapitalforderungen und Forderungen aus Lieferungen und Leistungen unterteilen. **Kapitalforderungen** entstehen durch eine zeitlich befristete Überlassung von Kapital, z.B. bei einer Kreditvergabe oder beim Kauf von Anleihen. Kapitalforderungen haben meistens einen **langfristigen** Charakter, so dass die Bilanzierung im Anlagevermögen unter den Finanzanlagen erfolgt. Die Bewertung erfolgt zum Nennwert ohne Umsatzsteuer, da diese Leistungen von der Umsatzsteuer befreit sind.

Kapitalforderungen werden nur dann zum vollen Nennwert in die Schlussbilanz übernommen, wenn damit zu rechnen ist, dass der Schuldner tatsächlich den gesamten Betrag zurückzahlen wird. Das ist nicht der Fall, wenn der Schuldner in Zahlungsschwierigkeiten gerät. Dann sind die folgenden Fälle möglich:

- Vollständiger Zahlungsausfall.
- Teilweiser Zahlungsausfall, weil z.b. im Insolvenzverfahren des Schuldners nur mit einer Insolvenzquote von z.b. 10% zu rechnen ist.

In diesen Fällen muss die Darlehensforderung in Höhe des **wahrscheinlichen Zahlungsausfalls** abgeschrieben werden. Die Wertminderung der Forderung wird über das Aufwandskonto "Abschreibungen auf Forderungen" verrechnet. In der Schlussbilanz erscheint die Forderung mit dem Restbuchwert, der dem Betrag des erwarteten Zahlungseingangs entspricht.

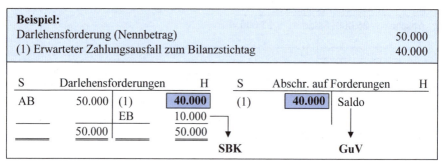

Beispiel:
Darlehensforderung (Nennbetrag)   50.000
(1) Erwarteter Zahlungsausfall zum Bilanzstichtag   40.000

Abb. 151: Abschreibung von Darlehensforderungen

Der erwartete Zahlungsausfall in Höhe von 40.000 € stellt eine Wertminderung dar. Wie bei allen anderen Vermögensgegenständen ist auch bei Forderungen die **Wertminderung** als **Abschreibungsaufwand** zu verrechnen. In der Schlussbilanz erscheint die Darlehensforderung mit dem **erwarteten Zahlungseingang**, im obigen Beispiel mit 10.000 €. Ist in der Folgeperiode der **tatsächliche Zahlungseingang** größer (kleiner) als 10.000 €, ist ein „sonstiger betrieblicher Ertrag" („sonstiger betrieblicher Aufwand") auszuweisen.

Im Gegensatz zu den langfristigen Darlehensforderungen weisen **Forderungen aus Lieferungen und Leistungen** einen **kurzfristigen** Charakter auf und gehören zum Umlaufvermögen. Es handelt sich dabei im Wesentlichen um Forderungen, die dadurch entstehen, dass ein Kunde Waren oder Fertigerzeugnisse bei Lieferung nicht sofort bezahlt. Der Kaufpreis wird für eine bestimmte Zeit gestundet. Der Kunde bezahlt zu einem späteren Termin und tilgt erst dann seine Kaufpreisschuld. Im Folgenden werden diese Forderungen näher betrachtet.

Wie das obige Beispiel zeigt, vollzieht sich die Abwertung von Forderungen buchungstechnisch über die Verrechnung von Abschreibungen auf Forderungen. Wie bei den Abschreibungen auf Anlagen handelt es sich um einen Wertverzehr, also um die Verrechnung von Aufwand. Allerdings besteht folgender Unterschied: Die planmäßige Abschreibung von **abnutzbaren Vermögensgegenständen** ist eine **Verteilungsabschreibung**, da die Anschaffungskosten nach einem vorher festgelegten Abschreibungsplan auf die einzelnen Nutzungsjahre verteilt werden. Die verbrauchsbedingte Wertminderung steht im Vordergrund.

Die **Forderungsabschreibung** verfolgt dagegen das Ziel, die Forderung am Bilanzstichtag richtig zu bewerten, d.h. den Nennwert an gesunkene Marktwerte anzupassen (**Anpassungsabschreibung**). Für Forderungen kommt nur eine **außerplanmäßige Abschreibung** in Betracht, um eine wirtschaftliche Wertminderung zu berücksichtigen. Es gilt:

Forderungsabschreibung erfasst die wirtschaftliche Wertminderung

Die unterschiedlichen Abschreibungsmotive ändern nichts an der buchungstechnischen Gemeinsamkeit beider Fälle. In Höhe der Abschreibung wird ein Aufwand verrechnet, der den Gewinn der GuV-Rechnung vermindert. Die folgende Gleichung gilt auch bei der Forderungsabschreibung:

Forderungsabschreibung = Aufwand = Erfolgsminderung

Diese Gleichung gilt unabhängig von den buchungstechnischen Modalitäten der Forderungsabschreibung. Je nach Art der Erfassung der Wertminderung unterscheidet man zwischen der Einzelabschreibung und der Pauschalabschreibung.

Nach dem handelsrechtlichen Grundsatz der **Einzelbewertung** sind Vermögensgegenstände zum Abschlussstichtag jeweils für sich allein zu bewerten. Dieses Prinzip gilt auch für Forderungen, so dass jede Forderung grundsätzlich einzeln zu bewerten und auf ihren Abschreibungsbedarf zu überprüfen ist. Die strenge Einhaltung dieses Prinzips ist aus folgenden Gründen unzweckmäßig:

▪ **Unbekanntes Ausfallrisiko**: Nicht für jede einzelne Forderung ist das Ausfallrisiko bekannt bzw. zu ermitteln.

▪ **Hoher Arbeitsaufwand**: Die Beurteilung jeder Forderung ist sehr arbeitsintensiv.

Daher wird in der Praxis eine **Einzelabschreibung** nur vorgenommen, um die speziellen Kreditrisiken einer bestimmten Forderung zu berücksichtigen. Dabei gilt, dass Forderungen mit hohen Beträgen genauer untersucht werden als solche mit niedrigen Beträgen. Eine **Pauschalabschreibung** (Pauschalbewertung) wird durchgeführt, um das allgemeine Kreditrisiko zu berücksichtigen, das in einer statistisch gesicherten Forderungsausfallquote seinen Niederschlag findet. Diesem Risiko unterliegen letztlich auch vermeintlich sichere Forderungen. Diese Vorgehensweise ist auch handelsrechtlich zulässig.

Das **spezielle** Kreditrisiko umfasst die Risiken, die nur für eine bestimmte Forderung Gültigkeit haben (z.B. Liquiditätsengpässe eines Kunden). Diese Risiken lassen sich ermitteln, indem entsprechende Informationen z.B. von Auskunfteien wie der "SCHUFA" (Schutzgemeinschaft für allgemeine Kreditsicherung) eingeholt werden.

Das **allgemeine** Kreditrisiko wird aus Erfahrungswerten der Vergangenheit abgeleitet. Setzt sich der Forderungsbestand eines Unternehmens (z.B. eines Versandhauses) aus vielen Einzelforderungen zusammen, deren spezielles Ausfallrisiko unbekannt ist, wird das Versandhaus regelmäßig die Pauschalabschreibung anwenden. Diese Abschreibungsmethode dient der Abdeckung des allgemeinen Kreditrisikos. Betrug der durchschnittliche Forderungsausfall in den vergangenen Jahren z.B. 5% des jeweiligen Forderungsbestandes, ist auch für den Forderungsbestand zum Ende des laufenden Jahres ein pauschaler Wertabschlag in Höhe von 5% vorzunehmen.

Buchungstechnisch können Forderungen direkt oder indirekt abgeschrieben werden. Bei **direkter** Abschreibung wird der Forderungsbestand (auf der Aktivseite) um den Abschreibungsbetrag gekürzt. Bei **indirekter** Abschreibung bleibt der Forderungsbestand auf der

Aktivseite in seiner ursprünglichen Höhe bestehen. Auf der Passivseite der Bilanz wird in Höhe der Abschreibung ein Posten "Wertberichtigung auf Forderungen" gebildet. Dieser wird auch als "**Delcredere**" bezeichnet.

Bei der Einzelabschreibung und der Pauschalabschreibung von Forderungen bedient sich die Buchhaltungspraxis unterschiedlicher Abschreibungsmethoden:

Forderungen	
Einzelabschreibung	**Pauschalabschreibung**
Direkte Abschreibung üblich	Indirekte Abschreibung üblich - Verbot für Kapitalgesellschaften -

Abb. 152: Verfahren der Forderungsabschreibung

Bei der Darstellung der Pauschalabschreibung in Gliederungspunkt 3.3.3 wird gezeigt, wie Kapitalgesellschaften die indirekte Abschreibungsmethode anwenden können, ohne gegen das gesetzliche Verbot zu verstoßen. Für Unternehmen anderer Rechtsformen, wie z.B. Einzelunternehmen oder Personengesellschaften, ist die Nutzung der indirekten Abschreibungsmethode zur Forderungsbewertung unproblematisch.

3.3.2 Einzelabschreibung auf Forderungen

Bei der Einzelabschreibung wird jede einzelne Forderung auf ihre Bonität überprüft und gegebenenfalls (ganz oder teilweise) abgeschrieben. Zur Einzelabschreibung verwenden Unternehmen aller Rechtsformen üblicherweise die **direkte** Abschreibungsmethode. Hinsichtlich des Ausfallrisikos lassen sich **Forderungen aus Lieferungen und Leistungen** in drei Klassen einteilen: Sicherer Forderungsausfall, wahrscheinlicher Forderungsausfall und ganz unwahrscheinlicher Forderungsausfall.

Die folgende Abbildung zeigt die Bilanzierung und Bewertung der Forderungen in den jeweiligen Klassen:

	Forderungsausfall		
	Ganz unwahr-scheinlich	**Wahrscheinlich**	**Sicher**
Klassifikation	Vollwertige Forderungen	Zweifelhafte Forderungen	Uneinbringliche Forderungen
Bilanzausweis	Forderungen	Zweifelhafte Forderungen (Dubiose)	Zweifelhafte Forderungen (Dubiose)
Bewertung	Nennwert	Nennwert abzgl. erwarteter Ausfall	Nennwert abzgl. sicherer Ausfall
Abschreibungsbetrag	Keiner	Erwarteter Ausfall (vom Nettobetrag)	Sicherer Ausfall (vom Nettobetrag)
USt-Korrektur	Keine	Keine	Kürzung berechneter USt

Abb. 153: Klassifizierung von Forderungen bei Einzelbewertung

Erscheint bei einer Forderung der Zahlungseingang nicht mehr als sicher, handelt es sich entweder um eine zweifelhafte Forderung, deren Ausfall wahrscheinlich, oder um eine uneinbringliche Forderung, deren Ausfall sicher ist. Beim sicheren Ausfall wird z.B. im Rahmen eines Insolvenzverfahrens die Ausfallquote gerichtlich festgelegt. **Vollwertige** Forderungen werden unter dem Posten "Forderungen aus Lieferungen und Leistungen" bilanziert und zum Nennwert (mit Umsatzsteuer) bewertet.

Zweifelhafte Forderungen und **uneinbringliche** Forderungen werden aus Gründen der Klarheit im Konto "Forderungen aus Lieferungen und Leistungen" ausgebucht und auf das Konto "Zweifelhafte Forderungen" ("Dubiose") übertragen. Es handelt sich um einen Aktivtausch. Erst im zweiten Buchungsgang werden die zweifelhaften oder uneinbringlichen Forderungen abgewertet. Der Wertabschlag (Abschreibungsbetrag) orientiert sich an der Höhe des erwarteten bzw. sicheren Forderungsausfalls. Nur die zweite Buchung ist erfolgswirksam ("Abschreibung auf Forderungen an Zweifelhafte Forderungen").

Forderungen aus Lieferungen und Leistungen werden zum **Bruttowert**, d.h. einschließlich der Umsatzsteuer ausgewiesen, da die erbrachte Leistung (z.B. Warenlieferung) der Umsatzsteuer unterliegt. Auch für zweifelhafte Forderungen ist der Bruttowert maßgeblich. Die Abschreibung erfolgt dagegen grundsätzlich vom **Nettowert** der Forderungen. Erst wenn der Zahlungsausfall **endgültig** feststeht, also nur bei uneinbringlichen Forderungen, ist nach dem Umsatzsteuerrecht eine **Kürzung** der Umsatzsteuer zulässig.

Beispiel:

Bruttowert der Forderung 55.000 € (inkl. 10% USt).

(a) Wahrscheinlicher Forderungsausfall 60%.

(b) Sicherer Forderungsausfall 60%.

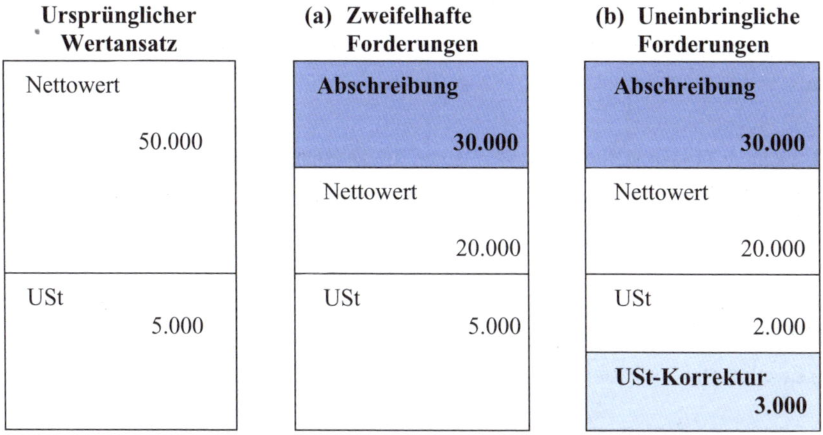

Abb. 154: USt-Korrektur zweifelhafter und uneinbringlicher Forderungen

Bei erwartetem Zahlungsausfall (Fall a) in Höhe von 60% erscheint die Forderung in der Schlussbilanz im Posten "Zweifelhafte Forderungen" mit einem Wertansatz von 25.000 €. Ist der Zahlungsausfall sicher (Fall b), erfolgt die Bilanzierung zum Wert von 22.000 €. Nur bei endgültig feststehendem Forderungsausfall darf die berechnete Umsatzsteuer gekürzt werden, wodurch sich die USt-Zahlungsverpflichtung gegenüber dem Finanzamt verringert. Daher ist der Forderungsansatz im Fall b) niedriger als im Fall a).

Bei der Behandlung der Abschreibung auf Forderungen sind zwei Phasen zu unterscheiden: In der laufenden Periode (**Abschreibungsperiode**) ist das Ausfallrisiko durch eine (außerplanmäßige) Abschreibung zu berücksichtigen. In der Folgeperiode (**Zahlungsperiode**) ist der Zahlungseingang auf die abgewerteten Forderungen zu verbuchen. In der Praxis können zwischen der Abschreibungs- und der Zahlungsperiode in Einzelfällen mehrere Jahre vergehen, wenn ein Insolvenzverfahren längere Zeit in Anspruch nimmt. Zunächst werden die Buchungsvorgänge in der **Abschreibungsperiode** betrachtet.

Beispiel: Anfangsbestand von Forderungen aus Lieferungen und Leistungen 220.000 € inkl. 10% USt.

(1) Am Jahresende erscheinen zwei Forderungen (A und B) im Gesamtwert (brutto) von 33.000 € als zweifelhaft.

(2) Die Zweifelhafte Forderung A (Bruttowert 19.800 €) lässt einen Bruttoausfall von 8.800 € als **wahrscheinlich** erscheinen.

(3) Die Zweifelhafte Forderung B (Bruttowert 13.200 €) fällt **endgültig** in voller Höhe aus.

Zwei wichtige Fragen stellen sich: Wie lauten die Buchungssätze für die Abschreibung? Wie sieht die kontenmäßige Verbuchung aus? Die folgenden Abbildungen geben die Antworten:

Buchungssätze:				
(1) Zweifelhafte Forderungen		an	Forderungen	33.000,-
(2) Abschr. auf Forderungen		an	Zweifelhafte Forderungen	8.000,-
(3) Abschr. auf Forderungen	12.000,-	an	Zweifelhafte Forderungen	13.200,-
Berechnete USt	1.200,-			
(4) GuV-Konto		an	Abschr. auf Forderungen	20.000,-
(5) Schlussbilanzkonto		an	Forderungen	187.000,-
(6) Schlussbilanzkonto		an	Zweifelhafte Forderungen	11.800,-

Abb. 155: Beispiel einer Einzelabschreibung auf Forderungen

Zunächst werden beide Forderungen auf das Konto "Zweifelhafte Forderungen" umgebucht. Anschließend werden die Abschreibungen verrechnet. Eine Korrektur der Umsatzsteuer ist nur bei Forderung B zulässig.

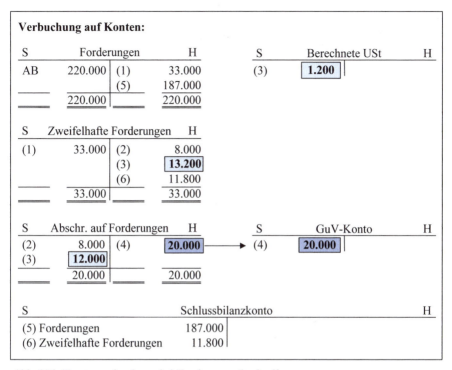

Verbuchung auf Konten:

Abb. 156: Kontenverbuchung bei Forderungsabschreibung

Forderung A hatte ursprünglich einen Wert von 19.800 € (18.000 € zzgl. 1.800 € USt). Nach der Abschreibung auf den Nettowert von 10.000 € erscheint diese Zweifelhafte Forderung mit 11.800 € (Nettowert 10.000 zzgl. ursprüngliche USt 1.800 €) in der Schlussbilanz. Eine Umsatzsteuerkorrektur darf erst vorgenommen werden, wenn der erwartete Zahlungsausfall (Netto 8.000 zzgl. 800 € USt) endgültig feststeht.

Nehmen wir an, dass wir in der folgenden **Zahlungsperiode** auf die Zweifelhafte Forderung A eine endgültige Zahlung von 11.000 € brutto erhalten, die sich aus einem Nettowert von 10.000 € und 1.000 € USt zusammensetzt. Unsere Zweifelhafte Forderung steht mit 11.800 € (10.000 € netto zuzüglich 1.800 € USt) zu Buche. Der Zahlungsvorgang ist demnach **erfolgsneutral**. Die USt muss allerdings noch angepasst, d.h. nach unten korrigiert werden. Die Umsatzsteuerschuld gegenüber dem Finanzamt nimmt ab.

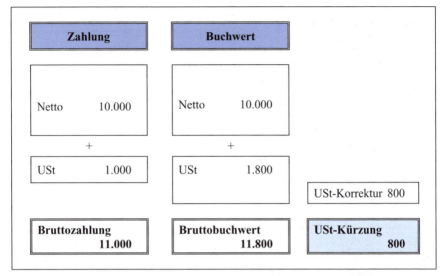

Abb. 157: Angemessener Zahlungseingang

Wurde der Abschreibungsbetrag in der Vorperiode richtig geschätzt, entspricht der Netto-
zufluss (10.000 €) dem Nettowert der Zweifelhaften Forderung (10.000 €), wird gebucht:

Buchungssatz:				
Bank	11.000,-	an	Zweifelhafte Forderungen	11.800,-
Berechnete USt	800,-			

Abb. 158: Buchungssatz bei angemessenem Zahlungseingang (erfolgsneutral)

Ist die Nettozahlung höher (niedriger) als der Nettobuchwert der Forderung, entsteht in der
Zahlungsperiode ein **periodenfremder Ertrag** (periodenfremder Aufwand), der auf dem
Konto "sonstiger betrieblicher Ertrag" ("sonstiger betrieblicher Aufwand") verbucht wird.

Beispiel: Buchwert Zweifelhafte Forderungen: Netto 10.000 + 1.800 USt.
(a) Zahlungseingang: Netto 12.000 + 1.200 USt.
(b) Zahlungseingang: Netto 7.000 +   700 USt.

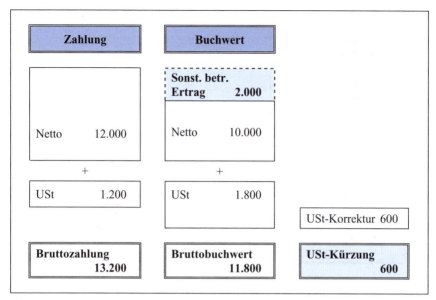

Abb. 159: Unerwartet hoher Zahlungseingang (Fall a)

Buchungssatz:					
Bank	13.200,-	an	Zweifelhafte Forderungen	11.800,-
Berechnete USt	600,-		sonst. betr. Ertrag	2.000,-

Abb. 160: Buchungssatz bei unerwartet hohem Zahlungseingang (periodenfremder Ertrag)

Die obigen Abbildungen verdeutlichen die Schwierigkeit bei der Verbuchung des Zahlungseingangs auf Forderungen bei nur wahrscheinlichem Forderungsausfall: Der Buchwert der Forderung von 11.800 € kann nicht direkt in einen Nettobetrag und die Umsatzsteuer aufgeteilt werden. Die Umsatzsteuer von 1.800 € bezieht sich nämlich auf den ursprünglichen vollen Nettobetrag der Forderung in Höhe von 18.000 € und nicht auf den restlichen Nettobetrag von 10.000 €. Dieser Zusammenhang muss berücksichtigt werden, um die Buchungen richtig vornehmen zu können.

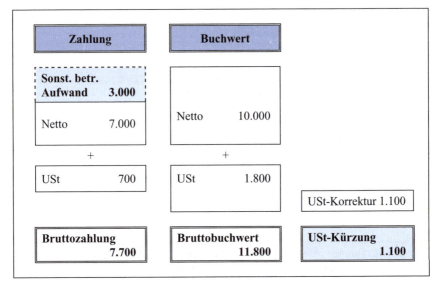

Abb. 161: Unerwartet niedriger Zahlungseingang (Fall b)

Buchungssatz:				
Bank	7.700,-	an	Zweifelhafte Forderungen	11.800,-
sonst. betr. Aufwand	3.000,-			
Berechnete USt	1.100,-			

Abb. 162: Buchungssatz bei unerwartet niedrigem Zahlungseingang (periodenfremder Aufwand)

3.3.3 Pauschalwertberichtigung auf Forderungen

Im Rahmen der **Einzelbewertung** werden Forderungen auf ihr **spezielles** Kreditrisiko untersucht. Dabei werden die zweifelhaften und uneinbringlichen Forderungen aus dem Konto "Forderungen" ausgebucht und nach Maßgabe des speziellen Ausfallrisikos abgeschrieben. Die zugehörige Buchungstechnik wurde bereits behandelt.

Ist die Einzelbewertung der Forderungen abgeschlossen, verbleiben auf dem Konto "Forderungen" die **vermeintlich sicheren Forderungen**. Die Unternehmenspraxis zeigt, dass auch bei diesen Forderungen mit einem Zahlungsausfall gerechnet werden muss. Dieser

Ausfall entsteht durch das allgemeine Kreditrisiko und lässt sich meist aus Vergangenheitszahlen statistisch ableiten. So kann ein Versandhaus zu dem Ergebnis kommen, dass der Zahlungsausfall bei den vermeintlich sicheren Forderungen im langjährigen Durchschnitt bei 4% des Forderungsbestandes am Jahresende liegt. Das **allgemeine** Kreditrisiko wird durch eine **Pauschalwertberichtigung** der verbleibenden, quasi sicheren Forderungen berücksichtigt. Zur Vermeidung einer doppelten Berücksichtigung von Risiken ist folgender Zusammenhang wichtig:

> Einzelwertberichtigte Forderungen unterliegen keiner Pauschalwertberichtigung

Wie die Einzelwertberichtigung hat auch die Pauschalwertberichtigung die Aufgabe, den in der Folgeperiode wirksam werdenden Zahlungsausfall (Wertverzehr) schon in der laufenden Abrechnungsperiode als Aufwand ("Abschreibung auf Forderungen") zu verrechnen. Auch bei der Pauschalwertberichtigung wird die Abschreibung auf Forderungen immer vom **Nettowert** vorgenommen. Es gilt:

> Umsatzsteuerkorrektur erst bei endgültigem Zahlungsausfall

Buchungstechnisch ist es möglich, die Pauschalwertberichtigung auf Forderungen (**PWB**) in Form einer direkten oder einer indirekten Abschreibung vorzunehmen. Im Folgenden wird nur die in der Praxis übliche **indirekte Abschreibung** dargestellt. Das Konto "Pauschalwertberichtigung auf Forderungen" ist ein passives Bestandskonto. Wie bei der indirekten Abschreibung von Sachanlagen handelt es sich um ein Wertkorrekturkonto.

Für **Kapitalgesellschaften** ist eine passive Wertberichtigung nicht mehr erlaubt. Die Buchhaltungspraxis geht deshalb so vor, dass die Pauschalabschreibung auf Forderungen zunächst auf dem Passivkonto "PWB auf Forderungen" ("**Delcredere**") verbucht wird. Dieses Konto wird aber nicht – wie üblich – über das Schlussbilanzkonto, sondern über das aktive Bestandskonto "Forderungen" abgeschlossen. Dann erscheint in der Schlussbilanz der um die Pauschalwertberichtigung gekürzte Forderungsbestand und die für Kapitalgesellschaften geltenden handelsrechtlichen Vorschriften werden eingehalten.

Beispiel: Der Forderungsbestand einer OHG beträgt 286.000 € brutto und setzt sich wie folgt zusammen:

(1) Zweifelhafte Forderungen (brutto): 66.000 € (Einzelwertberichtigung).

(2) Vermeintlich sichere Forderungen (brutto): 220.000 € (Pauschalwertberichtigung in Höhe von 4% auf den Nettowert).

Berechnung der PWB:	
▪ Vermeintlich sichere Forderungen (brutto):	220.000 €
▪ Vermeintlich sichere Forderungen (netto):	200.000 €
▪ PWB vom Nettowert (4%):	8.000 €

Abb. 163: Berechnung der Pauschalwertberichtigung (PWB)

Für die Bildung (oder Erhöhung) einer Pauschalwertberichtigung auf Forderungen in der Abschreibungsperiode lautet der Buchungssatz "Abschreibung auf Forderungen an PWB auf Forderungen". Das Beispiel macht deutlich, dass die einzelwertberichtigten Forderungen **nicht** in die Pauschalwertberichtigung einbezogen werden, da ihr Ausfallrisiko gesondert berücksichtigt wird.

S	Zweifelhafte Forderungen	H		S	Abschr. auf Ford.	H
(1)	66.000	**Saldo**		(2)	**8.000**	**Saldo**
		↓				↓
		SBK				**GuV-Konto**

S	Forderungen		H		S	PWB auf Forderungen		H
AB	286.000	(1)	66.000		EB	8.000	(2)	**8.000**
		EB	220.000					
			↓				↓	
			SBK				**SBK**	

Abb. 164: Bildung einer PWB im Kontenschema

Sollten in der folgenden **Zahlungsperiode** alle vermeintlich sicheren Forderungen wider Erwarten in voller Höhe (220.000 €) eingehen und sollte im einfachsten Fall der Forderungsbestand am Ende der Zahlungsperiode gleich null sein (keine neuen Zielverkäufe in der Zahlungsperiode), ist die Pauschalwertberichtigung gegenstandslos. Sie wird erfolgswirksam aufgelöst, wobei ein Ertrag von 8.000 € entsteht.

Buchungssatz:			
PWB auf Forderungen	an	sonst. betr. Ertrag	8.000,-

Kontenschema:

S	sonst. betr. Ertrag	H		S	PWB auf Forderungen	H
		8.000	←——→ Abgang	**8.000**	AB	8.000

Abb. 165: Auflösung der PWB in der Zahlungsperiode

Üblicherweise wird aber auch am Ende der Zahlungsperiode ein Bestand an vermeintlich sicheren Forderungen vorhanden sein. In diesem Fall ist die PWB auf Forderungen **fortzuschreiben**. Hat sich bei konstantem Abschreibungsprozentsatz der Bestand vermeintlich sicherer Forderungen verändert, muss die Pauschalwertberichtigung mit den folgenden Buchungen angepasst werden:

Aufstockung:	Abschr. auf Forderungen	an	PWB auf Forderungen
Abstockung:	PWB auf Forderungen	an	sonst. betr. Ertrag

Die Erhöhung der Pauschalwertberichtigung erfolgt durch Verbuchung von zusätzlichen Abschreibungen auf Forderungen. Die Verminderung durch Verbuchung eines sonstigen betrieblichen Ertrages. Das folgende Beispiel verdeutlicht den Zusammenhang:

Beispiel:

Forderungsbestand (brutto) der Vorperiode	220.000 €
Bisherige PWB auf Forderungen (4%)	8.000 €
Forderungsbestand (brutto) am Bilanzstichtag	275.000 €
Neue PWB auf Forderungen (4%)	10.000 €

Buchungssatz:			
Abschr. auf Ford.	an	PWB auf Forderungen	2.000,-

Kontenschema:

S	Abschr. auf Ford.	H		S	PWB auf Forderungen	H
(1)	**2.000**				AB	8.000
					(1)	**2.000**

Abb. 166: Anpassung der PWB an erhöhten Forderungsbestand

Die hier beschriebene Anpassung der PWB auf Forderungen an einen erhöhten Forderungsbestand durch zusätzliche Abschreibungsverrechnung wird als **statisches Verfahren**
bezeichnet. Es hat eine wesentliche **Arbeitserleichterung** zur Folge, da keine laufende
Anpassung der PWB im Geschäftsjahr erfolgen muß.

Statisches Verfahren: Einmalige Anpassung der PWB am Jahresende

---

Beim statischen Verfahren wird auf dem Passivkonto "PWB auf Forderungen" nur **eine**
Anpassungsbuchung am Jahresende erforderlich, wobei gilt:

- Bestandserhöhung = Aufwand,
- Bestandsminderung = Ertrag.

Hierdurch nimmt die Arbeitsbelastung deutlich ab. Zeigt sich in der Zahlungsperiode, dass
eine zunächst als sicher eingestufte Forderung wahrscheinlich ausfallen wird, muss eine
Einzelwertberichtigung erfolgen. Hierbei sind die folgenden Schritte vorzunehmen:

---

(1) Umbuchung vom Konto "Forderungen aus Lieferungen und Leistungen" auf das
    Konto "Dubiose".
(2) Verrechnung der Abschreibung (vom Nettowert).
(3) Verbuchung des Zahlungseingangs und Korrektur der USt. Erfolgsneutrale und er-
    folgswirksame Vorgänge sind denkbar.

Abb. 167: Arbeitsschritte beim statischen Verfahren

Durch die Einzelwertberichtigung nimmt der Bestand vermeintlich sicherer Forderungen
ab, während der Bestand dubioser Forderungen steigt. Die Abschreibung der zweifelhaften Forderungen ist vom Nettowert vorzunehmen, solange nur ein wahrscheinlicher
Ausfall besteht. Erst beim Zahlungseingang wird die Umsatzsteuer korrigiert, wobei im
Regelfall zusätzliche Aufwendungen oder Erträge entstehen, da der Forderungsausfall
nicht genau vorhergesagt werden kann.

3.4 Buchungstechnische Behandlung von Zuschreibungen

Außerplanmäßige Abschreibungen stellen eine Wertminderung dar und verringern den Buchwert von Aktivposten (z.B. Sachanlagen oder Wertpapieren). Sie führen zum Aufwand und zur Verringerung des Eigenkapitals. Dagegen sind Wertsteigerungen durch eine Zuschreibung zu berücksichtigen, wodurch ein Ertrag entsteht (Vermehrung des Eigenkapitals). Zuschreibungen bilden das Gegenstück zur außerplanmäßigen Abschreibung.

Wertminderung 80 ⟶ Außerplanmäßige Abschreibung 80 ⟶ Aufwand 80		
Wertsteigerung 60 ⟶ Zuschreibung 60 ⟶ Ertrag 60		

Abb. 168: Erfolgswirkungen von Abschreibungen und Zuschreibungen

Im Folgenden wird die buchungstechnische Durchführung von **Zuschreibungen** am Beispiel der Bilanzierung von Wertpapieren erläutert. Maßgeblich für den Wertansatz der Wertpapiere in der Schlussbilanz ist ihr Kurswert am Bilanzstichtag, der vereinfachend als **Tageswert** (TW) bezeichnet wird. Grundsätzlich gilt:

Zuschreibung, wenn Tageswert > bisheriger Wertansatz

Beispiel:

Bisheriger Buchwert:	120,-
Tageswert am 31.12.01:	180,-
Wertzuwachs der Wertpapiere:	60,-

Der Ertrag von 60 € wird wie folgt verbucht:

Wertpapiere	an	Zuschreibungsertrag	60,-

Durch den Zuschreibungsertrag von 60 € erhöhen sich

- der Erfolgsausweis in der GuV-Rechnung,
- der Vermögensausweis auf der Aktivseite der Schlussbilanz,
- der Eigenkapitalausweis auf der Passivseite der Schlussbilanz.

Das im HGB verankerte deutsche Bilanzrecht wird vom **Vorsichtsprinzip** geprägt. Danach dürfen sich die Unternehmen nicht zu "reich rechnen". Grundsätzlich gilt: Wertsteigerungen, die über die Anschaffungs- oder Herstellungskosten (AHK) hinausgehen, dürfen erst dann als Ertrag in der GuV-Rechnung erfasst werden, wenn sie durch den Umsatz realisiert sind. Liegt der Tageswert (TW) über den Anschaffungs- oder Herstellungskosten, darf keine erfolgswirksame Zuschreibung vorgenommen werden. Das **Realisationsprinzip** verbietet den Ausweis unrealisierter Gewinne.

Daher gilt für Zuschreibungen nach dem Vorsichtsprinzip:
- Der Grundsatz der begrenzten Zuschreibung.
- Ein Ausnahmefall der unbegrenzten Zuschreibung.

Begrenzte Zuschreibung	Unbegrenzte Zuschreibung
Wertobergrenze: AHK	Wertobergrenze: Keine
Bewertung zum Tageswert, maximal jedoch AHK	Bewertung zum Tageswert, auch wenn TW > AHK

Abb. 169: Begrenzte und unbegrenzte Zuschreibung

Beispiel (begrenzte Zuschreibung):

30.12.01: Anschaffung von langfristigen Wertpapieren zum Börsenkurs von 200,-

31.12.01: Börsenkurs (Tageswert): 200,-

31.12.02: Börsenkurs (Tageswert): 120,-

31.12.03: Börsenkurs (Tageswert): 230,-

Zunächst werden die Wertpapiere mit den Anschaffungskosten von 200 € in der Schlussbilanz zum 31.12.01 bewertet. Zum **31.12.02** werden die Wertpapiere zum dauerhaft gesunkenen Tageswert von 120 € bilanziert. Dabei wird eine außerplanmäßige Abschreibung von 80 € in der GuV-Rechnung ausgewiesen.

Zum **31.12.03** liegt der Tageswert mit 230 € oberhalb der Anschaffungskosten (200 €). Das HGB erlaubt in diesem Fall nur eine **begrenzte Zuschreibung** bis zu den Anschaffungskosten. Die darüber hinausgehende Wertsteigerung kann durch künftige Kursrückgänge wieder verlorengehen und darf in Periode 03 nicht als Ertrag ausgewiesen werden.

Die begrenzte Zuschreibung beschränkt sich – im Falle eines späteren Wertanstiegs – auf die Rückgängigmachung früherer außerplanmäßiger Abschreibungen. Deshalb wird sie auch als **Wertaufholung** bezeichnet: Der gesunkene Wert "erholt" sich im Zeitablauf.

31.12.01: Börsenkurs 200,-

A	Bilanz 31.12.01		P
Wertpapiere des AV	200	Eigenkapital	200
	200		200

In 02: | **Außerplanmäßige Abschreibung   an   Wertpapiere des AV   80,-** |

A	Bilanz 31.12.02		P
Wertpapiere des AV	120	Eigenkapital	120
	120		120

In 03: | **Wertpapiere des AV   an   Zuschreibungsertrag   80,-** |

A	Bilanz 31.12.03		P
Wertpapiere des AV	200	Eigenkapital	200
	200		200

Abb. 170: Bilanzen nach außerplanmäßiger Abschreibung und begrenzter Zuschreibung

Beispiel (unbegrenzte Zuschreibung):

Ein Unternehmen erwirbt Ende 01 Wertpapiere zu Handelszwecken (200 €), da steigende Kurse unterstellt werden. Man möchte die Wertpapiere möglichst bald mit Gewinn veräußern. Somit handelt es sich jetzt um Wertpapiere des Umlaufvermögens. Es stellt sich dieselbe Kursentwicklung ein wie im vorigen Beispiel:

31.12.01: Börsenkurs (Tageswert): 200,-

31.12.02: Börsenkurs (Tageswert): 120,-

31.12.03: Börsenkurs (Tageswert): 230,-

Da die unrealisierte Wertsteigerung von 30 € (TW 230 - AHK 200) kurzfristig durch Umsatz erzielt werden soll, ist sie schon in der Entstehungsperiode 03 durch eine erfolgswirksame Zuschreibung zu berücksichtigen. In 03 steigen das Vermögen durch die Höherbewertung der Wertpapiere in der Bilanz und der Erfolg in der GuV-Rechnung durch den Zuschreibungsertrag. Die folgende Abbildung verdeutlicht die Entwicklung:

31.12.01: Börsenkurs 200,-

A	Bilanz 31.12.01		P
Wertpapiere des AV	200	Eigenkapital	200
	200		200

In 02: **Außerplanmäßige Abschreibung   an   Wertpapiere des AV   80,-**

A	Bilanz 31.12.02		P
Wertpapiere des AV	120	Eigenkapital	120
	120		120

In 03: **Wertpapiere des AV   an   Zuschreibungsertrag   110,-**

A	Bilanz 31.12.03		P
Wertpapiere des AV	230	Eigenkapital	230
	230		230

Abb. 171: Bilanzen nach außerplanmäßiger Abschreibung und unbegrenzter Zuschreibung

In dem vom Vorsichtsprinzip dominierten deutschen HGB stellt die unbegrenzte Zuschreibung einen **Ausnahmefall** dar: Banken sind nach § 340e HGB verpflichtet, **Wertpapiere des Handelsbestands** auch dann zum **Zeitwert** anzusetzen, wenn dieser die Anschaffungskosten übersteigt.

Die internationalen Rechnungslegungsvorschriften (International Financial Reporting Standard – IFRS) bevorzugen die unbegrenzte Zuschreibung. Die IFRS werden nicht vom Vorsichtsprinzip, sondern vom **Fair Value-Prinzip** beherrscht. Danach sind Wertpapiere am Bilanzstichtag nach Möglichkeit nicht mit den historischen Anschaffungskosten, sondern zum Tageswert zu bewerten. Bei IFRS spricht man vom **Fair Value**, der den beizulegenden Zeitwert darstellt. Voraussetzung für den Fair Value-Ansatz ist, dass die Tageswerte klar bestimmbar und am Markt realisierbar sind.

4. Verbuchung von Rechnungsabgrenzungsposten

4.1 Erfolgsabgrenzung durch Rechnungsabgrenzungsposten

Zahlt ein Unternehmen am 1.12. der Periode I die Büromiete für den Monat Dezember (2.000 €) im Voraus, lautet der Buchungssatz: "Mietaufwand an Bank 2.000,-". Die (umsatzsteuerbefreite) Mietzahlung ist der Periode I in voller Höhe als Aufwand zuzurechnen. Zahlt das Unternehmen jedoch am 1.12. die Miete für drei Monate (6.000 €) im Voraus, tritt das Problem der Erfolgsabgrenzung auf, da der Leistungsvorgang (die Mietdauer) zwei Geschäftsjahre betrifft. Die Notwendigkeit zur Erfolgsabgrenzung besteht, wenn gilt:

> Zahlungsvorgang und Leistungsvorgang fallen über den Bilanzstichtag auseinander

Die folgende Abbildung veranschaulicht das Problem:

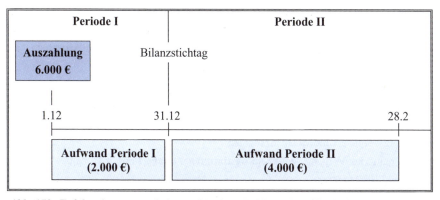

Abb. 172: Erfolgsabgrenzung bei vorschüssiger Zahlung (transitorisch)

Zahlt das Unternehmen am 1.12. die Miete (6.000 €) für drei Monate im Voraus (**vorschüssige Zahlung**), wird diese Auszahlung gedanklich in zwei Aufwandsteile zerlegt: 2.000 € werden Periode I, 4.000 € werden Periode II als Aufwand angelastet (periodengerechte Gewinnermittlung). Bezogen auf den Bilanzstichtag (31.12.) ist die Mietzahlung in Höhe von 2.000 € "verbraucht". Ein Wertverzehr ist bereits eingetreten und dieser

Aufwand betrifft das Geschäftsjahr 01. In Höhe von 4.000 € besteht gegenüber dem Vermieter ein im Voraus bezahlter **Leistungsanspruch** auf Raumüberlassung (Auszahlung vor Aufwand). Der Leistungsanspruch hat Ähnlichkeit mit einer Forderung. Er ist ein **Aktivposten** und wird am 31.12. als aktiver Rechnungsabgrenzungsposten ("**RAP aktiv**") in die Schlussbilanz aufgenommen.

Hat das Unternehmen dagegen am 1.12. eine Mietzahlung in Höhe von 6.000 € für drei Monate im Voraus erhalten, werden 2.000 € als Ertrag der Periode I verbucht. Nur in dieser Höhe hat das Unternehmen seine Vermieterpflichten erfüllt, d.h. seine Leistung erbracht, indem es Räume zur Verfügung gestellt hat. Nach dem Realisationsprinzp ist ein Ertrag von 2.000 € erwirtschaftet worden. In Höhe von 4.000 € liegt gegenüber dem Mieter eine **Leistungsverpflichtung** vor, für die der Vermieter Geld erhalten hat (Einzahlung vor Ertrag). Sie hat Ähnlichkeit mit einer Verbindlichkeit. Es ist ein **Passivposten** zu bilden, der als passiver Rechnungsabgrenzungsposten ("**RAP passiv**") bilanziert wird.

Ein forderungsähnlicher Tatbestand wird aktiviert, ein verbindlichkeitsähnlicher Tatbestand wird passiviert. Zu Beginn der Periode II wird der Rechnungsabgrenzungsposten aufgelöst. Dadurch werden in Periode II 4.000 € als Aufwand bzw. Ertrag ausgewiesen, obwohl es in diesem Jahr keinen Zahlungsvorgang gegeben hat. Aufwand und Ertrag werden nach der Inanspruchnahme bzw. Erbringung von Leistungen den einzelnen Geschäftsjahren zugeordnet (periodengerechte Gewinnermittlung).

Eine Erfolgsabgrenzung durch Bildung und Auflösung von Rechnungsabgrenzungsposten ist notwendig, wenn Folgendes gilt:

- Zahlungsvorgang vor dem Bilanzstichtag,
- Zuordnung des Vorgangs zu einem **bestimmten Zeitabschnitt**, z.B. halbes Jahr oder Quartal (drei Monate),
- **Innerhalb** dieses Zeitabschnitts liegt der **Abschlussstichtag**.

Beispiele für zeitabschnittsbezogene Zahlungen sind (meist ohne Umsatzsteuer):

- Mietzahlungen (z.B. für betriebliche Grundstücke und Gebäude),
- Steuerzahlungen (z.B. Kfz-Steuer für Fahrzeuge),
- Zeitraumbezogene Beiträge (z.B. zur Berufsgenossenschaft),
- Versicherungsprämien (z.B. für Betriebsfahrzeuge, für Betriebsgebäude).

4.2 Buchungstechnische Behandlung von Rechnungsabgrenzungsposten

4.2.1 Aktive Rechnungsabgrenzung

Wenn das Unternehmen am Bilanzstichtag einen Leistungsanspruch, ein "Guthaben" aus einer periodenübergreifenden Zahlung hat, wird ein Aktivposten zur Abgrenzung gebildet. Fällt die Zahlung **vor** dem Bilanzstichtag an, spricht man von einem **transitorischen** Vorgang. Um zu zeigen, wie ein "RAP aktiv" gebildet und aufgelöst wird, greifen wir auf das obige Beispiel einer Mietvorauszahlung für drei Monate zurück:

Periode I:

1.12. Wir überweisen 6.000,- € betriebliche Miete für drei Monate im Voraus.

31.12. Der auf Periode II entfallende Mietanteil wird aktiv abgegrenzt, wodurch der Aufwand der Periode I sinkt.

Buchungssätze:			
(1.12.) Mietaufwand	an	Bank	6.000,-
(31.12.) RAP aktiv	an	Mietaufwand	4.000,-

Abb. 173: Bildung eines aktiven Rechnungsabgrenzungspostens (Buchungssätze)

In Kontenform:

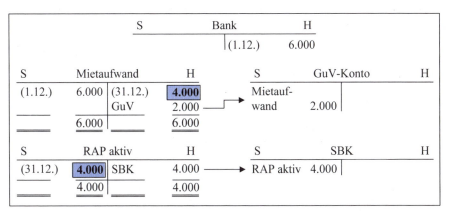

Abb. 174: Verbuchung eines aktiven Rechnungsabgrenzungsposten (Kontoform)

Periode II:

1.1. Wir lösen den RAP aktiv erfolgswirksam auf, indem wir das Konto "Mietaufwand"
   mit 4.000 € belasten. Der Aufwand der Periode II steigt.

Buchungssatz:			
(1.1.) Mietaufwand	an	RAP aktiv	4.000,-

In Kontoform:

S	RAP aktiv	H		S	Mietaufwand	H
AB	4.000	(1.1.) 4.000		(1.1.)	4.000	
	4.000	4.000				

Abb. 175: Auflösung eines aktiven Rechnungsabgrenzungspostens

Im Gegensatz zum obigen Beispiel können periodenübergreifende Zahlungen auch **nach-schüssig** erfolgen. Der Zahlungstermin liegt jenseits des Bilanzstichtags in der Periode II. Man spricht hierbei von einem **antizipativen Vorgang**, da der Zahlungsvorgang des Geschäftsjahres II im Geschäftsjahr I vorweggenommen wird. Am 1.3. der Periode II werden unserem Bankkonto 1.200 € Zinsen **rückwirkend** für sechs Monate gutgeschrieben. Somit entsteht ein Teil des (umsatzsteuerfreien) Ertrags bereits im Geschäftsjahr I. Der Zahlungsvorgang fällt in die Folgeperiode.

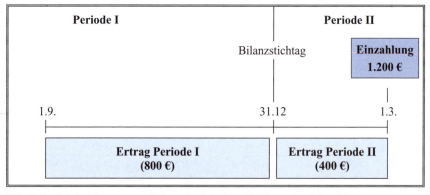

Abb. 176: Erfolgsabgrenzung bei nachschüssiger Zahlung (antizipativ)

Auf Periode I entfällt ein Zinsertrag in Höhe von 800 € (2/3 des Gesamtbetrages von 1.200 €). Der bis zum 31.12. aufgelaufene Zinsanspruch des Unternehmens lässt sich als **Forderung** gegenüber der Bank interpretieren. Zum Zweck der Erfolgsabgrenzung wird ein **Aktivposten** in Höhe von 800 € in die Schlussbilanz eingestellt. Hierbei verwendet man nicht das Konto "RAP aktiv", obwohl es buchungstechnisch möglich wäre, sondern das Konto "Sonstige Forderungen", wie das folgende Beispiel zeigt.

Periode I:

31.12.   Eine Zinsgutschrift über 1.200 €, die am 1.3. der Periode II für sechs Monate nachschüssig erfolgen wird, ist am Ende der Periode I erfolgsmäßig abzugrenzen.

Buchungssatz:			
(31.12.) Sonstige Forderungen	an	Zinsertrag	800,-

In Kontoform:

S	Sonstige Forderungen	H		S	Zinsertrag	H
(31.12.)	800	EB 800		Saldo 800	(31.12.)	800
	↓				↓	
	SBK				GuV-Konto	

Abb. 177: Bildung eines antizipativen Aktivpostens (Sonstige Forderungen)

Periode II:

1.3.   Wir erhalten eine Zinsgutschrift über 1.200 € für die zurückliegenden sechs Monate.

Buchungssatz:				
(1.3.) Bank	1.200,-	an	Zinsertrag	400,-
			Sonstige Forderungen	800,-

Abb. 178: Auflösung eines antizipativen Aktivpostens (Buchungssatz)

Da bereits 800 € als Ertrag der Periode I behandelt wurden, entfällt auf Periode II nur noch der Restbetrag von 400 €. Die Forderungen aus 01 in Höhe von 800 € werden in 02 erfolgsneutral ausgebucht.

```
In Kontenform:

                    S           Bank            H
                   (1.3.)      1.200 |

   S     Sonstige Forderungen    H        S        Zinsertrag        H
   AB          800 | (1.3.)     800              | (1.3.)          400
```

Abb. 179: Auflösung eines antizipativen Aktivpostens (Kontoform)

Nach § 250 Abs. 1 HGB ist ein aktiver Rechnungsabgrenzungsposten nur zu bilden, wenn Ausgaben **vor** dem Abschlussstichtag anfielen. Nachschüssige Zahlungen fallen nach dem Abschlussstichtag an und sind folglich nicht auf dem Konto "RAP aktiv", sondern auf dem Konto "Sonstige Forderungen" abzugrenzen. Die folgende Abbildung fasst die **aktiven** Abgrenzungsfälle zusammen:

Periodenübergreifende Zahlung	Bilanzielle Abgrenzung	Abgrenzungs- konto
Auszahlung vor Bilanzstichtag (transitorisch)	Aktiv	RAP aktiv
Einzahlung nach Bilanzstichtag (antizipativ)	Aktiv	Sonstige Forderungen

Abb. 180: Formen der aktiven Rechnungsabgrenzung

4.2.2 Passive Rechnungsabgrenzung

Eine **passive** Abgrenzung kommt für periodenübergreifende Zahlungen in Betracht, wenn das Unternehmen am Bilanzstichtag eine **Leistungsverpflichtung**, quasi eine **Verbind-lichkeit** hat. Das ist beispielsweise der Fall, wenn wir vor dem Bilanzstichtag eine perio-denübergreifende Mietzahlung erhalten. Der Geldzufluss darf nur insoweit als Ertrag der Periode I verbucht werden, wie er zeitanteilig auf den Zeitraum entfällt, in dem wir unsere Leistung erbracht haben. Für den auf Periode II entfallenden Teil der Mietzahlung ist ein RAP passiv (transitorischer Passivposten) zu bilden, wie das folgende Beispiel zeigt:

Periode I:

1.11. Wir erhalten eine Mietvorauszahlung für die kommenden drei Monate in Höhe von 4.500 € durch Banküberweisung.

Buchungssätze:			
(1.11.) Bank	an	Mietertrag	4.500,-
(31.12.) Mietertrag	an	RAP passiv	1.500,-

Abb. 181: Bildung eines passiven Rechnungsabgrenzungspostens

Periode II:

1.1. Wir lösen den RAP passiv erfolgswirksam auf, indem wir 1.500 € Mietertrag verbuchen.

Buchungssatz:			
(1.1.) RAP passiv	an	Mietertrag	1.500,-

Abb. 182: Auflösung eines passiven Rechnungsabgrenzungspostens

Nach § 250 Abs. 2 HGB sind als passive Rechnungsabgrenzungsposten nur Einnahmen **vor** dem Abschlussstichtag auszuweisen. Für nachschüssige Zahlungen, denen im alten Geschäftsjahr ein Aufwand zugrunde liegt, ist kein "RAP passiv", sondern eine sonstige Verbindlichkeit zu passivieren. Die Auszahlung des neuen Geschäftsjahres wird durch die Bildung der Verbindlichkeit vorweggenommen (antizipiert), wie das Beispiel zeigt:

Periode I:

31.12. Eine (umsatzsteuerbefreite) Versicherungsprämie in Höhe von 4.800 €, die am 1.4. der Periode II nachschüssig für die vergangenen zwölf Monate zu zahlen ist, wird für neun Monate abgegrenzt: Auf die Periode I entfallen 3.600 €.

Buchungssatz:			
(31.12.) Versicherungsaufwand	an	Sonstige Verbindlichkeiten	3.600,-

Abb. 183: Bildung eines antizipativen Passivpostens (Sonstige Verbindlichkeiten)

Periode II:

1.4. Wir überweisen 4.800 € Versicherungsprämie und buchen hierbei die sonstigen Verbindlichkeiten in Höhe von 3.600 € erfolgsneutral aus. Auf die Periode II entfällt ein zeitanteiliger Aufwand von 1.200 €, der den Erfolg dieses Jahres vermindert.

Buchungssatz:					
(1.4.) Versicherungsaufwand	1.200,-	an	Bank		4.800,-
Sonstige Verbindlichkeiten	3.600,-				

Abb. 184: Auflösung eines antizipativen Passivpostens (Sonstige Verbindlichkeiten)

Hinsichtlich des bilanziellen Ausweises **transitorischer** Rechnungsabgrenzungsposten gilt Folgendes. Da es sich nur um "Abgrenzungsposten" handelt, die Geldzahlungen in die Leistungsperiode überleiten, weisen sie eine andere Qualität auf als Vermögensgegenstände wie z.B. Gebäude, Fuhrpark oder Maschinen. Der Gesetzgeber verdeutlicht den besonderen Charakter dieser Größen, indem er sie von den übrigen aktiven und passiven Posten trennt. Der folgende bilanzielle Ausweis ist nach dem HGB für transitorische Rechnungsabgrenzungsposten vorgeschrieben:

- Aktive Rechnungsabgrenzungsposten: Unter dem Umlaufvermögen.
- Passive Rechnungsabgrenzungsposten: Unter den Verbindlichkeiten.

Abschließend lassen sich die Aussagen zur passiven Rechnungsabgrenzung folgendermaßen zusammenfassen:

Periodenübergreifende Zahlung	Bilanzielle Abgrenzung	Abgrenzungs- konto
Einzahlung vor Bilanzstichtag (transitorisch)	Passiv	RAP passiv
Auszahlung nach Bilanzstichtag (antizipativ)	Passiv	Sonstige Verbindlichkeiten

Abb. 185: Formen der passiven Rechnungsabgrenzung

5. Verbuchung von Rückstellungen

5.1 Erfolgsabgrenzung durch Rückstellungen

Um das Reinvermögen (Eigenkapital) eines Unternehmens richtig zu ermitteln, müssen in der Bilanz die **Zahlungsverpflichtungen** vollständig passiviert werden. Dabei können drei Arten von Zahlungsverpflichtungen unterschieden werden:

(1) Sichere Verpflichtungen gegenüber Dritten.

(2) Ungewisse Verpflichtungen gegenüber Dritten.

(3) Ungewisse Verpflichtungen "gegenüber sich selbst".

Die **sicheren Verpflichtungen** gegenüber Dritten sind unter dem Passivposten "Verbindlichkeiten" auszuweisen. Beispiele sind Lieferanten- und Darlehensverbindlichkeiten. Die künftige Auszahlung ist dem Grunde, der Höhe und der Fälligkeit nach sicher. Auch **ungewisse Verpflichtungen** können zu späteren Auszahlungen führen, wobei Unsicherheiten beim Verpflichtungsgrund, bei der Höhe oder Fälligkeit bestehen können. Daher sind ungewisse Verpflichtungen nach § 249 HGB unter dem Passivposten "Rückstellungen" auszuweisen. Ein Beispiel zeigt die Bilanzierung künftiger Zahlungsverpflichtungen.

Beispiel: Einzelunternehmer Schulze weist in seiner vorläufigen (vereinfachten) Bilanz zum 31.12.01 die Aktivposten "Grundstücke und Gebäude" mit 80.000 € und "Bank" mit 20.000 € aus. Auf der Passivseite steht ein Eigenkapital in Höhe von 100.000 €.

(1) Sichere Verpflichtungen gegenüber Dritten.
Am 15.12.01 erhält Schulze einen Steuerbescheid zur Nachzahlung von Gewerbesteuer (5.000 €) mit Zahlungsaufforderung bis zum 15.1.02. Es liegt eine sichere Verpflichtung gegenüber dem Finanzamt (= Dritten), d.h. eine Verbindlichkeit, vor. Endgültige Bilanz:

A	Bilanz zum 31.12.01		P
Grundst. u. Gebäude	80.000	Eigenkapital	95.000
Bank	20.000	Sonstige Verb.	5.000
	100.000		100.000

Abb. 186: Bilanzierung von Verbindlichkeiten

(2) Ungewisse Verpflichtungen gegenüber Dritten.

In Jahr 01 wird ein Gewinn von 60.000 € erzielt. Der Unternehmer berechnet eine Gewerbesteuer von 5.000 €. Da unklar ist, ob das Finanzamt der Steuererklärung zustimmt, liegt eine unsichere Verpflichtung vor. Es wird eine Rückstellung (für Steuern) gebildet.

A	Bilanz zum 31.12.01		P
Grundst. u. Gebäude	80.000	Eigenkapital	95.000
Bank	20.000	Rückstellungen	5.000
	100.000		100.000

Abb. 187: Bilanzierung von Verbindlichkeitsrückstellungen

(3) Ungewisse Verpflichtungen "gegenüber sich selbst".

Im Dezember 01 läuft Wasser durch das Dach des Betriebsgebäudes. Witterungsbedingt muss die Reparatur auf Februar 02 verschoben werden. Die Reparaturkosten werden auf 5.000 € geschätzt. Anders als im Fall (2) hat der Unternehmer keine rechtsverbindliche Verpflichtung gegenüber Dritten, sondern nur eine wirtschaftliche Verpflichtung "gegenüber sich selbst". Es ergibt sich dasselbe Bilanzbild wie im obigen Fall (2).

Mit der Rückstellungsbildung werden die folgenden Ziele verfolgt:

- Vollständiger bilanzieller Ausweis von Verpflichtungen, die in der Vergangenheit entstanden sind und zukünftig mit hoher Wahrscheinlichkeit zu einem Abfluss von Zahlungsmitteln führen.
- Periodengerechte Erfolgsermittlung, indem künftige Auszahlungen der Periode zugeordnet werden, in der die Wertminderung (Aufwand) entstanden ist.

Verbindlichkeitsrückstellungen sind z.B. für Prozesskosten und betriebliche Steuern zu bilden, die im abgelaufenen Geschäftsjahr verursacht wurden. **Aufwandsrückstellungen** bildet man z.B. für Instandhaltungen, wenn Schäden im laufenden Jahr entstanden sind, aber erst in den ersten drei Monaten des Folgejahres repariert werden. Als Rückstellungsbetrag ist der geschätzte **Nettorechnungsbetrag** anzusetzen. Die Rückstellung ist aufzulösen, wenn der Grund für die Verpflichtung entfallen ist. Wurde der Betrag richtig geschätzt, findet eine erfolgsneutrale Auflösung statt. Sind Rückstellungs- und Zahlungsbetrag nicht deckungsgleich, entstehen periodenfremde Erträge oder Aufwendungen.

5.2 Buchungstechnische Behandlung von Rückstellungen

Die Rückstellungsbildung berührt ein Aufwandskonto und ein Bestandskonto. Der im alten Jahr zu verbuchende Aufwand beruht auf den geschätzten Auszahlungen für Garantieleistungen, Prozesskosten etc. In der Praxis wird meist das Konto "sonstiger betrieblicher Aufwand" gebucht. Das Konto "Rückstellungen" ist ein **passives Bestandskonto**, da es einen Verbindlichkeitscharakter aufweist. Der bilanzielle Ausweis der Rückstellungen erfolgt zwischen dem Eigenkapital und den sicheren Verbindlichkeiten, da sie aufgrund ihrer Ungewissheit eine Zwischenstellung innehaben.

Die Erfolgsabgrenzung durch Rückstellungsbildung und Rückstellungsauflösung soll an folgendem Beispiel demonstriert werden: Im Zuge eines Schadenersatzprozesses aus 01 überweisen wir am 1.6.01 eine Vorauszahlung in Höhe von 2.000 € an die Gerichtskasse. Am Bilanzstichtag (31.12.01) müssen wir befürchten, den Prozess zu verlieren und in einem späteren Zeitpunkt zu 70.000 € Schadenersatz verurteilt zu werden. Es ist eine Rückstellung für ungewisse Verbindlichkeiten zu passivieren (§ 249 Abs. 1 HGB).

Buchungssätze in Periode 01:			
(1) Sonstiger betr. Aufwand	an	Bank	2.000,-
(2) Sonstiger betr. Aufwand	an	Rückstellungen	70.000,-
(3) GuV-Konto	an	Sonstiger betr. Aufwand	72.000,-
(4) Rückstellungen	an	SBK	70.000,-

Abb. 188: Bildung einer Rückstellung (Buchungssätze)

S	Bank		H
		(1)	2.000

S	Sonstiger betr. Aufwand		H
(1)	2.000	(3)	72.000
(2)	**70.000**		
	72.000		72.000

S	GuV-Konto		H
(3)	72.000		

S	Rückstellungen		H
(4)	70.000	(2)	**70.000**
	70.000		70.000

S	SBK		H
		(4)	70.000

Abb. 189: Bildung einer Rückstellung (Kontoform)

Im Rahmen der **Auflösung** von Rückstellungen sind folgende Grundsätze zu beachten:
- Rückstellungen sind aufzulösen, sobald der Grund zur Rückstellungsbildung entfällt.
- Die Auflösung ist erfolgsneutral, wenn Rückstellung und Auszahlung übereinstimmen.
- War der Rückstellungsbetrag – gemessen an der Auszahlung – zu hoch (niedrig), wird in der Auflösungsperiode ein sonstiger betrieblicher Ertrag (sonstiger betrieblicher Aufwand) verbucht. Unter zeitlichen Aspekten handelt es sich hierbei um **periodenfremde Erfolgsgrößen**.
- Liegt zwischen dem Wegfall des Rückstellungsgrundes (schwebender Prozess) und dem Zeitpunkt der Auszahlung ein weiterer Bilanzstichtag, wird aus einer ungewissen eine gewisse Verpflichtung. Die Rückstellung wird auf das Konto "Sonstige Verbindlichkeit" umgebucht.

Anknüpfend an die Rückstellungsbildung in Periode 01 können in Periode 02 alternativ die Fälle (a) bis (d) eintreten:

In Periode 02
(a) Der Prozess geht erwartungsgemäß verloren. Das Urteil wird am 1.12. verkündet. Wir zahlen am 20.12. durch Banküberweisung 70.000 € Schadenersatz.
(b) Wir werden am 1.12. wider Erwarten freigesprochen.
(c) Wir werden am 1.12. zu 60.000 € Schadenersatz verurteilt, den wir am 20.12. an den Prozessgegner überweisen.
(d) Wir werden am 1.12. verurteilt, binnen 40 Tagen 90.000 € Schadenersatz zu zahlen. Diesen Betrag überweisen wir am 5.1 der Periode 03 an den Prozessgegner.

Buchungssätze in Periode 02:				
(a) Rückstellungen		an	Bank	70.000
(b) Rückstellungen		an	sonst. betr. Ertrag	70.000
(c) Rückstellungen	70.000	an	Bank	60.000
			sonst. betr. Ertrag	10.000
(d) Rückstellungen	70.000	an	Sonstige Verb.	90.000
sonst. betr. Aufwand	20.000			
Buchungssätze in Periode 03:				
(d) Sonstige Verb.		an	Bank	90.000

Abb. 190: Auflösung einer Rückstellung

6. Verbuchung von latenten Steuern

6.1 Erfolgsabgrenzung durch latente Steuern

Kapitalgesellschaften, d.h. Aktiengesellschaften und Gesellschaften mit beschränkter Haftung, unterliegen einer besonderen Form der Gewinnbesteuerung: Neben der Gewerbesteuer (GewSt) haben sie Körperschaftsteuer (KSt) zu entrichten, die man als Einkommensteuer der juristischen Person bezeichnet. Die Gesamtbelastung aus Gewerbe- und Körperschaftsteuer (mit Solidaritätszuschlag – SolZ) beträgt im geltenden deutschen Steuerrecht rund 30% des Gewinns vor Steuern.

In der GuV-Rechnung einer Kapitalgesellschaft wird der **Gewinn nach Abzug von Ertragsteuern** (GewSt, KSt, SolZ) ausgewiesen und als **Jahresüberschuss** bezeichnet (Einzelheiten zum Jahresüberschuss befinden sich im 7. Kapitel). Das folgende Beispiel zeigt eine vereinfachte GuV-Rechnung einer Kapitalgesellschaft (in Staffelform).

	Erträge	3.000
-	Aufwendungen	- 2.000
	Gewinn vor Steuern	1.000
-	Steuern vom Einkommen und Ertrag (30%)	- 300
	Jahresüberschuss	**700**

Abb. 191: Jahresüberschuss einer Kapitalgesellschaft (Gewinn nach Steuern)

Der in der GuV-Rechnung ausgewiesene handelsrechtliche Gewinn vor Steuern in Höhe von 1.000 € wird nach den **Ansatz- und Bewertungsvorschriften des HGB** ermittelt. Die an das Finanzamt abzuführenden Ertragsteuern sind dagegen nach den geltenden Steuergesetzen zu berechnen, die z.B. andere Abschreibungsregeln vorsehen als das Handelsrecht. Die steuerrechtliche Gewinnermittlung erfolgt mit speziellen **Steuerbilanzen**.

Wären die nach handels- und steuerrechtlichen Vorschriften ermittelten Periodengewinne – im Beispiel 1.000 € – deckungsgleich, bestände keine Notwendigkeit zur Erfolgsabgrenzung durch Bilanzierung latenter Steuern: In diesem Idealfall wäre der handelsrechtliche Steueraufwand (300 €) identisch mit der tatsächlichen Steuerzahlung (300 €).

In Wirklichkeit sind die nach handels- und steuerrechtlichen Vorschriften ermittelten Periodengewinne nicht deckungsgleich: Auch wenn der Totalerfolg für die gesamte Lebensdauer des Unternehmens (Totalperiode) nach Handels- und Steuerrecht dieselbe Höhe aufweist, kommt es oft zu **Abweichungen** zwischen dem **handelsrechtlichen** und dem **steuerrechtlichen Periodengewinn**. Hieraus ergeben sich **latente Steuern**, so dass gilt:

> Differenzen zwischen handels- und steuerrechtlichem Periodengewinn
> führen zu latenten Steuern

Das folgende vereinfachte Beispiel beschränkt die Totalperiode auf zwei Einzelperioden. Dabei sind für die **Anfangsperiode 01** die in der Kopfzeile aufgeführten beiden Fälle zu unterscheiden (HB = Handelsbilanz, StB = Steuerbilanz, G = Gewinn):

Fall A: HB-Gewinn < StB-Gewinn				Fall B: HB-Gewinn > StB-Gewinn			
Periode	01	02	Total	Periode	01	02	Total
HBG	1.000	1.000	2.000	HBG	1.000	1.000	2.000
StBG	1.200	800	2.000	StBG	800	1.200	2.000

Abb. 192: Beispiel zur Erfolgsabgrenzung durch latente Steuern

Das Problem der Abgrenzung latenter Steuern wird am Beispiel des **Falles A** erläutert. Bei der Gewinnermittlung ist Folgendes zu bedenken:

- **Handelsrechtlicher Steueraufwand** ergibt sich aus dem Handelsbilanzgewinn (HBG).
- **Tatsächliche Steuerzahlung** ergibt sich aus dem Steuerbilanzgewinn (StBG).

Damit ergibt sich die folgende Verteilung von Steueraufwand bzw. Steuerzahlungen:

Fall A: Handelsbilanzgewinn (1.000) < Steuerbilanzgewinn (1.200)			
	Periode 01	Periode 02	Total
Steueraufwand nach HGB (30% von 1.000)	300	300	600
Tatsächliche Steuerzahlung (30% von 1.200/800)	360	240	600

Abb. 193: Steueraufwand und Steuerzahlung

Im Fall A ist die **tatsächliche Steuerzahlung** (360 €) in 01 höher als der am handels-rechtlichen Gewinn orientierte **Steueraufwand** (300 €). Es entsteht ein "Steuerzahlungs-vorlauf" in Höhe von 60 €. Wer den handelsrechtlichen Erfolgsausweis von 1.000 € als maßgebende Größe betrachtet, kann den **Steuerzahlungsvorlauf** in Höhe von 60 als "**Quasiforderung gegenüber dem Finanzamt**" ansehen. In der Bilanz der Kapitalgesell-schaft wird in diesem Fall der Posten "Aktive latente Steuern" ausgewiesen. Da der Posten – ähnlich wie aktive Rechnungsabgrenzungsposten – eine Abgrenzung von Zahlungsvor-gängen beinhaltet, wird er auf der Aktivseite unter den aktiven RAP ausgewiesen.

Umgekehrt verhält es sich im Fall B: In 01 entsteht ein handelsrechtlicher Steueraufwand in Höhe von 300 €, während die Steuerzahlung nur 240 € beträgt. Somit entsteht ein Steu-erzahlungsrückstand, der eine "Quasiverbindlichkeit gegenüber dem Finanzamt" beinhal-tet. In der Bilanz wird der Posten "Passive latente Steuer" unter den passiven RAP ausge-wiesen. Zusammengefasst gilt für die Fälle A und B:

Fall A: HB-Gewinn < StB-Gewinn	Fall B: HB-Gewinn > StB-Gewinn
Steueraufwand < Steuerzahlung	Steueraufwand > Steuerzahlung
Steuerzahlungsvorlauf (Quasiforderung gegenüber FA)	Steuerzahlungsrückstand (Quasiverbindlichkeit gegenüber FA)
Aktive latente Steuern	**Passive latente Steuern**

Abb. 194: Aktive und passive latente Steuern

6.2 Buchungstechnische Behandlung von latenten Steuern

Im obigen Fall A bezifferte sich der handelsrechtliche Gewinn vor Steuern in 01 und 02 auf jeweils 1.000 €. Würde man zur Ermittlung des Gewinns nach Steuern (Jahresüber-schuss) die tatsächliche Ertragsteuerzahlung als Aufwand in der handelsrechtlichen GuV-Rechnung abziehen, gelangte man in den Perioden 01 und 02 zu **unterschiedlichen** Er-folgsausweisen nach Steuern, obwohl die Gewinne vor Steuern identisch sind. Somit fin-det eine **Verzerrung** der handelsrechtlichen Ertragslage statt, wie die folgende Abbildung verdeutlicht.

Handelsbilanzgewinn (1.000) < Steuerbilanzgewinn (1.200)			
	Periode 01	Periode 02	Total
Gewinn vor Steuern (HB-Gewinn)	1.000	1.000	2.000
- Steuerzahlung (30% vom StB-Gewinn)	- 360	- 240	- 600
Jahresüberschuss	**640**	**760**	**1.400**

Abb. 195: Verzerrter Ausweis von Periodenerfolgen

Will man eine solche Verletzung des Prinzips periodengerechter Gewinnermittlung vermeiden, muss man in der GuV-Rechnung statt der tatsächlichen Steuerzahlung von 360 € bzw. 240 € den am handelsrechtlichen Gewinn orientierten Steueraufwand von jeweils 300 € in Ansatz bringen. Dadurch werden in 01 und 02 bei gleichen handelsrechtlichen Gewinnen vor Steuern auch die gleichen Gewinne nach Steuern ausgewiesen.

Handelsbilanzgewinn (1.000) < Steuerbilanzgewinn (1.200)			
	Periode 01	Periode 02	Total
Gewinn vor Steuern (HB-Gewinn)	1.000	1.000	2.000
- Steueraufwand (30% vom HB-Gewinn)	- 300	- 300	- 600
Jahresüberschuss	**700**	**700**	**1.400**

Abb. 196: Richtiger Ausweis von Periodenerfolgen

Aktive latente Steuern (Fall A) beruhen auf einem **Steuerzahlungsvorlauf** in Periode 01 und lassen sich wie folgt berechnen:

Steueraufwand (300) - tatsächliche Steuerzahlung (360) = **Aktive latente Steuer** (60)

Die aktiven latenten Steuern werden auf ein entsprechendes aktives Bestandskonto gebucht. In der Praxis müssen Kapitalgesellschaften in der Handelsbilanz am Jahresende eine Steuerrückstellung für die Körperschaftsteuer (mit SolZ) und Gewerbesteuer bilden, da es sich um eine ungewisse Verbindlichkeit gegenüber dem Finanzamt handelt. Die Rückstellung wird im Folgejahr mit der Bezahlung der Steuern aufgelöst. Im Folgenden wird aus didaktischen Gründen unterstellt, dass die Steuerzahlungen am Jahresende sofort an das Finanzamt geleistet werden. Damit wird in den Buchungssätzen vereinfachend das betriebliche Bankkonto belastet (Buchung auf der Habenseite). Das gilt gleichermaßen für die Fälle A und B. Die nächste Abbildung zeigt die Buchungssätze für den Fall A, bei dem eine aktive latente Steuer (60 €) in 01 entsteht, die im Folgejahr wieder aufgelöst wird.

Periode 01:				
Steueraufwand	300	an	Bank	360
Aktive latente Steuern	60			
Periode 02:				
Steueraufwand	300	an	Bank	240
			Aktive latente Steuern	60

Abb. 197: Verbuchung aktiver latenter Steuern

Passive latente Steuern (Fall B) beruhen auf einem **Steuerzahlungsrückstand** in Periode 01. Diese latenten Steuern berechnen sich wie folgt:

Steueraufwand (300) - tatsächliche Steuerzahlung (240) = **Passive latente Steuer** (60)

Die passiven latenten Steuern werden auf ein passives Bestandskonto gebucht. Am Ende der Periode 01 und 02 müssen folgende Buchungen vorgenommen werden:

Periode 01:				
Steueraufwand	300	an	Bank	240
			Passive latente Steuer	60
Periode 02:				
Steueraufwand	300	an	Bank	360
Passive latente Steuer	60			

Abb. 198: Verbuchung passiver latenter Steuern

7. Entwicklung des Jahresabschlusses aus der Hauptabschlussübersicht

Der Ablauf der Buchhaltung lässt sich zusammengefasst wie folgt darstellen: Am Jahresanfang werden die Werte der einzelnen Bilanzposten in das Eröffnungsbilanzkonto übertragen. Es erfolgt die Buchung der Anfangsbestände auf die aktiven und passiven Bestandskonten. Nach Bedarf werden Aufwands- und Ertragskonten eröffnet, welche die jährlichen Eigenkapitalminderungen und Eigenkapitalmehrungen erfassen.

Im Laufe des Geschäftsjahres werden die Geschäftsvorfälle auf den jeweiligen Konten verbucht. Am Jahresende werden die Bestände der aktiven und passiven Bestandskonten ermittelt und auf das Schlussbilanzkonto übertragen. Die Salden der Aufwands- und Ertragskonten werden auf das GuV-Konto gebucht, um den Erfolg der Periode zu ermitteln. Der Erfolg wird auf das Konto "Eigenkapital" gebucht, dessen Endbestand anschließend auf das Schlussbilanzkonto übertragen wird. Hieraus wird die Bilanz abgeleitet, wobei wir uns auf die Handelsbilanz beschränken. Für die steuerrechtliche Gewinnermittlung muss noch eine Steuerbilanz ermittelt werden, die Gegenstand späterer Vorlesungen ist.

Dieser Ablauf ist um die **vorbereitenden Abschlussbuchungen** zu ergänzen. Diese Buchungen sind notwendig, um in jeder Periode den Erfolg ausweisen zu können, der tatsächlich erwirtschaftet wurde. Dazu ist es notwendig, die Erträge und Aufwendungen periodengerecht zuzuordnen. Hierbei sind das Vorsichtsprinzip und das Realisationsprinzip zu beachten. Wichtige Abschlussbuchungen sind die Verbuchung von Abschreibungen (auf Sachanlagen und Forderungen), Zuschreibungen, Rechnungsabgrenzungsposten, Rückstellungen und latenten Steuern.

Die vorbereitenden Abschlussbuchungen werden organisatorisch unter Verwendung der **Hauptabschlussübersicht** durchgeführt. Die Hauptabschlussübersicht hat im Wesentlichen zwei Aufgaben:

- **Fehlererkennung.** Es sollen formale Fehler aufgedeckt werden, die sich in die Buchhaltung eingeschlichen haben. Hierbei handelt es sich insbesondere um Differenzen auf der Soll- und Habenseite einzelner Konten. Die Hauptabschlussübersicht ermittelt einen **Probeabschluss**, bei dem schrittweise überprüft werden kann, ob Abstimmungsfehler in der Buchhaltung vorhanden sind.

- **Durchführung von Bilanzpolitik.** Durch Ausnutzung von legalen Freiräumen (bilanzieller Wahlrechte) kann der Jahresabschluss nach den Zielen des Bilanzierenden gestaltet werden.

Beispiel: Unternehmer Müller hat in 01 einen vorläufigen Gewinn von 60.000 € erzielt. Bei Aufstellung der Hauptabschlussübersicht stellt er fest, dass langfristige Wertpapiere (Finanzanlagen) entweder mit 100.000 € oder mit 80.000 € bewertet werden können. Es besteht ein **Abwertungswahlrecht**. Wird es genutzt, sinkt der Gewinn um 20.000 €. Anfang 02 benötigt Müller einen neuen Kredit für sein Unternehmen. Die Bank hat zugesichert, dass bei einem Gewinn von mindestens 50.000 € ein Zinssatz von 6% zu bezahlen ist. Bei niedrigeren Gewinnen sind 8% zu entrichten. Die folgende Abbildung zeigt die bilanzpolitischen Alternativen und die zu treffende Entscheidung:

Gewinnausweis	Hoher Gewinn	Niedriger Gewinn
Abwertung	Nein	Ja
Gewinnbetrag	60.000 €	40.000 €
Zinsbelastung	Niedrig (6%)	Hoch (8%)
Entscheidung: Verzicht auf die Abwertung		

Abb. 199: Beispiel zur Bilanzpolitik

Der Aufbau der Hauptabschlussübersicht wird am Beispiel der folgenden Bilanz eines **Einzelunternehmens** erläutert. In der Hauptabschlussübersicht werden die Posten in der ersten Spalte untereinander angeordnet: Zunächst erscheinen die Bilanzposten und anschließend die Posten der GuV-Rechnung.

A	Bilanz zum 1.1.01		P
Geschäftsausstattung	10.000	Eigenkapital	10.000
Waren	15.000	Verbindlichkeiten	30.000
Forderungen	5.000		
Bank	10.000		
	40.000		40.000

Abb. 200: Bilanz zur Ableitung einer Hauptabschlussübersicht

Konten	Anfangsbilanz		Umsatzbilanz		Summenbilanz		Saldenbilanz I	
	Aktiva	Passiva	Soll	Haben	Soll	Haben	Soll	Haben
Geschäfts-ausstattung	10.000				10.000		10.000	
Wareneinkauf	15.000		11.000		26.000		26.000	
Forderungen	5.000		6.000		11.000		11.000	
Bank	10.000		7.000	15.000	17.000	15.000	2.000	
Eigenkapital		10.000				10.000		10.000
Verbindlichk.		30.000		4.000		34.000		34.000
Privatkonto			1.000		1.000		1.000	
Warenverkauf				12.000		12.000		12.000
Mietaufwand			3.000		3.000		3.000	
Lohn- und Ge-haltsaufwand			4.000		4.000		4.000	
Zinsertrag				1.000		1.000		1.000
Abschreibung auf Sachanlagen								
Summe	40.000	40.000	32.000	32.000	72.000	72.000	57.000	57.000

Abb. 201: Hauptabschlussübersicht (Teil 1)

In der Hauptabschlussübersicht werden alle Konten ausgewiesen, auf denen im Laufe des Geschäftsjahres Buchungen vorgenommen wurden. Da in der Bilanz aus Gründen der Übersichtlichkeit eine Zusammenfassung einzelner Posten erfolgt, ist die Zahl der Konten regelmäßig höher als die Zahl der Bilanzposten. Außerdem ist das Privatkonto als Unterkonto des Eigenkapitalkontos aufzunehmen, wenn Privatvorgänge zu verbuchen sind.

Für die GuV-Rechnung sind die Erfolgskonten differenziert auszuweisen. Im obigen Fall sind die folgenden Konten zu berücksichtigen: "Mietaufwand", "Lohn- und Gehaltsaufwand", "Zinsertrag" und "Abschreibung auf Sachanlagen".

| Umbuchungen | | Saldenbilanz II | | Schlussbilanz | | GuV-Rechnung | |
Soll	Haben	Soll	Haben	Aktiva	Passiva	Aufwen-dungen	Erträge
	2.000	8.000		8.000			
	3.000	23.000		23.000			
		11.000		11.000			
		2.000		2.000			
1.000			9.000		9.000		
			34.000		34.000		
	1.000						
3.000			9.000				9.000
		3.000			3.000		
		4.000			4.000		
			1.000				1.000
2.000		2.000				2.000	
6.000	6.000	53.000	53.000	44.000	43.000	9.000	10.000
					1.000	1.000	
				44.000	44.000	10.000	10.000

Abb. 202: Hauptabschlussübersicht (Teil 2)

Außerdem wurde der Posten "Waren" in die Konten "Wareneinkauf" und "Warenverkauf" zerlegt. Die Werte der Bilanz werden in die erste Spalte eingetragen. Dabei werden die Aktiv- und Passivkonten in Spaltenform nebeneinander aufgeführt. Wie in der Bilanz, müssen auch hier die Aktivseite und Passivseite summenmäßig übereinstimmen. Die **Umsatzbilanz** zeigt alle Soll- und Habenumsätze auf den einzelnen Konten, die im Laufe des Geschäftsjahres stattgefunden haben. Der Warenbestand hat z.B. durch Einkäufe um 11.000 € zugenommen, das Bankkonto weist Zugänge in Höhe von 7.000 € und Abgänge in Höhe von 15.000 € auf.

In der **Summenbilanz** erfolgt die Addition der Umsätze zu den in der Bilanz ausgewiesenen Werten (z.b. Wareneinkauf: 15.000 € + 11.000 € = 26.000 €). Anschließend werden in der **Saldenbilanz I** die Differenzen der Soll- und Habenseiten gebildet. Beim Warenbestand bleibt der Wert auf der Sollseite in Höhe von 26.000 € erhalten, da die Habenseite einen Wert von null ausweist. Der Saldo des Kontos "Bank" erscheint auf der Sollseite in Höhe von 2.000 € (17.000 € - 15.000 €).

Da in der Hauptabschlussübersicht die Salden auf der jeweils größeren Seite erscheinen, ist der Begriff Saldenbilanz missverständlich. Danach müssten die Salden die kleineren Seiten ausgleichen. Der Begriff **Überschussbilanz**, der teilweise auch verwendet wird, ist somit inhaltlich zutreffender. Falls Soll- und Habenbuchungen in den Konten nicht übereinstimmen, werden diese Fehler durch die übersichtliche Spaltendarstellung leicht erkannt (**Fehlererkennung**) und können behoben werden.

Die Durchführung der vorbereitenden Abschlussbuchungen findet in der Spalte **Umbuchungen** statt. Das Ergebnis der Umbuchungen führt zur **Saldenbilanz II**. Durch Berücksichtigung erlaubter Wahlrechte können hierbei die Erfolgswirkungen bilanzpolitischer Maßnahmen überprüft werden (**Durchführung von Bilanzpolitik**). Dabei werden im Einzelnen die folgenden Umbuchungen vorgenommen:

1. Verbuchung der Privateinlagen und Privatentnahmen

Hat der Unternehmer private Einlagen oder Entnahmen getätigt, sind sie mit dem Eigenkapitalkonto zu verrechnen. Im Beispiel wurden Entnahmen in Höhe von 1.000 € getätigt, die über das Konto "Eigenkapital" abgerechnet werden (Buchung: "Eigenkapital an Privatkonto 1.000,-"). Die Verbuchung von Privateinlagen und Privatentnahmen ist rechtsformabhängig und betrifft insbesondere Einzelunternehmen und Offene Handelsgesellschaften. Die Einzelheiten werden im 7. Kapitel behandelt.

2. Verbuchung der Abschreibungen

Es sind planmäßige und außerplanmäßige Abschreibungen zu verbuchen. Die planmäßigen Abschreibungen der abnutzbaren Vermögensgegenstände sind immer zu berücksichtigen. Dagegen sind die außerplanmäßigen Abschreibungen z.B. bei Maschinen oder Forderungen nur dann zu verbuchen, wenn sich Unterschiede zwischen den Buch- und Marktwerten ergeben. Hierzu sind weitergehende Untersuchungen notwendig. Im

Beispiel entfallen außerplanmäßige Abschreibungen, so dass nur die Verbuchung der planmäßigen Abschreibung auf die Geschäftsausstattung (2.000 €) in der Spalte "Umbuchungen" vorgenommen wird.

3. Verbuchung der Rückstellungen

Ist im Geschäftsjahr eine ungewisse Verpflichtung entstanden, ist eine entsprechende Rückstellung zu bilden. In Betracht kommen insbesondere Rückstellungen für ungewisse Verbindlichkeiten. Ihre Erfassung erfolgt ebenfalls in der Spalte Umbuchungen. Im Beispiel sind keine derartigen Verpflichtungen eingetreten, so dass eine Umbuchung entfällt. Der Gewinn von 1.000 € ist so gering, dass auch keine Gewerbesteuer entsteht. Latente Steuern sind bei Einzelunternehmen nicht zu berücksichtigen.

4. Verbuchung von Rechnungsabgrenzungsposten

Die Verbuchung von transitorischen und antizipativen Rechnungsabgrenzungsposten zur periodengerechten Erfolgsermittlung wird ebenfalls in der Spalte "Umbuchungen" vorgenommen. Transitorische Rechnungsabgrenzungsposten werden unter den Posten "Aktive RAP" bzw. "Passive RAP" erfasst. Antizipative Rechnungsabgrenzungsposten erscheinen in der Bilanz unter den Posten "Sonstige Forderungen" bzw. "Sonstige Verbindlichkeiten".

5. Mengenmäßige Differenzen

Wird am Ende des Geschäftsjahres durch Inventur ein Fehlbestand von Waren, Rohstoffen, etc. festgestellt, muss dies bei der Erstellung des Jahresabschlusses berücksichtigt werden. Buchbestände und tatsächliche Bestände sind abzugleichen. Es besteht sonst die Gefahr, dass in den Büchern Bestände erscheinen, die in Wirklichkeit gar nicht existieren. Die Finanzbuchhaltung könnte in diesem Fall ihre Informationsfunktion nicht mehr erfüllen.

Die ermittelten Fehlbestände werden in der Spalte "Umbuchungen" auf ein gesondertes Konto "Bestandsdifferenzen" gebucht, bis die Ursachen für die Fehldifferenzen (z.B. Diebstahl, Unterschlagung) aufgeklärt sind. Lassen sich die Ursachen nicht aufklären, wird eine erfolgswirksame Behandlung der Differenzen vorgenommen, damit in der Bilanz immer der tatsächliche Warenwert erscheint.

6. Verbuchung des Wareneinsatzes

Wird der Warenerfolg nach der Nettomethode ermittelt, muss der Wareneinsatz des Wareneinkaufskontos am Periodenende auf das Warenverkaufskonto gebucht werden. Der Wareneinsatz beträgt im Beispiel 3.000 € (Endbestand lt. Inventur: 23.000 €), der auf das Konto "Warenverkauf" gebucht wird. Der Buchungssatz lautet: "Warenverkauf an Wareneinkauf 3.000".

Bei Anwendung der Bruttomethode muss aus **Darstellungsgründen** ein neues Aufwandskonto "Wareneinsatz" eingerichtet werden, auf das der Wareneinsatz des Warenbestandskontos (Wareinkaufskonto) gebucht wird. Die Buchung lautet: "Wareneinsatz an Wareneinkauf 3.000,-". Der Abschluss des Wareneinsatzkontos erfolgt anschließend über das GuV-Konto mit dem Buchungssatz: "GuV-Konto an Wareneinsatz 3.000,-". Dann erscheint in der GuV-Rechnung der Posten "Wareneinsatz", so dass die Bruttomethode eingehalten wird.

Sind alle Umbuchungen vorgenommen und die Salden ermittelt worden, erhält man die Saldenbilanz II. Aus dieser Spalte werden die **Schlussbilanz** und die **Gewinn- und Verlustrechnung** abgeleitet, indem die Posten entsprechend übernommen werden: Die Bestandskonten erscheinen in der Schlussbilanz und die Erfolgskonten in der GuV-Rechnung. Der dort ermittelte Gewinn von 1.000 € ist auf das Eigenkapitalkonto zu übertragen, dessen Wert am 31.12.01 bei 10.000 € liegt. Damit hat sich das Eigenkapital im Vergleich zum Jahresanfang nicht verändert. Da Entnahmen von 1.000 € getätigt wurden, ergibt sich nach der erweiterten Distanzrechnung aber ein Gewinn in dieser Höhe. Die folgende Abbildung zeigt die aus der Hauptabschlussübersicht abgeleitete Schlussbilanz.

A	Bilanz zum 31.12.01		P
Geschäftsausstattung	8.000	Eigenkapital	10.000
Waren	23.000	Verbindlichkeiten	34.000
Forderungen	11.000		
Bank	2.000		
	44.000		44.000

Abb. 203: Aus der Hauptabschlussübersicht abgeleitete Schlussbilanz

Siebtes Kapitel: Erfolgsverbuchung bei ausgewählten Rechtsformen

1. Überblick über Rechtsformen

Jedes Unternehmen weist eine bestimmte Rechtsform auf. Grundsätzlich lassen sich die folgenden Rechtsformkategorien unterscheiden:

Einzelunternehmen: Bei dieser Rechtsform führt der Eigentümer sein Unternehmen allein. Für seine Verbindlichkeiten haftet er mit seinem gesamten Vermögen, welches sich aus dem betrieblichen und privaten Vermögen zusammensetzt.

Personengesellschaften: Mehrere Eigentümer (Gesellschafter) betreiben gemeinsam ein Unternehmen. Mindestens einer von ihnen haftet voll, d.h. auch mit seinem Privatvermögen. Zu dieser Kategorie zählen die Offene Handelsgesellschaft (OHG) und die Kommanditgesellschaft (KG).

Kapitalgesellschaften: Bei dieser Rechtsformkategorie besitzt das Unternehmen eine eigene Rechtspersönlichkeit (juristische Person) und ein eigenes Gesellschaftsvermögen. Jeder Gesellschafter hat einen bestimmten Anteil an diesem Vermögen. Die wichtigsten Kapitalgesellschaften sind die Aktiengesellschaft (AG) und GmbH (Gesellschaft mit beschränkter Haftung). An einer AG sind die Gesellschafter durch Aktien beteiligt und an einer GmbH durch Stammeinlagen. Aktiengesellschaften sind meist Großunternehmen, während die GmbH die Kapitalgesellschaft für den Mittelstand ist.

Die Verbuchung des Erfolges ist von der jeweiligen Rechtsform abhängig. Die folgenden Faktoren haben einen großen Einfluss auf die Erfolgsverbuchung:

- Bilanzausweis des Eigenkapitals,
- Anzahl der Gesellschafter,
- Haftungsverhältnisse,
- Gesetzliche und vertragliche Vorschriften.

Im Folgenden wird die Erfolgsverbuchung aus didaktischen Gründen für jede Rechts-formkategorie in vereinfachter Form behandelt. Dabei werden rechtsformspezifische Besonderheiten vernachlässigt.

2. Ergebnisverwendung bei Einzelunternehmen

Bisher sind wir meist davon ausgegangen, dass das Unternehmen in der Rechtsform des Einzelunternehmens geführt wird. Die Erfolgsverbuchung wurde bereits an verschiedenen Stellen des Buches behandelt und wird daher nur kurz wiederholt. Die innerhalb eines Geschäftsjahres erwirtschafteten Aufwendungen und Erträge werden zunächst auf die jeweiligen Erfolgskonten und abschließend auf das GuV-Konto gebucht. Als Saldo ergibt sich eine Größe "Gewinn" oder "Verlust". Dieser Saldo wird auf das Eigenkapitalkonto übertragen. Die Buchungssätze lauten:

Gewinnfall:	GuV-Konto	an	Eigenkapital
Verlustfall:	Eigenkapital	an	GuV-Konto

Das Eigenkapital ist somit eine variable Größe, die sich nach Maßgabe des Perioden-erfolgs verändert. Außerdem kann durch Privateinlagen und Privatentnahmen eine Ver-änderung der Größe "Eigenkapital" vorgenommen werden. Die Privatvorgänge haben aber keinen Erfolgseffekt, da sie bei der erweiterten Distanzrechnung korrigiert werden.

3. Ergebnisverwendung bei Personengesellschaften

Die gesetzlichen Vorschriften zur Regelung der Rechtsverhältnisse der OHG und KG finden sich im HGB (§§ 105 ff. bzw. §§ 161 ff .HGB). Diese Vorschriften können jedoch durch Vereinbarungen der Gesellschafter im Gesellschaftsvertrag verändert werden. Das ist in der Praxis fast immer der Fall. Die folgenden Ausführungen gehen von den gesetz-lichen Vorschriften aus. Auch wenn in den Gesellschaftsverträgen abweichende Rege-lungen enthalten sind, ergibt sich doch regelmäßig derselbe Buchungsablauf.

Bei der OHG haftet jeder Gesellschafter unbeschränkt. Neben dem Gesellschaftsvermögen haftet auch das Privatvermögen jedes Gesellschafters in voller Höhe für die Schulden des Unternehmens. Die Gläubiger können auf eine breite Haftungsbasis zurückgreifen.

Personengesellschaften weisen breite Haftungsbasis auf

Der Unterschied zum Einzelunternehmen besteht darin, dass das Eigenkapital mehreren Personen zuzurechnen ist und der Erfolg somit aufgeteilt werden muss. Das Eigenkapital wird in einzelne Eigenkapitalkonten zerlegt: "Eigenkapitalkonto Gesellschafter A", "Eigenkapitalkonto Gesellschafter B", etc. Zusätzlich wird jedem Gesellschafter ein eigenes Privatkonto zugeordnet. Die OHG hat wie ein Einzelunternehmen variable Eigenkapitalkonten, die durch den Erfolg direkt beeinflusst werden. Die im HGB enthaltene Regelung für die Gewinnverteilung lautet schlagwortartig:

OHG:	Erst 4% vom Kapital – der Rest nach Köpfen

Beispiel: Eine OHG wird von den drei Gesellschaftern A, B und C gebildet. Ihre Kapitalkonten betragen zum Beginn der Periode 01 150.000 € (A), 200.000 € (B) und 300.000 € (C). Am 31.12.01 tätigen die Gesellschafter die folgenden Privateinlagen und Privatentnahmen: A entnimmt 5.000 €, B leistet eine Einlage in Höhe von 5.000 € und C entnimmt 25.000 € für private Zwecke. Der Gewinn des Geschäftsjahres beträgt 50.000 €. Hiervon entfallen auf A: Zunächst 4% seines Kapitals in Höhe von 150.000 € (= 6.000 €). Für B und C ergeben sich Beträge von 8.000 € und 12.000 €. Der restliche Gewinn beträgt 24.000 €. Von diesem Betrag erhält jeder Gesellschafter ein Drittel, somit 8.000 €.

Gesell-schafter	Kapital (1.1.)	Gewinnverteilung		Summe	Ent-nahmen	Ein-lagen	Kapital (31.12.)
A	150.000	6.000	8.000	14.000	5.000	-	159.000
B	200.000	8.000	8.000	16.000	-	5.000	221.000
C	300.000	12.000	8.000	20.000	25.000	-	295.000
	650.000	26.000	24.000	50.000	30.000	5.000	675.000

Abb. 204: Gewinnverteilung der OHG (Beispiel)

Für den Gesellschafter A ergibt sich am Ende des Jahres eine Kapitalmehrung von 9.000 €
(159.000 € - 150.000 € = 9.000 €). Das Kapital von Gesellschafter B erhöht sich um
21.000 € auf den Endbestand von 221.000 €. Dagegen hat sich das Kapital für den
Gesellschafter C um 5.000 € auf 295.000 € verringert (- 5.000). Hierfür sind seine hohen
Entnahmen verantwortlich.

Bei der Verbuchung ist zu beachten, dass der Gewinnanteil zunächst dem **Privatkonto**
gutgeschrieben wird. Erst danach erfolgt die Verbuchung auf den jeweiligen Eigenkapitalkonten, auf denen die Gesamtveränderung der Periode erscheint. Für das Beispiel gilt:

Buchungssätze:				
(1) GuV-Konto	50.000,-	an	Privatkonto A	14.000,-
			Privatkonto B	16.000,-
			Privatkonto C	20.000,-
(2a) Privatkonto A		an	Kapital A	9.000,-
(2b) Privatkonto B		an	Kapital B	21.000,-
(2c) Kapital C		an	Privatkonto C	5.000,-
(3a) Kapital A		an	Schlussbilanzkonto	159.000,-
(3b) Kapital B		an	Schlussbilanzkonto	221.000,-
(3c) Kapital C		an	Schlussbilanzkonto	295.000,-

Abb. 205: Gewinnverteilung der OHG (Buchungssätze)

Die kontenmäßige Darstellung der Gewinnverbuchung zeigt Folgendes: Der auf dem
GuV-Konto ausgewiesene Gesamtgewinn wird zunächst anteilig für jeden Gesellschafter
auf sein Privatkonto gebucht. Nach Berücksichtigung der individuellen Entnahmen bzw.
Einlagen wird der Saldo auf die Kapitalkonten der Gesellschafter gebucht. Die Endbestände der Kapitalkonten werden in das Schlussbilanzkonto übertragen und abschließend
in die Schlussbilanz übernommen. Dort erscheinen die aktuellen Endbestände zum Bilanzstichtag. Die Gläubiger erhalten Informationen über das gesamte Eigenkapital der OHG
und über die personenbezogenen Eigenkapitalbestände der Gesellschafter. Es gilt:

> Die OHG-Bilanz zeigt das gesamte und personenbezogene Eigenkapital

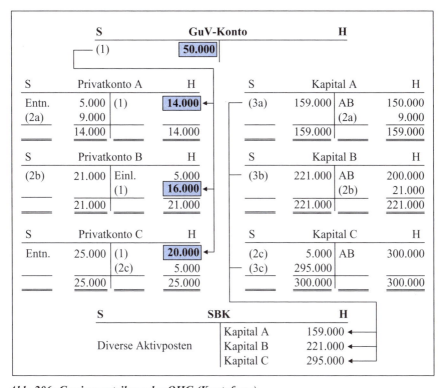

Abb. 206: Gewinnverteilung der OHG (Kontoform)

Die **Kommanditgesellschaft** (KG) ist eine Rechtsform, bei der mindestens ein Gesellschafter voll haftet (Komplementär) und mindestens ein weiterer Gesellschafter nur in
Höhe einer genau festgelegten Einlage haftet (Kommanditist). Der Kommanditist erhält
am Jahresende einen bestimmten Anteil vom erwirtschafteten Gewinn. Der Restbetrag
steht den Komplementären zu, die den wesentlichen Teil des wirtschaftlichen Risikos
tragen. Die Erfolgsverbuchung der Komplementäre wird wie die Gesellschafter einer
OHG vorgenommen.

Unterschiede existieren jedoch bezüglich der Kommanditisten. Deren Eigenkapitalkonten
sind nicht variabel, sondern auf den Wert der Kapitaleinlage fixiert. Der Gewinnanteil des
Kommanditisten wird auf einem besonderen Passivkonto "Gewinnanteil Kommanditist"
verbucht: "GuV-Konto an Gewinnanteil Kommanditist". Mit der Auszahlung des Gewinn-

anteils wird das spezielle Konto des Kommanditisten wieder ausgeglichen ("Gewinnanteil Kommanditist an Bank"). Es findet eine Bilanzverkürzung statt. Für die Kommanditisten wird kein Privatkonto geführt, da sie nicht zur Vornahme von Privateinlagen und Privatentnahmen befugt sind.

4. Ergebnisverwendung bei Kapitalgesellschaften

Kapitalgesellschaften haben eine eigene Rechtspersönlichkeit. Es ist deshalb notwendig, zwischen der Haftung der Gesellschaft und der Haftung der Gesellschafter zu unterscheiden. Als juristische Person haftet die **Gesellschaft** für ihre Verbindlichkeiten wie jede andere Person mit ihrem gesamten Vermögen. Die Gläubiger der Kapitalgesellschaft können in das gesamte Vermögen der Gesellschaft, nicht jedoch in das Privatvermögen der Gesellschafter vollstrecken. Somit begrenzen die **Gesellschafter** ihre Haftung auf ihre (voll eingezahlte) Kapitaleinlage. Schlagwortartig gilt somit:

Gesellschaftshaftung: unbeschränkt – Gesellschafterhaftung: beschränkt

Im Gegensatz zu den Gesellschaftern einer OHG, die Privateinlagen und Privatentnahmen tätigen und somit ihren Eigenkapitalanteil variieren können, dürfen die Anteilseigner von Kapitalgesellschaften ihre Kapitalanteile nicht beliebig verändern. Die Kapitaleinlagen der Gesellschafter sind in ihrer Summe in der Satzung der GmbH bzw. AG festgeschrieben. Das Gesetz (GmbHG, AktG) legt bestimmte **Mindestbeträge** fest: Das Stammkapital der GmbH muss mindestens 25.000 € betragen, wenn von einer speziellen Variante der GmbH abgesehen wird. Das Grundkapital der AG muss mindestens 50.000 € betragen.

Stammkapital (GmbH): Mind. 25.000 € – Grundkapital (AG): Mind. 50.000 €

Wegen der Vielzahl der Gesellschafter werden die Eigenkapitalanteile nicht – wie bei der OHG – auf getrennten, sondern auf einem einzigen Kapitalkonto geführt. Dieses Eigenkapitalkonto trägt den Namen **"Gezeichnetes Kapital"**. Bei der AG werden unter diesem Posten das Grundkapital und bei der GmbH das Stammkapital ausgewiesen.

Vereinfachend kann festgestellt werden, dass sich das Eigenkapital einer Kapitalgesellschaft aus einer satzungsmäßig **festgelegten Größe**, dem "Gezeichneten Kapital"
(Grundkapital der AG, Stammkapital der GmbH), und einer **variablen Größe**, den
"Gewinnrücklagen", zusammensetzt. Im Prinzip folgt die Gewinn- bzw. Verlustver-
buchung in der Kapitalgesellschaft den gleichen buchhalterischen Regeln wie im Einzelunternehmen: Gewinne erhöhen und Verluste vermindern den Bestand an Eigenkapital.
Diese Veränderungen betreffen jedoch nur die variablen Gewinnrücklagen, da das "Gezeichnete Kapital" grundsätzlich unverändert ausgewiesen wird.

Der Vergleich zwischen Einzelunternehmen und Kapitalgesellschaft kann noch einen
Schritt weitergeführt werden: Selbst wenn kein Gewinn erwirtschaftet wurde, kann der
Einzelunternehmer Entnahmen zu Lasten des Eigenkapitalkontos tätigen. Auch die Gesellschafter einer Kapitalgesellschaft können in gewinnlosen Jahren in der Gesellschafterversammlung beschließen, dass ein bestimmter Geldbetrag ausgeschüttet wird. Hierdurch
sinkt das Eigenkapital der Kapitalgesellschaft.

Erwirtschaftet die Kapitalgesellschaft Gewinne, die nicht ausgeschüttet werden, erhöht
sich der Bestand des variablen Eigenkapitalkontos "**Gewinnrücklagen**". Das Passivkonto
"Gewinnrücklagen" weist somit die einbehaltenen Gewinne vergangener Perioden aus.
Der Bestand des Kontos "Gewinnrücklagen" verringert sich, wenn Verluste buchmäßig
abgedeckt werden oder wenn eine Ausschüttung an die Gesellschafter erfolgt.

Die folgende Abbildung zeigt die Veränderung von Gewinnrücklagen im Fall von Gewinnen und Verlusten.

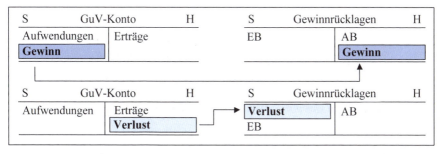

Abb. 207: Erfolgsverbuchung über Konto "Gewinnrücklagen"

Beispiel: Gegeben ist die folgende Bilanz einer Kapitalgesellschaft zum Jahresbeginn:

A	Bilanz zum 1.1.01		P
Bank	800.000	Gez. Kapital	500.000
		Gewinnrücklagen	300.000
	800.000		800.000

Abb. 208: Bilanz einer Kapitalgesellschaft

(1) Bei Erträgen von 250.000 € und Aufwendungen von 150.000 €, die sich auf dem betrieblichen Bankkonto niederschlagen, wird ein **Gewinn von 100.000 €** ausgewiesen, der nicht ausgeschüttet wird. Die Einbehaltung von Gewinnen wird als **Gewinnthesaurierung** bezeichnet. Der Buchungssatz für die Thesaurierung, der zu einer Erhöhung der Gewinnrücklagen führt, lautet:

(1) GuV-Konto	an	Gewinnrücklagen	100.000,-

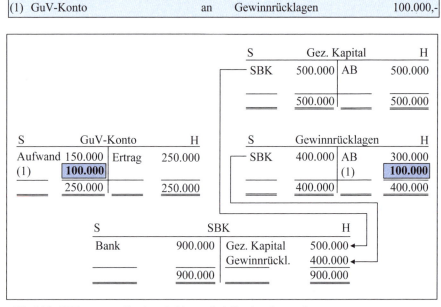

Abb. 209: Bildung von Gewinnrücklagen bei Gewinnthesaurierung

(2) Wäre im obigen Fall statt des Gewinns von 100.000 € ein **Verlust von 40.000 €** entstanden, hätte sich das betriebliche Bankguthaben um diesen Betrag vermindert.

Außerdem würde der Verlust auf der Habenseite des GuV-Kontos erscheinen. Die Verbuchung des Verlustes würde mit dem Buchungssatz erfolgen:

(2) Gewinnrücklagen	an	GuV-Konto	40.000,-

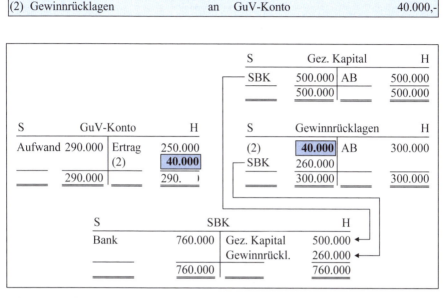

Abb. 210: Auflösung von Gewinnrücklagen bei Verlusten

In vielen Fällen wird nicht der gesamte Gewinn thesauriert, sondern ein Teil an die Aktionäre ausgeschüttet. Die Gewinnausschüttungen einer Aktiengesellschaft (AG) bezeichnet man als **Dividenden**. Eine Dividendenausschüttung verringert auf der Aktivseite der Bilanz das Bankkonto und auf der Passivseite das Eigenkapital. Es ergibt sich eine Bilanzverkürzung.

Wird in einem Jahr kein Gewinn erzielt, kann dennoch eine Dividende ausgeschüttet werden, sofern in vorangegangenen Jahren entsprechende Gewinnrücklagen gebildet wurden. Das gezeichnete Kapital darf dagegen **nicht** ausgeschüttet werden. Bei den Gewinnrücklagen handelt sich um Eigenkapital, das aus den einbehaltenen Gewinnen vergangener Geschäftsjahre gebildet wurde. Die grundsätzliche Methodik zur Verbuchung der Gewinnausschüttung wird an dem folgenden Beispiel verdeutlicht:

A	Bilanz zum 1.1.01		P
Bank	800.000	Gez. Kapital	500.000
		Gewinnrücklagen	300.000
	800.000		800.000

Abb. 211: Bilanz einer Kapitalgesellschaft

Aktiva und Passiva haben sich im Laufe des Jahres nicht geändert, der Jahreserfolg ist null. Am Jahresende wird eine **Dividende in Höhe von 70.000 € ausgeschüttet** (Banküberweisung). Der Buchungssatz lautet:

Gewinnrücklagen	an	Bank	70.000,-

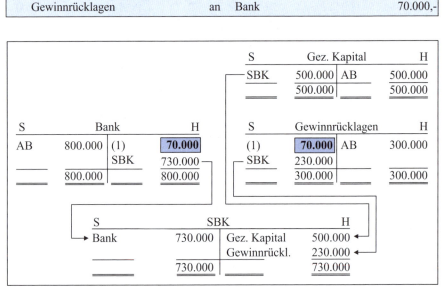

Abb. 212: Auflösung von Rücklagen bei Dividendenzahlung

Nachdem die Zusammenhänge zwischen Gewinnrücklagen und deren Veränderungen durch Gewinne bzw. Verluste und Dividendenzahlungen systematisch dargestellt wurden, soll die Verbuchung **praxisnäher** behandelt werden. Zunächst entsteht am Ende des Geschäftsjahres auf dem GuV-Konto ein Erfolg. Er wird bei Kapitalgesellschaften wie folgt bezeichnet, wenn Ertragsteuern vernachlässigt werden (auf die Körperschaftsteuer mit Solidaritätszuschlag und die Gewerbesteuer wurde im sechsten Kapitel eingegangen):

Jahresüberschuss: Gewinn der Kapitalgesellschaft im laufenden Geschäftsjahr
Jahresfehlbetrag: Verlust der Kapitalgesellschaft im laufenden Geschäftsjahr

Die Gesellschafterversammlung (Hauptversammlung) beschließt mehrheitlich über die **Gewinnverwendung**, d.h. über Ausschüttung oder Rücklagenbildung. Zwar hat auch die Geschäftsleitung einer Aktiengesellschaft (der Vorstand) bestimmte Rechte hinsichtlich der Gewinnverteilung – sie werden aber im Folgenden vernachlässigt. Allein die Hauptversammlung soll vereinfachungsbedingt über die Gewinnverwendung entscheiden. Dabei stellt sich das folgende zeitliche Problem.

Die **Hauptversammlung** tritt in der Regel vier bis sechs Monate nach dem Ende des Geschäftsjahres zusammen. Der Gewinn aus dem GuV-Konto wird deshalb zunächst auf das Eigenkapitalkonto "Jahresüberschuss" gebucht. Zu Beginn des neuen Geschäftsjahres muss dieses Passivkonto aber für neue Gewinne frei gemacht werden. Deshalb erfolgt die Umbuchung auf ein weiteres **Eigenkapitalunterkonto**, das den Namen "**Gewinnverwendung**" trägt. Dieses Unterkonto ist ein passives Bestandskonto. Bis zum Gewinnverwendungsbeschluss der Hauptversammlung bleibt der Gewinn auf diesem Konto. Die Hauptversammlung kann sich theoretisch zur vollständigen Gewinnthesaurierung oder zur vollständigen Gewinnausschüttung entschließen. Praktisch bedeutsam ist der Fall der teilweisen Gewinnausschüttung. Zusammenfassend gilt:

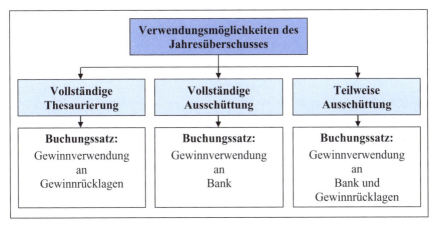

Abb. 213: Verwendungsmöglichkeiten des Jahresüberschusses

Wird der Gewinn vollständig thesauriert, kommt es zu einem Passivtausch. Das Eigenkapitalkonto "Gewinnverwendung" nimmt um den Thesaurierungsbetrag ab, während sich
das Konto "Gewinnrücklagen" erhöht. Bei vollständiger Ausschüttung kommt es zu einer
Bilanzverkürzung, da jeweils ein Konto auf der Aktiv- und Passivseite seinen Bestand
verringert ("Gewinnverwendung an Bank"). Bei nur teilweiser Ausschüttung liegt sowohl
ein Passivtausch (hinsichtlich des Thesaurierungsbetrages) als auch eine Bilanzverkürzung
(hinsichtlich des Ausschüttungsbetrages) vor.

Beispiel: Gegeben ist die folgende Anfangsbilanz einer Kapitalgesellschaft zum Beginn
eines Geschäftsjahres:

A	Bilanz zum 1.1.01		P
Bank	800.000	Gez. Kapital	500.000
		Gewinnrücklagen	300.000
	800.000		800.000

Abb. 214: Bilanz einer Kapitalgesellschaft

Bei Erträgen von 250.000 € und Aufwendungen von 150.000 € wird in 01 ein Jahresüberschuss von 100.000 € erwirtschaftet. Da dessen Verwendung am Jahresende zunächst
noch ungewiss ist, wird der Betrag auf dem speziellen Eigenkapitalkonto "Jahresüberschuss" geführt. Der Buchungssatz am Ende des **alten** Geschäftsjahrs lautet:

GuV-Konto	an	Jahresüberschuss	100.000,-

Am Ende des alten Geschäftsjahrs erscheint in der Schlussbilanz der Bilanzposten
"Jahresüberschuss". Damit wird für den externen Bilanzleser deutlich, dass die Kapitalgesellschaft in diesem Geschäftsjahr einen Gewinn erwirtschaftet hat. Umgekehrt würde
im Fall eines Verlustes in der Bilanz ein Posten "Jahresfehlbetrag" erscheinen.

Die folgende Abbildung zeigt die kontenmäßige Darstellung der **Erfolgsverbuchung vor
dem Gewinnverwendungsbeschluss** im Falle eines Gewinns: Der **Jahresüberschuss
von 100.000 €** wird im Schlussbilanzkonto am Jahresende ausgewiesen.

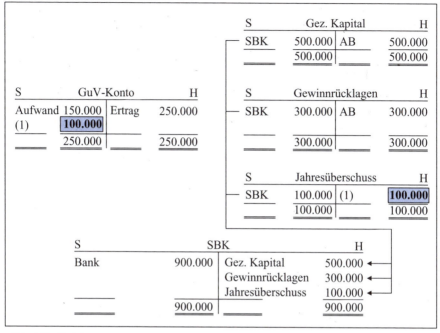

Abb. 215: Erfolgsverbuchung vor Gewinnverwendungsbeschluss

Am Beginn des **neuen** Geschäftsjahres gibt das Eigenkapitalkonto "Jahresüberschuss" seinen Bestand von 100.000 € an das Eigenkapitalunterkonto "Gewinnverwendung" ab. Am 17. Mai fasst die Hauptversammlung den Beschluss, den **Jahresüberschuss** des Vorjahres zu **40% auszuschütten** (Auszahlung durch Bank) und zu **60% zu thesaurieren**. Der Bestand der Gewinnrücklagen nimmt um 60.000 € zu. Die Buchungssätze lauten:

Buchungssätze:						
01.01.02	(1)	Jahresüberschuss	an	Gewinnverwendung	100.000,-
17.05.02	(2)	Gewinnverwendung	an	Bank	40.000,-
17.05.02	(3)	Gewinnverwendung	an	Gewinnrücklagen	60.000,-

Abb. 216: Verbuchung der Gewinnverwendung (Buchungssätze)

Die Gewinnausschüttung führt zu einer **Bilanzverkürzung**: Die Posten "Bank" und "Gewinnverwendung" nehmen jeweils um 40.000 € ab **(a)**. In Höhe von 60.000 € kommt es zu einem **Passivtausch**: Der Posten "Gewinnverwendung" nimmt um 60.000 € ab und der Posten "Gewinnrücklagen" um 60.000 € zu **(b)**.

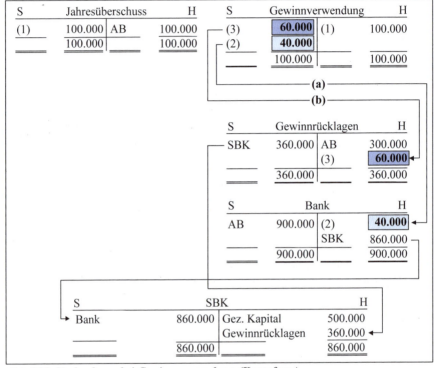

Abb. 217: Verbuchung bei Gewinnverwendung (Kontoform)

Bei Aktiengesellschaften sind oft mehrere tausend Aktionäre vorhanden, die sich für den Jahresabschluss interessieren. Der Vorstand kann nicht jeden einzelnen Aktionär persönlich über die wirtschaftliche Lage informieren. Daher hat der Gesetzgeber für Kapitalgesellschaften eine **Offenlegung** des Jahresabschlusses vorgesehen. Diese Veröffentlichung erfolgt im elektronischen Bundesanzeiger, so dass die Bilanz, die GuV-Rechnung und der Anhang in Form von Dateien an den Betreiber dieser Internetseite zu schicken sind. Seit dem 1.1.2005 ist es erlaubt, anstelle eines Jahresabschlusses nach dem HGB einen Abschluss nach IFRS offenzulegen. Das ist für international tätige Unternehmen sinnvoll. Deshalb wird im achten Kapitel die Buchhaltung nach internationalen Vorschriften behandelt.

Achtes Kapitel: Buchhaltung nach internationalen Vorschriften (IFRS)

1. Bilanz nach IFRS

Die internationalen Vorschriften (IFRS = International Financial Reporting Standards) werden vom International Accounting Standards Board (IASB) entwickelt, das in London ansässig ist. Der grundsätzliche Aufbau der IFRS-Bilanz einer Kapitalgesellschaft wird in der folgenden Abbildung dargestellt. Die Gliederung der internationalen Bilanz entspricht der des HGB – allerdings werden englische Postenbezeichnungen verwendet. Um die Begriffe besser lernen zu können, enthält der Anhang ein entsprechendes Wörterbuch. Bei IFRS wird die Bilanz als **Statement of Financial Position** oder Balance Sheet bezeichnet.

Assets	Statement of Financial Position	Equity and Liabilities

A. NON CURRENT ASSETS
  I. Intangible Assets
  II. Property, Plant and Equipment
  III. Non Current Financial Assets
		A. CAPITAL AND RESERVES
		  I. Issued Capital
		  II. Reserves

B. CURRENT ASSETS
  I. Inventories
  II. Trade and Other Receivables
  III. Current Financial Assets
  IV. Cash and Cash equivalents
		B. LIABILITIES
		  I. Non Current Liabilities
		  II. Current Liabilities

Abb. 218: Gliederungsschema der Bilanz nach IFRS

Die Aktivseite der Bilanz wird bei IFRS wie im Handelsrecht (vgl. Abb. 10) unterteilt: Zum Anlagevermögen (Non Current Assets) gehören die Vermögenswerte (**Assets**), die längerfristig im Unternehmen genutzt werden sollen. Die "**Intangible Assets**" stellen immaterielle Vermögenswerte wie z.B. Patente oder Urheberrechte dar. Der Posten "**Property, Plant and Equipment**" entspricht den Sachanlagen im HGB und enthält z.B. Gebäude und Betriebs- und Geschäftsausstattung. Langfristige Wertpapiere erscheinen unter den "**Non Current Financial Assets**" (Finanzanlagen) in der Bilanz, wobei weitere spezielle Wertpapierkategorien unterschieden werden (siehe Gliederungspunkt 3.3).

Zum Umlaufvermögen (Current Assets) gehören die Vorräte (**Inventories**), wie z.B. die Waren eines Handelsbetriebs oder die Rohstoffe eines Industriebetriebs. Die Forderungen aus Lieferungen und Leistungen werden als "**Trade Receivables**" und die sonstigen Forderungen (z.B. Vorsteueransprüche gegenüber dem Finanzamt) als "**Other Receivables**" bilanziert. Wertpapiere, die nur kurzfristig im Unternehmen gehalten werden, erscheinen unter dem Posten "**Current Financial Assets**" (kurzfristige finanzielle Vermögenswerte). Die liquiden Mittel (z.B. Bankguthaben, Kasse) werden als "**Cash**" bezeichnet. Schecks und Wechsel weisen einen geldähnlichen Charakter auf (Cash equivalents).

Die Aktivseite der IFRS-Bilanz zeigt die Mittelverwendung, die Passivseite die Mittelherkunft, wobei das Eigen- und Fremdkapital unterschieden werden. Die Schulden werden als "**Liabilities**" ausgewiesen und nach der Fristigkeit in kurzfristige (current) und langfristige (non current) Komponenten unterteilt. Einen kurzfristigen Charakter haben z.B. "**Trade payables**" (Lieferantenverbindlichkeiten) und "**Other payables**", die sonstigen Verbindlichkeiten eines Unternehmens (z.B. für berechnete Umsatzsteuer). Auch bei IFRS sind Rückstellungen zu bilden, wenn die Höhe einer entstandenen Verpflichtung nicht sicher angegeben werden kann. Dann wird in der IFRS-Bilanz der Posten "**Provision**" auf der Passivseite der Bilanz gebildet (z.B. für eine Steuerrückstellung der GmbH). Je nach der Laufzeit der Verpflichtung sind kurz- oder langfristige Rückstellungen zu bilden.

Das Eigenkapital (Equity) wird auf der Passivseite mit "Capital and Reserves" überschrieben: Das gezeichnete Kapital (**Issued Capital**) wie das Grundkapital der Aktiengesellschaft gehört zum festen Eigenkapital, während die Rücklagen (**Reserves**) einen veränderlichen Charakter aufweisen. Die Rücklagen werden bei IFRS meist noch weiter unterteilt, wobei die Gewinnrücklagen – wie im HGB – die größte Bedeutung aufweisen.

Auch die anderen Posten werden aus Gründen der Klarheit meist weiter unterteilt. Bei den Sachanlagen werden z.B. die Maschinen (Machinery), Büroausstattung (Office Equipment), Betriebsausstattung (Furniture and Fixtures) speziell ausgewiesen. Die folgende Abbildung zeigt eine vereinfachte IFRS-Bilanz einer Aktiengesellschaft zum Jahresbeginn mit wenigen Posten (Bank, gezeichnetes Kapital und Rücklagen) in englischer Sprache.

Assets	Balance Sheet 1.1.01		Liabilities and Equity
Cash	800.000	Issued Capital	500.000
		Reserves	300.000
	800.000		800.000

Abb. 219: Beispiel für eine Bilanz nach IFRS

Wenn in 01 ein Gewinn (Profit) von 100.000 € erzielt wird, der den Bestand des Bankkontos erhöht, ergeben sich die folgenden Änderungen: Der Aktivposten "Cash" steigt um 100.000 € und der Passivposten "Reserves" wächst entsprechend (Bilanzverlängerung). Die Gewinnermittlung erfolgt international in der Gesamtergebnisrechnung, deren Hauptbestandteil die GuV-Rechnung (**Statement of Profit or Loss**) ist. Anders als im HGB wird in der IFRS-Bilanz keine Erfolgsgröße ausgewiesen. Wenn die Hauptversammlung Ausschüttungen beschließt, nimmt der Rücklagenbestand in entsprechender Höhe ab.

2. Gewinn- und Verlustrechnung nach IFRS

Die GuV-Rechnung kann bei IFRS nach dem Gesamtkostenverfahren (**Nature of Expense Method**) oder nach dem Umsatzkostenverfahren (**Cost of Sales Method**) durchgeführt werden. Die Nature of Expense Method ist kostenartenorientiert und weist die Lagerbestandsänderung direkt aus (Bruttoverfahren). Die Cost of Sales Method ist kostenträgerorientiert und berücksichtigt die Lagerbestandsänderung indirekt (Nettoverfahren).

Im Folgenden wird der grundsätzliche Aufbau des Gesamtkostenverfahrens erläutert. Die Darstellung erfolgt in **Staffelform**, so dass die wichtigsten Komponenten untereinander angeordnet werden. Aus didaktischen Gründen werden Ertragsteuern vernachlässigt. Anders als im Handelsrecht wird das Betriebsergebnis speziell als "**Operating Profit/Loss**" ausgewiesen und zeigt den Erfolg aus dem Kerngeschäft eines Unternehmens.

Die Finanzerträge und Finanzierungsaufwendungen bilden die Finanzierungsseite eines Unternehmens ab. Zu den Finanzerträgen gehören z.B. erhaltene Dividenden aus Aktien, zu den Finanzierungsaufwendungen die Zinsen für aufgenommene Kredite. Im Gegensatz zum HGB wird kein außerordentliches Ergebnis ausgewiesen.

Statement of Profit or Loss (Nature of Expense Method)	
1. Revenue	Umsatzerlöse
2. Other Income	Sonstige Erträge
3. Changes in Inventories of Finished goods and Work in progress	Bestandsveränderungen fertiger und unfertiger Erzeugnisse
4. Raw Materials and Consumables used	Materialaufwand
5. Employee benefits Expense	Personalaufwand
6. Depreciation Expense	Abschreibungsaufwand (Sachanlagen)
7. Other Expenses	Sonstige Aufwendungen
= **Operating Profit/Loss**	**Betriebsergebnis**
8. Finance Income	Finanzerträge
9. Finance Expenses	Finanzierungsaufwendungen
= **Profit/Loss**	**Gewinn/Verlust**

Abb. 220: Gliederungsschema der GuV-Rechnung nach IFRS (Nature of Expense Method)

Beispiel: Die X-AG hat in 01 20.000 Stück eines Produktes hergestellt, wovon 60% (12.000 Stück) für 250.000 € netto abgesetzt wurden (Umsatzerlöse). Für die Produktion sind Materialaufwendungen von 40.000 €, Personalaufwendungen von 120.000 € und Abschreibungen von 60.000 € angefallen. Die Herstellungskosten betragen 11 € je Stück (220.000 €/20.000 Stück) und die Bestandserhöhung fertiger Erzeugnisse beläuft sich auf 88.000 € (8.000 Stück x 11 €/Stück). Die GuV-Rechnung führt zu einem Betriebsergebnis von 118.000 €, das zugleich den Gesamtgewinn darstellt (ohne Steuern):

Statement of Profit or Loss 01	
1. Revenue	250.000 €
2. Changes in Inventories of Finished goods	+ 88.000 €
3. Raw Materials and Consumables used	- 40.000 €
4. Employee benefits Expense	- 120.000 €
5. Depreciation Expense	- 60.000 €
Profit	**118.000 €**

Abb. 221: Beispiel für eine GuV-Rechnung nach IFRS

3. Buchungen nach IFRS

3.1 Verbuchung von Geschäftsvorfällen im Handelsbetrieb

Die Warenbestände werden bei IFRS mit den Anschaffungskosten (**Purchase Costs**) bewertet, die den Preis und die direkten Nebenkosten umfassen. Die **Buchungstechnik** nach
IFRS unterscheidet sich nicht vom Handelsrecht. Es werden Konten gebildet und die Kon-
tenbewegungen werden durch Buchungssätze erfasst. Ein Wareneinkauf (10.000 € zzgl.
10% USt) und Warenverkauf (30.000 € zzgl. 10% USt) auf Ziel werden gebucht:

Geschäftsvorfälle (Handelsbetrieb)		
	Sollseite (Debtor)	**Habenseite (Creditor)**
Wareneinkauf auf Ziel	Dr Merchandises 10.000,- Dr Other Receivables 1.000,-	Cr Trade payables 11.000,-
Warenverkauf auf Ziel	Dr Trade Receivables 33.000,-	Cr Revenue 30.000,- Cr Other payables 3.000,-

Abb. 222: Verbuchung des Warenverkehrs nach IFRS

Das Warenkonto wird als "**Merchandises**" bezeichnet. Die Vorsteuer wird als sonstige
Forderung (Other Receivables) und die Lieferantenverbindlichkeiten als "Trade payables"
gebucht. Im Buchungssatz wird vor jedem Konto die Abkürzung "Dr" bzw. "Cr" angegeben, um die Buchung auf der Sollseite bzw. der Habenseite kenntlich zu machen. Deb-
tor ist die englische Bezeichnung für den Schuldner, der zahlen soll – somit handelt es
sich um die Sollbuchung. Creditor steht für den Gläubiger, der etwas "gut hat" – somit
handelt es sich um die Habenbuchung.

Der Kontenabschluss lautet, wenn das GuV-Konto als "Income Summary" bezeichnet
wird (**Bruttomethode**): "Dr Income Summary 10.000, Cr Merchandises 10.000" und "Dr
Revenue 30.000, Cr Income Summary 30.000". Der Wareneinsatz erscheint in der GuV-
Rechnung als "Merchandises used". Der Gewinn von 20.000 € wird auf das Rücklagen-
konto gebucht ("Dr Income Summary 20.000, Cr Reserves 20.000"). Der Endbestand und
die Rücklagen erscheinen im Schlussbilanzkonto ("Balance Sheet Account").

3.2 Verbuchung von Geschäftsvorfällen im Industriebetrieb

Industriebetriebe beschaffen Roh-, Hilfs- und Betriebsstoffe (Raw Materials or Supplies), aus denen im Produktionsprozess Fertigerzeugnisse hergestellt werden. Die Lagerbestände unfertiger und fertiger Erzeugnisse werden auch bei IFRS mit den Herstellungskosten (**Costs of Conversion**) bewertet. Es müssen alle Kosten einbezogen werden, die für die Produktion angefallen sind (Materialkosten und Fertigungskosten).

Bei der Nature of Expense Method, die dem handelsrechtlichen Gesamtkostenverfahren entspricht, wird die Bestandserhöhung als Ertrag behandelt. Eine Bestandsminderung stellt Aufwand dar. Werden in 01 Rohstoffe im Wert von 10.000 € zzgl. 10% USt eingekauft und in der Produktion zur Herstellung von 200 Stück eines Fertigprodukts verbraucht, lauten die Buchungssätze beim Zielverkauf (20.000 € zzgl. 10% USt) aller Produkte:

Geschäftsvorfälle (Industriebetrieb)		
Sollseite (Debtor)		**Habenseite (Creditor)**
1. Einkauf (auf Ziel)	Dr Raw Materials or Supplies 10.000,- Dr Other Receivables 1.000,-	Cr Trade payables 11.000,-
2. Verbrauch	Dr Raw Materials and Consumables used 10.000,-	Cr Raw Materials or Supplies 10.000,-
3. Verkauf (auf Ziel)	Dr Trade Receivables 22.000,-	Cr Revenue 20.000,- Cr Other payables 2.000,-

Abb. 223: Verbuchung der Produktion und des Absatzes nach IFRS

Wenn nicht alle Fertigerzeugnisse in derselben Periode abgesetzt werden, findet eine Bestandserhöhung statt. Werden nur 150 Stück der Fertigerzeugnisse für 15.000 € abgesetzt, gehen die verbleibenden 50 Stück auf Lager. Sie werden mit den Herstellungskosten von 2.500 € (10.000 €/200 Stück x 50 Stück) bewertet und stellen einen Ertrag dar. Der Buchungssatz lautet (wie im 5. Kapitel): "Dr Finished goods 2.500, Cr Changes in Inventories of Finished goods 2.500". In der Bilanz erhöht sich der Bestand der Fertigerzeugnisse und in der GuV-Rechnung steigt der Ertrag. Damit werden in der GuV-Rechnung die Aufwendungen und Erträge für dieselbe Menge (200 Stück) gegenübergestellt.

Wenn der Lagerbestand in der nächsten Periode auf null vermindert wird, sind die folgenden Buchungen auszuführen, wenn der Verkauf auf Ziel für 5.000 € zzgl. 10% USt erfolgt: "Dr Changes in Inventories of Finished goods 2.500, Cr Finished goods 2.500" und "Dr Trade Receivables 5.500, Cr Revenue 5.000, Cr Other payables 500". Die erste Buchung erfasst den Lagerabgang, die zweite Buchung die Forderungsentstehung.

3.3 Verbuchung von Abschreibungen und Zuschreibungen

Sachanlagen haben meist nur eine begrenzte Nutzungsdauer und sind daher planmäßig abzuschreiben. Auch bei IFRS können lineare, degressive oder leistungsmäßige Abschreibungsverfahren eingesetzt werden. Wird Anfang 01 eine Maschine für 100.000 € zzgl. 10% USt beschafft (Bankzahlung), deren Nutzungsdauer vier Jahre beträgt (lineare Abschreibung), ergeben sich die folgenden Buchungssätze:

Buchung des Erwerbs:			
Dr Machinery	100.000,-	Cr Cash	110.000,-
Dr Other Receivables	10.000,-		
Abschreibungsbuchung:			
Dr Depreciation Expense	25.000,-	Cr Machinery	25.000,-

Abb. 224: Buchungssätze bei Sachanlagen nach IFRS

Die Maschine erscheint auf dem Aktivkonto "Machinery". Der Abschreibungsaufwand (**Depreciation Expense**) durch die planmäßige Abschreibung von Sachanlagen in Höhe von 25.000 € führt zur Verminderung des Vermögens. Die Abschreibungen werden am Jahresende in das GuV-Konto gebucht, so dass der Erfolg um 25.000 € sinkt. In der Bilanz erscheint die Maschine mit dem Restwert von 75.000 €.

Der Wert einer Maschine kann sich auch durch unvorhersehbare Ereignisse vermindern, wenn sie z.B. beschädigt wird oder ihr Marktwert sinkt. Dann sind auch bei IFRS **außerplanmäßige Abschreibungen** vorzunehmen, die "**Impairment Loss**" genannt werden. Wenn im Beispiel der Wert der Maschine am 31.12.01 auf 65.000 € gesunken ist, müssen 25.000 € planmäßig und 10.000 € außerplanmäßig abgeschrieben werden:

Dr Depreciation Expense	25.000,-	Cr Machinery	35.000,-
Dr Impairment Loss	10.000,-		

Börsennotierte Wertpapiere (z.b. Aktien) können mit spekulativer Absicht zur Erzielung kurzfristiger Wertsteigerungen oder zur längerfristigen Kapitalanlage erworben werden. Im ersten Fall handelt es sich um Financial Assets held for Trading, im zweiten Fall um Available-for-Sale Financial Assets (zur Veräußerung verfügbare finanzielle Vermögenswerte). Die Bewertung erfolgt zum **Fair Value** (beizulegender Zeitwert). Der Kurswert am Bilanzstichtag, der Tageswert, repräsentiert diesen Wert am besten.

Financial Assets held for Trading (zu Handelszwecken gehaltene finanzielle Vermögenswerte) sollen nur kurzfristig im Unternehmen verbleiben. Daher werden Kursänderungen **erfolgswirksam** durch Ab- und Zuschreibungen in der GuV-Rechnung erfasst. Diese Wertpapiere ähneln den Wertpapieren des Handelsbestands im HGB.

Available-for-Sale Financial Assets werden meist längerfristig gehalten. Das kurzfristige Auf und Ab der Börsenkurse soll den Erfolg nicht beeinflussen. Auf- und Abwertungen sind erfolgsneutral zu erfassen, so dass die GuV-Rechnung nicht berührt wird. Daher wird die Wertänderung auf der Aktivseite in einem passiven Bestandskonto, der Fair Value-Rücklage (**Fair Value-Surplus**), gegengebucht. Sie gehört zum Eigenkapital des Unternehmens. Die Nebenkosten des Erwerbs dieser Wertpapiere gehören zu den Anschaffungskosten – bei Financial Assets held for Trading handelt es sich insoweit um Aufwand.

Financial Assets held for Trading	Available-for-Sale Financial Assets
Erfolgswirksame Wertänderung	**Erfolgsneutrale Wertänderung**
▪ Zuschreibung Wertpapiere: Ertrag in der GuV ▪ Abschreibung Wertpapiere: Aufwand in der GuV	▪ Aufwertung Wertpapiere: Fair Value-Rücklage steigt ▪ Abwertung Wertpapiere: Fair Value-Rücklage sinkt

Abb. 225: Wertänderungen bei Wertpapieren nach IFRS

Bei Wertpapieren der Kategorie Available-for-Sale wird der Aufwertungsbetrag als Zugang auf der Habenseite des passiven Bestandskontos "Fair Value-Rücklage" gegengebucht. Entsprechend wird ein Abwertungsbetrag als Abgang im Soll des Bestandskontos "Fair Value-Rücklage" erfasst, das sogar negativ werden kann. Der Sonderfall einer dauerhaften Wertminderung wird im Folgenden vernachlässigt. Hierzu wird auf die Literatur verwiesen, die im Teil C des Literaturverzeichnisses abgedruckt ist.

Beispiel: Am 1.12.01 werden Available-for-Sale Financial Assets (AfS Financial Assets) für 700 € angeschafft (Banküberweisung). Am 31.12.02 ist der Fair Value (Börsenkurs) auf 750 € gestiegen. Die Bilanzen entwickeln sich wie folgt.

Erwerb 01: Dr AfS-Financial Assets 700, Cr Bank 700			
Assets	Balance Sheet		Liabilities and Equity
AfS Financial Assets	700	Issued Capital	700
	700		700
Aufwertung 02: Dr AfS-Financial Assets 50, Cr Fair Value-Surplus 50			
Assets	Balance Sheet		Liabilities and Equity
AfS Financial Assets	750	Issued Capital	700
		Fair Value-Surplus	**50**
	750		750

Abb. 226: Erfolgsneutrale Aufwertung nach IFRS

Ende 01 sind die Wertpapiere mit Anschaffungskosten von 700 € zu bewerten. Ende 02 steigen das Vermögen (Available-for-Sale Financial Assets) und das Eigenkapital (Fair Value-Surplus) um 50 €, da der Tageswert gestiegen ist. Die GuV-Rechnung wird aber von dieser Wertsteigerung nicht berührt, so dass der Vorgang erfolgsneutral ist. Der Vermögenszuwachs in der Bilanz geht **nicht** mit einer Erfolgsmehrung in der GuV-Rechnung einher. In den Folgejahren können sich die Kurse wie im folgenden Beispiel entwickeln.

Beispiel: Kurssenkung der Available-for-Sale Financial Assets am 31.12.03: Der Fair Value (Börsenkurs) beträgt 680 €. Am 31.12.04 findet eine Wertaufholung statt. Der Fair Value (Börsenkurs) steigt auf 710 €. Die Änderungen der Tageswerte sind nicht dauerhaft. Es ergibt sich die folgende bilanzielle Darstellung:

Abwertung 03: Dr Fair Value-Surplus 70, Cr AfS-Financial Assets 70		
Assets	Balance Sheet	Liabilities and Equity
AfS Financial Assets	680	Issued Capital 700
		Fair Value-Surplus -20
	680	680

Aufwertung 04: Dr AfS-Financial Assets 30, Cr Fair Value-Surplus 30		
Assets	Balance Sheet	Liabilities and Equity
AfS Financial Assets	710	Issued Capital 700
		Fair Value-Surplus 10
	710	710

Abb. 227: Erfolgsneutrale Ab- und Aufwertung nach IFRS

In Folge des Kursverlustes in Periode 03 sinken das Vermögen und das Eigenkapital um 70 €. Der Tageswert liegt unter den Anschaffungskosten, so dass die Fair Value-Rücklage nicht nur vollständig aufzulösen ist, sondern sogar negativ wird (-20 €). Die Rücklage müsste auf der Aktivseite erscheinen. In der Praxis wird ein Ausweis auf der Passivseite mit einem Minuszeichen vorgenommen. Der Kursanstieg in Periode 04 erhöht das Vermögen und Eigenkapital um 30 €. Die Fair Value-Surplus steigt von -20 € auf 10 €.

Die bisherigen Buchungen waren **erfolgsneutral**. Zu einer erfolgswirksamen Buchung kommt es z.B. beim Verkauf der Finanzanlagen. Werden die Wertpapiere Anfang 05 für 710 € veräußert, lautet die Buchung: "Dr Cash 710, Cr Available-for Sale Financial Assets 710" und "Dr Fair Value-Surplus 10, Cr Finance Income 10". Der erste Vorgang zeigt einen erfolgsneutralen Aktivtausch: An die Stelle der Wertpapiere treten liquide Mittel. Die zweite Buchung zeigt die erfolgswirksame Auflösung der Fair Value-Rücklage, so dass ein Finanzertrag von 10 € entsteht. Mit dem Verkauf ist der Kursgewinn realisiert.

Die bisherige Bewertung von Finanzinstrumenten soll zukünftig geändert werden. Das IASB hat einen neuen Standard (IFRS 9) verabschiedet, der wesentliche Änderungen bei der Bilanzierung vorsieht. Die Einzelheiten werden in der neueren Literatur zu den IFRS dargestellt, die im Teil C des Literaturverzeichnisses angeführt ist.

Neuntes Kapitel: Organisation der Buchhaltung

1. Organisatorische Grundlagen

Zur Erfüllung der Dokumentations- und Informationsaufgabe müssen die Geschäftsvorfälle in der Buchhaltung ordnungsgemäß festgehalten werden. Das gilt unabhängig davon, ob die Vorschriften des HGB oder nach IFRS zur Anwendung gelangen. Die folgenden Fragen sind zu beantworten: Wann und wie ist ein Geschäftsvorfall ordnungsgemäß festzuhalten? Wie können die Belege gegen nachträgliche Veränderungen geschützt werden? Kurz gefragt: Wie ist die Buchhaltung richtig zu organisieren?

Die Dokumentationsaufgabe wird nur erfüllt, wenn sich die Geschäftsvorfälle der Vergangenheit auch zu einem späteren Zeitpunkt vollständig und richtig nachvollziehen lassen. Da lose Zettel leicht verloren gehen können, entspricht ein derartiges Belegwesen nicht den Grundsätzen ordnungsmäßiger Buchführung (GoB). Fest gebundene Bücher vermeiden diesen Nachteil. Hierbei kommen zum Einsatz:

- **Grundbuch:** Eintragung der Geschäftsvorfälle unter zeitlichen Aspekten.
- **Hauptbuch:** Eintragung der Geschäftsvorfälle unter sachlichen Aspekten.

Die Grundbuchaufzeichnungen müssen mindestens die folgenden Merkmale erfüllen:

Grundbuchaufzeichnungen
•Datum des Geschäftsvorfalls,
•Belegnummer,
•Art des Geschäftsvorfalls,
•Buchungssatz (Betrag und Sachkonten).

Abb. 228: Anforderungen an Grundbuchaufzeichnungen

Die folgende Abbildung zeigt beispielhaft die Seite eines Grundbuchs für das Geschäftsjahr 01 (soweit relevant mit einem zehnprozentigen Umsatzsteuersatz). Die einzelnen Geschäftsvorfälle lassen sich vollständig und richtig nachvollziehen. Die Anforderungen an die Grundbuchaufzeichnungen werden erfüllt. Die Eintragungen im Grundbuch müssen in einer lebenden Sprache erfolgen – die Verwendung von Deutsch ist nicht zwingend notwendig. Zum Schutz gegen nachträgliche Veränderungen müssen handschriftliche Eintragungen dokumentenecht erfolgen. Außerdem müssen eventuelle Leerräume entwertet werden, damit keine späteren Eintragungen mehr möglich sind.

Jahr 01	Beleg Nr.	Geschäftsvorfall	Soll	Haben	Konto
2.1.	1	Überweisung der Ladenmiete	4.000,-	4.000,-	Mietaufwand Bank
2.1.	2	Wareneinkauf	6.000,- 600,-	6.600,-	Wareneinkauf Vorsteuer Bank
3.1.	3	Zinsgutschrift	536,-	536,-	Bank Zinsertrag
:	:	: :	:	:	:

Abb. 229: Aufzeichnungen im Grundbuch

Der **Beleg** bildet die Grundlage jeder Verbuchung. In der Buchhaltung gilt der Grundsatz: "Keine Buchung ohne Beleg". Belege lassen sich nach verschiedenen Kriterien systematisieren, wie die folgende Abbildung zeigt.

Kriterien	Belegarten
Herkunft	Externe Belege – Interne Belege
Anzahl der Geschäftsvorfälle	Einzelbelege – Sammelbelege

Abb. 230: Systematisierung von Belegen

Externe (natürliche) Belege entstehen automatisch durch den Geschäftsverkehr mit Dritten (z.B. erhaltene oder abgeschickte Rechnungen). **Interne (künstliche)** Belege sind dagegen vom Kaufmann selbst zu erstellen (z.B. Belege über private Warenentnahmen). **Einzelbelege** betreffen einen einzigen Geschäftsvorfall – **Sammelbelege** beinhalten die Angaben über mehrere Geschäftsvorfälle.

Die Belege werden in der Reihenfolge ihres Zugangs bzw. ihrer Ausstellung nummeriert. Meist wird hierbei ein **Buchungsstempel** zur Vorkontierung verwendet, der nicht nur Belegnummern fortlaufend zuordnet, sondern zusätzlich auch die gebuchten Konten auf dem Beleg festhält. Muss ein Sachverhalt nachträglich anhand von Belegen überprüft werden, wird er durch die Nummerierung leichter im Grundbuch gefunden.

Da Eintragungen im Grundbuch meist täglich erfolgen, wird es auch als **Journal** bezeichnet. Eine Aufzeichnung der Geschäftsvorfälle unter sachlichem Aspekt erfolgt im **Hauptbuch**. Dort werden die Konten in Spaltenform geführt. Die im Grundbuch zeitlich erfassten Geschäftsvorfälle werden im Hauptbuch auf Sachkonten notiert. Das Hauptbuch wird heute meist nicht mehr als gebundenes Buch geführt, sondern mit Hilfe der EDV erstellt. Diese Buchhaltungsform wird später behandelt. Wenn die obigen Geschäftsvorfälle in das Hauptbuch übertragen werden, kann sich die folgende Darstellung ergeben:

Datum	Bank		Wareneinkauf		Vorsteuer		Mietaufwand		Zinsertrag	
Jahr 01	S	H	S	H	S	H	S	H	S	H
2.1.		4.000					4.000			
2.1.		6.600	6.000		600					
3.1.	536									536

Abb. 231: Kontenverbuchung im Hauptbuch

2. Kontenrahmen und Kontenplan

2.1 Aufgaben

In der obigen Abbildung wurden die Konten nicht systematisch angeordnet. Bereits bei wenigen Konten führt dieses Vorgehen zur Unübersichtlichkeit, so dass Eintragungen im Hauptbuch viel Zeit in Anspruch nehmen. Eine Kontensystematisierung weist die folgenden Vorteile auf:

- Beschleunigung des Buchungsablaufs,
- Erleichterung der Einarbeitung für Dritte (Gläubiger) und neue Mitarbeiter.

Eine Kontensystematisierung erfolgt durch einen unternehmensindividuellen **Kontenplan**. Hierin werden sämtliche Konten aufgeführt, die für das jeweilige Unternehmen von Bedeutung sind. Da die Entwicklung einer eigenen Kontensystematik für jedes einzelne Unternehmen zeit- und kostenintensiv ist, wurden von den jeweiligen Wirtschaftsverbänden einheitliche **Kontenrahmen** entwickelt, die die Kaufleute verwenden können. Für einheitliche Kontenrahmen spricht weiterhin, dass **zwischenbetriebliche Vergleiche** der Unternehmen einer Branche ermöglicht werden, wenn die Geschäftsvorfälle auf den gleichen Konten verbucht werden.

Die entwickelten Kontenrahmen streben keine bis ins letzte Detail gehende Kontengliederung an. Wichtig ist vielmehr die grundlegende Kontensystematik, wobei üblicherweise ein dekadisches System verwendet wird: Es wird zunächst von zehn Kontenklassen (0 - 9) ausgegangen, wobei wiederum jede Kontenklasse in zehn Kontengruppen unterteilt wird. Eine Kontenart (z. B. 000) kann weiter in Konten (z. B. 0001, 0002, usw.) untergliedert werden. Es ergibt sich das folgende hierarchische Schema:

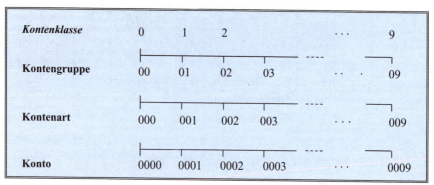

Abb. 232: Kontenrahmenaufbau nach dekadischem System

Die Kontenrahmensystematik wird in der folgenden Abbildung an zwei Beispielen verdeutlicht, die dem Industriekontenrahmen entnommen sind. Dabei kann die dreistellige Kontenart - z.B. "200 Rohstoffe" - weiter in einzelne Konten aufgeteilt werden. Wird für jede einzelne Rohstoffart ein spezielles Konto eingerichtet, wird jedem Konto eine spezielle vierstellige Kontennummer zugeordnet.

Kontenklasse 2		:	Umlaufvermögen
Kontengruppe	20	:	Roh-, Hilfs- und Betriebsstoffe
Kontenart	200	:	Rohstoffe
	202	:	Hilfsstoffe
	203	:	Betriebsstoffe
Kontenklasse 6		:	Betriebliche Aufwendungen
Kontengruppe	60	:	Aufwendungen für Roh-, Hilfs- und Betriebsstoffe
Kontenart	600	:	Aufwendungen für Rohstoffe
	602	:	Aufwendungen für Hilfsstoffe
	603	:	Aufwendungen für Betriebsstoffe

Abb. 233: Kontenrahmenaufbau (Beispiel)

Kontenrahmen können nach dem Abschlussgliederungsprinzip oder dem Prozessgliederungsprinzip aufgebaut sein. Das **Abschlussgliederungsprinzip** folgt der Gliederung des Jahresabschlusses. Die aktiven und passiven Bestandskonten sowie die Ertrags- und Aufwandskonten werden in Anlehnung an die gesetzlichen Vorschriften zur Gliederung der Bilanz und GuV-Rechnung angeordnet.

Dagegen folgt das **Prozessgliederungsprinzip** dem Prozess der betrieblichen Leistungserstellung. Die Kontenklassen werden in Anlehnung an den betrieblichen Produktionsprozess dargestellt. Somit werden die Beschaffung (Konto "Rohstoffe"), die Produktion (Konto "Aufwand Rohstoffe") und der Bestand der fertigen Erzeugnisse jeweils in eigenen Kontenklassen erfasst. Gemäß dem Ablauf des Produktionsvorgangs werden die Rohstoffkonten vor den Bestandskonten für die fertigen Erzeugnisse angeordnet.

Die Steuerung und Kontrolle des Produktionsprozesses ist nicht Aufgabe der Finanzbuchhaltung, sondern der Kostenrechnung (**Betriebsbuchhaltung**). Sie gehört zum internen Rechnungswesen und informiert den Unternehmer. Für die **Unternehmenssteuerung** ist z.B. die Frage zu beantworten, welcher Preis für ein Produkt (Kostenträger) mindestens verlangt werden muss, um kostendeckend zu produzieren. Bei der **Unternehmenskontrolle** soll ein effizienter Einsatz der Produktionsfaktoren erreicht werden. Diese Kontrolle wird in einzelnen betrieblichen Abteilungen durchgeführt, die als **Kostenstellen** bezeichnet werden.

Beim Abschlussgliederungsprinzip wird die Kostenrechnung getrennt von den übrigen Konten der Finanzbuchhaltung in einer speziellen Kontenklasse durchgeführt. Es liegen zwei getrennte Rechnungskreise vor, so dass das Abschlussgliederungsprinzip auch als **Zweikreissystem** bezeichnet wird. Dagegen wird beim Prozessgliederungsprinzip die Kostenrechnung direkt in den Buchungsablauf integriert. Es liegt ein **Einkreissystem** vor.

Abschlussgliederung = Zweikreissystem – Prozessgliederung = Einkreissystem

2.2 Kontenrahmen der Industrie

2.2.1 Gemeinschaftskontenrahmen

In der Industriebuchhaltung werden der Gemeinschaftskontenrahmen der Industrie (GKR) und der Industriekontenrahmen (IKR) verwendet. Der Gemeinschaftskontenrahmen folgt dem **Prozessgliederungsprinzip**, so dass ein **Einkreissystem** angewendet wird. Der vollständige Aufbau ist am Anhang enthalten. Die Abbildung zeigt seine Kontenklassen:

Kontenklasse	Inhalt
0	Anlagevermögen und langfristiges Kapital
1	Umlaufvermögen und kurzfristige Verbindlichkeiten
2	Neutrale Aufwendungen und Erträge
3	Material- und Warenbestände
4	Kostenarten
5	Freigehalten für Kostenstellenrechnung
6	Freigehalten für Kostenstellenrechnung
7	Bestände an fertigen und unfertigen Erzeugnissen
8	Erlöse und andere betriebliche Erträge
9	Abschlusskonten

Abb. 234: Aufbau des Gemeinschaftskontenrahmens

In der Kontenklasse 0 werden unter anderem die im Unternehmen langfristig gebundenen Produktionsfaktoren erfasst. Hierzu gehören die Gebäude oder Maschinen eines Unternehmens. Die Klasse 1 umfasst insbesondere die betrieblichen Zahlungskonten wie Bank oder Kasse. In der Klasse 2 wird eine Abgrenzung von Finanz- und Betriebsbuchhaltung durchgeführt, da sie unterschiedlich ausgerichtet sind.

In der Finanzbuchhaltung wird das Gesamtergebnis eines Geschäftsjahres ermittelt, um Gläubiger vollständig zu informieren. In der Betriebsbuchhaltung (Kostenrechnung) steht das Betriebsergebnis im Mittelpunkt, um die betriebliche Leistungserstellung zu optimieren. Die **neutralen Aufwendungen und Erträge** erfassen die Unterschiede zwischen den Ergebnissen, z.b. die finanziellen Erträge und finanziellen Aufwendungen.

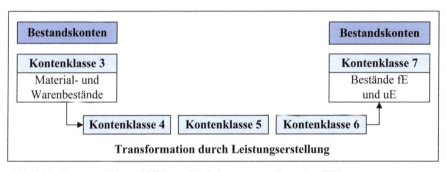

Abb. 235: Kontenmäßige Abbildung der Leistungserstellung im GKR

Die **Leistungserstellung** wird in den Klassen 3 bis 7 abgebildet. In Klasse 3 werden insbesondere die Bestände der Roh-, Hilfs- und Betriebsstoffe geführt. Mit dem Einsatz im Produktionsprozess erfolgt die Umbuchung auf Klasse 4. Es entsteht ein Wertverzehr, der zu **Kosten** führt. In den Klassen 5 und 6 wird die Kostenstellenrechnung durchgeführt. Der durch die Leistungserstellung bedingte Wertverzehr wird in der Betriebsbuchhaltung abgebildet. Deshalb ist die Kontenklasse 4 mit dem Begriff "Kostenarten" überschrieben.

In Klasse 7 werden die Kostenträger, d.h. die Bestände an fertigen und unfertigen Erzeugnissen aufgeführt. In Klasse 8 erscheinen die Umsatzerlöse der abgesetzten Produkte und die Bestandsänderungen an fertigen und unfertigen Erzeugnissen. Die Abschlusskonten (Eröffnungsbilanzkonto, SBK und GuV-Konto) werden in Klasse 9 geführt.

Die Buchungstechnik unter Verwendung des GKR wird an einem Beispiel erläutert, wobei die Buchungssätze in neuer Form angegeben werden (**Buchung mit Kontennummern**). Es wird die Tatsache genutzt, dass für jedes Konto eine eindeutige Kontonummer vorhanden ist. Dadurch kann an Stelle der ausgeschriebenen Kontenbezeichnungen auf die Kontonummern zurückgegriffen werden. Die Buchungssätze sind wie folgt aufgebaut: Zunächst werden die Konten (Soll/Haben) und anschließend die Beträge genannt (Soll/Haben). Der Aufbau der Buchungssätze bleibt also unverändert. Für "Bank an Kasse 1.000,-" schreibt man bei Verwendung des Gemeinschaftskontenrahmens nur noch: "12/10 1.000,-". Ein Schrägstrich ersetzt das Wort "an". Das Schema lautet allgemein:

Kontonummer im Soll/Kontonummer im Haben　–　Betrag im Soll/Haben

---

Durch diese Technik werden die Buchungssätze wesentlich kürzer und die Buchungsgeschwindigkeit nimmt zu. Auch im Rahmen der EDV-gestützten Buchhaltung werden die Buchungen meist unter Verwendung von Kontonummern durchgeführt.

Geschäftsvorfälle:
1)　Rohstoffe: AB 22.000,-; EB 12.000,-
2)　Lohnzahlung durch Banküberweisung 5.000,-
3)　Leasinggebühr durch Banküberweisung 3.000.-
4)　60 Stück Fertigerzeugnisse werden für 15.000 € verkauft. (Banküberweisung)
5)　100 Stück Fertigerzeugnisse wurden produziert, wovon 40 Stück (Herstellungskosten 180 €/Stück) auf Lager genommen wurden
6)　Abschluss der Aufwandskonten (über GuV-Konto)
7)　Abschluss der Ertragskonten (über GuV-Konto)

Abb. 236: Produktion mit Lagerbestandsveränderungen nach GKR
(Gesamtkostenverfahren; ohne USt)

Die Buchungssätze sind der folgenden Abbildung zu entnehmen. Die Kontonummern findet der Leser im Gemeinschaftskontenrahmen, der im Anhang am Schluss des Buches abgedruckt ist.

Buchungssätze:				
1)	Rohstoffkosten 400/30	an	Rohstoffe	10.000,- 10.000,-
2)	Löhne und Gehälter 41/12	an	Bank	5.000,- 5.000,-
3)	Kosten Betriebs- und Geschäftsausstattung 42/12	an	Bank	3.000,- 3.000,-
4)	Bank 12/80	an	Umsatzerlöse	15.000,- 15.000,-
5)	Fertige Erzeugnisse 71/89	an	Bestandsänderung	7.200,- 7.200,-
6)	GuV-Konto 18.000,-	an an an	Rohstoffkosten Löhne und Gehälter Kosten Betriebs- und Geschäftsausstattung	10.000,- 5.000,- 3.000,-
	919/400, 41, 42		18.000,- / 10.000,-, 5.000,-, 3.000,-	
7)	Umsatzerlöse 15.000,- Bestandsänderung 7.200,-	an	GuV-Konto	22.200,-
	80, 89/919		15.000,-, 7.200,- / 22.200,-	

Abb. 237: Buchungssätze nach GKR (Kontonummern im Anhang)

Die folgende Abbildung zeigt das GuV-Konto für das Geschäftsjahr. Da der Gemeinschaftskontenrahmen das im fünften Kapitel behandelte Gesamtkostenverfahren anwendet, wird die Bestandserhöhung als Ertrag im Haben des GuV-Kontos ausgewiesen. Auf der Sollseite erscheint der Wertverzehr, der aus Sicht der Kostenrechnung erfasst wird, so dass der Begriff "Kosten" zur Anwendung gelangt.

S	919 GuV-Konto		H
Rohstoffkosten	10.000	Umsatzerlöse	15.000
Löhne und Gehälter	5.000	Bestandserhöhung	7.200
Kosten Betriebs- und Geschäftsausstattung	3.000		
Gewinn	4.200		
	22.200		22.200

Abb. 238: GuV-Konto beim Gemeinschaftskontenrahmen

Der Buchungsablauf wurde im obigen Beispiel vereinfacht dargestellt. Im Normalfall werden die Salden der Konten "Rohstoffkosten", "Löhne und Gehälter" und "Kosten Betriebsausstattung" sowie der Konten "Umsatzerlöse" und "Bestandsänderungen" zunächst auf das Betriebsergebniskonto gebucht. Der Saldo dieses Kontos ist das **Betriebsergebnis**. Im obigen Beispiel liegt ein Betriebsgewinn von 4.200 € vor. Das ist der kostenrechnerische Erfolg, der anschließend auf das GuV-Konto gebucht wird.

Für die **Erfolgsermittlung der Finanzbuchhaltung** muss noch der neutrale Erfolg berücksichtigt werden, der sich als Saldo aus neutralen Erträgen und Aufwendungen ergibt. Zusammenfassend gilt für den Ablauf der Erfolgsermittlung nach dem GKR:

1. Ermittlung des Betriebserfolges im Betriebsergebniskonto
2. Ermittlung des neutralen Erfolges
= Gesamtergebnis der GuV-Rechnung

Abb. 239: Berechnung des Gesamtergebnisses im GKR

Die Erfolge der Betriebs- und Finanzbuchhaltung unterscheiden sich noch durch eine zeitliche Komponente. Während die Finanzbuchhaltung den Erfolg im Regelfall nur für das Geschäftsjahr ausweist, wird in der Betriebsbuchhaltung der Erfolg meist monatlich ermittelt. Man spricht von einer **kurzfristigen Erfolgsrechnung**, die für eine optimale Unternehmenssteuerung unerlässlich ist. Auch wenn der Gemeinschaftskontenrahmen in der Praxis noch von vielen Unternehmen verwendet wird, nutzen neu gegründete Unternehmen verstärkt den Industriekontenrahmen, der anschließend erklärt wird.

2.2.2 Industriekontenrahmen

Der Industriekontenrahmen (IKR) folgt im Gegensatz zum Gemeinschaftskontenrahmen dem **Abschlussgliederungsprinzip**, d.h. es kommt ein **Zweikreissystem** zur Anwendung. Die Kostenrechnung wird in einer gesonderten Kontenklasse (Klasse 9) geführt und weist keine direkte Verbindung zu den übrigen Konten der Finanzbuchhaltung auf. Der grundsätzliche Aufbau des Industriekontenrahmens sieht wie folgt aus:

Klasse	Inhalt	Systematik
0	Immaterielle Vermögensgegenstände und Sachanlagen	Aktivkonten
1	Finanzanlagen	
2	Umlaufvermögen und aktive Rechnungsabgrenzung	
3	Eigenkapital und Rückstellungen	Passivkonten
4	Verbindlichkeiten und passive Rechnungsabgrenzung	
5	Erträge	Erfolgskonten
6	Betriebliche Aufwendungen	
7	Weitere Aufwendungen	
8	Ergebnisrechnung	Abschlusskonten
9	Frei für Kostenrechnung	

Abb. 240: Aufbau des Industriekontenrahmens

Die Kontenklassen 0 bis 4 nehmen die Bestandskonten auf. In den Klassen 0 bis 2 werden die aktiven Bestandskonten, in den Klassen 3 und 4 die passiven Bestandskonten geführt. Die Klassen 5 bis 7 sind für die Ertrags- und Aufwandskonten (Erfolgskonten) reserviert. Der Kontenabschluss erfolgt in Klasse 8. Für die Kostenrechnung wird die Klasse 9 frei gehalten. Die Betriebsbuchhaltung wird somit unabhängig von der Finanzbuchhaltung in einem gesonderten Rechnungskreis durchgeführt. Damit entfällt eine Abgrenzung der unterschiedlichen Erfolgskomponenten: Der Aufwand der Finanzbuchhaltung muss nicht an die Kosten der Betriebsbuchhaltung (Kostenrechnung) angepasst werden. Damit ist der Industriekontenrahmen einfacher zu handhaben als der Gemeinschaftskontenrahmen.

Greift man auf das obige Beispiel zur Verbuchung von Lagerbestandsänderungen zurück, sind die nicht abgesetzten Fertigerzeugnisse im Rahmen der aktiven Bestandskonten aufzunehmen. Die Bilanzierung erfolgt im Umlaufvermögen. Die Fertigerzeugnisse gehören wie die Bestände der Roh-, Hilfs- und Betriebsstoffe in die Kontenklasse 2. Die Aufwendungen werden nach dem Kontenrahmen in der Klasse 6 ("Aufwendungen für Rohstoffe") verbucht. Die Bestandsänderung fertiger Erzeugnisse stellt beim Gesamtkostenverfahren einen Ertrag dar, welcher – wie die Umsatzerlöse – in die Kontenklasse 5 gehört.

Buchungssätze:				
1)	Aufwendungen für Rohstoffe 600/200	an	Rohstoffe	10.000,- 10.000,-
2)	Löhne 62/280	an	Bank	5.000,- 5.000,-
3)	Aufwendungen für Rechts- nutzung 67/280	an	Bank	3.000,- 3.000,-
4)	Bank 280/50	an	Umsatzerlöse	15.000,- 15.000,-
5)	Fertige Erzeugnisse 22/522	an	Bestandsänderung fE	7.200,- 7.200,-
6)	GuV-Konto 18.000,-	an an an	Aufwendungen für Rohstoffe Löhne Aufwendungen für Rechts- nutzung	10.000,- 5.000,- 3.000,-
	802/600, 62, 67		18.000,- / 10.000,-, 5.000,-, 3.000,-	
7)	Umsatzerlöse 15.000,- Bestandsänderung fE 7.200,- 50, 522/802	an	GuV-Konto 22.200,- 15.000,-, 7.200,- / 22.200,-	

Abb. 241: Buchungssätze nach IKR (Kontonummern im Anhang)

Das nach dem IKR erstellte GuV-Konto (Kontonummer 802) weist insgesamt denselben Gewinn aus wie das GuV-Konto nach dem GKR (Kontonummer 919). Beim IKR werden jedoch Finanz- und Betriebsbuchhaltung streng getrennt. Daher wird der Gesamtgewinn beim IKR gleichzeitig in **einem** Schritt im GuV-Konto ermittelt und nicht - wie beim GKR – nacheinander in zwei Schritten. Somit gilt:

- Gesamtgewinn beim IKR: Simultane Ermittlung (gleichzeitig).
- Gesamtgewinn nach GKR: Sukzessive Ermittlung (nacheinander).

3. Konventionelle Buchhaltung

Die konventionelle Buchhaltung wird überwiegend **manuell** durchgeführt. Zunächst werden die Belege gesammelt und vorkontiert. Anschließend werden die Geschäftsvor- fälle von Hand in die entsprechenden Bücher eingetragen. Dabei entsteht eine zeitliche

Lücke, da Eintragungen im Grundbuch prinzipiell täglich, im Hauptbuch dagegen meist monatlich vorgenommen werden. Der zeitliche Unterschied beim Übertragen der Geschäftsvorfälle vom Grundbuch in das Hauptbuch ist ein wesentlicher Nachteil dieser Buchhaltungsform, die auch als **Übertragungsbuchhaltung** bezeichnet wird. Erfahrungsgemäß entsteht dabei eine große Zahl von Übertragungsfehlern. Die Praxis hat deshalb Buchhaltungsformen entwickelt, die solche Fehler ausschließen sollen.

Das Merkmal der **Durchschreibebuchhaltung** besteht darin, dass ein Sachverhalt gleichzeitig in verschiedene Bücher eingetragen wird. Damit die Geschäftsvorfälle im Grundbuch und auf den Sachkonten des Hauptbuches richtig eingetragen werden können, ist eine geschickte Kontenanordnung erforderlich. Ein **Sachkontenblatt** wird so über das Grundbuchblatt gelegt, dass mit der Eintragung im Sachkonto gleichzeitig eine Grundbucheintragung erfolgt. Alle Kontenblätter zusammen ergeben das Hauptbuch. Es handelt sich um eine **Lose-Blatt-Buchhaltung**, da kein fest gebundenes Buch verwendet wird. Die Sachkontenblätter sind in Ordnern abzuheften, damit sie nicht verloren gehen.

> Durchschreibebuchhaltung: Lose-Blatt-Buchhaltung ohne feste Seitenbindung

Am Jahresende müssen die Endbestände der Konten bzw. die Kontensalden ermittelt werden. Danach ist die Hauptabschlussübersicht zu erstellen, wobei auch die Abschlussbuchungen (z.B. Abschreibungen auf Sachanlagen) vorzunehmen sind. Aus den letzten beiden Spalten der Abschlussübersicht ergeben sich die Bilanz und GuV-Rechnung.

Die Durchschreibebuchhaltung hat zwar den **Vorteil**, dass die Fehlerrate beim Übergang vom Grundbuch ins Hauptbuch minimiert wird. Die Nachteile der konventionellen Buchhaltung bleiben jedoch erhalten und lassen sich wie folgt zusammenfassen:

- **Unhandlichkeit**: Die Sachkontenblätter müssen aus den einzelnen Ordnern herausgenommen und sorgfältig über dem Grundbuchblatt positioniert werden.
- **Fehlerwahrscheinlichkeit**: Es besteht die Gefahr von Rechenfehlern beim Kontenabschluss. Je mehr Eintragungen in den Konten vorzunehmen sind, umso größer ist die Wahrscheinlichkeit von Fehlkalkulationen.
- **Langsamkeit**: Die konventionelle Buchhaltung ist durch manuelle Eintragungen und Rechenvorgänge arbeitsintensiv und daher langsam.

4. EDV-gestützte Buchhaltung

4.1 Grundlagen

Die EDV ist ein Hilfsmittel zur Erfüllung von Buchhaltungsaufgaben. Für die EDV-gestützte Buchhaltung müssen zwei Komponenten vorhanden sein. Erstens muss ein Personal Computer (PC) existieren (**Hardware**). Hierzu zählen im weiteren Sinne Dateneingabe-, Datenverarbeitungs- und Datenausgabegeräte. Die Dateneingabe kann z.b. über eine Tastatur erfolgen, die Datenausgabe über einen Drucker (z.b. Laserdrucker) oder einen Bildschirm. Die Datenverarbeitung findet im Kern des PCs, der Zentraleinheit, statt. Außerdem verfügt ein PC über verschiedene Speichermöglichkeiten (z.b. Festplatte).

Zweitens wird ein Buchhaltungsprogramm benötigt, welches die Befehle für die eigentliche Datenverarbeitung enthält (**Software**). Das Buchhaltungsprogramm muss auf das Betriebssystem des Computers ausgerichtet sein, wobei die meisten Programme heutzutage auf Windows basieren. Die Programme können genau auf die Bedürfnisse eines bestimmten Betriebs zugeschnitten werden (**Individualsoftware**).

Üblicherweise werden jedoch in kleinen und mittelgroßen Betrieben die verwendeten Programme aus Kostengründen nicht selbst erstellt. Es wird auf handelsübliche **Standardsoftware** zurückgegriffen, deren Funktionen für eine ordnungsmäßige Durchführung der Buchhaltung ausreichen. Nachfolgend wird die allgemeine Funktionsweise derartiger Programme beschrieben, um dem Leser einen schnellen Zugang zur EDV-gestützten Buchhaltung zu ermöglichen.

Die EDV kann in unterschiedlichem Maße für Buchhaltungszwecke genutzt werden. Im Folgenden wird zwischen einer Basisfunktion und zwei Ergänzungsfunktionen unterschieden. Da jeder Kaufmann einen Jahresabschluss, bestehend aus Bilanz und GuV-Rechnung aufstellen muss, ist zumindest die Ergänzungsfunktion 1 sinnvoll. Dagegen kann auf die Ergänzungsfunktion 2 bei Kleinbetrieben verzichtet werden. Die folgende Abbildung gibt die Inhalte der einzelnen Funktionen wieder, wobei grundsätzlich gilt:

> Von der Basisfunktion zu den Ergänzungsfunktionen steigt der Funktionsumfang

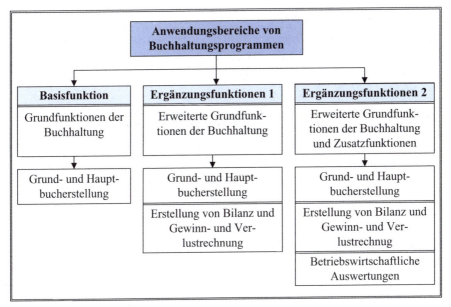

Abb. 242: Anwendungsbereiche von Buchhaltungsprogrammen

4.2 Basisfunktion (Grund- und Hauptbucherstellung)

4.2.1 Eingabe von Stammdaten

Die Basisfunktion der Grund- und Hauptbucherstellung kann anhand eines einfachen EDV-Programms durchgeführt werden. Im Folgenden wird auf technische Ausführungen weitgehend verzichtet, da das vorliegende Lehrbuch die Vermittlung von Buchhaltungs-kenntnissen in manueller und EDV-gestützter Form zum Gegenstand hat.

Üblicherweise erscheint nach dem Aufruf des Buchhaltungsprogramms ein **Hauptmenü**, welches die verschiedenen Funktionen anzeigt, die mit dem Programm ausgeführt werden können. Zur Durchführung der Basisfunktion sind auf dieser Ebene z.B. Wahlmöglich-keiten hinsichtlich der Bereiche "Konten" und "Buchungen" relevant. Sollen auch die Ergänzungsfunktionen 1 bzw. 2 durchgeführt werden, können z.B. noch die Funktionen "Abschlusserstellung" bzw. "Betriebswirtschaftliche Auswertungen" von Bedeutung sein. Daneben sind bei allen Anwendungsprogrammen zusätzlich noch technische Funktionen wie z.B. die Sicherungsfunktion hilfreich. Wird eine der Hauptfunktionen ausgewählt, erscheint ein **Untermenü**, welches weitere Spezialfunktionen aufführt. Durch diesen hierarchischen Aufbau wird die Übersichtlichkeit gewährleistet, da nicht alle möglichen Funktionen gleichzeitig auf dem Bildschirm erscheinen.

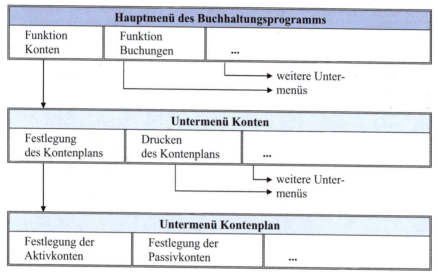

Abb. 243: Hierarchischer Aufbau von Buchhaltungsprogrammen

Im Untermenü "Konten" können weitere Funktionen, wie z.B. die Festlegung des Kontenplanes, ausgewählt werden. Die für das Unternehmen bedeutenden Konten sind **Stammdaten**, die in einer gesonderten Datei, der **Stammdatei**, gespeichert werden.

Stammdaten: Langfristig unveränderliche Daten

Stammdaten sind alle für das Unternehmen relevanten Konten, wie z.B. die speziellen Wareneinkaufskonten oder Forderungskonten gegenüber den Stammkunden. Existieren bei einem Unternehmen beispielsweise zehn größere Stammkunden, wird üblicherweise für jeden einzelnen Kunden ein spezielles Forderungskonto eingerichtet.

Zu den Stammdaten zählen auch die Umsatzsteuersätze. Diese werden meist in Form von **Umsatzsteuerschlüsseln** eingegeben. Wären im einfachsten Fall nur die allgemeinen Steuersätze (Regelsteuersätze) in Höhe von derzeit 19% relevant, dann könnte dem Konto "Vorsteuer" z.B. der Umsatzsteuerschlüssel 1 und dem Konto "Berechnete Umsatzsteuer" der Umsatzsteuerschlüssel 2 zugeordnet werden.

Soll bei steuerbefreiten Umsätzen keine Steuer berechnet werden, dann könnte z.B. der Umsatzsteuerschlüssel 0 relevant sein. Bei der Vornahme von Buchungen wird dann vom Programm meist nur die Eingabe des Umsatzsteuerschlüssels verlangt. Bestimmten Konten bzw. Kontenseiten können dauerhaft bestimmte Umsatzsteuerschlüssel zugeordnet werden, so dass die Umsatzsteuer aus einem eingegebenen Bruttobetrag automatisch richtig berechnet und gebucht wird.

Neben den Stammdaten existieren **Bewegungsdaten**, für die Folgendes gilt:

Bewegungsdaten: Kurzfristig veränderliche Daten

Jede einzelne Buchung gehört zu den Bewegungsdaten, da sich die Buchungen regelmäßig hinsichtlich der angesprochenen Konten bzw. Beträge voneinander unterscheiden. Die Bewegungsdaten werden in speziellen **Bewegungsdateien** gespeichert.

4.2.2 Eingabe von Bewegungsdaten

Die Eingabe von Buchhaltungsdaten erfolgt meist unter Verwendung einer speziellen Bildschirmdarstellung, die als **Bildschirmmaske** bezeichnet wird. Der grundsätzliche Aufbau dieser Maske bleibt unverändert. Gibt man die Bewegungsdaten des Geschäftsvorfalls "Rohstoffeinkauf auf Ziel 5.000 + 19% USt" (nummerischer Buchungssatz nach dem Industriekontenrahmen: 200, 260/44 5.000,-, 950,-/5.950,-) in den Computer ein, so könnten am PC nacheinander die folgenden Bildschirmmasken erscheinen:

Sollbuchung	
Konto: 200	Kontenbezeichnung: Rohstoffe
Betrag: 5.950	
Umsatzsteuerschlüssel: 1	
Weitere Buchungen im Soll: ja/<u>nein</u>	
Enter: Nächste Buchung Esc: Zurück zum Hauptmenü ...	

Abb. 244: Eingabe einer Sollbuchung am PC

Habenbuchung	
Konto: 44	Kontenbezeichnung: Lieferantenverb.
Betrag: 5.950	
Umsatzsteuerschlüssel: 0	
Weitere Buchungen im Soll: ja/<u>nein</u>	
Enter: Nächste Buchung Esc: Zurück zum Hauptmenü ...	

Abb. 245: Eingabe einer Habenbuchung am PC

Buchungstext: Eingangsrechnung vom 24.05.01
Beleg-Nr.: 52
Belegdatum: 24.05.01
Enter: Nächste Buchung   Esc: Zurück zum Hauptmenü ...

Abb. 246: Eingabe des Buchungstextes am PC

Zunächst werden die Buchungen im Soll, anschließend im Haben eingegeben. Zuletzt erfolgt die Eingabe des Buchungstextes. Die zu buchenden Konten werden in Buchhaltungsprogrammen meist durch die Eingabe von Kontonummern aufgerufen. Die Umsatzsteuer wird durch die Eingabe der entsprechenden Umsatzsteuerschlüssel (z.B. Steuerschlüssel 1 für die Buchung des Kontos "Vorsteuer") berücksichtigt. Die meisten Kontennummern kennt der Buchhalter auswendig; die Nummern selten gebuchter Konten lassen sich dem Kontenplan entnehmen, der als Stammdatei gespeichert wird. Die Kontenbezeichnungen werden in speziellen Bildschirmfenstern angezeigt. Hierdurch besteht eine Kontrollmöglichkeit hinsichtlich der eingegebenen Kontennummern.

Die Abfrage nach weiteren Buchungen im Soll oder Haben ist für zusammengesetzte Buchungssätze notwendig. Wird im Soll nur ein Konto und werden im Haben mindestens zwei Konten angesprochen, reicht bei vielen Buchhaltungsprogrammen die Eingabe der Beträge auf der Habenseite aus. Der Computer errechnet den Sollwert dann automatisch.

Bestimmten Konten lassen sich eindeutig die zugehörigen Umsatzsteuerkonten ("Vorsteuer" bzw. "Berechnete Umsatzsteuer") zuordnen. Dann sind die Buchungsbeträge brutto einzugeben und das Programm berechnet und bucht die Umsatzsteuer automatisch richtig (**Automatikkonto**). In der obigen Abbildung wurde das Konto "Rohstoffe" im Soll gebucht, so dass es sich nur um einen Beschaffungsvorgang handeln kann. Die Umsatzsteuer lässt sich automatisch berechnen und wird programmgesteuert dem Konto "Vorsteuer" (Kontonummer 260 nach IKR) zugeordnet.

Konten, die typischerweise nur im Haben gebucht werden (relevantes Umsatzsteuerkonto: "Berechnete Umsatzsteuer") sind im Handelsbetrieb das Warenverkaufskonto und im Industriebetrieb das Konto "Umsatzerlöse". Kann nicht von vornherein bestimmt werden, auf welchem Umsatzsteuerkonto zu buchen ist, muss eine manuelle Eingabe des jeweiligen Umsatzsteuerschlüssels erfolgen. Eine automatische Festlegung ist in diesem Fall unzweckmäßig. Wird z.B. das Konto "Maschinelle Anlagen" im Haben gebucht, kann es sich bei diesem Abgang beispielsweise um einen umsatzsteuerpflichtigen Veräußerungsvorgang (mit zusätzlicher Buchung auf dem Konto "Berechnete Umsatzsteuer") oder um die Verbuchung der planmäßigen Abschreibungen handeln, bei der keine Umsatzsteuer relevant ist.

Ist der Buchungssatz vollständig eingegeben, wird durch das Drücken der Eingabetaste die Buchung bestätigt. Die Buchung ist jetzt erfasst. Gleichzeitig erscheint wieder die Buchhaltungsmaske auf dem Bildschirm, so dass die Daten für die nächste Buchung eingegeben werden können. Die Eingabe erfolgt solange, bis der Rücksprung zum Hauptmenü vorgenommen wird.

Mit der Eingabe der Buchhaltungsdaten in den PC erfolgt zunächst eine Zwischen-speicherung in einer Zwischendatei im Computer. Erst mit dem Rücksprung ins Haupt-menü des Buchhaltungsprogramms erfolgt die endgültige Speicherung der Datensätze. Bis zu diesem Zeitpunkt besteht jederzeit die Möglichkeit zur Änderung der eingegebenen Buchungssätze. Nach der Speicherung der Buchungssätze sind ebenfalls noch nach-trägliche Änderungen möglich, indem die jeweilige Datei nochmals aufgerufen wird. Hierbei tritt das Problem der **Datensicherung** auf, welches unter dem Aspekt der Doku-mentationsfunktion der Finanzbuchhaltung eine besondere Bedeutung gewinnt.

Die einmal im Computer gespeicherten Daten können für verschiedene Zwecke ausge-wertet werden. Hierbei können folgende Auswertungen unterschieden werden:

> Zeitlich: Grundbuchfunktion – Sachlich: Hauptbuchfunktion

Die zeitliche Auflistung und der entsprechende Ausdruck der Buchungssätze führt zur Grundbuchfunktion. Unter sachlichem Aspekt kann ein Ausdruck der Sachkonten er-folgen, woraus sich die Hauptbuchfunktion ergibt. Die meisten handelsüblichen Buch-haltungsprogramme verfügen jedoch über weitere Funktionen, die in den Gliederungs-punkten 4.3 und 4.4 behandelt werden.

4.2.3 Datensicherung

Der Vorteil der EDV-gestützten Buchhaltung ist darin zu sehen, dass alle Buchhaltungs-daten richtig verarbeitet werden, wenn eine richtige Eingabe der Daten anhand der Belege erfolgte. Im Gegensatz zur konventionellen Buchhaltung gilt:

> EDV-gestützte Buchhaltung vermeidet Übertragungsfehler

Zusätzlich sind die meisten Buchhaltungsprogramme so aufgebaut, dass offensichtliche Fehlbuchungen von vornherein nicht verarbeitet werden. Durch **programmgesteuerte Erfassungskontrollen** werden z.B. Buchungen, bei denen die Beträge auf der Soll- und

Habenseite nicht übereinstimmen, von den Programmen nicht akzeptiert. Allerdings werden formal richtige Buchungen, die jedoch die falschen Konten betreffen, vom Programm regelmäßig nicht beanstandet.

Die EDV-gestützte Buchhaltung gewährleistet insoweit die Dokumentationsfunktion in höherem Maße als die manuelle Buchhaltung. Aber es besteht die Gefahr von nachträglichen Änderungen und Buchhaltungsmanipulationen. Während spätere Eingriffe in die manuelle Buchhaltung durch die erfolgten Streichungen in den Büchern sofort sichtbar werden, können bei der EDV-Buchhaltung nachträgliche Änderungen nicht sofort erkannt werden. Für die Ordnungsmäßigkeit der EDV-gestützten Buchhaltung sind daher **Grundsätze ordnungsmäßiger Datenverarbeitung** (GoDV) entwickelt worden, für die gilt:

GoDV sind spezielle Grundsätze ordnungsmäßiger Buchführung

Die GoDV enthalten nur Mindestanforderungen, die an die EDV-Buchhaltung zu stellen sind. Im HGB sind keine speziellen Vorschriften für Buchhaltungsprogramme festgelegt worden, sofern die Software die korrekte Verbuchung der Geschäftsvorfälle gewährleistet und die GoDV erfüllt. Im Steuerrecht hat die Finanzverwaltung "Grundsätze ordnungsmäßiger DV-gestützter Buchführungssysteme" entwickelt, die den GoDV entsprechen.

Für die ordnungsgemäße Aufbewahrung der Buchhaltungsdaten verlangen die GoDV z.B. die Verwendung geeigneter Datenträger und die Anfertigung von Sicherungskopien. Zum Schutz gegen Datenmissbrauch können verschiedene Sicherungsinstrumente verwendet werden. Als EDV-interne Sicherungsmaßnahmen sind möglich:

- Löschschutz,
- Systemgesteuerte Änderungsprotokolle.

Der **Löschschutz** verhindert das Löschen bereits gebuchter Geschäftsvorfälle, während **systemgesteuerte Änderungsprotokolle** die Löschung transparent machen. Wird z.B. im Monat März eine Buchung des Monats Februar nachträglich verändert, kann diese Veränderung technisch festgestellt werden. Dadurch lassen sich zwar Datenmanipulationen nicht vermeiden, sie können aber zumindest erkannt werden. Bei mehreren PC-Arbeitsplätzen lässt sich möglicherweise auch feststellen, von welchem Gerät die Veränderung vorgenommen wurde, so dass der potenzielle Verursacher herausgefunden wird. Neben diesen EDV-internen Sicherungsmaßnahmen besteht die Möglichkeit, Sicherungssysteme an der Schnittstelle zwischen EDV und Nutzer einzubauen (EDV-externe Sicherungs-maßnahmen). Hierbei ist die Vergabe von **Passwörtern** zweckmäßig. Nur bei richtiger Eingabe des Passwortes wird der Nutzer ins Programm gelassen. Unbefugte werden abge-wiesen. Es ist wichtig, dass das Passwort in regelmäßigen Abständen geändert wird, um die Aufdeckungswahrscheinlichkeit zu verringern.

Zusätzlicher Datenschutz wird erreicht, indem Buchungen erst verarbeitet werden, wenn sie von einer weiteren Person bestätigt werden. Diese Schutzfunktion ist dem **internen Kontrollsystem** zuzurechnen. Hierdurch kann die Sicherheit der Buchhaltungsdaten erhöht werden. Ein vollständiger Schutz ist aber auch in diesem Fall nicht möglich. EDV-Experten werden wohl immer in der Lage sein, bestehende Sicherungsmaßnahmen zu überwinden. Kaum sind neue Sicherungssysteme von den Datenschützern fertig gestellt worden, beginnen so genannte "Hacker" mit ihrer Überwindung.

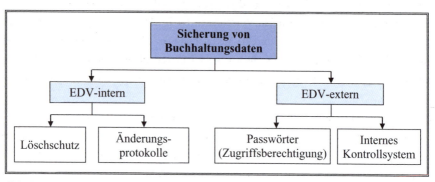

Abb. 247: Sicherung von Buchhaltungsdaten

4.3   Ergänzungsfunktion 1 (Bilanz- und GuV-Erstellung)

Mit Buchhaltungsprogrammen lassen sich nicht nur die laufenden Geschäftsvorfälle effizient verbuchen, sondern zusätzlich die vorbereitenden Abschlussbuchungen zur Er-stellung von Bilanz und GuV-Rechnung durchführen. Bei manueller Aufstellung des Jahresabschlusses ist zu diesem Zweck eine (schon bei wenigen Konten) unhandliche

Hauptabschlussübersicht anzufertigen. Dabei besteht die Gefahr von Fehleintragungen und insbesondere von Rechenfehlern, die zu einer fehlerhaften Abschlusserstellung führen. Diese Fehlerquellen werden bei EDV-gestützter Jahresabschlusserstellung fast vollständig beseitigt.

Wird im Hauptmenü die Funktion "Abschlusserstellung" gewählt, kann im zugehörigen Untermenü meist weiter unter den folgenden Funktionen gewählt werden: Erstellung von Summen- und Saldenbilanz, Durchführung von Umbuchungen, Ausgabe der Schlussbilanz und Ausgabe der GuV-Rechnung. Das Buchhaltungsprogramm stellt die entsprechenden Optionen bereit.

Die Durchführung von **Umbuchungen** kann teilweise automatisiert erfolgen. Bei der Anschaffung längerfristig nutzbarer Vermögensgegenstände ist ein Abschreibungsplan festzulegen, durch den die planmäßigen Abschreibungen eindeutig bestimmt werden. Die erforderlichen Informationen werden als Stammdaten bei der Beschaffung gespeichert. Erfolgt im Laufe des Geschäftsjahres ein Zugang auf dem Konto "Maschinen", sind unter anderem die Nutzungsdauer und die Abschreibungsmethode festzulegen.

Ergeben sich am Jahresende keine Besonderheiten (z.B. außerplanmäßige Abschreibungen infolge unvorhersehbarer Wertminderungen), wird die Verbuchung der Abschreibungsbeträge gemäß den Programmdaten selbstständig durchgeführt. Das Programm kann auch so aufgebaut sein, dass eine Abfrage nach eventuellen außerplanmäßigen Abschreibungen erfolgt. Andere Umbuchungen wie z.B. der Privatentnahmen können aufgrund der unterschiedlichen Beträge nur einzelfallorientiert erfolgen.

In größeren Handelsbetrieben werden für einzelne Warengattungen meist separate Warenkonten geführt. Die Salden dieser Konten sollen nicht differenziert in der Bilanz erscheinen, da diese sonst unübersichtlich wird. Der Bilanzleser interessiert sich nicht für den wertmäßigen Bestand einzelner Warenartikel, sondern für den Wert des gesamten Warenbestandes. Daher werden vor der Erstellung der Bilanz und GuV-Rechnung entsprechende **Kontenverdichtungen** (Kontensaldierungen) durchgeführt.

Wählt man z.B. die Programmfunktion "Kontensaldierung", kann eine Eingabe erfolgen, welche Konten zusammengefasst werden sollen. Teilweise kann eine derartige Saldierung auch automatisch erfolgen. Voraussetzung ist, dass im Programm vorab die entsprechenden Befehle als Stammdaten gespeichert wurden. Eine Anweisung könnte z.b. darin bestehen, die Forderungskonten gegenüber den einzelnen Kunden zum Posten "Forderungen aus Lieferungen und Leistungen" zusammenzufassen. Die in der Buchhaltung getrennten Forderungen gegenüber Müller (15.000 €), Meier (23.000 €) und Schulze (17.000 €) erscheinen dann in der Bilanz als "Forderungen aus Lieferungen und Leistungen 55.000 €".

Der Aufbau der Bilanz und GuV-Rechnung wird grundsätzlich vom Programm vorgegeben und orientiert sich an den gesetzlichen Gliederungsvorschriften (§ 266 HGB sowie § 275 HGB). Diese Ausweisvorschriften sehen zum Teil Wahlrechte vor: Einzelne Posten können z.B. mehr oder weniger aufgeschlüsselt in der Bilanz erscheinen. Für das betreffende Unternehmen wird die gewünschte Ausweisform grundlegend definiert und als Stammdatei gespeichert, da sie längerfristigen Bestand hat (**Stammdaten**).

4.4   Ergänzungsfunktion 2 (Betriebswirtschaftliche Auswertungen)

Die EDV-Buchhaltung verarbeitet grundsätzlich dieselben Daten wie eine manuelle Buchhaltung. Sie weist insoweit keine Vorteile auf. Die Stärke der EDV-gestützten Buchhaltung besteht darin, dass sie die verfügbaren Daten schneller, in kürzeren Zeitabständen und in anderer Zusammenstellung auswerten kann. Dadurch wird die **Informationsfunktion** der Finanzbuchhaltung, insbesondere die **Selbstinformation**, in höherem Maße gewährleistet als durch die manuelle Buchhaltung. Die betriebswirtschaftlichen Auswertungen können sich auf folgende Bereiche beziehen:

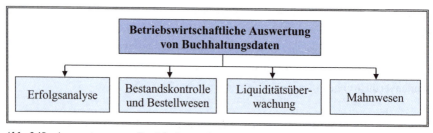

Abb. 248: Auswertung von Buchhaltungsdaten

Im Rahmen der **Erfolgsanalyse** lassen sich mit Hilfe der EDV unterjährige Abschlüsse erstellen. Es können monatliche, wöchentliche oder im Extremfall sogar tägliche Erfolgsermittlungen vorgenommen werden. Hierbei sind die Aufwendungen und Erträge des betreffenden Zeitraums gegenüberzustellen. Im Handelsbetrieb ist die Differenz der Warenverkäufe und Wareneinsätze, im Industriebetrieb die Differenz der Umsatzerlöse und zugehörigen Werkstoffaufwendungen von grundlegender Bedeutung für den Erfolg. Die folgenden Ausführungen beschränken sich exemplarisch auf den Handelsbetrieb.

Werden die Warenverkäufe und Wareneinsätze **produktorientiert** (kostenträgerorientiert) für einzelne Warengruppen gegenübergestellt, kann der Unternehmer die jeweiligen Rohgewinne ermitteln. Hierdurch wird eine optimale Zusammensetzung des Sortiments ermöglicht. Werden die Aufwendungen und Erträge **abteilungsorientiert** erfasst, kann die Erfolgsentwicklung auch kostenstellenbezogen analysiert werden. Eine Steuerung des Unternehmens wird somit unter zwei Aspekten (Produkt- und Abteilungssicht) möglich.

Beispiel: Unternehmer Müller betreibt ein Fahrradgeschäft. Für die Produktgruppe "Herrenräder" ergeben sich die folgenden Daten (Preise ohne Umsatzsteuer):

Artikel	Mountain-Bikes	All-Terrain-Bikes	Rennräder
Verkaufspreis je Stück	1.000 €	950 €	1.500 €
Einstandspreis je Stück	600 €	600 €	1.000 €
Rohgewinn je Stück	400 €	350 €	500 €
Absatzmenge pro Monat	30 Stück	20 Stück	10 Stück

Abb. 249: Beispiel zur Erfolgsanalyse

Die Warengruppe "Mountain-Bikes" erwirtschaftet einen Rohgewinn von 12.000 € je Monat (400 €/Stück x 30 Stück). Für die übrigen Warengruppen gelten Werte von 7.000 € bzw. 5.000 €. Damit trägt die Warengruppe "Mountain-Bikes" am stärksten zum unternehmerischen Gewinn bei und sollte weiter gefördert werden (z.B. durch Werbemaßnahmen).

Für eine produktbezogene Erfolgsanalyse ist eine arbeitsintensive Erfassung aller Verkaufsvorgänge notwendig. Durch den Einsatz von **Scanner-Kassen** lässt sich dieser

Nachteil weitgehend vermeiden. Derartige Kassen erkennen an Hand des **EAN-Strich-codes**, der auf den Waren angebracht ist, die betreffende Warenart. Die Europäische Artikel-Nummerierung (EAN) besteht aus einer 13-stelligen Zahl, die in maschinell lesbarer Form durch einen Strichcode auf den einzelnen Waren angebracht ist. Beim Verkauf werden die Mengen und Preise der einzelnen Waren vom Scanner erfasst und automatisierte Buchungen auf den einzelnen Warenkonten vorgenommen.

Durch die fortlaufende Erfassung der Warenabgänge im PC besteht auch die Möglichkeit einer EDV-gestützten **Bestandskontrolle**. Dabei werden vorab für bestimmte Waren einzelne **Meldewerte** fest vorgegeben. Sinkt der Bestand einer Ware unter den fest-gelegten Meldewert von z.B. zehn Stück, wird dem Unternehmer bei Aufruf der ent-sprechenden Programmfunktion diese Information auf dem Bildschirm angezeigt. Da-durch werden rechtzeitige Bestellungen ermöglicht und Lieferengpässe vermieden. Auch der Bestellungsvorgang lässt sich automatisieren, indem vom Programm bei Erreichen von Mindestwerten automatisch entsprechende Bestellformulare ausgedruckt werden, die der Kaufmann nur noch unterschreiben muss. Noch weiter geht die Automatisierung, wenn eine EDV-orientierte Bestellung per E-Mail an den Lieferanten erfolgt. Somit gilt:

Bestandskontrollen ermöglichen rechtzeitige Bestellungen

Auch die **Liquiditätsüberwachung** kann durch die EDV-gestützte Buchhaltung ver-bessert werden. Der Unternehmer muss jederzeit in der Lage sein, seine fälligen Zahlungs-verpflichtungen zu erfüllen (Einhaltung der **Liquidität**). Allerdings führen nicht alle Warenverkäufe sofort zu einer Erhöhung der liquiden Mittel. Vielmehr werden Zah-lungsziele vom Unternehmer eingeräumt bzw. müssen erhaltene Schecks dem betrieb-lichen Bankkonto erst gutgeschrieben werden. Diese Vorgänge nehmen Zeit in Anspruch. Es ist daher wichtig, dass drohende Liquiditätsengpässe möglichst frühzeitig erkannt werden, um den Bestand des Unternehmens zu sichern.

Mit Hilfe der EDV-gestützten Buchhaltung können Liquiditätsengpässe zumindest ansatz-weise aufgedeckt werden. Zu diesem Zweck sind bei eigenen Lieferantenverbindlich-keiten die jeweiligen Fälligkeitsdaten für die Zahlungen mit einzugeben. Genauso wird bei Kundenforderungen das jeweilige Zahlungsziel festgehalten. Mit Hilfe des Programms lassen sich dann z.b. die sich hieraus ergebenden täglich fälligen Zahlungen innerhalb der nächsten Wochen ermitteln. Mögliche Liquiditätsengpässe werden transparent gemacht.

Für eine vollständige Liquiditätsüberwachung müsste jedoch ein **Finanzplan** erstellt werden, der sämtliche zukünftigen Ein- und Auszahlungen eines Planungszeitraums (z.b. für einen Monat) enthält und gegenüberstellt. Dabei müssten nicht nur die Warenvorgänge zahlungsmäßig berücksichtigt werden, sondern zusätzlich noch künftige Lohn-, Miet-, Steuerzahlungen, usw. aufgenommen werden.

> **Liquiditätsüberwachung zeigt drohende Liquiditätsengpässe auf**

Eng verbunden mit der Liquiditätskontrolle ist das betriebliche **Mahnwesen**. Überschreitet ein Kunde das gewährte Zahlungsziel um eine bestimmte Zeitspanne, werden automatisch Mahnungen erstellt und ausgedruckt. Vorab ist im Programm als Stammdatei festzulegen, nach wieviel Tagen die erste Mahnung erstellt werden soll.

> **Mahnwesen sichert pünktliche Zahlungseingänge**

Die beschriebenen Auswertungen lassen sich durchführen, wenn das EDV-Programm über entsprechende Möglichkeiten verfügt. In diesem Fall ist im Hauptmenü zunächst die Funktion "Betriebswirtschaftliche Auswertungen" zu wählen. Anschließend kann im Untermenü z.b. die Funktion "Erfolgsanalyse" gewählt werden, mit der sich die beschriebenen Anwendungen durchführen lassen.

Anhand der Beispiele lässt sich erahnen, welche umfassenden Auswertungsmöglichkeiten sich durch die EDV ergeben. Bei manueller Buchhaltung lassen sich diese Daten zwar grundsätzlich auch ermitteln. Durch den höheren Zeit- und Rechenaufwand wird dies in der Praxis kaum durchgeführt. Die Informationsfunktion der Finanzbuchhaltung wird durch die EDV für den Unternehmer bzw. die Geschäftsleitung wesentlich verbessert. Heutzutage ist die Buchhaltung ohne EDV-Unterstützung kaum noch durchzuführen.

4.5.   EDV-gestützte Buchhaltung nach dem DATEV-Modell

4.5.1 Funktionsweise des Buchhaltungsprogramms

Die meisten Klein- und Mittelbetriebe lassen die Buchhaltung beim Steuerberater durchführen, um die Kosten für eine eigene Buchhaltungsabteilung zu vermeiden. Sehr viele Steuerberater sind an die DATEV angeschlossen, dem Datenverarbeitungszentrum der steuerberatenden Berufe mit Sitz in Nürnberg. Bei einer derartigen **Außer-Haus-Buchhaltung** übernimmt der Unternehmer im Regelfall nur die Kontierung der Belege und gibt anschließend alle buchungsrelevanten Unterlagen an seinen Steuerberater weiter. Eine noch weitergehende Arbeitserleichterung ergibt sich für den Unternehmer, wenn er nur die Belege sammelt bzw. bei Bedarf selbst erstellt und alle weiteren Tätigkeiten vom Steuerberater und seinen Mitarbeitern ausführen lässt.

Zur Durchführung der Buchhaltung ist das DATEV-Programm Kanzlei-Rechnungswesen geeignet. Dieses Programm umfasst im Wesentlichen die folgenden Funktionen:

- **Finanzbuchführung**: Durchführung der laufenden Buchführung.
- **Jahresabschlusserstellung**: Erstellung des Jahresabschlusses und falls notwendig, die zur Offenlegung des Jahresabschlusses notwendige Übermittlung von Daten an den Betreiber des elektronischen Bundesanzeigers (www.ebundesanzeiger.de).
- **Elektronische Buchungsdurchführung**: Übernahme von Buchungen, die bereits auf elektronischem Wege erfasst wurden (z.B. bei Bezahlung mit EC-Karte oder Kreditkarten).

Das Programm Kanzlei-Rechnungswesen lässt sich mit weiteren Programmen der DATEV kombinieren. Die Einzelheiten können auf der Homepage der DATEV eingesehen werden (www.datev.de). Auf einige ergänzende Programme wird im nächsten Gliederungspunkt kurz eingegangen.

Die Datenverarbeitung wird im Wesentlichen im Büro des Steuerberaters von seinen Mitarbeitern (z.B. Steuerfachgehilfen) auf PCs durchgeführt. Im Regelfall sind die einzelnen Geräte durch ein Netzwerk miteinander verbunden, so dass ein Rückgriff auf einen zentralen Server möglich ist. Dieser stellt die benötigte Software bereit, auf die von allen Arbeitsplätzen zugegriffen werden kann. Die Buchführung wird unter Anwendung spezieller DATEV-Kontenrahmen vorgenommen, die auf die Bedürfnisse einzelner Branchen (z.B. Groß- und Einzelhandel, Industrie) ausgerichtet sind. Bei der Bearbeitung von Buchungen lassen sich verschiedene Betriebsarten unterscheiden:

- **Dialogbetrieb**: Jeder Buchungssatz wird sofort geprüft und verarbeitet.
- **Stapelbetrieb**: Jeder Buchungssatz wird sofort geprüft, jedoch nicht verarbeitet.
- **Wiederkehrender Buchungsbetrieb**: Regelmäßig wiederkehrende Buchungen werden im Programm hinterlegt und beliebig oft verarbeitet (z.B. monatlich gleichbleibende Mietbuchungen).

Neben der direkten Datenverarbeitung beim Steuerberater selbst, besteht die Möglichkeit, bestimmte Daten im Wege der Datenfernübertragung zur DATEV zu schicken. Hierdurch ergeben sich unter anderem die folgenden Vorteile:

- **Sicherungsbestände**: Treten Probleme an der EDV-Anlage im Steuerbüro auf, kann auf die Sicherungskopien in Nürnberg zurückgegriffen werden.
- **Datenarchivierung**: Für die Buchhaltungsdaten besteht nach § 257 Abs. 4 HGB eine Aufbewahrungsfrist von zehn Jahren. Die Archivierung spart Speicherkapazität auf der Rechenanlage im Steuerbüro.
- **Flexible Auswertungen**: Zeitaufwendige Routinearbeiten können auf die DATEV übertragen werden. Beispiel: Druck von Konten im Rahmen der Hauptbuchfunktion.

4.5.2 Ergänzung durch weitere Programme

Das Programm Kanzlei-Rechnungswesen kann mit anderen Programmen der DATEV kombiniert werden, so dass sich ein integriertes Rechnungswesensystem ergibt. Die folgenden Programmfunktionen sind zweckmäßig:

- **Anlagenwirtschaft**: Kapitalgesellschaften, die eine bestimmte Größe überschreiten, müssen ein **Anlagegitter** aufstellen. Dieses enthält unter anderem die Anschaffungskosten, Zugänge und Abschreibungen von Anlagegegenständen. Werden die entsprechenden Daten in das Programm eingegeben, können die planmäßigen Abschreibungen elektronisch verbucht werden.
- **Steuern**: Am Jahresende kann die **Umsatzsteuer** per EDV überprüft werden. Die monatlichen Umsatzsteuererklärungen müssen durch eine Jahressteuererklärung ergänzt werden. Grundsätzlich muss die Summe aller monatlichen Steuererklärungen mit der

Jahressteuererklärung übereinstimmen. Diese Abstimmung kann per EDV erfolgen. Außerdem kann auch die **Gewerbesteuer** am Computer berechnet werden. Für diese betriebliche Steuer ist am Jahresende eine Rückstellung zu bilden, da nicht sichergestellt ist, ob das Finanzamt die Angaben in der Steuererklärung übernehmen wird. Insoweit ist der Steuerbetrag unsicher. Mit der EDV-Anlage kann die komplizierte Steuerberechnung schnell durchgeführt werden. Die bei Kapitalgesellschaften zu berücksichtigende **Körperschaftsteuer** (nebst Solidaritätszuschlag) kann ebenfalls EDV-orientiert ermittelt werden. Auch für diese Steuer müssen Kapitalgesellschaften im Handelsrecht eine Rückstellung bilden.

Insgesamt lässt sich feststellen, dass mit den verfügbaren Programmen der DATEV eine Vielzahl von Auswertungen möglich sind. Zu berücksichtigen ist jedoch wieder, dass jede Auswertung nur so gut sein kann wie es die verfügbaren Daten und deren Erfassung sind. Werden Daten nur pauschal erfasst (z.b. der Wareneinsatz und Warenumsatz insgesamt), können keine Teilmengen (z.b. Erfolge einzelner Warengruppen) analysiert werden.

4.6   Vergleich von manueller und EDV-gestützter Buchhaltung

Je mehr Aufgaben im Bereich der Finanzbuchhaltung der EDV zugeordnet werden, desto stärker entfernt sich die EDV-gestützte Buchhaltung von der konventionellen manuellen Buchhaltung. Werden mit der EDV nur das Grund- und Hauptbuch erstellt, dann sind von Hand noch viele weitere Buchungen vorzunehmen (z.B. die Abschlussbuchungen). Insofern besteht noch eine große Nähe zur manuellen Buchhaltung.

Der Abstand vergrößert sich, wenn der gesamte Jahresabschluss mit der EDV erstellt wird bzw. gleichzeitig betriebswirtschaftliche Auswertungen vorgenommen werden. Dann werden die Buchhaltungszusammenhänge nicht mehr unmittelbar deutlich. Das Buchhaltungsprogramm verlangt vom Buchhalter die Eingabe bestimmter Daten (z.B. die Bestätigung eines Abschreibungsbetrages), die anschließend automatisch richtig verbucht werden (Abgang auf dem Konto "Maschinelle Anlagen", Aufwand auf dem Abschreibungskonto).

Viele Vorgänge werden intern im Computer ausgeführt, ohne dass der Buchhalter davon Kenntnis nimmt. Das gilt insbesondere dann, wenn sogar die Erfassung von Geschäftsvorfällen automatisch abläuft, wie z.b. bei **integrierten Warenwirtschaftssystemen**. Hierbei werden in Handelsbetrieben Warenverkäufe automatisch erfasst, wobei in der Praxis meist Scanner-Kassen eingesetzt werden. Dabei wird ohne manuelle Eingriffe eine entsprechende Buchung auf den jeweiligen Warenkonten ausgeführt.

Im gesamten Buchungsablauf ergeben sich beim Einsatz der EDV wesentliche Veränderungen. Nur wenige Bereiche der Buchhaltung bleiben unberührt. Stellt man den konventionellen und den EDV-gestützten Buchungsablauf gegenüber, treten die einzelnen Unterschiede deutlich zutage. In der nachfolgenden Übersicht werden eine manuelle Dateneingabe in den Computer und ein Buchhaltungsprogramm unterstellt, welches mindestens die beschriebene Ergänzungsfunktion 1 durchführen kann.

Tätigkeiten	Konventionelle Buchhaltung	EDV-gestützte Buchhaltung
Datenerfassung	Belege sammeln Belege vorkontieren	Belege sammeln Belege vorkontieren Manuelle Eingabe von Daten
Datenverarbeitung	Manuelle Grund- und Hauptbuch- eintragungen	Automatische Erstellung von Grund- und Hauptbuch
	Manuelle Ermittlung von Kontensalden	Automatische Ermittlung von Kontensalden
	Manuelle Erstellung der Abschlussübersicht	Automatische Erstellung der Abschlussübersicht
	Manuelle Erstellung des Jahresabschlusses	Automatische Erstellung des Jahresabschlusses
Datenspeicherung	Aufbewahrung von Belegen Aufbewahrung von Büchern	Aufbewahrung von Belegen Speicherung der Daten

Abb. 250: Vergleich von konventioneller und EDV-gestützter Buchhaltung

Im Bereich der Datenerfassung ergibt sich bei der EDV-gestützten Buchhaltung nur durch die Dateneingabe in die EDV-Anlage ein Unterschied im Vergleich zur konventionellen Buchhaltung. Diese Funktion fällt zusätzlich an. Die Datenverarbeitung verläuft bei der

EDV-Buchhaltung im Vergleich zur konventionellen Buchhaltung vollkommen automatisch. Unterschiede bei der **Datenspeicherung** ergeben sich durch die spezielle Form, in der die Daten in der EDV-Anlage verarbeitet werden; sie sind auf speziellen Datenträgern (Festplatten, CD-ROMs oder DVDs) zu speichern.

Zusammenfassend lässt sich feststellen, dass die Unterschiede zwischen manueller und EDV-gestützter Buchhaltung im Bereich der Datenverarbeitung und Datenspeicherung zu finden sind. Bei einer vorgegebenen Datenmenge (z.b. in Form von Belegen einer bestimmten Abrechnungsperiode) können mit der EDV-gestützten Buchhaltung grundsätzlich **nicht** mehr Informationen gewonnen werden als bei Anwendung der manuellen Buchhaltung. Allerdings stehen die Informationen schneller und mit geringerer Fehlerwahrscheinlichkeit zur Verfügung.

- AUFGABEN -

Aufgaben zum ersten Kapitel

Aufgabe 1 (Teilbereiche des Rechnungswesens)

Tragen Sie die Teilbereiche des Rechnungswesens in das unten angegebene Schema ein.

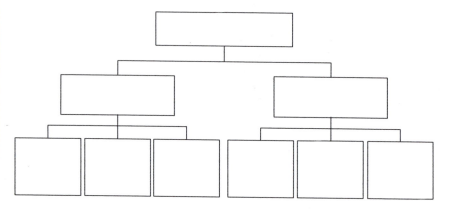

Aufgabe 2 (Informationsfunktion)

Student Maximilian Meier bekommt als Weihnachtsgeschenk 50.000 € von seinen Eltern. Denselben Betrag nimmt er als Kredit bei der Finanz-Bank auf (Laufzeit: Fünf Jahre, Zinssatz: 10%). Am 1.1.02 eröffnet Maximilian Meier einen Kiosk nahe der Hochschule, um Getränke, Speisen, etc. an Studenten zu verkaufen. Maximilian Meier möchte "viel Geld verdienen", um finanziell möglichst unabhängig zu sein.

a) Welche Informationen sind für Maximilian Meier von besonderer Bedeutung?

b) Welche Informationen sind für die Bank von Bedeutung?

c) Kann die Finanzbuchhaltung die notwendigen Informationen für beide Personen bereitstellen?

Aufgabe 3 (Finanzbuchhaltung und Bilanz)

Welche der folgenden Aussagen über die Finanzbuchhaltung und Bilanz sind richtig?

1) 0 Die Finanzbuchhaltung speichert alle wirtschaftlich relevanten Vorgänge (Geschäftsvorfälle) eines Geschäftsjahres (Dokumentationsfunktion).

2) 0 Im Grundbuch erfolgt die sachliche, im Hauptbuch dagegen die chronologische (zeitliche) Dokumentation.

3) 0 Zur Erfüllung der Informationsfunktion werden insbesondere die Bilanz und die Gewinn- und Verlustrechnung eingesetzt.

4) 0 Die Bilanz ist eine Zeitpunktrechnung.

5) 0 Die Informationsfunktion der Finanzbuchhaltung umfasst die Selbst- und Fremdinformation.

6) 0 In der Bilanz wird nur das Vermögen zu einem bestimmten Zeitpunkt dargestellt.

7) 0 Die GuV-Rechnung ist eine Zeitpunktrechnung.

8) 0 Das Hauptbuch wird auch als Journal bezeichnet.

9) 0 Das Geschäftsjahr entspricht immer dem Kalenderjahr.

Aufgabe 4 (Geschäftsjahr)

Unternehmer Müller führt am Montag, den 16.4.03 die Neueröffnung seines Haushaltswarengeschäftes in Würzburg durch. Welche beiden grundsätzlichen Möglichkeiten bestehen für die Länge des Geschäftsjahres in 03 und den Folgejahren?

Aufgabe 5 (Definitionen)

Tragen Sie für die folgenden Begriffe die genauen Definitionen ein:

a) Bilanzstichtag: _____

b) Eigenkapital: _____

c) Vermögenslage: _____

d) Ertragslage: _____

e) Geschäftsjahr _____

f) Jahresabschluss: (alle Kaufleute) _____

Aufgabe 6 (Jahresabschluss)

Aus welchen Komponenten setzt sich der Jahresabschluss der Multi-Aktiengesellschaft zusammen? Welches Element fehlt im Jahresabschluss von Einzelunternehmen? Welche wesentliche Aufgabe erfüllt dieses Element?

Aufgaben zum zweiten Kapitel

Aufgabe 1 (Handelsrechtliche Vorschriften)

Die X-AG will für ihren Jahresabschluss nur die ergänzenden Vorschriften ab den §§ 264 HGB anwenden, weil ihr die anderen Vorschriften zu allgemein sind. Ist das zulässig?

Aufgabe 2 (Pflichten nach § 239 HGB)

Der griechische Restaurantbesitzer Alexandros Gyrosios ist ein buchführungspflichtiger Kaufmann. Er führt seine Handelsbücher auf konventionelle Weise, so dass er fest gebundene Bücher verwendet. Beurteilen Sie, ob die folgenden Maßnahmen zulässig sind.

a) Die Buchführung wird in griechischer Sprache erstellt.

b) Der Jahresabschluss wird in griechischer Sprache erstellt.

c) Die Buchführung wird in Altgriechisch erstellt.

d) Die Eintragungen werden mit einem Bleistift vorgenommen.

e) Die Eintragungen werden mit einem Kugelschreiber vorgenommen.

f) Fehlerhafte Eintragungen werden völlig unkenntlich gemacht durch mehrfaches Durchstreichen.

g) Durch fehlerhafte Eintragungen wird eine Seite rausgerissen, um neu zu beginnen.

Aufgabe 3 (Inventurverfahren)

Welche verschiedenen Inventurverfahren gibt es? Tragen Sie diese in das Schema ein.

Inventurverfahren		

Wie funktionieren die Verfahren und welche Vor- und Nachteile weisen sie jeweils auf?

Aufgabe 4 (Vor- und nachverlegte Inventur)

Spielwarenhändler Müller hat für das Weihnachtsfest 02 Waren im Wert von 20.000 € eingekauft, die am 1.12.02 geliefert werden. Am 15.11.02 betrug der durch Inventur festgestellte Warenbestand 11.800 €. Der Wert wird in einem besonderen Inventar festgehalten. Bis zum 31.12.02 werden Waren im Wert von 15.600 € veräußert. Herr Müller möchte den Inventurwert vom 15.11.02 **ohne Änderungen** in das Inventar zum 31.12.02 übernehmen und hieraus die Bilanz entwickeln.

a) Ist dieses Vorgehen zulässig?

b) Welcher Wert wird im Inventar zum 31.12.02 ausgewiesen?

Aufgabe 5 (Vor- und nachverlegte Inventur)

Kaufmann Meier führt am 28.2.02 eine Inventur seines Warenbestandes durch und erhält einen Wert von 34.200 €. In der Zeit vom 1.1.02 bis zum 28.2.02 hat er Waren im Wert von 10.000 € zugekauft. In der Zeit vom 1.12.01 bis zum 28.2.02 hat er Waren im Wert von 16.400 € verkauft, wovon 4.400 € auf den Dezember 01 entfallen.

Wie hoch ist der Bestand zum 31.12.01?

Aufgabe 6 (Inventurverfahren)

Feuerwerkshersteller Schulze hat über mehrere Jahre eine monatliche Aufstellung seines Lagerbestandes vorgenommen. Er kommt zu dem Ergebnis, dass sein wertmäßiger Lagerbestand jeweils am 30.9. am höchsten und am 31.12. am niedrigsten ist, da zu diesem Zeitpunkt die Waren vollständig an die Händler ausgeliefert sind. Das Geschäftsjahr von Kaufmann Schulze umfasst den Zeitraum vom 1.10. bis 30.9. eines Jahres.

a) Kann das Geschäftsjahr von Herrn Schulze vom Kalenderjahr abweichen?

b) Welches Inventurverfahren empfehlen Sie Herrn Schulze, wenn von einer ordnungsgemäßen Warenlagerung und einem ordnungsgemäßen Belegwesen ausgegangen werden kann?

Aufgabe 7 (Definitionen)

a) Definieren Sie die folgenden Begriffe:

Inventur: _____

Inventar: _____

Bilanz: _____

b) Worin unterscheiden sich Bilanz und Inventar im Einzelnen?

c) Beschreiben Sie den Arbeitsgang von der Inventur zur Bilanz.

Aufgabe 8 (Inventar und Bilanz)

Die Firma "Möbelhandel Holz KG", Lüneburg, hat am 31.12.10 folgende Bestände durch eine Inventur ermittelt:

Kassenbestand	1.250,-
1 Schreibtisch im eigenen Büro, Anschaffung 08	1.200,-
2 Wohnzimmergarnituren à 7.000,-	14.000,-
1 Lkw, Baujahr 05	20.000,-
15 Stühle à 50,-	750,-
10 Aktien der ABC-AG à 250,- zur dauernden Anlage	2.500,-
Forderung gegenüber Thomas Müller	1.800,-
1 bebautes Grundstück, Möbelallee 7	500.000,-
1 Aktenschrank im eigenen Büro, Anschaffung 09	1.400,-
Darlehensverbindlichkeit bei der Volksbank	300.000,-
Forderung gegenüber Schmidt OHG	3.300,-
10 Schränke à 230,-	2.300,-
Lieferantenverbindlichkeit bei der Wohn GmbH	11.000,-
1 Pkw, Baujahr 08	28.000,-
Forderung gegenüber Heinz Meier	1.500,-
Lieferantenverbindlichkeit bei der Möbel AG	20.000,-
3 Küchen à 3.000,-	9.000,-
Bankguthaben bei der Stadtsparkasse	6.000,-
2 Schlafzimmer à 3.500,-	7.000,-

a)   Erstellen Sie das Inventar zum 31.12.10.

b)   Erstellen Sie die zugehörige Bilanz nach den gesetzlichen Vorschriften.

Aufgabe 9 (Bilanz und Distanzrechnung)

Ein Unternehmen weist am 31.12.01 die folgenden Vermögensgegenstände auf: Ein unbebautes Grundstück 1.000.000 €, Bankguthaben 44.000 €, Forderungen aus Lieferungen und Leistungen 53.000 €, Wertpapiere des Anlagevermögens 60.000 €, Geschäftseinrichtung 85.000 €, erworbene Patentrechte 120.000 €, Fahrzeuge 74.000 €, bebaute Grundstücke 450.000 €, Beteiligung an der XY-GmbH 40.000 €, Waren 250.000 €, Kasse 22.000 €, Postbank 2.000 €, Darlehensverbindlichkeiten 250.000 €, Lieferantenverbindlichkeiten 150.000 €.

a) Erstellen Sie die Bilanz nach dem gesetzlichen Schema.

b) Wie hoch sind die Bilanzsumme und das Eigenkapital?

c) Welche Mittel werden zur Finanzierung der Unternehmenstätigkeit vorrangig eingesetzt? Kann mit der Bilanz die Finanzierung einzelner Vermögensgegenstände beurteilt werden?

d) Nach einer Periode beträgt das Eigenkapital 1.850.000 €. Ermitteln Sie den Erfolg mit der Distanzrechnung.

e) Welchen entscheidenden Nachteil weist die Erfolgsermittlung mit der Distanzrechnung auf?

Aufgabe 10 (Posten der Bilanz)

Unter welchen Bilanzposten werden die folgenden Vermögensgegenstände und Schulden bilanziert? Lesen Sie hierzu § 266 Abs. 2 und 3 HGB.

a) Ein Bauunternehmer erhält für ein Großprojekt eine Anzahlung von 400.000 € von seinem Kunden.

b) Ein Spediteur erwirbt einen Lkw zur langfristigen Nutzung.

c) Ein Einzelhändler kauft einen Tresen und Regale für die Präsentation der Ware.

d) Der Spediteur mietet eine Lagerhalle für die Zwischenlagerung von Ware.

e) Die ABC-GmbH gewährt ein langfristiges Darlehen.

f) Ein Großbetrieb hat liquide Mittel, die kurzfristig in Aktien angelegt werden.

g) Unter welchem Posten muss die Bilanzierung im Fall f) erfolgen, falls die Geldanlage für fünf Jahre geplant ist?

Aufgabe 11 (Bilanzgleichungen)

Tragen Sie **drei** Grundgleichungen der Bilanz in das nachfolgende Schema ein:

_____	=	_____
_____	=	_____
_____	=	_____

Aufgabe 12 (Gliederungsprinzipien)

Nach welchen Kriterien sind die beiden Bilanzseiten gegliedert?

Aufgabe 13 (Total- und Periodenerfolg)

Ein Unternehmen weist von der Gründung bis zur Liquidation folgende Bilanzen aus (Angaben in Tausend Euro):

A	Bilanz t_0		P		A	Bilanz t_1		P
AV	300	EK	150		AV	320	EK	200
UV	150	FK	300		UV	180	FK	300
	450		450			500		500

A	Bilanz t_2		P		A	Bilanz t_3		P
AV	290	EK	180		AV	290	EK	210
UV	200	FK	310		UV	230	FK	310
	490		490			520		520

a) Ermitteln Sie den Erfolg der einzelnen Perioden und der Totalperiode.

b) Welches Ergebnis halten Sie für aussagekräftiger? Warum hat sich der Gesetzgeber zur jährlichen Erfolgsermittlung entschieden?

Aufgabe 14 (Distanzrechnung)

Unternehmer Schulze weist die folgenden Vermögensgegenstände und Schulden in seiner Bilanz aus (zusammengefasst):

31.12.01: Vermögensgegenstände: 400.000 €, Schulden: 350.000 €.

31.12.02: Vermögensgegenstände: 450.000 €, Schulden: 520.000 €.

31.12.03: Vermögensgegenstände: 570.000 €, Schulden: 420.000 €.

a) Ermitteln Sie das Eigenkapital zu den jeweiligen Zeitpunkten. Auf welcher Bilanzseite ist das Eigenkapital jeweils auszuweisen?

b) Ermitteln Sie die Erfolge der Geschäftsjahre 02 und 03 mit der Distanzrechnung.

c) Erläutern Sie, welche Erfolge in 02 und 03 in der GuV-Rechnung ausgewiesen werden.

Aufgaben zum dritten Kapitel

Aufgabe 1 (Kontenarten)

Das Bankkonto eines Betriebs weist folgende Entwicklung auf:

1.5.	Anfangsbestand	60.000 €
2.5.	Einzahlung vom Kunden Müller	1.500 €
3.5.	Überweisung der Stromrechnung für April	4.900 €
5.5.	Überweisung der Sozialaufwendungen an die zuständige Stelle	48.000 €
6.5.	Auszahlung für die Reparatur des Firmenwagens	2.000 €
9.5.	Überweisung von betrieblichen Steuern an das Finanzamt	3.500 €
10.5.	Überweisung vom Kunden Franke	80.000 €
12.5.	Zinsgutschrift für das Vorjahr	4.800 €
13.5.	Überweisung des Rechnungsbetrages an Firma Bandura	12.500 €

Stellen Sie die Geschäftsvorfälle in Form eines Reihenkontos bzw. eines T-Kontos dar. Ermitteln Sie zum 13.5. den Saldo.

Aufgabe 2 (Bestandskonten)

Was versteht man unter einem Bestandskonto? Skizzieren Sie den grundsätzlichen Aufbau eines aktiven und eines passiven Bestandskontos und nennen Sie je drei Beispiele.

Aufgabe 3 (Kontenabschluss)

Gegeben sind die folgenden Konten:

a)

S	Kasse	H
4.000		4.500
3.000		2.000
2.500		

b)

S	Darlehensverbindlichkeiten	H
8.000		15.000
4.500		2.000

c)

S	Darlehensforderungen	H
12.000		
3.500		

d)

S	Forderungen aus Lieferungen und Leistungen	H
4.000		10.100
2.500		
3.600		

e)

S	Bank	H
1.000		5.000
2.000		

Handelt es sich jeweils um aktive oder passive Bestandskonten? Führen Sie den Konten-abschluss durch. Auf welcher Kontenseite finden sich die Endbestände?

Aufgabe 4 (Verbuchung von Geschäftsvorfällen)

Was versteht man unter einem Geschäftsvorfall? Wann ist ein Geschäftsvorfall zu ver-buchen? Geben Sie an, ob und wann im Folgenden Buchungen vorzunehmen sind.

a) Wir schließen einen Kaufvertrag über die Lieferung einer Warensendung im Wert von 10.000 € ab.

b) Die Ware wird geliefert. Wir haben ein Zahlungsziel von 30 Tagen.

c) Wir bezahlen 3.000 € der Warenlieferung nach 5 Tagen per Bank. Weitere 5.000 € werden nach 10 Tagen mit einer Forderung, die wir gegen diesen Lieferanten haben, verrechnet. Der Rest wird auch am Ende der Zahlungsfrist nicht bezahlt.

d) Wir erhalten eine zweite Warenlieferung. Das Zahlungsziel beträgt 20 Tage. Im Kauf-vertrag steht, dass die Ware bis zur vollständigen Bezahlung Eigentum des Lieferan-ten bleibt. Wir zahlen nach 20 Tagen per Banküberweisung.

e) Die Ware aus d) wird bereits nach 10 Tagen weiterveräußert.

Aufgabe 5 (Erfolgsneutrale Geschäftsvorfälle)

a) Nennen Sie je zwei Beispiele für einen Aktivtausch, einen Passivtausch, eine Bilanz-verlängerung und eine Bilanzverkürzung.

b) Sind weitere Grundtypen erfolgsneutraler Geschäftsvorfälle denkbar?

Aufgabe 6 (Buchungssätze)

Zu den folgenden Geschäftsvorfällen sollen die Buchungssätze gebildet werden. Gehen Sie dabei nach dem folgenden Schema vor:

- Welche Konten werden berührt?
- Handelt es sich um Aktiv- oder Passivkonten?
- Handelt es sich jeweils um eine Mehrung oder Minderung auf dem Konto? Welche Seite des Kontos wird jeweils angesprochen?
- Wie lautet der jeweilige Buchungssatz?

1) Kauf einer maschinellen Anlage für 50.000 € gegen Banküberweisung.
2) Kauf von Ware auf Ziel (Wert 1.000 €).
3) Bezahlung der Ware aus 2) bar.
4) Barabhebung von der Bank über 500 €.
5) Barverkauf eines Firmenwagens (5.000 €).
6) Aufnahme eines Darlehens über 20.000 €. Die Gutschrift erfolgt auf unserem Bankkonto.
7) Überweisung eines Kunden zur Begleichung einer Forderung (1.500 €).
8) Eine Lieferantenverbindlichkeit über 2.000 € wird in ein Darlehen umgewandelt.
9) Wir erhalten Waren im Wert von 6.000 € auf Ziel, wovon 2.000 € sofort bar bezahlt werden.
10) Wir verkaufen langfristig gehaltene Aktien für 5.000 € aus unserem Anlagebestand. 2.000 € werden bar, 3.000 € durch Banküberweisung bezahlt.

Aufgabe 7 (Buchungssätze und Geschäftsvorfälle)

Welche Geschäftsvorfälle liegen den folgenden Buchungssätzen zugrunde?

1) Waren an Lieferantenverbindlichkeiten.
2) Darlehensverbindlichkeiten A an Darlehensverbindlichkeiten B.
3) Forderungen an Betriebs- und Geschäftsausstattung.
4) Postbank an Kasse.
5) Lieferantenverbindlichkeiten an Forderungen.
6) Waren an Kasse, an Bank.
7) Hypothekardarlehen an Bank.
8) Finanzanlagen an Bank.

Aufgabe 8 (Bestands- und Erfolgskonten)

Welche Aussagen bezüglich Erfolgs- und Bestandskonten sind richtig?

1) 0 Bestandskonten erfassen Strömungsgrößen.
2) 0 Erfolgskonten kennen keinen Anfangsbestand.
3) 0 Bestandskonten werden über das GuV-Konto abgeschlossen.
4) 0 Erfolgskonten sind Unterkonten des Eigenkapitalkontos.
5) 0 Aufwandskonten weisen im Allgemeinen einen Saldo auf der Habenseite auf.
6) 0 Buchungen auf Erfolgskonten verändern das Eigenkapital (erfolgswirksam).
7) 0 Erfolgskonten können in der Schlussbilanz erscheinen.
8) 0 Auch für Erfolgskonten gilt die Kontogleichung: Anfangsbestand + Zugänge = Abgänge + Endbestand.
9) 0 Werden Aufwendungen und Erträge auf einem Erfolgskonto gebucht, so ist das Gegenkonto immer ein Bestandskonto.
10) 0 Ertragskonten werden im Laufe des Geschäftsjahres nie im Soll gebucht.
11) 0 Ertragskonten weisen im Allgemeinen einen Endbestand auf der Sollseite auf.
12) 0 Aufwandskonten weisen ihren Endbestand auf der Habenseite auf.

Aufgabe 9 (Doppelte Buchhaltung)

Welche Aussagen über das System der doppelten Buchhaltung sind richtig?

1) 0 Durch jeden Buchungssatz werden immer genau zwei Konten angesprochen.
2) 0 In jedem Buchungssatz ist die Summe der im Soll gebuchten Beträge gleich denen, die im Haben gebucht werden.
3) 0 Die doppelte Buchhaltung gewährleistet, dass der Erfolg durch Distanzrechnung gleich dem Erfolg der GuV-Rechnung ist.
4) 0 Die Einführung des Eröffnungs- und des Schlussbilanzkontos gewährleistet, dass die doppelte Buchhaltung formal auch bei der Übernahme der Anfangs- und Endbestände eingehalten wird.

Aufgabe 10 (Abschluss von Erfolgskonten)

Skizzieren und beschreiben Sie den Abschluss von Aufwands- und Ertragskonten sowie des GuV-Kontos.

Aufgabe 11 (Aufbau von Erfolgskonten)

Warum werden Aufwendungen im Soll, Erträge dagegen im Haben gebucht?

Aufgabe 12 (GuV-Rechnung)

Unternehmer Schulze führt in Schneverdingen einen Handelsbetrieb, in dem Souvenirs aus der Lüneburger Heide veräußert werden. Für 01 ergeben sich die folgenden Zahlen: Einnahmen aus dem Verkauf von Heidesträußen 165.000 €, gezahlte Miete 12 x 1.000 €, Aufwand für verkaufte Waren 42.000 €, Gehälter für Angestellte 34.000 €, Strom, Gebühren, Beiträge 7.800 €. Aus einem Kaffeeautomaten werden Einnahmen von 5.000 € erzielt. Der Kreditbestand betrug in 01 50.000 € (Zinssatz 12%). Ohne Steuern.

a) Ermitteln Sie den Erfolg mit einer GuV-Rechnung nach dem Schema des HGB.
b) Wie hoch sind das Betriebs- und Finanzergebnis?

Aufgabe 13 (Ergebnisberechnung)

a) In 01 gilt für Unternehmen A: Betriebsergebnis 38.000 €, außerordentliches Ergebnis 80.000 €, Finanzergebnis -12.000 €. Wie hoch sind das Ergebnis der gewöhnlichen Geschäftstätigkeit und das Gesamtergebnis für 01?
b) In 01 gilt für Unternehmen B: Finanzergebnis 25.000 €, Ergebnis der gewöhnlichen Geschäftstätigkeit 68.000 €, außerordentliches Ergebnis 88.000 €. Wie hoch ist das Betriebsergebnis für 01?
c) In 01 gilt für Unternehmen C: Gesamtergebnis 210.000 €, Betriebsergebnis 138.000 €. Wie hoch ist das Finanzergebnis für 01, wenn keine außerordentliche Vorgänge stattgefunden haben?

Aufgabe 14 (Erfolgsspaltung)

Die Credit-Bank soll Kredite an zwei Unternehmen vergeben, die die gleichen positiven Gesamtergebnisse in einem Geschäftsjahr erzielt haben. Bei Unternehmen A stellt das Ergebnis aus gewöhnlicher Geschäftstätigkeit einen hohen Anteil am Gesamtergebnis dar. Nur ein geringer Teil des Gesamtergebnisses wird durch außerordentliche Vorgänge verursacht. Bei Unternehmen B verhält es sich umgekehrt.

Wie beurteilt eine Bank die Kreditwürdigkeit der beiden Unternehmen untereinander?

Aufgabe 15 (GuV-Rechnung)

Welche Aussagen über die GuV-Rechnung nach dem HGB sind richtig?
1) 0 In einer Metzgerei gehören Erträge aus dem Verkauf von Würsten zu den Umsatzerlösen.

2) 0 Wenn in 01 keine finanziellen Geschäftsvorfälle angefallen sind, entspricht das Betriebsergebnis dem Ergebnis der gewöhnlichen Geschäftstätigkeit.

3) 0 In einer Metzgerei gehören Erträge aus der Vermietung eines Betriebsgrundstücks zu den Umsatzerlösen.

4) 0 Das Betriebsergebnis wird auch als ordinäres Ergebnis bezeichnet.

5) 0 Die Staffelform hat den Vorteil, dass die Erträge den Aufwendungen seitenweise gegenübergestellt werden.

6) 0 Das Finanzergebnis entsteht aus dem betrieblichen Kerngeschäft eines Handelsunternehmens.

7) 0 In einer Metzgerei gehören die Aufwendungen für den Einkauf von Fleisch zum sonstigen betrieblichen Aufwand.

8) 0 Die Staffelform hat den Vorteil, dass die Bildung von Zwischenergebnissen möglich ist.

9) 0 Dividenden, die ein Unternehmer für private Aktien erhält, sind Finanzerträge.

Aufgabe 16 (Privatkonto)

Welche Aussagen bezüglich des Privatkontos sind richtig?

1) 0 Das Privatkonto ist ein Unterkonto des Eigenkapitalkontos.

2) 0 Privateinlagen werden im Soll, Privatentnahmen im Haben gebucht.

3) 0 Privateinlagen und Privatentnahmen sind erfolgswirksam.

4) 0 Privateinlagen und Privatentnahmen verändern das Eigenkapital.

5) 0 Das Privatkonto wird direkt über das SBK abgeschlossen.

Aufgabe 17 (Distanzrechnung)

Gegeben sind die folgenden vereinfachten Bilanzen eines Unternehmens zum Beginn und zum Ende eines Geschäftsjahres (Angaben in Euro):

A	Bilanz t_0		P	A	Bilanz t_1		P
AV	300	EK	100	AV	320	EK	130
		FK	200			FK	190
	300		300		320		320

a) Kann mit Sicherheit gesagt werden, dass der Erfolg der Periode 30 € beträgt?

b) In 01 betrugen die Privateinlagen 50 € und die Privatentnahmen 10 €. Wie hoch ist der Erfolg? Wie wird diese spezielle Form der Distanzrechnung bezeichnet?

Aufgabe 18 (Verbuchung von Privatvorgängen)

Das Eigenkapital eines Unternehmens beträgt Ende 01: 520.000 €. In 02 fallen die folgenden Geschäftsvorfälle an:

1) Der Unternehmer schenkt einem Freund 5.000 € bar. Den Betrag entnimmt er aus der Kasse des Betriebs.

2) Der Unternehmer erhält eine Rückzahlung vom Finanzamt für zu viel bezahlte Einkommensteuer (4.200 €) als Gutschrift auf dem betrieblichen Postbankkonto.

3) Der Unternehmer überweist die private Miete (1.000 €) vom betrieblichen Bankkonto.

4) Für eine Reparatur am nur privat genutzten Pkw entnimmt der Unternehmer 2.800 € aus der Kasse des Betriebs.

5) Die gesamten Aufwendungen 02 betragen 280.000 €, die gesamten Erträge 350.000 €.

a) Nennen Sie die Buchungssätze bei Verwendung eines Privatkontos.

b) Welches Aussehen haben das Privatkonto, GuV-Konto und Eigenkapitalkonto?

c) Ermitteln Sie den Erfolg der Periode mit der Distanzrechnung.

Aufgabe 19 (Erweiterte Distanzrechnung)

Ein Einzelunternehmen weist die folgenden Eigenkapitalbestände auf: 31.12.01: 25.000 €, 31.12.02: 80.000 €. In 02 wurden unter anderem die folgenden Abgänge auf dem betrieblichen Bankkonto verzeichnet: a) Einkommensteuer des Unternehmers: 5.000 €, b) Gewerbesteuerzahlung 3.000 €, c) Kirchensteuer des Unternehmers 500 €, d) Kfz-Steuer für den Lkw 600 €. Wie hoch ist der Erfolg für 02?

Aufgabe 20 (Buchungssätze und Erfolgswirkungen)

Wie lauten die Buchungssätze zu den folgenden Geschäftsvorfällen eines Handelsbetriebs? Handelt es sich dabei um erfolgsneutrale oder erfolgswirksame Vorgänge?

1) Zieleinkauf von Waren.

2) Lohnzahlung bar.

3) Der Unternehmer überweist Geld vom privaten auf das betriebliche Bankkonto.

4) Tilgung eines Darlehens per Banküberweisung.

5) Zahlung der betrieblichen Telefonrechnung per Banküberweisung.

6) Überweisung der Einkommensteuer vom betrieblichen Bankkonto.

7) Mieteinnahme bar für vermietete Büroräume.

8) Zahlung einer Lieferantenverbindlichkeit durch Banküberweisung.

9) Reparaturzahlung per Bank für Firmen-Lkw, der zu 80% für das betriebliche Kerngeschäft und zu 20% für Nebengeschäfte genutzt wird.

10) Mietzahlung für die private Wohnung des Unternehmers (bar aus der Betriebskasse).

11) Überweisung der Gewerbesteuer vom privaten Bankkonto.

12) Überweisung der Kfz-Steuer für das Privatfahrzeug vom privaten Bankkonto.

Aufgabe 21 (Buchungssätze und Erfolgsermittlung)

Die vereinfachte Bilanz eines Unternehmens hat am 1.1.01 das folgende Aussehen:

A	Bilanz zum 1.1.01		P
Fuhrpark	50.000	Eigenkapital	45.000
Forderungen	5.000	Fremdkapital	30.000
Bank	20.000		
	75.000		75.000

Bilden Sie die Buchungssätze zu den unten angegebenen Geschäftsvorfällen. Eröffnen Sie die Konten, führen Sie die Verbuchung der Geschäftsvorfälle durch und erstellen Sie den Abschluss. Ermitteln Sie den Erfolg auf zwei Arten.

Geschäftsvorfälle:

1) Verkauf eines Firmenfahrzeugs für 10.000 € (Bankgutschrift).

2) Kauf einer Geschäftseinrichtung für 5.000 € (Banküberweisung).

3) Dem Bankkonto wird ein Zinsbetrag in Höhe von 600 € gutgeschrieben.

4) Die Hälfte der Forderungen geht bar ein.

Aufgabe 22 (Anfangsbilanz – Buchungen – Schlussbilanz)

Die vereinfachte Anfangsbilanz hat zum 1.1.01 folgendes Aussehen:

A	Bilanz zum 1.1.01		P
Grundstücke und Gebäude	200.000	Eigenkapital	169.000
Fuhrpark	45.000	Hypothekenverbindlichkeiten	120.000
Betr.- und Gesch.ausst.	31.000	Darlehensverbindlichkeiten	60.000
Finanzanlagen	18.000	Lieferantenverbindlichkeiten	13.000
Waren	32.000		
Forderungen	8.000		
Bank	26.000		
Kasse	2.000		
	362.000		362.000

Erstellen Sie zuerst das Eröffnungsbilanzkonto. Bilden Sie dann die Buchungssätze zu den angegebenen Geschäftsvorfällen. Eröffnen Sie die Konten, führen Sie die Verbuchung der Geschäftsvorfälle durch und erstellen Sie den Jahresabschluss (Bilanz und GuV-Rechnung). Ermitteln Sie den Erfolg auf zwei Arten.

Geschäftsvorfälle:

1) Kauf von Waren auf Ziel. Wert: 4.500 €.
2) Der Betriebs-Pkw (Wert: 11.000 €) geht in das Privatvermögen des Unternehmers über.
3) Unser Lieferant belastet uns mit Verzugszinsen für unpünktliche Zahlung von 100 €.
4) Auf dem Bankkonto gehen 3.300 € für eine Forderung ein.
5) Für die erfolgreiche Vermittlung eines Geschäftes erhalten wir 2.100 € bar. Es handelt sich um ein typisches Geschäft.
6) Die Tilgungsraten für die betrieblichen Darlehen werden fällig. Wir tilgen 16.000 € unserer Hypothekenschulden und 5.500 € unserer Darlehensschulden durch Banküberweisung.
7) Wir schließen Ende 01 bei unserer Hausbank einen neuen Darlehensvertrag über 40.000 € ab. Die Auszahlung erfolgt Anfang 02.
8) Wir erhalten eine Zinsgutschrift über 800 € (Bankkonto).
9) Die Miete für die Büroräume wird von uns überwiesen (1.800 €).
10) Der Unternehmer legt 2.200 € in die Kasse.
11) Wir begleichen eine nachträglich eingegangene Rechnung für die Reparatur des Betriebs-Pkws: 500 € (bar).
12) Eine neue Büroeinrichtung im Wert von 2.800 € wird angeschafft. Wir erhalten ein Zahlungsziel von 30 Tagen.
13) Eine Rechnung für Büromaterial in Höhe von 1.600 € wird sofort per Bank bezahlt.
14) Der Warenendbestand laut Inventur beträgt 36.500 €.

Aufgaben zum vierten Kapitel

Aufgabe 1 (Gemischtes Warenkonto)

Das gemischte Warenkonto eines Unternehmens hat am Jahresende folgendes Aussehen:

S	Waren		H
AB	31.000	Abgang 1	12.600
Zugang 1	11.000	Abgang 2	19.300
Zugang 2	6.500	EB lt. Inventur	28.500
Zugang 3	7.400		

a) Schließen Sie das gemischte Warenkonto ab und bilden Sie die Buchungssätze für den Kontenabschluss.

b) Wie wird der Saldo eines gemischten Warenkontos genannt?

c) Auf welchen Konten werden die einzelnen Komponenten des gemischten Warenkontos gegengebucht?

d) Zu welchen Preisen erfolgt die Verbuchung des Anfangsbestandes, des Endbestandes, der Zugänge und der Abgänge eines gemischten Warenkontos?

e) Welcher Unterschied besteht zwischen Anschaffungskosten und Einstandspreisen?

Aufgabe 2 (Gemischtes Warenkonto)

Beschreiben Sie die Nachteile des gemischten Warenkontos!

Aufgabe 3 (Getrennte Warenkonten)

Ein Unternehmen weist die folgende vereinfachte Bilanz zum Jahresbeginn auf:

A	Bilanz zum 1.1.01		P
Betr.- u. Geschäftsausstattung	25.000	Eigenkapital	65.000
Waren	40.000	Darlehensverbindlichkeiten	27.000
Forderungen	15.000		
Bank	12.000		
	92.000		92.000

Die folgenden Geschäftsvorfälle sind zu verbuchen. Hierbei gilt: Verwendung getrennter Warenkonten und Kontenabschluss nach der Bruttomethode. Der Endbestand laut Inventur beträgt 35.000 €. Geben Sie auch die Buchungssätze für den Abschluss der Warenkonten und des GuV-Kontos an. Zeigen Sie die kontenmäßige Darstellung.

Geschäftsvorfälle:

1) Wareneinkauf per Banküberweisung in Höhe von 10.000 €.

2) Forderungen in Höhe von 3.200 € werden dem Bankkonto gutgeschrieben.

3) Warenverkauf auf Ziel: 5.000 €.

4) Tilgung von Darlehensverbindlichkeiten in Höhe von 3.000 € durch Banküberweisung.

Aufgabe 4 (Rücksendungen)

Ein Unternehmen weist folgende vereinfachte Bilanz zum Jahresbeginn auf:

A	Bilanz zum 1.1.01		P
Waren	28.000	Eigenkapital	46.500
Forderungen	31.000	Lieferantenverbindlichkeiten	22.500
Bank	10.000		
	69.000		69.000

Geschäftsvorfälle:

1) Zieleinkauf von Waren über 6.300 €.

2) Begleichung einer Lieferantenverbindlichkeit von 5.000 € per Banküberweisung.

3) Warenverkauf bar 6.000 €.

4) Warenverkauf auf Ziel 18.000 €.

5) Der Kunde aus 4) schickt zwei Drittel der Ware wegen Mängel zurück.

6) Bareinkauf von Waren 4.000 €.

7) Die Hälfte der Ware aus 6) ist mangelhaft und wird zurückgeschickt. Der Gutschriftsbetrag geht auf dem Bankkonto ein.

Der Warenendbestand laut Inventur beträgt 29.300 €.

a) Bilden Sie die Buchungssätze zu den Geschäftsvorfällen.

b) Zeigen Sie die kontenmäßige Darstellung. Verwenden Sie getrennte Warenkonten und führen Sie den Kontenabschluss nach der Bruttomethode durch.

c) Wie werden die Buchungen 5) und 7) allgemein bezeichnet?

d) Wie würden die Abschlussbuchungen lauten, wenn die Warenkonten nach der Nettomethode abgeschlossen würden?

Aufgabe 5 (Wareneinsatzkonto)

Das Wareneinkaufskonto eines Handelsbetriebs weist zu Jahresbeginn einen Bestand von 6.000 Stück (zu 1,50 € je Stück) auf. Im Laufe des Jahres werden zu diesen Preisen 4.500 Stück bzw. weitere 3.500 Stück erworben. Es finden sechs Verkäufe (auf Ziel) statt:

Verkauf 1	600	Stück	à	3,- €
Verkauf 2	3.200	Stück	à	3,- €
Verkauf 3	800	Stück	à	3,- €
Verkauf 4	1.400	Stück	à	3,- €
Verkauf 5	1.300	Stück	à	3,- €
Verkauf 6	700	Stück	à	3,- €
	8.000	Stück		

a) Nennen Sie die Buchungssätze für die Warenverkäufe unter Verwendung eines Wareneinsatzkontos. Wie lauten die Abschlussbuchungen, wenn keine Inventurdifferenz auftritt?

b) Führen Sie die kontenmäßige Verbuchung durch und ermitteln Sie den Roherfolg.

Aufgabe 6 (Getrennte Warenkonten)

Welche der folgenden Aussagen zum getrennten Warenkonto sind richtig?

1)   0   Die Verbuchung des Warenverkaufs erfolgt zu Verkaufspreisen auf dem Konto "Warenverkauf".

2)   0   Die Verbuchung des Warenverkaufs erfolgt zu Anschaffungskosten auf dem Konto "Warenverkauf".

3)   0   Beim Kontenabschluss nach der Bruttomethode lautet der Buchungssatz für den Abschluss des Wareneinkaufskontos: "Warenverkauf an Wareneinkauf".

4)   0   Wird der Wareneinsatz parallel zum Warenverkauf gebucht, ist am Jahresende der rechnerische Endbestand immer gleich dem tatsächlichen Endbestand.

5)   0   Das Konto "Wareneinsatz" ist ein Aufwandskonto, welches die Wareneinsätze der Periode aufwandsmäßig erfasst.

Aufgabe 7 (Umsatzsteuersystem)

Ein Produkt durchläuft von der Urerzeugung bis zum Endverbraucher mehrere Stufen. Der Urerzeugungsbetrieb verkauft es für 1.000 € an einen Industriebetrieb, der es wiederum für 1.500 € an den Einzelhandel weiterveräußert. Der Einzelhändler schließlich verkauft das Produkt für 1.800 € an einen Endverbraucher. Auf diese Nettowarenwerte entfällt zusätzlich die Umsatzsteuer von - vereinfachend - 10%.

Ermitteln Sie für den Urerzeugungsbetrieb, den Industriebetrieb und den Einzelhändler die jeweilige Vorsteuer, berechnete Umsatzsteuer und Zahllast. Zeigen Sie, dass die von allen Unternehmen zu entrichtende Zahllast genau der Steuer auf die Wertschöpfung entspricht.

Aufgabe 8 (Abschluss von Umsatzsteuerkonten)
Ein Unternehmen hat im Laufe eines Jahres insgesamt 13.800 € Vorsteuern in Rechnung gestellt bekommen und selbst insgesamt 18.300 € Umsatzsteuer berechnet. Wie lauten die Abschlussbuchungssätze der Umsatzsteuerkonten bei Anwendung der Drei-Konten-Methode bzw. Zwei-Konten-Methode? Dabei ist zu beachten, dass die Zahllast erst im nächsten Jahr überwiesen wird.

Aufgabe 9 (Warenverbuchung mit Umsatzsteuer)
Gegeben ist die folgende vereinfachte Bilanz zu Beginn eines Geschäftsjahres:

A	Bilanz zum 1.1.01		P
Waren	32.000	Eigenkapital	80.000
Bank	48.000		
	80.000		80.000

Der Posten "Waren" umfasst zwei verschiedene Warenarten. Von Ware I sind am Jahresbeginn 1.000 Stück zu je 20 €/Stück auf Lager; von Ware II sind noch 500 Stück zu je 24 €/Stück vorhanden.

Geschäftsvorfälle:
1) Einkauf von 300 Stück der Ware I zu je 20 €/Stück zzgl. 10% USt auf Ziel. **Die Umsatzsteuer beträgt bei dieser und allen folgenden Aufgaben jeweils 10%, sofern nichts anderes angegeben wird.**
2) Einkauf von 250 Stück der Ware II zu je 24 €/Stück zzgl. 10% USt auf Ziel.
3) Warenverkauf: 200 Stück der Ware I zu je 50 €/Stück zzgl. 10% USt per Bankgutschrift.
4) Verkauf von 100 Stück der Ware II zu je 80 €/Stück zzgl. 10% USt. Der Betrag wird dem betrieblichen Bankkonto gutgeschrieben.

<u>Weitere Angaben</u>: Abschluss der Umsatzsteuerkonten nach der Zwei-Konten-Methode. Der Saldo wird per Bank gezahlt. Die rechnerischen Endbestände stimmen mit den Endbeständen gemäß Inventur überein.

a) Geben Sie die Buchungssätze zu den Geschäftsvorfällen 1) bis 4) an.

b) Geben Sie die Abschlussbuchungen an, wobei ein Posten "Wareneinkauf" im Schlussbilanzkonto und nur ein Posten "Wareneinsatz" bzw. "Warenverkauf" im GuV-Konto erscheinen soll. Der Warenkontenabschluss ist brutto und unter Verwendung eines Wareneinsatzkontos durchzuführen.

c) Führen Sie die Verbuchung auf Konten durch. Erstellen Sie das Schlussbilanzkonto und das GuV-Konto.

d) Erläutern Sie, ob es zweckmäßig ist, aus Gründen der Selbst- bzw. Fremdinformation für jede Warenart ein spezielles Warenkonto einzurichten.

Aufgabe 10 (Diverse Warenverbuchungen)

Bilden Sie für die folgenden Geschäftsvorfälle die Buchungssätze:

1) Wareneinkauf auf Ziel. Nettowarenwert: 7.000 €.

2) Die Hälfte der Warensendung aus 1) wird wegen Verderbs zurückgeschickt.

3) Wir bezahlen die Ware aus 1) per Postbank.

4) Vom Rest der Ware aus 1) sind weitere Stücke mangelhaft und werden zurückgesendet. Ihr Wert beläuft sich auf 1.300 € (netto). Der Lieferant schickt uns eine Gutschrift.

5) Unsere Lagereinrichtung ist veraltet. Wir kaufen für netto 8.800 € neue Lagerregale. Wir erhalten ein Zahlungsziel von 28 Tagen.

6) Warenverkauf auf Ziel an Kunden Schulze: 4.500 € zzgl. 10% USt.

7) Bei der Warenlieferung aus 6) ist uns ein Fehler unterlaufen. Wir haben die Ware und die Rechnung an den falschen Kunden geliefert (irrtümlich Schulze). Schulze schickt uns die Ware zurück. Wir erstellen eine neue Rechnung und liefern die Ware an den richtigen Kunden (Herrn Müller).

Aufgabe 11 (Rücksendungen)

Welche der folgenden Aussagen über Rücksendungen sind richtig?

1) 0 Werden Waren von einem belieferten Betrieb A an seinen Lieferanten B zurückgeschickt, dann handelt es sich um einen Ertrag bei B.

2) 0 Der allgemeine Buchungssatz bei Erteilung einer Gutschrift (auf Grund mangelhafter Warensendung) an einen Kunden lautet:

```
Warenverkauf      an      Forderungen
Berechnete USt
```

3) 0 Bei der Verbuchung von Rücksendungen muss eine Korrektur der USt-Konten erfolgen, da sich die Bemessungsgrundlage für die Berechnung der Umsatzsteuer nachträglich ändert.

Aufgabe 12 (Rücksendungen)

Die vereinfachte Bilanz eines Unternehmens hat zu Beginn eines Geschäftsjahres das folgende Aussehen:

A	Bilanz zum 1.1.01		P
Waren	100.000	Eigenkapital	105.000
Bank	20.000	Lieferantenverbindlichkeiten	15.000
	120.000		120.000

Geschäftsvorfälle:

1) Kauf von Waren auf Ziel: 50.000 € zzgl. 10% USt.
2) Ein Viertel der in (1) gelieferten Waren ist fehlerhaft und wird an den Lieferanten zurückgeschickt.
3) Verkauf von Waren auf Ziel: 42.000 € zzgl. 10% USt.
4) Die Hälfte der Ware aus (3) wird an uns zurückgesendet, da sie Mängel aufweist.
5) Unserem Bankkonto werden die Forderungen aus (3) bzw. (4) gutgeschrieben.
6) Wir tilgen unsere Lieferantenverbindlichkeiten aus (1) bzw. (2) per Banküberweisung.

Geben Sie die Buchungssätze für die Geschäftsvorfälle (1) bis (6) an. Führen Sie die Verbuchung auf Konten durch, und erstellen Sie das Schlussbilanzkonto und das GuV-Konto. Der Abschluss der Warenkonten erfolgt brutto (Warenendbestand lt. Inventur: 127.500 €); die Umsatzsteuerkonten sind nach der Zwei-Konten-Methode abzuschließen. Der Saldo des Kontos "Berechnete Umsatzsteuer" ist am Jahresende in das Schlussbilanzkonto zu übernehmen.

Aufgabe 13 (Bezugsaufwand)

Ein Unternehmen erwirbt in Periode I 250 Stück einer bestimmten Warenart zum Preis von 10 €/Stück zzgl. USt auf Ziel. Zusätzlich fallen Bezugskosten für den Transport in Höhe von 250 € zzgl. USt an. Von der Ware werden 130 Stück noch im Jahr der Anschaffung weiterveräußert. In Periode II werden die übrigen 120 Stück abgesetzt. Der Verkaufspreis beträgt 20 €/Stück netto. Er ist über den betrachteten Zeitraum konstant. Wie hoch ist der Erfolg in den Perioden I und II, wenn der Bezugsaufwand in Periode I in voller Höhe (Fall a) bzw. anteilig nach Maßgabe der Warenumsätze als Aufwand aktiviert wird (Fall b)?

- Wie hoch sind die Erfolge in den einzelnen Perioden im Fall a) bzw. b)?
- Wie lauten jeweils die zugehörigen Buchungssätze für die Geschäftsvorfälle und den Jahresabschluss in den Fällen a) und b)?
- Sollte Fall a) oder Fall b) angewendet werden?

Aufgabe 14 (Verbuchung von Bezugsaufwand)

Ein Unternehmen weist zu Beginn eines Geschäftsjahres folgende vereinfachte Bilanz auf:

A		Bilanz zum 1.1.01		P
Waren	22.000	Eigenkapital		41.500
Bank	40.000	Darlehensverbindlichkeiten		21.000
Kasse	500			
	62.500			62.500

Der Warenverkehr ist auf getrennten Warenkonten zu verbuchen. Hierbei ist zusätzlich ein Wareneinsatzkonto zu verwenden (Anfangsbestand Wareneinkauf: 2.000 Stück à 10 € pro Stück zzgl. eines Bezugsaufwands von 1 €/Stück). Die Warenkonten sind brutto abzuschließen. Verbuchung der Umsatzsteuer nach der Zwei-Konten-Methode - eine mögliche Verbindlichkeit ist per Bank zu begleichen. Der Bezugsaufwand ist anteilig zu aktivieren.

Geschäftsvorfälle:

1) Kauf von Waren (1.500 Stück) auf Ziel zum Gesamtpreis von 15.000 € zzgl. 10% USt.

2) Dem Unternehmen werden für den Wareneinkauf aus 1) 1.500 € zzgl. 10% USt. für Transportkosten vom Lieferanten in Rechnung gestellt.

3) Warenverkauf gegen Barzahlung: 3.000 Stück à 30 €/Stck. zzgl. 10% USt.

4) Kauf einer Büroeinrichtung für 5.000 € zzgl. 10% USt. Die Bezahlung erfolgt sofort durch Banküberweisung.

Geben Sie die Buchungssätze zu den Geschäftsvorfällen 1) bis 4) sowie die Abschlussbuchungen an, führen Sie die Verbuchung auf Konten durch und erstellen Sie das GuV-Konto und das Schlussbilanzkonto.

Aufgabe 15 (Verbuchung von Anschaffungsnebenkosten)

Geben Sie die Buchungen für das Bekleidungsgeschäft von Herrn Müller an, wenn alle Zahlugen per Banküberweisung erfolgen.

1) Kauf eines Lieferwagens zum Warentransport für 33.000 € zzgl. 10% USt auf Ziel. Herrn Müller werden Überführungskosten von 450 € zzgl. 10% USt in Rechnung gestellt. Die Kosten für die Zulassung des Fahrzeugs betragen 100 € (ohne USt).

2) Kauf von langfristigen, betrieblichen Aktien (200 Stück zu 30 € je Stück). Die Bankgebühren betragen 0,5%. Hinweis: Der Aktienerwerb ist umsatzsteuerfrei.

3) Kauf eines Computers für das Büro von Herrn Müller: 1.000 € zzgl. 10% USt. Für Softwareinstallation fallen Kosten von 200 € zzgl. 10% USt an. Für den Betrieb des Geräts fallen Kosten von 100 € zzgl. 10% USt an.

4) Kauf von neuen Regalen für die Warenlagerung: 5.000 € zzgl. 10% USt. Für die Montage fallen Kosten von 500 € zzgl. 10% USt an.

Aufgabe 16 (Verbuchung von Boni)

Wie lauten die Buchungssätze zu folgenden Geschäftsvorfällen? Geben Sie auch die Buchungssätze zum Abschluss der Bonikonten an.

1) Zielkauf von Waren im Nettowert von 18.000 €. Der Lieferant räumt 15% Rabatt ein.

2) Wir gewähren bei einem Warenverkauf von 27.500 € brutto einen Rabatt von 5%. Die Zahlung geht sofort auf dem Bankkonto ein.

3) Unser Lieferant gewährt uns nach Überschreiten der vorher festgelegten Umsatzgrenze von 100.000 € einen Bonus. Auf dem Bankkonto gehen 3.300 € ein.

4) Das Warenkonto des Kunden A weist am Jahresende bei uns einen Nettoumsatz von 62.000 € auf. Laut Vereinbarung erhält er von uns auf diesen Umsatz einen Bonus von 5% per Banküberweisung.

Aufgabe 17 (Verbuchung von Skonto)

In einem Unternehmen werden folgende Warengeschäfte getätigt:

1) Zielkauf von Waren (Nettowert: 20.000 €). Das Zahlungsziel beträgt 20 Tage, bei Zahlung innerhalb von 8 Tagen werden uns 3% Skonto gewährt.

2) Die Ware wird nach 7 Tagen durch Banküberweisung bezahlt.

3) Nach weiteren 2 Tagen stellen wir fest, dass die Hälfte der Ware verdorben ist. Die verdorbene Ware wird zurückgeschickt. Die Gutschrift geht auf dem Bankkonto ein.

4) Es werden Waren im Bruttowert von 33.000 € verkauft. Das Zahlungsziel beträgt 25 Tage, bei Zahlung innerhalb von 10 Tagen werden 2% Skonto gewährt.

5) Ein Drittel der Ware wird nach 10 Tagen unter Skontoabzug per Postbank bezahlt.

6) Der Rest der Warenforderung geht nach 2 Wochen ein (ebenfalls per Postbank).

a) Bilden Sie die Buchungssätze unter Anwendung der Bruttomethode. Wie lauten die Buchungssätze zum Abschluss der Skontokonten?

b) Bilden Sie die Buchungssätze unter Anwendung der Nettomethode. Wie lauten die Buchungssätze zum Abschluss der Skontokonten?

Aufgabe 18 (Aussagen zum Skonto)

Welche der folgenden Aussagen über den Skonto sind richtig?

1) 0 Hat ein Betrieb beim Warenerhalt die Möglichkeit zum Skontoabzug, wird bei der Nettomethode sofort ein Skontoaufwand gebucht.

2) 0 Die Bruttomethode interpretiert den erhaltenen Skonto als Preisnachlass, die Nettomethode dagegen als Zinsaufwand.

3) 0 Die Skontokonten werden bei Anwendung der Bruttomethode über das GuV-Konto abgeschlossen.

4) 0 Die Einräumung eines Kundenskontos führt bei der Bruttomethode im Laufe des Jahres zu folgendem Buchungssatz, wenn der Skontoabzug genutzt wird:

| Bank | an | Forderungen |
| Kundenskonto | | Berechnete USt |

5) 0 Bei der Nettomethode wird beim Kundenskonto die Buchung auf dem Konto "Skontoertrag" storniert, wenn die Zahlung nach der Skontoabzugsfrist erfolgt.

6) 0 Bei der Bruttomethode wird der Lieferantenskonto am Jahresende wie folgt umgebucht: "Lieferantenskonto an Wareneinkauf".

7) 0 Ein abgezogener Kundenskonto ist bei der Bruttomethode als Erlösschmälerung anzusehen.

Aufgabe 19 (Verbuchung von Skonto)

Die Firma Peter Schmidt, Elektroeinzelhandel, erhält vom Elektrogroßhandel Karl Meier eine Rechnung. Verbuchen Sie sowohl den Rechnungseingang als auch die Bezahlung der Rechnung aus Lieferantensicht und Kundensicht (per Bank unter Abzug des Skontos – Bruttomethode). Aus Gründen der Realitätsnähe wird die Umsatzsteuer ausnahmsweise mit dem geltenden Steuersatz in Höhe von 19% angesetzt. Erläutern Sie allgemein, wie der Abschluss der Skontokonten aus handelsrechtlicher Sicht erfolgen muss.

Karl Meier GmbH
Elektrogroßhandel
Willistr. 10
21337 Lüneburg

MEIER-GERÄTE

SEIT 10 JAHREN

EIN BEGRIFF

Firma
Peter Schmidt
Heinzstr. 9
21335 Lüneburg

Rechn.-Nr. 311, Rechnung vom 10.5.01, Unser Zeichen: Me/Je

Art.-Nr.	Menge	Art.-Bez.	Bruttopreis	Nettopreis	Gesamt
7156-80	10	Elektroherd	950,-	902,5	9.025,-
7270-02	6	Kühlschrank	180,-	171,-	1.026,-
Summe					10.051,-
+ 19% MWSt.					1.909,69
Rechnungsbetrag					11.960,69

Wir gewähren unserem Kunden 5% Rabatt (= Nettopreis).
Die Rechnung ist innerhalb von 30 Tagen zu bezahlen.
Bei Zahlung innerhalb von 10 Tagen gewähren wir 3% Skonto.

Aufgabe 20 (Verbuchung von Boni)

Bei der Firma Karl Meier, Elektrogroßhandel, weist das Kundenkonto des Elektroeinzelhändlers Peter Schmidt im Jahre 01 die folgenden Bruttobewegungen (inkl. 10% USt) aus:

Datum	Vorgang	Wert
15.02.	Warenlieferung	27.500,-
17.04.	Warenlieferung	33.100,-
01.07.	Warenlieferung	10.650,-
10.09.	Warenlieferung	47.170,-
11.10.	Gutschrift	18.530,-
13.11.	Warenlieferung	37.400,-
20.12.	Warenlieferung	25.510,-

Am Jahresanfang wurde die folgende Vereinbarung bezüglich einer Bonusgewährung getroffen (Staffelbonus):

Nettoumsatz			Bonus
0,-	bis	49.999,99	2%
50.000,-	bis	74.999,99	3%
75.000,-	bis	99.999,99	5%
100.000,-	bis	124.999,99	8%
125.000,-	bis	149.999,99	10%
150.000,-	und	mehr	15%

Wie lauten die Buchungssätze für die vollständige Behandlung des Bonus bei Karl Meier und Peter Schmidt, wenn der entsprechende Betrag zum Jahresende überwiesen wird?

Aufgabe 21 (Diverse Warenverbuchungen)

Es ist die folgende vereinfachte Bilanz zum Beginn eines Geschäftsjahres gegeben:

A	Bilanz zum 1.1.01		P
Grundst. und Gebäude	100.000	Eigenkapital	130.000
Fuhrpark	20.000	Darlehensverbindlichkeiten	80.000
Geschäftsausstattung	30.000	Lieferantenverbindlichkeiten	32.000
Wareneinkauf	38.000		
Forderungen	17.000		
Bank	21.000		
Postbank	11.000		
Kasse	5.000		
	242.000		242.000

Erstellen Sie die Buchungssätze zu den unten angegebenen Geschäftsvorfällen. Verbuchen Sie diese auf den eröffneten Konten und erstellen Sie das Schlussbilanzkonto und GuV-Konto. Skontobeträge sind nach der Bruttomethode zu verbuchen.

Geschäftsvorfälle:

1) Warenverkauf zum Bruttowert von 5.500 € auf Ziel. Wir gewähren 20% Rabatt.
2) Kauf eines Lkws für 80.000 € (netto). Die Überführung kostet zusätzlich 2.200 € brutto. Es wird ein Zahlungsziel von 30 Tagen gewährt.
3) Die Forderung aus 1) wird unter Abzug von 3% Skonto beglichen (Bankeingang).
4) Lieferantenverbindlichkeiten über 5.000 € werden über das Postbankkonto bezahlt.
5) Die Miete für die Büroräume wird per Bank gezahlt: 3.000 €.
6) Der Unternehmer entnimmt Waren im Nettowert von 1.500 €.
7) Es werden Waren für 20.000 € zuzüglich USt auf Ziel eingekauft. Dabei fällt Bezugsaufwand in Höhe von 800 € (zuzüglich USt) an, der bar bezahlt wird.
8) Die Bank belastet unser Konto mit Kontoführungsgebühren von 100 €.
9) Die Hälfte der Waren aus 7) muss wegen Mängeln zurückgeschickt werden.
10) Der Einkäufer des Unternehmens schließt mit einem neuen Lieferanten einen langfristigen Liefervertrag mit einem Volumen von 100.000 € (netto) ab.
11) Die Kfz-Steuern für 01 werden bar bezahlt (Gesamtbetrag 800 € bar). Darin ist die Kfz-Steuer für den Privatwagen des Unternehmers von 300 € enthalten.
12) Die Rechnung aus 7) wird unter Abzug von 2% Skonto bezahlt (Banküberweisung).
13) Am Jahresende erhalten wir eine Barzahlung in Höhe von 2.750 € (inkl. USt) als Bonus.

Der Warenendbestand laut Inventur beträgt 46.000 €.

Aufgabe 22 (Verbuchung von Anzahlungen)

Die Möbelgroßhandlung Wolff KG schließt mit der Möbel-GmbH am 15.01. einen Liefervertrag mit einem Gesamtvolumen von 370.000 € netto ab. Da die Wolff KG ihrerseits die Möbel erst noch bei ihrem Hersteller anfertigen lassen muss, vereinbaren die Vertragspartner am 15.1., dass die Möbel-GmbH eine Anzahlung von 200.000 € leistet. Die Anzahlung geht am 28.1. auf dem Bankkonto der Wolff KG ein. Am 1.03. liefert die Wolff KG die Möbel an die Möbel-GmbH. Am 10.3. geht auf dem Bankkonto der Wolff KG die Restschuld von 207.000 € ein. Wie lauten die Buchungen bei der Möbelgroßhandlung Wolff KG?

Aufgabe 23 (Verbuchung von Privatentnahmen)

Unternehmer Müller entnimmt in 01 aus seinem Handelsbetrieb Waren im Wert von insgesamt 2.500 € netto. Wie ist der Vorgang zu verbuchen?

Aufgabe 24 (Verbuchung der Wechselausstellung)

Aus Warenverkäufen hat Firma F eine Forderung in Höhe von 9.000 € (brutto). Am Fälligkeitstag stellt sie einen Wechsel über drei Monate aus, der vom Kunden K akzeptiert wird. Der Diskont in Höhe von 135 € sowie umsatzsteuerfreie Spesen in Höhe von 45 € werden von F bar bezahlt. Anschließend wird der Gesamtbetrag von 180 € dem K in Rechnung gestellt (zzgl. 10% USt); Gutschrift auf dem Bankkonto des F. Wie lauten die Buchungssätze bei F und K?

Aufgabe 25 (Verbuchung der Wechselweitergabe)

Der alte Wechselgläubiger F gibt den Wechsel aus der vorigen Aufgabe nach einem Monat an seinen Lieferanten L zur Begleichung einer Verbindlichkeit aus einer Lieferung in Höhe von 15.000 € weiter. Der Differenzbetrag wird auf das Bankkonto von L überwiesen. Der neue Wechselgläubiger L stellt F 90 € Diskont und 15 € Wechselspesen zzgl. 10% USt in Rechnung. Wie buchen F und L?

Aufgabe 26 (Verbuchung der Wechseleinreichung)

Der neue Wechselgläubiger L gibt den Wechsel aus der vorigen Aufgabe nach 10 Tagen an die Bank B weiter. Die Bank diskontiert den Wechsel und schreibt den Betrag unter Abzug von 75 € Diskont und 20 € Spesen dem Bankkonto des L gut. Wie bucht L?

Aufgabe 27 (Verbuchung des Wechselprotests)

L hat den Wechsel nicht an die Bank weitergegeben, sondern legt ihn jetzt dem Wechselschuldner K am Verfalltag vor.

a) K überweist den Wechselbetrag auf das Bankkonto des L.

b) K kann nicht zahlen. Der Wechsel geht zu Protest.

c) Nachdem der Wechsel zu Protest gegangen ist, verlangt L den Wechselbetrag vom früheren Wechselgläubiger F. F muss zahlen und überweist den Betrag an L.

d) Zwischen F und K wird vereinbart, den Wechsel um weitere 2 Monate zu verlängern. F stellt K 90 € Diskont sowie 45 € Spesen zzgl. 10% USt in Rechnung. K zahlt nach Erhalt der Rechnung bar.

Wie lauten die Buchungssätze für die jeweils beteiligten Parteien?

Aufgabe 28 (Verbuchung des Personalaufwands)

Das Unternehmen Autohaus Rasant KG erstellt für seinen Angestellten Pfiffi Klein die folgende Gehaltsabrechnung für Juli 01:

Gehaltsabrechnung Juli 01	
Für Herrn Pfiffi Klein Winzigweg 1 21332 Lüneburg	Autohaus Rasant KG Hügelstieg 6 21335 Lüneburg
Bruttolohn	3.100,-
- Lohnsteuer	600,-
- Kirchensteuer	50,-
- Krankenversicherung AN-Anteil	110,-
- Pflegeversicherung AN-Anteil	30,-
- Arbeitslosenversicherung AN-Anteil	70,-
- Rentenversicherung AN-Anteil	210,-
= Nettolohn	2.030,-
- sonstige Abzüge	0,-
= Überweisung per Bank	2.030,-

a) Wie bucht die Rasant KG unter Berücksichtigung des AG-Anteils zur Sozialversicherung in Höhe von 420 € Ende Juli 01?

b) Welche Buchung wird Anfang August 01 von der Rasant KG vorgenommen?

Aufgabe 29 (Verbuchung des Personalaufwands)

Das Unternehmen Scheibing & Sohn OHG zahlt seinem Buchhalter Pingelig am 15.7. einen Gehaltsvorschuss in Höhe von 800 € bar aus. Der Gehaltsvorschuss soll mit der nächsten Gehaltszahlung verrechnet werden. Am 30.7. bekommt Pingelig seinen Bruttolohn von 3.800 €. Es sind 20% Lohnsteuer und 10% Kirchensteuer (bezogen auf die Lohnsteuer) an das Finanzamt abzuführen. An Sozialversicherungsbeiträgen sind insgesamt 1.920 € an die entsprechenden Stellen zu entrichten. Der Restbetrag wird auf Pingeligs Bankkonto überwiesen. Die Scheibing & Sohn OHG überweist zum Ende Juli die Beträge an die Sozialversicherung und Anfang August die Beträge an das Finanzamt.

Führen Sie die notwendigen Buchungen durch.

Aufgaben zum fünften Kapitel

Aufgabe 1 (Fertigfabrikate)

In fast jedem Industriebetrieb gibt es ein Fertigfabrikatelager. Welches Problem stellt sich am Periodenende bei der Erstellung des Inventars und wie lässt es sich lösen?

Aufgabe 2 (Erfolgswirkungen von Bestandsänderungen)

Welchen Einfluss haben Bestandsänderungen bei Fertigfabrikaten auf den Erfolg, der im GuV-Konto ausgewiesen wird?

Aufgabe 3 (Bestandsänderungen)

Zeigen Sie in einer schematischen Darstellung, wie Bestandsmehrungen bzw. Bestandsminderungen im GuV-Konto zu behandeln sind! Verwenden Sie dabei x_p als Symbol für die produzierte Menge, x_a als Symbol für die abgesetzte Menge!

Aufgabe 4 (Inventur- und Skontrationsmethode)

Ein Rohstoffkonto eines Unternehmens weist für das Jahr 01 folgende Bewegungen aus:

Periode 01	Bewegung	Wert
01.01.	AB	18.000,-
27.02.	Abgang 1	6.000,-
05.04.	Abgang 2	9.000,-
07.05.	Zugang 1	20.000,-
29.06.	Abgang 3	15.000,-
09.09.	Zugang 2	25.000,-
20.11.	Abgang 4	7.000,-
31.12.	EB	26.000,-

Der Rohstoffverbrauch kann auf zwei Arten (Inventurmethode oder Skontrationsmethode) verbucht werden. Nennen Sie die Buchungssätze für alle Bewegungen auf dem Rohstoffkonto bei beiden Methoden der Aufwandsverbuchung. Der Einkauf erfolgt zzgl. 10% USt auf Ziel.

Aufgabe 5 (Verbuchung von Werkstoffen)

Gegeben ist die folgende vereinfachte Bilanz zu Beginn eines Geschäftsjahres:

A	Bilanz zum 1.1.01		P
Rohstoffe	40.000	Eigenkapital	70.000
Bank	30.000		
	70.000		70.000

Im Laufe des Jahres 01 ist es zu folgenden Geschäftsvorfällen gekommen:

1) Es werden Hilfsstoffe für 7.150 € (inkl. 10% USt) eingekauft. Die Bezahlung erfolgt durch Banküberweisung.

2) Gemäß Materialentnahmeschein werden Rohstoffe von 18.000 € in der Produktion zur Herstellung von 200 Fertigerzeugnissen verbraucht.

3) Verbrauch von Hilfsstoffen in der Produktion. Wert lt. Materialentnahmeschein: 1.500 €.

4) Kauf von Rohstoffen im Wert von 11.000 € zzgl. 10% USt. Der Kaufpreis wird vom Bankkonto abgebucht.

5) In der Produktion werden zur Herstellung weiterer 300 Fertigerzeugnisse Rohstoffe (lt. Materialentnahmeschein) im Wert von 32.000 € eingesetzt.

6) Die 500 Fertigerzeugnisse werden für 140 € pro Stück veräußert (zzgl. 10% USt) per Bank veräußert.

Bilden Sie die Buchungssätze zu den Geschäftsvorfällen. Führen Sie die Verbuchung auf Konten durch. Im Rahmen der Inventur wird bei den Rohstoffen ein Endbestand von 1.000 € und bei den Hilfsstoffen ein Endbestand von 5.000 € festgestellt. Welches Aussehen haben das GuV-Konto und das Schlussbilanzkonto?

Aufgabe 6 (Bestandsänderung fertiger Erzeugnisse)

Ein Industriebetrieb fertigt Produkte in einem einstufigen Produktionsprozess. Der Anfangsbestand fertiger Erzeugnisse beträgt null Stück. Die vereinfachte Bilanz hat das folgende Aussehen:

A	Bilanz zum 1.1.01		P
Rohstoffe	20.000	Eigenkapital	50.000
Bank	30.000		
	50.000		50.000

Im Laufe des Jahres 01 ist es zu folgenden Geschäftsvorfälle gekommen:

1) Einsatz von Rohstoffen (15.000 €) lt. Materialentnahmeschein.

2) Überweisung von Löhnen an Arbeitnehmer in Höhe von 7.000 € (netto) per Bank. Der Arbeitgeber- und Arbeitnehmeranteil zur Sozialversicherung betragen jeweils 1.000 €. Die Lohn- und Kirchensteuer summieren sich zu 3.000 € am Monatsende.

3) Überweisung der Lohn- und Kirchensteuer aus 2) per Bank.

4) Kauf von Rohstoffen per Bankzahlung im Nettowert von 15.000 €.

5) Einsatz von Rohstoffen in der Produktion (lt. Materialentnahmeschein): 13.000 €.

6) Verkauf von Fertigerzeugnissen zum Nettopreis von 37.000 € (140 Stück) per Bank.

7) Ermittlung der USt-Zahllast (Drei-Konten-Methode) und Überweisung an das Finanzamt.

8) Insgesamt werden in der Periode 200 Stück hergestellt, wovon 60 Stück am Periodenende noch auf Lager sind.

Geben Sie die Buchungssätze an. Bei den Rohstoffen beträgt der Endbestand nach Inventur 7.000 €. Führen Sie die Verbuchung auf Konten durch und erstellen Sie den Abschluss! Warum muss die Lagerbestandserhöhung buchhalterisch berücksichtigt werden?

Aufgabe 7 (Wirkung von Bestandsänderungen)

Welche Aussagen über die Bestandsänderungen fertiger Erzeugnisse sind richtig?

1)   0   Steigt der Wert des Fertigfabrikatelagers an und erfolgt keine ertragswirksame Berücksichtigung, dann wird der Erfolg der Periode zu niedrig ausgewiesen.

2)   0   Ist die produzierte Menge kleiner als die abgesetzte Menge, ergeben sich nur dann Erfolgswirkungen, wenn der Endbestand mehr als null Stück aufweist.

3)   0   Durch den Buchungssatz "fertige Erzeugnisse an Bestandserhöhung fertiger Erzeugnisse" wird der Ertrag um den Wert der Lagerzunahme erhöht.

4)   0   Im Fall der Lagerbestandsabnahme wird auf dem Bestandskonto "fertige Erzeugnisse" eine Buchung auf der Sollseite vorgenommen.

5)   0   Im Fall der Lagerbestandsabnahme werden im GuV-Konto auf der Sollseite die Aufwendungen für die produzierten Erzeugnisse der laufenden Periode und der Wert der Bestandsminderung aufgeführt.

Aufgabe 8 (Buchung von Bestandsänderungen)

Bestand fertiger Erzeugnisse am 1.1.01: 20.000 € – Bestand am 31.12.01: 38.000 €.
Bestand unfertiger Erzeugnisse am 1.1.01: 35.000 € – Bestand am 31.12.01: 33.000 €.
Wie lauten die Buchungssätze für die Bestandsänderungen in 01?

Aufgabe 9 (Bestandsänderung fertiger Erzeugnisse)

Ein Industriebetrieb fertigt Erzeugnisse in einem einstufigen Produktionsprozess. Die vereinfachte Bilanz hat folgendes Aussehen:

A	Bilanz zum 1.1.01		P
Rohstoffe	7.000	Eigenkapital	59.000
fertige Erzeugnisse	12.000		
Bank	40.000		
	59.000		59.000

Der Anfangsbestand an Fertigfabrikaten beziffert sich auf 60 Stück, die zu Herstellungskosten von 200 €/Stück bewertet sind. Im Laufe des Jahres 02 ist es zu den folgenden Geschäftsvorfällen gekommen:

1) Wir zahlen 4.000 € Leasinggebühr (Miete) zzgl. USt per Bank.

2) Einsatz von Rohstoffen 5.000 € netto lt. Materialentnahmeschein.

3) Wir zahlen dem Arbeitnehmer S. einen Vorschuss in Höhe von 2.000 € per Bank.

4) Wir erstellen für Arbeitnehmer S. folgende Lohnabrechnung:

Bruttolohn	3.500 €
- Lohnsteuer	700 €
- ANA zur Sozialversicherung	500 €
- Vorschuss	2.000 €
= Banküberweisung	300 €

Der Arbeitgeberanteil zur Sozialversicherung beträgt ebenfalls 500 €.

5) Wir zahlen 700 € Lohnsteuer an das Finanzamt per Bank.

6) Wir entnehmen von unserem Fertigfabrikatelager 100 Stück, von denen 60 Stück aus der Vorjahresproduktion stammen und verkaufen sie für 30.000 € zzgl. USt per Bank.

7) Die Umsatzsteuerkonten sind nach der Drei-Konten-Methode abzuschließen, die Zahlung erfolgt in der nächsten Periode.

8) In der laufenden Periode 02 wurden 50 Stück Fertigfabrikate hergestellt, von denen sich am Jahresende noch 10 Stück auf Lager befinden, die zu Herstellungskosten zu bewerten sind.

Ermitteln Sie die Herstellungskosten für den Endbestand der fertigen Erzeugnisse. Bilden Sie die Buchungssätze zu den Geschäftsvorfällen. Verbuchen Sie die Geschäftsvorfälle auf Konten und erstellen Sie den Abschluss.

Aufgabe 10 (Unfertige und fertige Erzeugnisse)

In einem Industriebetrieb wird ein Produkt in einem zweistufigen Produktionsprozess hergestellt. Der Anfangsbestand unfertiger Erzeugnisse (uE) beträgt 120 Stück (zu je 20 €), der Anfangsbestand fertiger Erzeugnisse (fE) beläuft sich auf 200 Stück (zu je 50 €).

a) In 01 werden nur die 200 Fertigerzeugnisse zum Verkaufspreis von je 80 € netto abgesetzt. Welches Aussehen hat das GuV-Konto? Wie hoch ist der Gewinn?

b) Die unfertigen Erzeugnisse werden zu fertigen Erzeugnissen verarbeitet, wobei aus jedem Halbfabrikat ein Fertigfabrikat entsteht. Der Produktionsaufwand umfasst:

- Rohstoffe: 1.200 €.
- Hilfsstoffe: 400 €.
- Betriebsstoffe: 200 €.
- Fertigungslöhne: 1.600 €.

Welches Aussehen hat das GuV-Konto, wenn zusätzlich zur Lagermenge fertiger Erzeugnisse auch die inzwischen neu produzierten Fertigprodukte abgesetzt werden (also insgesamt 320 Stück)? Der Verkaufspreis beträgt weiterhin 80 €/Stück netto.

c) Der Betrieb erwirbt in 01 weitere Rohstoffe und Betriebsstoffe für die Fertigung im Wert von 12.500 € (Bankzahlung). Welche Auswirkungen ergeben sich auf das GuV-Konto und den Erfolg in 01?

Aufgabe 11 (Unfertige und fertige Erzeugnisse)

Für ein Industrieunternehmen mit zweistufigem Produktionsprozess gilt die folgende vereinfachte Bilanz zum Beginn des Geschäftsjahres 01:

A	Bilanz zum 1.1.01		P
unfertige Erzeugnisse	40.000	Eigenkapital	160.000
fertige Erzeugnisse	86.000		
Bank	34.000		
	160.000		160.000

In 01 werden keine neuen Halbfabrikate produziert – es findet nur eine Weiterverarbeitung des vorhandenen Bestandes zu Fertigfabrikaten statt. Aus jedem unfertigen Erzeugnis entsteht genau ein Fertigerzeugnis. In 01 werden 1.000 Produkte neu hergestellt. Es gelten die folgenden Informationen:

- AB Halbfabrikate 2.000 Stück, Wert: 40.000 €.
- AB Fertigfabrikate 1.000 Stück, Wert: 86.000 €.
- Produktion Halbfabrikate in 01:   null Stück.
- Produktion Fertigfabrikate in 01:   1.000 Stück.
- Produktionsaufwand Stufe I: 0 €.
- Produktionsaufwand Stufe II (Bank):   66.000 €.
- Verkauf Fertigfabrikate 600 Stück (Bank):   60.000 €.

Die rechnerischen Endbestände der unfertigen und fertigen Erzeugnisse stimmen mit den jeweiligen Inventurwerten überein. Die Umsatzsteuer ist ausnahmsweise zu vernachlässigen.

a)   Stellen Sie die mengenmäßigen Bewegungen auf den Bestandskonten "unfertige Erzeugnisse" und "fertige Erzeugnisse" dar.

b)   Wie sind die Endbestände der Halb- und Fertigfabrikate zu bewerten?

c)   Ermitteln Sie die wertmäßigen Bestandsänderungen der Halb- und Fertigfabrikate.

d)   Welches Aussehen haben das GuV-Konto und das Schlussbilanzkonto?

Aufgabe 12 (GuV-Konto mit Bestandsänderungen)

Welches Aussehen hat das GuV-Konto eines mehrstufigen Industriebetriebs Ende 01, wenn die folgenden Angaben gelten:

- Anfangsbestand fE: 100.000 € - Endbestand fE: 138.000 €.
- Anfangsbestand ufE: 60.000 € - Endbestand ufE: 72.000 €.
- Absatzmenge 01: 2.000 Stück zu je 22 € je Stück (brutto).

Der Produktionsaufwand für die Bestandsänderungen der fertigen und unfertigen Erzeugnisse sowie der Absatzmenge beträgt insgesamt 125.000 €. Der Ausweis erfolgt im GuV-Konto vereinfacht als "Div. Aufwendungen".

Aufgabe 13 (Verbuchung von Bestandsänderungen)

Für ein Industrieunternehmen mit zweistufigem Fertigungsprozess gilt die folgende vereinfachte Anfangsbilanz:

A	Bilanz zum 1.1.01		P
Rohstoffe	100.000	Eigenkapital	500.000
unfertige Erzeugnisse	60.000		
fertige Erzeugnisse	200.000		
Bank	140.000		
	500.000		500.000

Der Anfangsbestand unfertiger Erzeugnisse besteht aus 1.000 Stück à 60 €/Stück. Der Anfangsbestand fertiger Erzeugnisse umfasst 2.000 Stück à 100 €/Stück. Aus einer Einheit des unfertigen Erzeugnisses entsteht jeweils eine Einheit des Fertigerzeugnisses.

Geschäftsvorfälle:

1) Rohstoffentnahmen nach Materialentnahmescheinen 20.000 € zur Herstellung von 800 Stück unfertige Erzeugnisse.

2) Für eine maschinelle Anlage in Fertigungsstufe I zahlen wir eine Leasinggebühr (Miete) in Höhe von 6.000 € zzgl. USt durch Banküberweisung.

3) Für eine in Fertigungsstufe I tätige Arbeitnehmerkolonne zahlen wir an ein Leiharbeitsunternehmen 22.000 € zzgl. USt durch Banküberweisung.

4) Wir verkaufen 1.000 Stück Fertigfabrikate zum Bruttorechnungsbetrag von 132.000 €. Unser Kunde zahlt durch Banküberweisung.

5) In Fertigungsstufe II werden 200 Stück uE zu Fertigprodukten weiterverarbeitet.

6) Für Beschäftigte in Fertigungsstufe II fällt ein Personalaufwand von 7.000 € an; zusätzlich sind vom Unternehmer 1.000 € Arbeitgeberanteil (AGA) zu entrichten.

7) Wir berechnen unsere USt-Zahllast (Drei-Konten-Methode) und zahlen per Bank.

Der Endbestand an Rohstoffen beträgt lt. Inventur 80.000 €. Im Zuge der Inventur stellen wir einen Endbestand unfertiger Erzeugnisse von 1.600 Stück und fertiger Erzeugnisse von 1.200 Stück fest. Die tatsächlichen Bestände entsprechen den rechnerischen Werten.

a) Bewerten Sie den Endbestand an fertigen und unfertigen Erzeugnissen mit Herstellungskosten.

b) Nennen Sie die Buchungssätze für die laufenden Geschäftsvorfälle, verbuchen Sie den Rohstoffendbestand sowie die Bestandsveränderungen von fertigen und unfertigen Erzeugnissen.

c) Verbuchen Sie die Geschäftsvorfälle auf Konten. Welches Aussehen haben das GuV-Konto und das Schlussbilanzkonto?

Aufgabe 14 (GuV-Rechnung nach GKV)

Beim Produktfix-Industrieunternehmen, deren Erzeugnisse in einem einstufigen Produktionsprozess gefertigt werden, sind in 01 die folgenden Geschäftsvorfälle angefallen: Es wurden 10.000 Stück eines Fertigfabrikats hergestellt, von denen aber nur 8.000 Stück veräußert wurden (Bruttopreis 33 €/Stück). Bei der Produktion entstanden ein Materialaufwand in Höhe von 32.000 €, ein Personalaufwand in Höhe von 70.000 € und Leasinggebühren für Maschinen (Miete) in Höhe von 48.000 €. Außerdem erzielte das Unternehmen Dividenden in Höhe von 6.000 €. Monatlich wurden in 01 für einen Kredit 1.000 € an die Bank gezahlt (Zinsen 300 €, Tilgung 700 €).

Erstellen Sie die GuV-Rechnung nach dem Gesamtkostenverfahren in Staffelform unter Anwendung der handelsrechtlichen Bestimmungen.

Aufgabe 15 (GuV-Rechnung nach UKV)

Es gelten die Daten der vorigen Aufgabe. Mit Ausnahme der Dividenden und Zinsen sind alle Aufwendungen betrieblich veranlasst und in den Umsatzaufwand einzubeziehen.

Erstellen Sie die GuV-Rechnung in Staffelform nach dem Umsatzkostenverfahren unter Anwendung der handelsrechtlichen Bestimmungen.

Aufgabe 16 (GuV-Rechnung nach GKV und UKV)

Das Produktfix-Industrieunternehmen fertigt in 02 wieder 10.000 Stück ihres Fertigfabrikats. Infolge einer gewachsenen Nachfrage werden in 02 aber 12.000 Stück abgesetzt, so dass ein Abbau des Lagers aus der Vorperiode stattfindet. Der Produktionsaufwand für die Fertigung von 10.000 Stück hat sich in 02 nicht geändert. Auch das Finanzergebnis und die Absatzpreise sind gleich geblieben.

a) Welche Änderungen ergeben sich in der GuV-Rechnung nach dem Gesamtkostenverfahren für 02 im Vergleich zu 01, wenn die handelsrechtlichen Bestimmungen gelten?

b) Welche Änderungen ergeben sich in der GuV-Rechnung nach dem Umsatzkostenverfahren für 02 im Vergleich zu 01, wenn die handelsrechtlichen Bestimmungen gelten?

Aufgabe 17 (Buchungen beim UKV)

In einem Industrieunternehmen wird ein Fabrikat in einem einstufigen Prozess hergestellt. In 01 wurden 20.000 Stück produziert, aber nur 16.000 Stück (für 20 € netto je Stück) abgesetzt. Zum Beginn des Jahres 01 war der Bestand fertiger Erzeugnisse null. Der Produktionsauswand umfasst für 01:

- Rohstoffaufwand: 60.000 €.
- Lohn- und Gehaltsaufwand: 80.000 €.
- Mietaufwand (Maschinen):   35.000 €.
- Aufwand für Kleinteile: 5.000 €.

Buchhalter Ältlich hat die obigen vier Aufwendungen richtig verbucht. Allerdings kennt er sich mit dem "neumodischen" Umsatzkostenverfahren nicht aus und bittet Sie, die Buchungen so durchzuführen, dass der Umsatzaufwand richtig im GuV-Konto erscheint.

Aufgabe 18 (Gesamt- und Umsatzkostenverfahren)

In einem Industrieunternehmen werden in 01 50.000 Stück eines Fertigfabrikats hergestellt, aber nur 30.000 Stück für je 20 €/Stück (netto) abgesetzt. Der Produktionsaufwand (Aufwand x_p) beträgt 400.000 € in 01. In der Folgeperiode 02 werden ebenfalls 50.000 Stück hergestellt, aber 70.000 Stück abgesetzt, indem der Lagerbestand aus 01 auf null reduziert wird. Der Umsatzaufwand wird als Aufwand x_a bezeichnet.

a) Stellen Sie die GuV-Rechnungen nach dem Gesamt- und Umsatzkostenverfahren für 01 schematisch in Kontoform gegenüber. Wie verhalten sich die beiden Verfahren bei einer Bestandserhöhung? Wie verhalten sich die Kontensummen zueinander?

b) Stellen Sie die GuV-Rechnungen nach dem Gesamt- und Umsatzkostenverfahren für 02 schematisch in Kontoform gegenüber. Wie verhalten sich die beiden Verfahren bei einer Bestandsminderung? Wie verhalten sich die Kontensummen zueinander?

Aufgaben zum sechsten Kapitel

Aufgabe 1 (Abschreibungsursachen)
Beschreiben Sie die drei möglichen Abschreibungsursachen. Geben Sie je ein Beispiel an.

Aufgabe 2 (Abschreibungsarten)
In welchen Merkmalen unterscheiden sich die planmäßige und die außerplanmäßige Abschreibung voneinander?

Aufgabe 3 (Abschreibungsbasis)
Welche Aussagen über die Abschreibungsbasis in der Finanzbuchhaltung sind richtig?

1) 0 Die Abschreibungen werden von den Wiederbeschaffungskosten vorgenommen, da in vielen Fällen die Preise der abnutzbaren Anlagegegenstände steigen.

2) 0 Die Herstellungskosten umfassen grundsätzlich alle Aufwendungen, die durch die Erstellung eines Vermögensgegenstandes im Unternehmen angefallen sind.

3) 0 Wird eine Maschine frei Haus geliefert, sind die Transportkosten als Anschaffungsnebenkosten zu aktivieren.

4) 0 Die Aktivierung von Anschaffungsnebenkosten dient dem Ziel der periodengerechten Gewinnermittlung während der Nutzungsjahre.

5) 0 Die Abschreibung erfolgt immer vom Bruttopreis (d.h. Preis zzgl. Umsatzsteuer), auch wenn ein voller Vorsteuerabzug vorgenommen wird.

6) 0 Werden bei dem Erwerb einer Maschine Rabatte gewährt, muss die Aktivierung zum verminderten Preis erfolgen.

Aufgabe 4 (Erfolgswirkung der Abschreibung)
Eine Fertigungsanlage weist Anschaffungskosten in Höhe von 120.000 € auf. Die Nutzungsdauer beträgt fünf Jahre. Es wird davon ausgegangen, dass der Wert der Fertigungsanlage in den einzelnen Jahren gleichmäßig abnimmt. Das Unternehmen erzielt die folgenden Erträge und Aufwendungen (ohne Abschreibungen):

	Jahr 1	Jahr 2	Jahr 3	Jahr 4	Jahr 5
Ertrag	240.000	220.000	240.000	300.000	250.000
Aufwand	150.000	145.000	160.000	180.000	160.000

a) Welche Auswirkungen ergeben sich auf den Erfolgsausweis in den einzelnen Jahren, wenn die Anschaffungskosten sofort im Jahr der Beschaffung als Aufwand verbucht werden?

b) Welche Auswirkungen ergeben sich durch die Verrechnung von Abschreibungen (linear) auf den Erfolgsausweis?

c) Was spricht für die planmäßige Abschreibung der Anlage?

Aufgabe 5 (Abschreibungsverfahren)

Ordnen Sie die folgenden Begriffe in Form eines Schemas: Degressive Abschreibung, Zeitabschreibung, arithmetisch-degressive Abschreibung, Leistungsabschreibung, progressive Abschreibung, geometrisch-degressive Abschreibung, lineare Abschreibung, Abschreibungsverfahren.

Aufgabe 6 (Abschreibungsverfahren)

Anfang des Jahres 01 wird eine neue Maschine für die Produktion beschafft. Der Nettopreis beträgt 50.000 €. Als direkte Nebenkosten fallen an (netto): Transportkosten 4.000 €, Verpackung 1.500 €, Versicherung 500 €. Die Nutzungsdauer wird auf sieben Jahre geschätzt. Erstellen Sie je einen Abschreibungsplan für die lineare, geometrisch-degressive (Abschreibungsprozentsatz 20%) und arithmetisch-degressive Abschreibung.

Aufgabe 7 (Leistungsabschreibung)

Die Maschine aus der vorigen Aufgabe soll jetzt nach Maßgabe der Leistung abgeschrieben werden. Laut Herstellerangabe sollen auf ihr 224.000 Stück insgesamt hergestellt werden können. Im Jahr 01 sind 33.000 Stück produziert worden. Welcher Betrag wird im Jahr 01 planmäßig abgeschrieben?

Aufgabe 8 (Unterjährige Abschreibung)

Ein Unternehmer erwirbt in 01 zwei neue Maschinen: Maschine A wird am 7.3. und Maschine B am 19.11. geliefert. Die Abschreibungen werden nach der linearen Methode ermittelt und betragen für Maschine A 12.000 € pro Jahr und für Maschine B 18.000 € pro Jahr.

Wie hoch sind die Abschreibungsbeträge in 01 bei monatsgenauer Verteilung? Welche Abschreibungsbeträge werden in 02 verrechnet?

Aufgabe 9 (Abschreibungsverbuchung)

Am Jahresanfang wurde eine Maschine für 80.000 € (netto) angeschafft. Es werden planmäßige Abschreibungen in Höhe von 20% der Anschaffungskosten verrechnet. Wie lauten die Buchungssätze für die planmäßige Abschreibung und die Abschlussbuchungen?

Aufgabe 10 (Abschreibungsverbuchung)

Unternehmer Müller erwirbt am 5.2.01 ein Patent für 120.000 €, das zehn Jahre lang im Unternehmen genutzt werden soll. Müller geht von einer gleichmäßigen Entwertung aus. Wie hoch sind die planmäßigen Abschreibungen in 01 und wie werden sie verbucht?

Aufgabe 11 (Abschlusserstellung)

Gegeben ist die folgende vereinfachte Bilanz eines Unternehmens:

A	Bilanz zum 1.1.01		P
Betr.- und Gesch.ausst.	100.000	Eigenkapital	130.000
Waren	40.000	Darlehensverbindlichkeiten	35.000
Bank	25.000		
	165.000		165.000

Im Laufe des Jahres sind die folgenden Geschäftsvorfälle angefallen:

1) Es werden Waren in Höhe von 20.000 € zzgl. 10% USt auf Ziel verkauft.
2) Am 18.01. wird ein Firmenfahrzeug für 25.000 € zzgl. 10% USt per Banküberweisung gekauft.
3) Am 20.7. wird eine Verkaufsvitrine für 5.000 € netto erworben. Der Kaufpreis wird sofort durch Banküberweisung beglichen.
4) Tilgung von Darlehensverbindlichkeiten: 10.000 € per Bank.

Der Warenendbestand lt. Inventur beträgt 30.000 €. Der Abschluss der Warenkonten erfolgt nach der Nettomethode. Die Abschreibung des Firmenfahrzeuges erfolgt linear auf fünf Jahre und die Abschreibung der Verkaufsvitrine linear auf zehn Jahre. Die übrige Betriebs- und Geschäftsausstattung ist mit 20% vom Restbuchwert abzuschreiben. Die Umsatzsteuerkonten sind nach der Zwei-Konten-Methode abzuschließen; ein eventueller Endbestand wird am Jahresende in die Schlussbilanz übernommen.

a) Wie lauten die Buchungssätze für die obigen Geschäftsvorfälle? Wie hoch sind die planmäßigen Abschreibungen in 01?

b) Führen Sie die Verbuchung der Geschäftsvorfälle auf Konten durch und erstellen Sie den Jahresabschluss.

Aufgabe 12 (Abschreibungsverbuchung)

Ein Unternehmen erwirbt am 10.10.01 eine neue Fertigungsanlage für 50.000 € zzgl. 10% USt. Die Bezahlung erfolgt durch Banküberweisung. Es wird mit einer Nutzungsdauer von zehn Jahren gerechnet. Die Anlage wird linear und im Zugangsjahr monatsgenau abgeschrieben.

a) Wie lauten die Buchungssätze für die Anschaffung der Anlage und für die Verrechnung der Abschreibungen des ersten Jahres?

b) Am 31.12.04 sinken überraschend die Wiederbeschaffungskosten der Maschine auf 20.250 €. Wie ist die Maschine Ende 04 zu bewerten und wie ist im vierten Jahr zu buchen?

c) Wie hoch sind die im fünften Jahr zu verrechnenden Abschreibungsbeträge? Geben Sie den zugehörigen Buchungssatz an.

Aufgabe 13 (Außerplanmäßige Abschreibung im Anlagevermögen)

Ein Chemiebetrieb errichtet am Jahresbeginn Anfang 01 ein neues Rohrleitungssystem zur Verbindung zweier Säureanlagen (Anschaffungskosten: 56.000 €). Die technische Anlage wird über acht Jahre linear abgeschrieben.

a) Wie lautet der Buchungssatz für die Abschreibung des ersten Jahres?

b) Nach drei Jahren werden schärfere Umweltschutzvorschriften erlassen. Nach diesen Vorschriften dürfen die Säuren nur noch zwei Jahre lang hergestellt und vertrieben werden. Welche buchungstechnischen Konsequenzen ergeben sich hieraus?

c) Am Ende des fünften Jahres wird die Anlage ausgemustert. Nennen Sie die Buchungssätze des fünften Jahres.

Aufgabe 14 (Außerplanmäßige Abschreibung im Umlaufvermögen)

Ein Industriebetrieb kauft in 01 Stahlbleche auf Ziel ein (2.000 Stück à 35 €/Stück). Die fortlaufende Verbuchung des Rohstoffverbrauchs nach der Skontrationsmethode führt zu einem Gesamtverbrauch von 1.200 Stück im Laufe des Geschäftsjahres. Der rechnerische

Endbestand entspricht dem Inventurwert (Anfangsbestand: null). Am Jahresende wird festgestellt, dass der Tageswert der Stahlbleche auf 25 €/Stück gesunken ist.

a) Wie lauten die Buchungssätze für das Rohstoffkonto?
b) Stellen Sie die Vorgänge auf dem Rohstoffkonto für 01 dar.

Aufgabe 15 (Anlagenverkauf)

Der Buchwert eines Fahrzeuges beträgt Anfang 05 noch 30.000 €. Der jährliche Abschreibungsbetrag ist 6.000 €. Am 10.8.05 wird das Fahrzeug für 24.500 € zzgl. 10% USt veräußert. Welcher Erfolg entsteht im Verkaufszeitpunkt?

Aufgabe 16 (Anlagenverkauf)

Eine Maschine ist vor Jahren für 100.000 € netto angeschafft und linear abgeschreiben worden. Im Verkaufszeitpunkt beträgt ihr Buchwert 20.000 €. Die Maschine wird wie folgt veräußert: Für a) 20.000 €, b) 25.000 €, c) 16.000 € jeweils zzgl. 10% USt. Der Zahlungseingang erfolgt auf dem betrieblichen Bankkonto.

Wie lauten die Buchungssätze in den Fällen a) bis c)?

Aufgabe 17 (Direkte und indirekte Abschreibung)

Wie erkennt man in der Bilanz, ob das betreffende Unternehmen direkt oder indirekt abgeschrieben hat?

Aufgabe 18 (Wertberichtigung)

Die vereinfachte Bilanz eines Unternehmens hat das folgende Aussehen zum Beginn eines Geschäftsjahres:

A	Bilanz zum 1.1.01		P
Fuhrpark	25.000	Eigenkapital	40.000
Bank	30.000	Wertber. auf Sachanlagen	15.000
	55.000		55.000

Der Posten Fuhrpark umfasst nur einen Firmen-Pkw.

a) Das Unternehmen kauft am Jahresanfang einen neuen Pkw für 30.000 € (zzgl. USt). Der Gebrauchtwagen wird für 12.000 € zzgl. USt in Zahlung gegeben. Der Restbetrag in Höhe von 19.800 € wird durch Banküberweisung beglichen.

b) Auf den neu angeschafften Pkw werden am Jahresende 6.000 € Abschreibungen indirekt verrechnet.

c) Die USt-Zahllast wird durch Banküberweisung beglichen.

Nennen Sie die Buchungssätze, verbuchen Sie die Geschäftsvorfälle auf Konten und erstellen Sie den Abschluss.

Aufgabe 19 (Direkte und indirekte Abschreibungsverbuchung)

Gegeben ist die folgende Bilanz eines Unternehmens:

A	Bilanz zum 1.1.01		P
Masch. Anlagen	60.000	Eigenkapital	80.000
Fuhrpark	30.000	Wertber. auf Sachanlagen	10.000
	90.000		90.000

Die Maschine wird direkt abgeschrieben. Die Wertberichtigung auf Sachanlagen bezieht sich auf den Pkw im Fuhrpark. Am Jahresende werden auf die Maschine 10.000 € direkt und auf den Pkw 15.000 € indirekt abgeschrieben. Bilden Sie die Buchungssätze für den Jahresabschluss und führen Sie die Verbuchung kontenmäßig durch.

Aufgabe 20 (Forderungsabschreibung)

In welchen Fällen wird eine Einzelabschreibung auf Forderungen vorgenommen? Wann werden Pauschalabschreibungen verrechnet?

Aufgabe 21 (Forderungsabschreibung)

Welche der folgenden Aussagen über die Forderungsabschreibung sind richtig?

1) 0 Die Einzelabschreibung erfolgt üblicherweise indirekt.

2) 0 Eine Kapitalgesellschaft darf keine indirekte Pauschalabschreibung vornehmen.

3) 0 Wird die Abschreibung indirekt vorgenommen, dann bleibt auf der Aktivseite der gesamte Forderungsbetrag (inkl. Umsatzsteuer) erhalten.

4) 0 Nur Personengesellschaften dürfen eine direkte Pauschalabschreibung vornehmen.

5) 0 Eine Pauschalabschreibung ist üblich, wenn der Forderungsbestand eines Unternehmens wenige Forderungen mit jeweils hohen Beträgen umfasst.

6) 0 Die Pauschalabschreibung berücksichtigt das allgemeine Kreditrisiko.

7) 0 Die Pauschalabschreibung wird von allen Kaufleuten üblicherweise indirekt vorgenommen.

Aufgabe 22 (USt-Korrektur)

a) Beschreiben Sie allgemein, in welchen Fällen bei der Abschreibung auf Forderungen eine Umsatzsteuerkorrektur vorgenommen werden darf.

b) Der Einzelhändler Gustav Vogel hat unter anderem gegen Paul Pleite eine Forderung in Höhe von 1.650 €. Wie muß die Abschreibung vorgenommen werden, wenn die Forderung wahrscheinlich zu 50% bzw. mit Sicherheit zu 50% ausfällt?

Aufgabe 23 (Verbuchung der Forderungsabschreibung)

Der Forderungsbestand der Schlau OHG beträgt am Jahresende 370.000 €. Eine Überprüfung der einzelnen Forderungen ergibt, dass eine Forderung A über 11.000 € (brutto) wahrscheinlich zu 30% ausfällt, eine weitere Forderung B über 5.500 € (brutto) zu 80% sicher ausfällt. Bilden Sie die Buchungssätze bei direkter Forderungsabschreibung.

Aufgabe 24 (Verbuchung des Zahlungseingangs)

Es gelten die Daten der vorigen Aufgabe. In der nächsten Periode geht die Forderung A zu a) 60%, b) 70% auf dem Bankkonto ein. Forderung B geht zu 20% auf dem Bankkonto ein. Bilden Sie die zugehörigen Buchungssätze.

Aufgabe 25 (Pauschalwertberichtigung)

Der gesamte Forderungsbestand eines Unternehmens beträgt am Jahresende 440.000 € (brutto). Die Erfahrungen der letzten Jahre zeigen, dass ein Ausfall dieser ansonsten sicheren Forderungen in Höhe von 5% auf den Gesamtbestand wahrscheinlich ist.

a) Führen Sie eine Pauschalwertberichtigung bei indirekter Abschreibungsmethode durch. Geben Sie den Buchungssatz an.

b) Wie würde sich der Buchungssatz aus a) ändern, wenn zusätzlich zu den Forderungen aus a) weitere Forderungen in Höhe von 55.000 € (brutto) bestehen, die schon vorher auf das Konto "Dubiose" umgebucht und einzelwertberichtigt waren? Müssen auch diese Forderungen pauschalwertberichtigt werden?

AUFGABEN

Aufgabe 26 (Statisches Verfahren)

Es gelten die Daten der vorigen Aufgabe. Am Ende des nächsten Jahres beträgt der Forderungsbestand der vermeintlich sicheren Forderungen 418.000 € (brutto). Forderungsausfall: 5% des Bestandes. Wie lautet der Buchungssatz zur Bildung der neuen Pauschalwertberichtigung bei Anwendung des statischen Verfahrens?

Aufgabe 27 (Forderungsabschreibung)

Am Ende des vergangenen Jahres wurde auf den Forderungsbestand von 220.000 € eine Pauschalwertberichtigung (statisches Verfahren) von 8.000 € vorgenommen. Im laufenden Jahr fällt aus dem vermeintlich sicheren Forderungsbestand des vergangenen Jahres eine Forderung im Bruttowert von 3.850 € zu 80% sicher aus. Die restlichen 20% gehen auf dem Bankkonto ein. Führen Sie die Verbuchung des Forderungsausfalls durch!

Aufgabe 28 (Forderungsabschreibung)

Für ein Unternehmen gelten folgende Daten:
- Pauschalwertberichtigung auf Forderungen (Anfangsbestand)   7.200,-
- Forderungen - brutto - (vorläufiger Endbestand)   550.000,-
  davon werden zweifelhaft (brutto)   110.000,-
- Auf vermeintlich sichere Forderungen wird eine Pauschalwertberichtigung in Höhe von 2,5% gebildet.

Welche Buchungen sind am Jahresende auf den Forderungskonten durchzuführen? Wie werden die Forderungskonten abgeschlossen, wenn es sich bei dem bilanzierenden Unternehmen um folgende Rechtsformen handelt:
a) Einzelunternehmen?
b) Kapitalgesellschaft?

Aufgabe 29 (Abschlusserstellung)

Gegeben ist die folgende vereinfachte Bilanz eines Einzelunternehmens:

A	Bilanz zum 1.1.01		P
Waren	20.000	Eigenkapital	58.200
Forderungen	44.000	Darlehensverbindlichkeiten	30.000
Bank	25.000	PWB auf Forderungen	800
	89.000		89.000

Geschäftsvorfälle:

1) Die zu Jahresbeginn bestehenden Forderungen werden dem Bankkonto in voller Höhe gutgeschrieben. Für diese Forderungen wurde in der Schlussbilanz eine PWB in Höhe von 2% des Nettowertes gebildet.

2) Es werden Waren auf Ziel eingekauft: 5.000 € zzgl. 10% USt.

3) Warenverkauf auf Ziel: 20.000 € zzgl. 10% USt.

4) Auf Grund von Gerüchten über eine eingeschränkte Zahlungsfähigkeit eines Kunden ist davon auszugehen, dass die Forderung aus 3) nur zu 60% eingehen wird.

Der Warenendbestand lt. Inventur beträgt 20.000 €. Die Warenkonten werden netto abgeschlossen. Die Umsatzsteuerkonten sind nach der Zwei-Konten-Methode abzuschließen. Eine Verbindlichkeit gegenüber dem Finanzamt wird durch Banküberweisung getilgt.

Geben Sie die Buchungssätze für die Geschäftsvorfälle 1) bis 4) an. Buchen Sie auf Konten und erstellen Sie das Schlussbilanzkonto und das GuV-Konto.

Aufgabe 30 (Zuschreibungen im Anlagevermögen)

Die A-B-OHG erwirbt Mitte 01 Aktien zum Kurswert von 50.000 €. Beim Erwerb werden 0,2% Bankgebühren fällig. Alle Zahlungen erfolgen über das Bankkonto. Die Aktien sollen für eine längere Zeit im Unternehmen verbleiben. Am 31.12.01 ist ihr Tageswert dauerhaft auf 30.000 € gesunken. Am 31.12.02 liegt der Tageswert bei 36.500 €.

a) Wie wird der Aktienerwerb gebucht?

b) Wie werden die Aktien am 31.12.01 und 31.12.02 bewertet? Wie wird jeweils gebucht?

Aufgabe 31 (Zuschreibungen im Anlagevermögen)

Es gelten die Daten der vorigen Aufgabe mit der folgenden Änderung: Am 31.12.02 ist der Tageswert auf 52.000 € gestiegen. Wie werden die Aktien zu diesem Zeitpunkt bewertet? Welches Prinzip ist zu beachten?

Aufgabe 32 (Zuschreibungen im Umlaufvermögen)

Gegeben ist die folgende vereinfachte Bilanz einer Bank zum Beginn des Geschäftsjahres 02. Die Wertpapiere (Anleihe) wurden Ende 01 mit der Absicht erworben, sie bei nächster Gelegenheit mit Gewinn zu veräußern (Anschaffungskosten 7.500 €).

A	Bilanz zum 1.1.02		P
Wertpapiere des UV	7.500	Eigenkapital	7.500
	7.500		7.500

Geschäftsvorfälle:

1) Ende Dezember 02 werden dem Bankkonto Wertpapierzinsen (600 €) gutgeschrieben.

2) Der Tageswert der Anleihe ist am 31.12.02 auf 8.200 € gestiegen.

a) Welche Art von Wertpapieren liegen vor? Wie werden sie Ende 02 bewertet?

b) Geben Sie die Buchungssätze zu den beiden Geschäftsvorfällen an und erstellen Sie die Schlussbilanz zum 31.12.02.

c) Wie hoch ist der Erfolg für 02?

Aufgabe 33 (Zuschreibungen im Umlaufvermögen)

Es gelten die Daten der vorigen Aufgabe mit der folgenden Änderung: Es handelt sich um eine Anleihe, die zur Zwischenanlage liquider Mittel gekauft werden. Wie sind diese Wertpapiere Ende 02 zu bewerten?

Aufgabe 34 (Zuschreibungen)

Welche der folgenden Aussagen über Zuschreibungen sind richtig?

1) 0 Im HGB sind Wertsteigerungen über die Anschaffungskosten hinaus bei allen Wertpapieren von Banken zu berücksichtigen.

2) 0 Bei IFRS wird bei Wertpapieren oft der Tageswert berücksichtigt.

3) 0 Im HGB findet eine Wertaufholung statt, wenn nach einer außerplanmäßigen Abschreibung der Wert wieder steigt und eine Zuschreibung (bis zu den Anschaffungskosten) stattfindet.

4) 0 Bei IFRS gilt für Wertpapiere das Fair Value-Prinzip.

5) 0 Das handelsrechtliche Vorsichtsprinzip beschränkt in den meisten Fällen die unbegrenzte Wertsteigerung.

6) 0 Im HGB sind Wertsteigerungen über die Anschaffungskosten hinaus nur bei Finanzanlagen von Banken zu berücksichtigen.

7) 0 Im HGB sind Wertpapiere des Handelsbestands bei einem Industrieunternehmen zum Tageswert zu bewerten, wenn er über den Anschaffungskosten liegt.

8) 0 Im HGB werden alle Wertpapiere im Umlaufvermögen immer zum Tageswert bewertet.

Aufgabe 35 (Rechungsabgrenzungsposten)

Welche der folgenden Aussagen über Rechnungsabgrenzungsposten sind richtig?

1) 0 Nach dem HGB dürfen unter dem Bilanzposten "RAP aktiv" nur transitorische, nicht jedoch antizipative Rechnungsabgrenzungsposten bilanziert werden.

2) 0 Zahlt ein Betrieb am 1.3.01 Miete für sechs Monate im Voraus, wird dieser Vorgang am Jahresende durch einen aktiven Rechnungsabgrenzungsposten berücksichtigt.

3) 0 Unter dem Posten "Sonstige Verbindlichkeiten" sind am Jahresende Zinsverpflichtungen zu passivieren, die im Laufe des Geschäftsjahres entstanden sind.

4) 0 Transitorische Rechnungsabgrenzungsposten erfassen die Fälle, in denen der Zahlungsvorgang vor dem Leistungsvorgang liegt und der zugrunde liegende Zeitraum durch den Bilanzstichtag geteilt wird.

5) 0 Erhält ein Betrieb im Dezember Mietzahlungen im Voraus, besteht am Jahresende quasi noch eine Leistungsverpflichtung gegenüber dem Mieter.

6) 0 Hat ein Betrieb am 1.12. für drei Monate die Versicherungsprämie in Höhe von insgesamt 1.200 € vorausgezahlt, so lautet der Buchungssatz am Jahresende: "RAP aktiv an Versicherungsaufwand 400,- €".

7) 0 Ein Beratungsunternehmen hat im Laufe des Geschäftsjahres eine Beratung durchgeführt, wofür das Honorar noch nicht eingegangen ist. Die Bilanzierung erfolgt unter dem Posten "RAP aktiv".

8) 0 Aktive Rechnungsabgrenzungsposten werden in der Bilanz unterhalb des Umlaufvermögens ausgewiesen, damit ihr besonderer Charakter deutlich wird.

9) 0 Aktive transitorische Rechnungsabgrenzungsposten sind durch das Merkmal "Ausgabe vor Aufwand" gekennzeichnet.

Aufgabe 36 (Systematisierung von RAP)

Tragen Sie die folgenden Begriffe in das Schema ein: Antizipativer Aktivposten; Zahlung vor/Leistung nach Bilanzstichtag; Rechnungsabgrenzungsposten; Transitorischer Vorgang; RAP passiv; Sonstige Verbindlichkeiten; Transitorischer Passivposten; Sonstige Forderungen; Transitorischer Aktivposten; Zahlung nach/Leistung vor Bilanzstichtag; Antizipativer Vorgang; RAP aktiv; Antizipativer Passivposten.

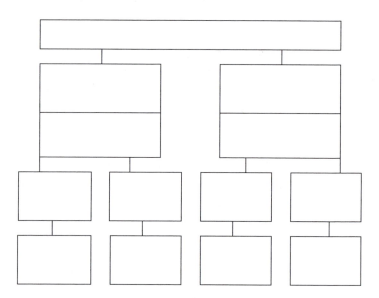

Aufgabe 37 (Bildung von RAP)

Bilden Sie zu den folgenden Geschäftsvorfällen die Buchungssätze und führen Sie gegebenenfalls eine Rechnungsabgrenzung zum 31.12.01 durch. Geben Sie an, um welche Abgrenzungsart es sich handelt. Die Zahlungen erfolgen über das betriebliche Bankkonto.

1) Am 01.10.01 zahlen wir 600 € Zinsen für ein halbes Jahr im Voraus.

2) Am 01.12.01 erhalten wir eine Mietzahlung über 6.000 € für die Monate Dezember bis Februar.

3) Am 20.02.02 müssen wir eine Versicherungsprämie über 2.400 € rückwirkend für die Monate November 01 bis Februar 02 bezahlen.

4) Wir werden am 31.03.02 eine Zinsgutschrift über 1.200 € erhalten. Die Zinsen werden jeweils jahresweise rückwirkend gezahlt.

Aufgabe 38 (Auflösung von RAP)

Es gelten die Angaben aus der vorigen Aufgabe. Wie ist in 02 buchen?

Aufgabe 39 (Bildung von RAP)

Ein Unternehmen hat die folgende vereinfachte Bilanz zum Beginn des Geschäftsjahres:

A	Bilanz zum 1.1.01		P
Bank	30.000	Eigenkapital	30.000
	30.000		30.000

Geschäftsvorfälle:

1) Büroräume werden vermietet. Der Mietzins von 3.600 € wird am 28.02.02 nachträglich für die letzten zwölf Monate an das Unternehmen gezahlt.

2) Am 1.09.01 wird Kfz-Steuer für ein halbes Jahr im Voraus gezahlt (2.400 €).

3) Am 15.12.01 werden Zinsen (400 €) für zwei Monate im Voraus vereinnahmt (Bank).

4) Der Verbandsbeitrag für die Zeit vom 1.11.01 bis zum 30.04.02 in Höhe von 4.800 € wird nachschüssig am 30.04.02 bezahlt werden.

Bilden Sie die Buchungssätze für 01 und führen Sie die Verbuchung auf Konten durch (einschließlich der Erstellung des Schlussbilanzkontos und des GuV-Kontos).

Aufgabe 40 (Auflösung von RAP)

Es wird von dem Schlussbilanzkonto der vorherigen Aufgabe ausgegangen.

a) Welches Aussehen hat das Eröffnungsbilanzkonto zum 1.1. des Folgejahres? Bilden Sie die Buchungssätze für die Konteneröffnung.

b) Nennen Sie die Buchungssätze aus der vorigen Aufgabe, die im nächsten Geschäftsjahr vorzunehmen sind, um die Erfolgsabgrenzung richtig vorzunehmen.

c) Verbuchen Sie die Vorgänge auf Konten und erstellen Sie den Abschluss (= Schlussbilanzkonto und GuV-Konto). Wie hoch ist der Erfolg des Geschäftsjahres 02?

Aufgabe 41 (Rückstellungen)

a) Warum sind in der Bilanz Rückstellungen zu bilden?

b) Worin unterscheiden sich Verpflichtungen zur Instandhaltung gemieteter Fahrzeuge bzw. eigener Fahrzeuge, die kurz nach dem Bilanzstichtag ausgeführt werden?

Aufgabe 42 (Steuerrückstellungen)

Unternehmer Müller hat in 01 einen Gewinn in Höhe von 85.000 € erwirtschaftet. Hierfür berechnet er eine Gewerbesteuer von 6.000 €. Außerdem ermittelt er für 01 seine Einkommensteuer und kommt hierbei zu einem Steuerbetrag von 5.000 €.

a) Wie wird die Gewerbesteuer bilanziell berücksichtigt?

b) Wie wird die Gewerbesteuer verbucht?

c) Wie wird die Einkommensteuer bilanziell berücksichtigt?

Aufgabe 43 (Rückstellungen)

Komplettieren Sie die folgenden Aussagen.

1) Die Bildung einer Rückstellung ist (ein Aufwand/ein Ertrag/erfolgsneutral).
2) Eine Rückstellung muss (gebildet/aufgelöst/beibehalten) werden, wenn der Grund für ihre Bildung weggefallen ist.
3) Ein Unternehmen bildet in 01 eine Rückstellung für die Instandhaltung gemieteter Fahrzeuge (Höhe: 25.000 €). Tatsächlich werden für die Instandhaltung im Folgejahr 26.400 € brutto gezahlt. Dann ergibt sich in 02 ein (periodenfremder Aufwand/periodenfremder Ertrag/erfolgsneutraler Vorgang).

Aufgabe 44 (Bildung von Rückstellungen)

Geben Sie die Buchungssätze an und verwenden Sie dabei genaue Aufwandskonten:

1) Wir werden von einem ehemaligen Arbeitnehmer verklagt und müssen im nächsten Jahr mit einer Gehaltsnachzahlung von 30.000 € rechnen.
2) Angesichts gegebener Garantiezusagen müssen wir damit rechnen, in den nächsten vier Jahren insgesamt ca. 11.000 € netto zu zahlen.
3) Die Dezembermiete der Lagerhalle (1.800 €) muss im Folgejahr gezahlt werden.
4) Der Lastenaufzug wird am 29.12.01 defekt. Am 30.12.01 wird mit einer Firma vereinbart, dass sie den Aufzug am 4.1.02 für ca. 3.800 € netto repariert.
5) Am 30.12. stürzt das Dach der Lagerhalle durch eine Schneelast ein. Der Schaden wird auf 55.000 € brutto geschätzt und kann erst im Folgejahr behoben werden.
6) Ein Unternehmer rechnet Ende 01 mit einer Einkommensteuernachzahlung in Höhe von rund 2.000 €, die in 02 vom Finanzamt eingefordert werden wird.

Aufgabe 45 (Bildung und Auflösung von Rückstellungen)

a) Durch eine fehlerhafte Lieferung müssen wir damit rechnen, im Jahr 02 ca. 33.000 € Schadenersatz zu zahlen. Wie lautet der Buchungssatz zur Erfassung dieses Sachverhaltes und wie lauten die entsprechenden Abschlussbuchungssätze des Jahres 01?
b) Im Jahre 02 müssen wir Schadenersatz über insgesamt 1) 33.000 €, 2) 20.000 €, 3) 38.000 € leisten. Nennen Sie die Eröffnungsbuchung und die Buchungssätze zur Erfassung der Schadenersatzzahlungen.
c) Im Laufe des Jahres 02 werden Schadenersatzforderungen von 28.000 € ausgezahlt. Weitere 6.000 € werden von uns am 20.12.02 zugestanden und am 5.1.03 bezahlt. Wie lauten die Buchungssätze? Gehen Sie bei allen Teilaufgaben davon aus, dass die Zah-

lungen über das betriebliche Bankkonto geleistet werden. Die Umsatzsteuer ist zu vernachlässigen.

Aufgabe 46 (Latente Steuern)

In 01 beträgt der Handelsbilanzgewinn einer GmbH 40.000 € vor Steuern, der Steuerbilanzgewinn 30.000 €. In 02 gleicht sich der Gewinnunterschied wieder aus (Handelsbilanzgewinn 60.000 €, Steuerbilanzgewinn 70.000 €). Der Steuersatz der GmbH beträgt 30%. Die Steuerzahlungen werden am Ende des Jahres vom betrieblichen Bankkonto überwiesen.

a) Welche latente Steuer ist Ende 01 in der Handelsbilanz zu berücksichtigen? Wie entwickelt sich diese Steuer im Folgejahr?

b) Wie werden die Steuern Ende 01 und 02 gebucht?

Aufgabe 47 (Latente Steuern)

Der Handelsbilanzgewinn einer GmbH entspricht dem Steuerbilanzgewinn (vor Abschreibung und Steuern) und beträgt konstant 80.000 €. In der Handelsbilanz wird eine Maschine mit Anschaffungskosten von 168.000 € arithmetisch-degressiv über sechs Jahre abgeschrieben, in der Steuerbilanz linear über diesen Zeitraum. Der Steuersatz der GmbH beträgt 30%.

a) Stellen Sie tabellarisch dar: Handelsrechtliche Abschreibungen, Gewinne (nach Abschreibungen), Steueraufwendungen und Steuerzahlungen (in allen sechs Jahren).

b) Wie entwickeln sich die latenten Steuern in den sechs Jahren?

c) Wie werden die Steuern im ersten Jahr gebucht (sofortige Steuerzahlung per Bank)?

Aufgabe 48 (Hauptabschlussübersicht)

Erläutern Sie die beiden Aufgaben der Hauptabschlussübersicht.

Aufgabe 49 (Hauptabschlussübersicht)

Gegeben ist folgende vereinfachte Bilanz zum Beginn des Geschäftsjahres:

A	Bilanz zum 1.1.01		P
Grundst. u. Gebäude	80.000	Eigenkapital	88.600
Fuhrpark	20.000	Rückstellungen	11.000
Betr. u. Gesch.ausst.	15.000	Hypothekenverbindlichkeiten	60.000
Waren	30.000	Lieferantenverbindlichkeiten	41.000
Forderungen	28.600	RAP passiv	1.500
Sonstige Forderungen	2.000		
Bank und Kasse	26.500		
	202.100		202.100

Geschäftsvorfälle:

1) Die Miete für untervermietete Lagerräume für den Monat Dezember des Vorjahres geht bar ein (2.000 €). Der Sachverhalt wurde im Jahresabschluss berücksichtigt.

2) Anfang Oktober des Vorjahres gingen 3.000 € Zinsen für ein halbes Jahr im Voraus ein. Auch dies fand im Jahresabschluss des Vorjahres Berücksichtigung.

3) Wareneinkauf auf Ziel. Nettowert: 7.000 € zzgl. USt.

4) Banküberweisung der Einkommensteuer des Unternehmers: 3.700 €.

5) Es werden Steuerberatungskosten von 800 € bar bezahlt. Eine Rechnung, die den Vorsteuerabzug ermöglicht, liegt noch nicht vor.

6) Zielverkauf von Waren im Wert von 20.000 € zzgl. USt.

7) Für eine Gebäudereparatur werden 9.000 € zzgl. USt per Banküberweisung gezahlt. Im Vorjahr wurde ein Aufwand von 11.000 € durch Rückstellungen berücksichtigt.

8) Stromkosten von 2.100 € werden bar bezahlt. Ein Vorsteuerabzug ist nicht möglich.

9) Dem Bankkonto werden 5.000 € Tilgung für Hypothekenverbindlichkeiten belastet.

10) Am 01. Dezember werden 4.500 € Miete für Lagerräume für den Zeitraum Dezember bis Februar bezahlt (Bank).

11) Eine Forderung gegen einen Kunden über 1.100 € fällt zu 50% sicher aus (direkte Abschreibung).

Abschlussangaben:

12) Ende Februar des Folgejahres sind Zinsen auf Hypothekenverbindlichkeiten rückwirkend für ein Jahr in Höhe von 1.200 € zu zahlen.

13) Die folgenden Abschreibungen sind zu verrechnen:
    a) 2.000 € auf den Fuhrpark, b) 2.200 € auf die Geschäftsausstattung.

14) Auf den Forderungsbestand von 49.500 € (brutto) wird eine Pauschalwertberichtigung von 2% indirekt gebildet.

15) Der Warenendbestand lt. Inventur beträgt 27.000 €.

16) Die Umsatzsteuerzahllast wird unter dem Posten "Sonstige Verbindlichkeiten" passiviert.

a) Wie lauten die Buchungssätze zu den Geschäftsvorfällen 1) - 16)?

b) Erstellen Sie den Jahresabschluss anhand einer Hauptabschlussübersicht. Der Abschluss der Warenkonten erfolgt nach der Bruttomethode (unter Verwendung eines Wareneinsatzkontos).

Aufgaben zum siebten Kapitel

Aufgabe 1 (Erfolgsverbuchung der OHG)

An einer OHG sind die Gesellschafter A, B und C beteiligt. Ihre Kapitalkonten weisen zum Jahresbeginn die folgenden Anfangsbestände auf:

Kapital A:	680.000 €
Kapital B:	750.000 €
Kapital C:	300.000 €

Am 1.1 des Jahres entnimmt A Waren im Wert von insgesamt 90.000 € und B im Wert von 15.000 €. Ferner leistet B am 31.12. des Jahres eine Bareinlage von 22.000 € und C überträgt seinen Pkw ins Firmenvermögen (Wert: 6.000 €). Das GuV-Konto weist am Jahresende einen Gewinn von 230.000 € aus. Die Gewinnverteilung auf die Gesellschafter erfolgt nach der gesetzlichen Regelung.

a) Wie werden die Warenentnahmen von Gesellschaftern allgemein bewertet?

b) Welches Aussehen hat die Gewinnverteilungsübersicht?

c) Nennen Sie die Buchungssätze der Gewinnverteilung sowie die entsprechenden Abschlussbuchungssätze.

d) Wie sehen die in c) angesprochenen Konten aus?

Aufgabe 2 (Erfolgsverbuchung der KG)

Eine Kommanditgesellschaft besteht aus dem Komplementär Groß und dem Kommanditisten Klein. Das Kapitalkonto von Groß weist zum Jahresbeginn 01 einen Betrag von 280.000 € aus, das von Klein 80.000 €. Auf dem Gewinnanteilskonto von Klein steht ein Habenbetrag von 9.000 €. Groß überweist im Oktober 20.000 € von seinem Privatkonto auf das Firmenkonto. Im Jahr 01 wird ein Verlust von 60.000 € erwirtschaftet, der im Verhältnis 3:1 zwischen Groß und Klein aufgeteilt werden soll.

a) Erstellen Sie die Gewinnverteilungsübersicht.

b) Wie lauten die Buchungssätze der Gewinnverteilung und der zugehörigen Abschlussbuchungen?

c) Welches Aussehen haben die entsprechenden Konten?

Aufgabe 3 (Erfolgsverbuchung der AG)

Die (vereinfachte) Bilanz der M-AG zum 1.1.02 hat folgendes Aussehen:

A	Bilanz zum 1.1.02		P
Anlagevermögen	2.130.000	Gezeichnetes Kapital	2.100.000
Umlaufvermögen	2.550.000	Gewinnrücklagen	800.000
		Jahresüberschuss	80.000
		Verbindlichkeiten	1.700.000
	4.680.000		4.680.000

a) Erläutern Sie, welche Bedeutung die drei bilanziellen Posten "Gezeichnetes Kapital", "Gewinnrücklagen" und "Jahresüberschuss" haben.

b) Wie lauten die Buchungssätze zur Bildung und zum Abschluß des Kontos "Jahresüberschuss" am Ende des Jahres 01?

c) Die Hauptversammlung des Jahres 02 beschließt, 40% des Gewinns des Vorjahres an die Aktionäre auszuschütten (Banküberweisung) und den Rest in die Gewinnrücklagen einzustellen. Verbuchen Sie den Geschäftsvorfall. Welches Aussehen hat die Schlussbilanz des Jahres 02, wenn es außer der Gewinnverwendung zu keinen weiteren Geschäftsvorfällen gekommen ist?

Aufgabe 4 (Eigenkapital der Kapitalgesellschaft)

Welche Aussagen über das Eigenkapital der Aktiengesellschaft (AG) und der GmbH sind richtig, wenn Sonderfälle vernachlässigt werden?

1) 0 Das Stammkapital der GmbH beträgt genau 25.000 €.

2) 0 Das Grundkapital der GmbH beträgt mindestens 25.000 €.

3) 0 Das Grundkapital der AG beträgt mindestens 50.000 €.

4) 0 Das Grundkapital der AG beträgt höchstens 50.000 €.

5) 0 Das Stammkapital der AG beträgt mindestens 50.000 €.

6) 0 Das Stammkapital der GmbH beträgt mindestens 50.000 €.

7) 0 Das Grundkapital der GmbH beträgt mindestens 50.000 €.

8) 0 Das Stammkapital der GmbH beträgt mindestens 25.000 €.

Aufgaben zum achten Kapitel

Aufgabe 1 (Bilanz nach IFRS)

Die International-AG verfügt zum 31.12.01 über die folgenden Posten: Forderungen aus Lieferungen 55.000 €, Maschinen 200.000 €, langfristige Wertpapiere 120.000 €, Rechte 30.000 €, Verbindlichkeiten aus Lieferungen 22.000 €, Betriebs- und Geschäftsausstattung 60.000 €, kurzfristige Wertpapiere 40.000 €, Bankguthaben 25.000 €, Grundkapital 400.000 €, Gebäude 340.000 €, Rohstoffe 25.000 €, sonstige Forderungen 24.000 €, Darlehensverbindlichkeiten 130.000 €, Betriebsstoffe 17.000 €, Hilfsstoffe 8.000 € und Kasse 6.000 €. Aus einem betrieblichen Prozess in 01 droht eine Schadensersatzverpflichtung in Höhe von 150.000 €. Mit dem Urteil wird in 02 gerechnet.

Erstellen Sie die Bilanz nach IFRS mit Originalbezeichnungen. Ein auf der Passivseite verbleibender Restbetrag ist den Rücklagen zuzuordnen.

Aufgabe 2 (GuV-Rechnung nach IFRS)

Die industrielle Y-AG hat in 01 40.000 Stück eines Produkts hergestellt. Hierfür sind Personalkosten von 280.000 € angefallen. Der Materialaufwand beträgt 120.000 €. Die Abnutzung der Sachanlagen beläuft sich auf 140.000 € in 01. In 01 wurden 30.000 Stück für 44 € (inklusive 10% USt) abgesetzt. Aus Wertpapierverkäufen hat die AG einen Gewinn von 15.000 € erzielt. Ertragsteuern sind nicht zu berücksichtigen.

Erstellen Sie die GuV-Rechnung nach IFRS (Statement of Profit or Loss). Verwenden Sie die Originalbezeichnungen von IFRS.

Aufgabe 3 (Aussagen zur IFRS-Bilanz)

Welche der Aussagen über die IFRS-Bilanz sind richtig? Kreuzen Sie entsprechend an.

1) 0 Das Grundkapital einer Aktiengesellschaft beträgt genau 50.000 € und wird in der Balance Sheet nach IFRS als "Issued Capital" ausgewiesen.

2) 0 Die Sachanlagen werden bei IFRS als "Proper Power Equipment" bezeichnet.

3) 0 Wertpapiere, die längerfristig im Unternehmen genutzt werden sollen, werden unter dem Posten "Non Current Financial Assets" bilanziert.

4) 0 Das Grundkapital einer Aktiengesellschaft beträgt mindestens 50.000 € und wird in der Balance Sheet als "Issued Capital" ausgewiesen.

5) 0 Bei Warenlieferungen auf Ziel weist der Lieferant "Other Receivables" aus.

6) 0 Rückstellungen mit kurzfristiger Laufzeit erscheinen in der Bilanz unter den "Current Liabilities".

7) 0 Die Büroausstattung wird bei IFRS als "Office Establishment" bezeichnet.

8) 0 Die Betriebsausstattung wird bei IFRS "Furniture and Fixtures" genannt.

Aufgabe 4 (Verbuchung des Warenverkehrs nach IFRS)

Die internationale Handels-AG erwirbt in 01 Waren im Wert von 50.000 € zzgl. 10% USt auf Ziel. In 01 wird die Hälfte der Waren für 40.000 € auf Ziel veräußert. Die andere Hälfte befindet sich am 31.12.01 noch auf Lager.

a) Geben Sie die Buchungssätze für den Wareneinkauf und den Warenverkauf an. Verwenden Sie Kontenbezeichnungen nach IFRS.

b) Geben Sie die Abschlussbuchungen für das Wareneinkaufskonto und das Warenverkaufskonto an.

c) Wie hoch ist der Gewinn und wie wird er verbucht?

Aufgabe 5 (Verbuchung von Fertigerzeugnissen nach IFRS)

Die internationale Produktions-AG erwirbt in 01 Rohstoffe zum Bruttopreis von 33.000 € (inklusive 10% USt) auf Ziel. Hiervon werden in 01 2/3 in der Produktion eingesetzt und zu Fertigerzeugnissen verarbeitet. Der vollständige Absatz der fertigen Produkte führt zu Brutto-Umsatzerlösen von 55.000 € (inklusive 10% USt).

a) Geben Sie die Buchungssätze für den Rohstoffeinkauf und dessen Verbrauch an. Verwenden Sie Kontenbezeichnungen nach IFRS.

b) Verbuchen Sie den Verkauf der Fertigerzeugnisse auf Ziel.

c) Mit welchem Wert und unter welchem Posten erscheint der Endbestand der Rohstoffe in der Bilanz nach IFRS?

Aufgabe 6 (Verbuchung von Bestandsänderungen nach IFRS)

Die Z-AG hat in 01 50.000 Stück eines Fertigerzeugnisses hergestellt, wofür ein Produktionsaufwand von 250.000 € angefallen ist. In 01 werden 80% der Gesamtmenge für 440.000 € brutto (inklusive 10% USt) abgesetzt (Verkauf auf Ziel). In 02 werden die restlichen 20% für 110.000 € brutto abgesetzt. Die Nature of Expense Method nach IFRS wird angewendet.

a) Wie werden die Lagerbestandsänderungen bei der internationalen Methode berücksichtigt? Welchem handelsrechtlichen Verfahren entspricht diese Methode?

b) Geben Sie die Buchungssätze für die Bestandsänderung in 01 und für den Verkauf auf Ziel an.

c) Geben Sie die Buchungssätze für die Bestandsänderung in 02 und für den Verkauf auf Ziel an.

Aufgabe 7 (Verbuchung von Abschreibungen nach IFRS)

Ein Unternehmen, welches die internationalen Vorschriften von IFRS anwendet, erwirbt am 1.7.01 eine Maschine für 50.000 € zzgl. 10% USt. Die Maschine wird linear über eine Nutzungsdauer von zehn Jahren abgeschrieben. Am 31.12.02 ist der Wert der Maschine auf 30.000 € gesunken. Die Originalbezeichnungen von IFRS sind anzuwenden.

a) Geben Sie den Buchungssatz für den Abschreibungsaufwand in 01 an. Wie hoch ist der Restwert der Maschine am Jahresende?

b) Geben Sie den Buchungssatz für den Abschreibungsaufwand in 02 an. Wie hoch ist der Restwert der Maschine am Jahresende?

Aufgabe 8 (Bewertung von Finanzanlagen)

Eine Aktiengesellschaft erwirbt in 01 Available-for-Sale Financial Assets. Der Preis beträgt 50.000 €, wobei zusätzlich eine Bearbeitungsgebühr von einem Prozent anfällt (Bankzahlung). Der Kurswert der ist am 31.12.01 auf 58.000 € gestiegen. Am 31.12.02 sinkt der Kurswert auf 48.000 €.

a) Wie sind die Wertpapiere des AV am 31.12.01 nach dem HGB zu bewerten?

b) Wie sind die Wertpapiere des AV am 31.12.01 nach IFRS zu bewerten?

c) Wie sind die Wertpapiere des AV am 31.12.02 nach IFRS zu bewerten?

Aufgabe 9 (Fair Value-Rücklage)

Es wurden in 01 Wertpapiere (Aktien) für 10.000 € erworben, die längerfristig gehalten werden sollen. Der Kurswert ist am 31.12.01 auf 11.500 € gestiegen. Am 31.12.02 ist der

Kurswert vorübergehend gesunken und beträgt nur noch 9.200 €. Die Bewertung erfolgt nach IFRS.

a) Welche Art von Wertpapieren liegt vor?
b) Wie entwickelt sich das passive Eigenkapitalkonto "Fair Value Rücklage" in 02?
c) Wie wird das Konto in der Bilanz zum 31.12.02 ausgewiesen?

Aufgabe 10 (Diverse Aussagen zu IFRS)

Welche der folgenden Aussagen zu IFRS sind richtig? Kreuzen Sie entsprechend an.

1) 0 Das Umsatzkostenverfahren darf bei IFRS nicht zur Erfolgsermittlung angewendet werden.

2) 0 Die Nebenkosten bei der Beschaffung von Available-for-Sale Financial Assets werden sofort als Aufwand verbucht.

3) 0 Die Herstellungskosten werden bei IFRS als "Costs of Conversion" bezeichnet.

4) 0 Die Herstellungskosten werden bei IFRS auf Vollkostenbasis ermittelt.

5) 0 Die Nebenkosten bei der Beschaffung von Financial Assets held for Trading werden bei IFRS sofort als Aufwand ("Financial Expenses") verbucht.

6) 0 Bei IFRS werden auch nicht direkt zurechenbare Nebenkosten einer Maschine als Teil ihrer Anschaffungskosten aktiviert.

7) 0 Die planmäßigen Abschreibungen müssen bei IFRS immer nach der linearen Methode verrechnet werden.

8) 0 Die außerplanmäßigen Abschreibungen werden bei IFRS als "Impairment Loss" verbucht.

9) 0 Wenn der Grund für eine außerplanmäßige Abschreibung später entfällt, kann bei IFRS eine Zuschreibung erfolgen.

10) 0 Wenn der Grund für eine außerplanmäßige Abschreibung später entfällt, muss bei IFRS eine Zuschreibung erfolgen.

11) 0 Wenn ein Unternehmen in 01 auf Schadensersatz verklagt wird und die Höhe der möglichen Verpflichtung am Bilanzstichtag unklar ist, wird bei IFRS eine Rückstellung (Provision) in der Bilanz für 01 gebildet.

Aufgaben zum neunten Kapitel

Aufgabe 1 (Grundbuch)

Im Handelsbetrieb haben die folgenden Geschäftsvorfälle stattgefunden (Nummerierung der Geschäftsvorfälle, beginnend mit Beleg-Nr. 49); USt-Satz: 19% (ausnahmsweise):

1) Am 2.5.01 wird Ware im Wert von 670,- € zzgl. 19% USt bar verkauft. Am selben Tag wird Ware im Wert von 78,- € zzgl. 19% USt auf Ziel veräußert.

2) Der Firmenwagen, dessen Buchwert 5.000 € beträgt, wird am 3.5.01 für 6.000 € zzgl. 19% USt bar veräußert.

3) Am 3.5.01 wird Ware im Wert von 600 € zzgl. 19% USt beim Lieferanten bestellt.

4) Eine Rechnung eines Lieferanten wird am 4.5.01 durch Banküberweisung bezahlt (11.900 € brutto).

5) Der Kaufmann nimmt am 5.5.01 für private Zwecke 80 € aus der Kasse des Betriebs.

6) Der bestellte Firmenwagen wird am 6.5.01 geliefert. Rechnungseingang: 7.5.01 – Bezahlung: 12.5.01 per Banküberweisung (22.000 € zzgl. 19% USt).

Nehmen Sie die Eintragungen in das folgende Grundbuch vor.

Datum Jahr 01	Beleg Nr.	Geschäftsvorfall	Soll	Haben	Konto

Aufgabe 2 (Belegarten)

Systematisieren Sie Belege nach den Kriterien "Zahl der Geschäftsvorfälle" und "Entstehung", indem Sie die Begriffe in das folgende Schema eintragen.

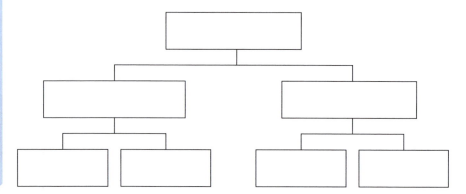

Aufgabe 3 (Buchung nach Belegen)

Geben Sie die Buchungssätze an, die gemäß den vorliegenden Belegen vorzunehmen sind. Die Umsatzsteuer für steuerpflichtige Umsätze ist ausnahmsweise mit dem geltenden Umsatzsteuersatz in Höhe von 19 % anzusetzen.

Sparkasse Lüneburg		
Kontoauszug vom 15.6.01 Konto-Nr.: 40843333 Konto-Inhaber: K. Müller, Einzelhandel		
Datum	Buchungstext	Betrag
13.06.	Rechnung vom 7.6.01	5.950 € Soll
13.06.	Miete Geschäftsräume	1.000 € Soll
13.06.	Strom Juni 01	238 € Soll
14.06.	Bar	2.000 € Soll
15.06.	Gutschrift (Anlage)	1.190 € Haben
(Anlage zur Buchung vom 15.6.: Bezahlung der Ausgangsrechnung vom 8.6.)		
Anfangsbestand: 12.100 € Neuer Endbestand: 4.613 €		

Karl Müller 2.000,- € am 15.6.01 aus der Kasse genommen
K. Müller

Eingangsrechnung vom Lieferanten Kühne-Kleidung vom 15.6.

20 Herren-Hemden	à 60 €/Stück	1.200 €
40 Herren-Hosen	à 80 €/Stück	3.200 €
		4.400 € (netto)
	zzg. 19% USt	836 €
		5.236 € (brutto)

Überweisung innerhalb von 6 Tagen unter Abzug von 3% Skonto oder innerhalb von 20 Tagen unter Zahlung des Gesamtbetrages

---

Ausgangsrechnung an Kunden Schulze vom 15.6.

10 Stck. Herrenhemden gesamt:	240,-- €
5 Stck. Herrenpullover gesamt:	360,-- €
12 Paar Strümpfe gesamt:	120,-- €
Netto:	720,-- €
zzg. 19% USt	136,80 €
Brutto	856,80 €

Aufgabe 4 (Kontenrahmen)

Nennen Sie die Geschäftsvorfälle zu den folgenden Buchungen. Legen Sie bei a) den Gemeinschaftskontenrahmen der Industrie und bei b) den Industriekontenrahmen zugrunde.

a)   Geschäftsvorfälle nach dem Gemeinschaftskontenrahmen (GKR):

Hinweis: Das Konto "Vorsteuer" ("Berechnete USt") hat im Gemeinschaftskontenrahmen die Kontonummer 15 (18).

1)   30, 15/12   4.000,-, 400,-/4.400,-

2)   20/01   1.000,-

3)   12/86   500,-

4)   19/10   400,-

5)   12/80, 18   11.000,-/10.000,-, 1.000,-

b)   Geschäftsvorfälle nach dem Industriekontenrahmen (IKR):

1)   200, 260/280   5.000,-, 500,-/5.500,-

2)   24/50, 480   11.000,-/10.000,-, 1.000,-

3)   280/08, 54, 480   16.500,-/10.000,-, 5.000,-, 1.500,-

4)   63, 641/280   15.000,-, 3.000,-/18.000,-

5)   522/22   3.000,-

Aufgabe 5 (Buchungen mit Kontenrahmen)

Geben Sie die Buchungssätze unter Verwendung von Kontonummern (nach dem Industriekontenrahmen) an:

a) Rohstoffeinkauf bar (10.000 € zzgl. 10% USt) unter Abzug von 3% Rabatt.

b) Überweisung betrieblich bedingter Ertragsteuern (z.b. Körperschaftsteuer einer GmbH) in Höhe von 2.500 € per Bank.

c) Mietzahlung per Bank für eine Lagerhalle: 1.200 €.

d) Kauf eines Lieferwagens (auf Ziel) für 22.000 € zzgl. 10% USt.

e) Verbuchung der außerplanmäßigen Abschreibungen auf Wertpapiere des Umlaufvermögens in Höhe von 1.800 €.

f) Abschreibung auf die Maschinellen Anlagen (20% vom Buchwert 50.000 €).

Aufgabe 6 (Buchungen mit Kontenrahmen)

In einem Industriebetrieb sind die folgenden Anfangsbestände der Werkstoffe gegeben:

Rohstoffe: 10.000 kg à 50 €/kg

Hilfsstoffe: 2.000 kg à 28 €/kg

Betriebsstoffe: 1.500 l à 5 €/l

Im Produktionsprozess werden in einem Fertigungsmonat 2.500 kg (800 kg) des Rohstoffs (Hilfsstoffs) eingesetzt, um unter Einsatz von Betriebsstoffen (600 l), Arbeitskraft (Löhne 12.000 €) und Maschinenleistung (monatliche Mietgebühr 4.000 €) in einem einstufigen Fertigungsprozess 2.000 Stück eines Fertigfabrikats herzustellen. In der gleichen Periode werden 1.200 Stück zum Preis von 100 €/Stck. veräußert. Die übrigen 800 Stück werden in der nächsten Periode abgesetzt, wobei keine weiteren Aufwendungen anfallen.

Alle Zahlungsvorgänge werden über das betriebliche Bankkonto abgewickelt. Die Erfolgsermittlung wird nach dem Gesamtkostenverfahren vorgenommen. Die Umsatzsteuer wird aus Vereinfachungsgründen vernachlässigt.

a) Nennen Sie die Buchungssätze zur Verbuchung der eingesetzten Produktionsfaktoren und für den Abschluss des GuV-Kontos in der üblichen Form (Gesamtkostenverfahren) und unter Angabe von Kontonummern. Verwenden Sie zunächst den Gemeinschaftskontenrahmen der Industrie und anschließend den Industriekontenrahmen.

b) Erläutern Sie, weshalb der Gemeinschaftskontenrahmen als Einkreissystem und der Industriekontenrahmen als Zweikreissystem bezeichnet wird. Gehen Sie dabei auch auf den Aufbau des GuV-Kontos ein.

Aufgabe 7 (EDV-Buchhaltung)

Welche Aussagen über die konventionell manuelle Buchhaltung und die EDV-gestützte Buchhaltung sind richtig? Kreuzen Sie die richtigen Antworten an.

1) 0 Die EDV-gestützte Buchhaltung verwendet eine grundsätzlich andere Buchungstechnik als die manuelle Buchhaltung.

2) 0 Die Eingabe von Buchhaltungsdaten in ein Buchhaltungsprogramm muss immer manuell unter Verwendung einer Tastatur erfolgen.

3) 0 Die verbuchten Geschäftsvorfälle sind bei der konventionellen Buchhaltung sofort erkennbar; bei der EDV-gestützten Buchhaltung müssen sie dagegen erst sichtbar gemacht werden.

4) 0 Die Erstellung des Jahresabschlusses kann nach Durchführung der notwendigen Umbuchungen bei der EDV-gestützten Buchhaltung quasi "per Knopfdruck" vorgenommen werden, während bei der konventionellen Buchhaltung noch weitere manuelle Arbeiten notwendig sind.

5) 0 Nur bei der konventionellen Buchhaltung sind Belege zu sammeln bzw. zu erstellen und vorzukontieren.

6) 0 Ein wesentlicher Nachteil der konventionellen Übertragungsbuchhaltung besteht in der Gefahr von Fehleintragungen, die durch die EDV-gestützte Buchhaltung weitgehend vermieden werden.

7) 0 Das Buchhaltungsprogramm kann jede Fehleingabe des Buchhalters sofort erkennen und führt deshalb nur ordnungsgemäße Buchungen aus.

Aufgabe 8 (EDV-Buchhaltung)

Ein Kaufmann will mit einem PC und einem dazugehörigem Buchhaltungsprogramm die Buchhaltung eines bestimmten Monats durchführen.

a) Tragen Sie die folgenden Arbeitsschritte in der richtigen Reihenfolge in das unten angegebene Schema ein: Sichern der Datei, Einschalten des PC, Belege vorkontieren, Aufruf des Buchhaltungsprogramms, Rückkehr zum Hauptmenü, Belege sammeln, Eingabe der Buchungssätze.

Reihenfolge der Arbeitsschritte:

1) ....

2) ....

3) ....

4) ....

5) ....

6) ....

7) ....

b) Der Kaufmann möchte nun die folgenden Buchungssätze in den PC eingeben (nach dem Industriekontenrahmen):

1) 680, 260/288   1.000,-, 100,-/1.000,-

2) 75, 260/280   5.000,-, 500,-/5.500,-

3) 24, 260/30   10.000,-, 1.000,-/11.000,-

Nennen Sie die Buchungssätze in der üblichen Form und erläutern Sie, ob deren Eingabe in das Buchhaltungsprogramm möglich ist. Wie wird das Programm normalerweise reagieren?

Aufgabe 9 (Buchungen mit EDV)

Die folgenden Buchungssätze sind unter Verwendung des Industriekontenrahmens in die angegebenen Bildschirmmasken einzugeben. Verwenden Sie die Umsatzsteuerschlüssel: 0 = keine Umsatzsteuer, 1 = Vorsteuer 19%, 2 = Berechnete Umsatzsteuer 19%. Der USt-Satz beträgt ausnahmsweise 19%.

1) Am 2.1.01 werden Hilfsstoffe im Wert von 2.000 € zur Herstellung von 200 Stück eines Einheitsproduktes verwendet (Materialentnahmeschein Nr. 001-2007).

Sollbuchung	
Konto:	Kontenbezeichnung:
Betrag:	
Umsatzsteuerschlüssel:	
Weitere Buchungen im Soll: ja/nein	
Enter: Nächste Buchung Esc: Zurück zum Hauptmenü ...	

Habenbuchung

Konto: Kontenbezeichnung:

Betrag:

Umsatzsteuerschlüssel:

Weitere Buchungen im Haben: ja/nein

Enter: Nächste Buchung   Esc: Zurück zum Hauptmenü ...

Buchungstext:

Beleg-Nr.:

Belegdatum:

Enter: Nächste Buchung   Esc: Zurück zum Hauptmenü ...

---

2) Am 31.5.01 erfolgt eine Rücksendung von Rohstoffen (500 kg, Preis je kg: 5,20 €
zzgl. 19% USt) an unseren Lieferanten (Falschlieferung). Die Lieferung erfolgte auf
Ziel. Die Belegnummer lautet: 353-2007.

Sollbuchung

Konto: Kontenbezeichnung:

Betrag:

Umsatzsteuerschlüssel:

Weitere Buchungen im Soll: ja/nein

Enter: Nächste Buchung   Esc: Zurück zum Hauptmenü ...

Habenbuchung

Konto: Kontenbezeichnung:

Betrag:

Umsatzsteuerschlüssel:

Weitere Buchungen im Haben: ja/nein

Enter: Nächste Buchung   Esc: Zurück zum Hauptmenü ...

Buchungstext:

Beleg-Nr.:

Belegdatum:

Enter: Nächste Buchung   Esc: Zurück zum Hauptmenü ...

Aufgabe 10 (EDV-gestützte Abschreibung)

a) Welche Daten sollten vom Buchhaltungsprogramm bei Zugängen z.b. auf dem Konto "Maschinen" zweckmäßigerweise abgefragt werden, wenn die Verbuchung der planmäßigen Abschreibungen im Rahmen der vorbereitenden Abschlussbuchungen automatisch vorgenommen werden soll?

b) Erläutern Sie, bei welchen der folgenden Konten die Einrichtung einer automatischen Abschreibungsverrechnung zweckmäßig ist: Konto "Fuhrpark", Konto "Wareneinkauf", Konto "Forderungen", Konto "Betriebs- und Geschäftsausstattung", Konto "Zinsaufwand", Konto "unbebaute Grundstücke".

Aufgabe 11 (Unterteilung von Warenkonten)

Ein Bekleidungsgeschäft führt Herren- und Damenbekleidung. Die Herrenbekleidung umfasst Herrenhosen und Herrenhemden. Zur Damenbekleidung gehören Damenhosen, Damenröcke und Damenblusen. Der Verkaufspreis einer Herrenhose (Herrenhemd) beträgt 100 €/Stck. (68 €/Stck.). Es werden 12 Herrenhosen und 15 Herrenhemden verkauft. Die Verkaufspreise und Verkaufsmengen der Produktgruppe Damenbekleidung lauten: Damenhose: 100 €/Stck. (Verkauf von 6 Stück), Damenrock 85 €/Stck. (Verkauf von 5 Stück) und Damenbluse 54 €/Stck. (Verkauf von 3 Stück). Die Anfangsbestände sind wie folgt gegeben:

Anfangsbestand Herrenhosen:	25 Stck. à	60 €/Stck
Anfangsbestand Herrenhemden:	45 Stck. à	32 €/Stck
Anfangsbestand Damenhosen:	22 Stck. à	60 €/Stck
Anfangsbestand Damenröcke:	12 Stck. à	55 €/Stck
Anfangsbestand Damenblusen:	8 Stck. à	26 €/Stck

a) Geben Sie die Buchungssätze für die Warenverkäufe an, wenn für jede Warenart ein spezielles Wareneinkaufskonto und Warenverkaufskonto eingerichtet wird.

b) Geben Sie die Buchungssätze für den Abschluss der Warenkonten an, wenn deren Saldo jeweils direkt auf das GuV-Konto gebucht wird. Welches Aussehen haben die einzelnen Wareneinkaufskonten und Warenverkaufskonten? Wie sieht das zugehörige GuV-Konto aus?

c) Geben Sie für die Warenkonten "Damenhosen", "Damenröcke" und "Damenblusen" die Buchungssätze für den Kontenabschluss an, wenn diese über das zugehörige Hauptkonto "Damenbekleidung" abgeschlossen werden. Erhalten externe Leser einer GuV-Rechnung, bei der nur der gesamte Wareneinsatz (für Bekleidung insgesamt) und nur die gesamten Warenverkäufe aufgeführt werden, bessere Informationen als im Fall b)?

d) Welche betriebswirtschaftlichen Aussagen kann der Unternehmer durch die genaue Gegenüberstellung einzelner Wareneinkaufs- und Warenverkaufskonten erhalten?

e) Erläutern Sie, welche Vorteile die EDV-gestützte Buchhaltung im Vergleich zur konventionell manuellen Buchhaltung bei der Durchführung einer Erfolgsanalyse aufweist.

Aufgabe 12 (Erfolgsanalyse)

Ein Fahrradhändler verfügt am 10.2.01 über 15 Herrenräder und über 10 Damenräder. Die Warenverkäufe im Monat Februar lassen sich der folgenden Abbildung entnehmen.

Datum	Warenart	Preis	Zahlungsweise
10.2.	2 Herrenräder	780 €/Stück	bar
12.2.	1 Damenrad	650 €/Stück	bar, 2% Rabatt
15.2.	2 Herrenräder	780 €/Stück	auf Ziel: 20 Tage
16.2.	2 Damenräder	650 €/Stück	bar
18.2.	1 Damenrad	650 €/Stück	auf Ziel: 10 Tage
22.2.	4 Herrenräder	780 €/Stück	Bezahlung per Scheck
Einstandspreis Herrenrad: 550 €/St.			
Einstandspreis Damenrad: 470 €/St.			

Der Anfangsbestand der Kasse beläuft sich am 10.2.01 auf 1.580 €; das Bankkonto weist ein Guthaben in Höhe von 640 € auf. Die Umsatzsteuer ist aus Vereinfachungsgründen nicht zu berücksichtigen.

a) Führen Sie eine Erfolgsanalyse durch, indem Sie jeweils die Salden der einzelnen Wareneinkaufskonten und Warenverkaufskonten ermitteln und gegenüberstellen. Welche

Warengruppe trägt in besonderer Weise zum unternehmerischen Erfolg bei? In welcher Weise lässt sich die Erfolgsanalyse durch die EDV unterstützen?

b) Gehen Sie davon aus, dass die Kunden des Kaufmanns das ihnen gewährte Zahlungsziel voll ausnutzen und dass neben dem Warenverkauf keine weiteren Zahlungen eingehen. Weiterhin bleibe der Bestand des Bankkontos vom 10.2.01 unverändert. Am 17.2.01 muss der Kaufmann selbst eine Rechnung in Höhe von 6.000,- € bar bezahlen. Ergeben sich hierbei Probleme hinsichtlich der Liquidität, und wie lassen sich diese eventuell mit Hilfe der EDV leichter erkennen?

Aufgabe 13 (DATEV-Buchhaltung)

Welche der folgenden Aussagen über das Buchhaltungssystem der DATEV sind richtig bzw. falsch?

1) 0 Mit dem Programm Kanzlei-Rechnungswesen können die Finanzbuchführung durchgeführt und der Jahresabschluss erstellt werden.

2) 0 Im Dialogbetrieb wird jeder Buchungssatz sofort geprüft, aber nicht verarbeitet.

3) 0 Im Stapelbetrieb wird jeder Buchungssatz sofort geprüft, aber nicht verarbeitet.

4) 0 Das Buchhaltungssystem der DATEV kann verschiedene Kontenrahmen nutzen, die auf die Bedürfnisse der Anwender zugeschnitten sind.

5) 0 Ein Vorteil der DATEV besteht für den Anwender darin, dass die Datenarchivierung ausgelagert werden kann.

6) 0 Eine Kapitalgesellschaft kann mit dem Programm Kanzlei-Rechnungswesen auch die Offenlegung ihres Jahresabschlusses auf elektronischem Wege vornehmen.

7) 0 Eine Verknüpfung des Programms Kanzlei-Rechnungswesen mit einem Steuerprogramm der DATEV ist nicht möglich.

Abschlussklausuren

Abschlussklausur 1 (120 Minuten)

Ein Einzelunternehmen hat zum Beginn des Geschäftsjahres 01 die folgende vereinfachte Bilanz:

A	Bilanz zum 1.1.01		P
Grundst. und Gebäude	80.000	Eigenkapital	82.000
Fuhrpark	10.000	Rückstellungen	3.000
Betr.- u. Gesch.ausst.	15.000	Darlehensverb.	70.000
Waren	33.000	Lieferantenverb.	65.000
Forderungen	44.000	PWB auf Forderungen	1.200
Dubiose	6.600	RAP passiv	400
Bank	28.000		
Kasse	5.000		
	221.600		221.600

Geschäftsvorfälle des Jahres 01:

1) Im Dezember des Vorjahres erhielt das Unternehmen 400 € Miete bar für den Monat Januar 01. Dieser Sachverhalt wurde im Jahresabschluss 01 richtig bilanziert.

2) Mietzahlung bar für Geschäftsräume: 3.000 €.

3) Warenverkauf auf Ziel über 50.000 € zzgl. USt. Der Wareneinsatz wird unter Verwendung des Wareneinsatzkontos verbucht (Wareneinsatz: 26.000 €). Der Kunde erhält 20% Rabatt.

4) Für die Geschäftsausstattung werden neue Regale für netto 5.000 € gekauft. Wir erhalten 10% Rabatt. Für den Transport und die Installation fallen zusätzlich 500 € (netto) an. Der Kaufpreis wird insgesamt durch Banküberweisung beglichen.

5) Auf dem Bankkonto gehen 7.700 € für Forderungen ein.

6) Es wird Büromaterial für 400 € (netto) bar gekauft.

7) Für die Reparatur des Gebäudes werden 2.500 € (netto) gezahlt (per Bank). Hierfür wurde im Vorjahr eine Rückstellung in Höhe von 3.000 € gebildet.

8) Der Buchhalter erhält 500 € Lohnvorschuss (bar).

9) Eine Lieferantenverbindlichkeit in Höhe von 15.000 € geht in eine Wechselverbindlichkeit über.

10) Die Forderung aus 3) geht unter Abzug von 2% Skonto (Bruttomethode) bar ein.

11) Einkauf von Waren auf Ziel für 3.300 € (inkl. USt).

12) Beim Wareneinkauf aus 11) müssen Waren im Nettowert von 1.000 € wegen Mängeln zurückgeschickt werden.

13) Der Buchhalter erhält einen Bruttolohn von 4.000 €. Der Arbeitgeberanteil zur Sozialversicherung beträgt 1.200 €, die Lohnsteuer 800 €. Der Nettolohn wird unter Berücksichtigung des Vorschusses (siehe 8) per Bank überwiesen.

14) Der Schuldwechsel wird per Banküberweisung eingelöst.

15) Die Lohnsteuer für das Gehalt des Buchhalters (siehe 13) wird an das Finanzamt überwiesen.

16) Der Unternehmer überweist seine Einkommensteuer an das Finanzamt: 9.000 €.

17) Eine Forderung über 2.750 €, die im Vorjahr zu 50% direkt abgeschrieben wurde (ohne USt-Korrektur), geht zu 60% auf dem Bankkonto ein.

18) Ein Firmen-Pkw wird für 4.400 € (brutto) verkauft. Der Kaufpreis geht auf dem Bankkonto ein. Der Buchwert des Pkws beträgt 5.000 € im Verkaufszeitpunkt.

19) Eine Einzelüberprüfung der Forderungen ergibt, dass eine Forderung über 3.300 € wahrscheinlich zu 30% ausfällt (direkte Abschreibung).

20) Die Miete für die Geschäftsräume wird von uns im Dezember für die Monate Dezember und Januar per Bank bezahlt. Betrag: 3.000 € pro Monat.

21) Unser Lieferant überweist uns einen Bonus in Höhe von 6.600 €.

Abschlussangaben:

a) Der Warenendbestand laut Inventur beträgt 3.000 €. Der Abschluss der Warenkonten erfolgt brutto.

b) Auf den Forderungsbestand wird eine Pauschalwertberichtigung (indirekt) von 3% vorgenommen (statisches Verfahren).

c) Es werden die folgenden planmäßigen Abschreibungen auf Sachanlagen getätigt (direkte Verrechnung):

    1) 4.000 € auf den Fuhrpark.

    2) 3.000 € auf die Betriebs- und Geschäftsausstattung.

d) Die Zahllast wird per Banküberweisung beglichen (Drei-Konten-Methode).

e) Die Kfz-Versicherung für den Firmen-Lkw wird erst am 1.3.02 nachträglich für die vergangenen zwölf Monate gezahlt (1.200 €).

Geben Sie die Buchungssätze für die Geschäftsvorfälle und zur Umsetzung der Abschlussangaben an. Führen Sie die Verbuchung auf Konten durch, erstellen Sie das Schlussbilanzkonto sowie das GuV-Konto und ermitteln Sie den Erfolg. **Verwenden Sie einen USt-Satz von 10%.**

Abschlussklausur 2 (120 Minuten)

Das Industrieunternehmen Gerd Eisen beginnt das Geschäftsjahr 01 mit der folgenden vereinfachten Bilanz:

A	Bilanz zum 1.1.01		P
Grundst. und Gebäude	120.000	Eigenkapital	196.700
Maschinelle Anlagen	30.000	Darlehensverb.	180.000
Fuhrpark	60.000	Lieferantenverb.	30.000
Betr.- u. Gesch.ausst.	20.000	Sonstige Verbindlichkeiten	4.000
Rohstoffe	28.000		
Betriebsstoffe	9.000		
Hilfsstoffe	3.000		
fertige Erzeugnisse	45.000		
unfertige Erzeugnisse	2.700		
Forderungen	33.000		
Bank	48.000		
Kasse	12.000		
	410.700		410.700

Bilden Sie die Buchungssätze zu den unten angegebenen Geschäftsvorfällen und Abschlussangaben und erstellen Sie den Jahresabschluss nach dem Gesamtkostenverfahren. Die Endbestände laut Inventur für die Roh-, Hilfs- und Betriebsstoffe entsprechen den rechnerischen Buchwerten. Zu Jahresbeginn beträgt der Bestand an fertigen Erzeugnissen 1500 Stück à 30 €, an unfertigen Erzeugnissen 100 Stück à 27 €. Die Umsatzsteuerkonten werden nach der Zwei-Konten-Methode abgeschlossen (USt-Satz: 10%).

Geschäftsvorfälle:

1) Die Miete für Dezember des vergangenen Jahres wird bar bezahlt (500 €).

2) Es werden Betriebsstoffe (1.500 € netto) und Hilfsstoffe (550 € inkl. USt) bar eingekauft. Bei den Hilfsstoffen wird ein Rabatt von 10% gewährt.

3) Die Lohnsteuer für die Arbeitnehmer aus dem Vorjahr (Dezemberbeträge) in Höhe von 3.500 € wird überwiesen.

4) Zieleinkauf von Rohstoffen über netto 15.000 €.

5) In der Produktion werden Rohstoffe (25.000 €), Betriebsstoffe (6.000 €) und Hilfsstoffe (2.500 €) eingesetzt.

6) Die Rechnung aus 4) wird per Banküberweisung gezahlt. Dabei werden zulässigerweise 3% Skonto abgezogen (Bruttomethode).

7) Gerd Eisen bringt seinen privaten Pkw (Wert: 8.000 €) in das Unternehmen ein.

8) Verkauf von Fertigerzeugnissen für 88.000 € (brutto). Der Zahlungseingang erfolgt auf dem Bankkonto.

9) Einem Lieferanten wird eine Anzahlung über 6.000 € überwiesen. Da wir noch keine Rechnung über diese Zahlung erhalten haben, kann noch kein Vorsteuerabzug erfolgen.

10) Eine Forderung über 11.000 € brutto fällt sicher aus.

11) Aufgrund eines laufenden Prozesses muss das Unternehmen damit rechnen, im Jahr 02 Schadensersatz in Höhe von ca. 1.300 € zahlen zu müssen.

12) Der Kunde aus 8) schickt Fertigfabrikate im Nettowert von 12.500 € wegen Mängeln zurück. Der Ausgleichsbetrag wird dem Kunden überwiesen.

13) Einem Kunden wird ein Bonus über 1.500 € (netto) gewährt (Banküberweisung).

14) Das Unternehmen erhält am 1.11. Miete für untervermietete Geschäftsräume in Höhe von insgesamt 1.500 € für fünf Monate im Voraus per Banküberweisung.

Abschlussangaben:

a) Der Endbestand an Fertigerzeugnissen beträgt 1.950 Stück. Die Herstellungskosten belaufen sich auf 30 €/Stück.

b) Am Jahresende sind noch 40 Stück unfertige Erzeugnissen im Lager vorhanden (Herstellungskosten: 27 €/Stück).

c) Es fallen die folgenden planmäßigen Abschreibungen an (direkte Verrechnung):

   1) 5.000 € auf Maschinen.

   2) 10.000 € auf den Fuhrpark.

   3) 5.000 € auf die Betriebs- und Geschäftsausstattung.

d) Auf den Forderungsbestand ist erstmals eine Pauschalwertberichtigung von 5% zu bilden (indirekt).

e) Ende Februar 02 erhalten wir den Zinsbetrag für ein gewährtes Darlehen. Zinszeitraum: 1.3.01 bis 28.2.02, Jahresbetrag: 1.200 €.

- Lösungen -

Lösungen der Aufgaben zum ersten Kapitel

Lösung zu Aufgabe 1 (Teilbereiche des Rechnungswesens)

Untergliederung des Rechnungswesens (Vergleichsr. = Vergleichsrechnung):

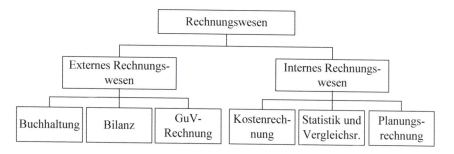

Lösung zu Aufgabe 2 (Informationsfunktion)

a) Da Maximilian Meier finanziell unabhängig sein möchte, ist er vorrangig am erwirtschafteten Erfolg interessiert. Er möchte wissen, ob er am Jahresende einen Gewinn oder Verlust erzielt hat. Im Fall eines Gewinns erhöht sich tendenziell seine Unabhängigkeit, im Fall eines Verlustes vermindert sie sich, weil er z.B. Kredite aufnehmen muss und somit stärker von der Bank abhängig wird.

b) Die Finanz-Bank ist an der termingerechten Rückzahlung des Kreditbetrages und an termingerechten Zinszahlungen interessiert. Je besser das erwirtschaftete Ergebnis ist, je höher also der Erfolg ist, um so geringer ist tendenziell das Risiko verspäteter Zahlungen bzw. von Zahlungsausfällen für die Bank.

c) Die Finanzbuchhaltung ermittelt in der GuV-Rechnung den Erfolg (Gewinn/Verlust) für jedes Geschäftsjahr. Somit werden sowohl die Informationsbedürfnisse von Maximilian Meier erfüllt (**Selbstinformation**), als auch die Bedürfnisse der Finanz-Bank gestillt (**Fremdinformation**). Die Finanzbuchhaltung stellt für beide Gruppen die notwendigen Informationen bereit. Die Informationsfunktion wird aber nur erfüllt, wenn eine ordnungsmäßige Dokumentation der Geschäftsvorfälle erfolgt.

Lösung zu Aufgabe 3 (Finanzbuchhaltung und Bilanz)

Richtig sind: 1), 3), 4), 5). – Falsch sind: 2), 6), 7), 8), 9).

Hinweise:

Zu 6): Es werden das Vermögen **und die Schulden** abgebildet.

Zu 8): Das Grundbuch wird als Journal bezeichnet.

Zu 9): Das Geschäftsjahr kann auch dauerhaft vom Kalenderjahr abweichen.

Lösung zu Aufgabe 4 (Geschäftsjahr)

Müller kann in 03 ein Rumpf-Geschäftsjahr bilden, so dass das erste Geschäftsjahr am 31.12.03 endet und kürzer ist als zwölf Monate. Die folgenden Geschäftsjahre entsprechen jeweils den Kalenderjahren und enden ebenfalls am 31.12. (Dauer: zwölf Monate).

Müller kann aber auch ein abweichendes Geschäftsjahr wählen. Dann fallen Geschäfts- und Kalenderjahr dauerhaft auseinander. Das erste Geschäftsjahr beginnt in diesem Fall am 16.4.03 und endet am 15.4.04 (Dauer: zwölf Monate). Auch die weiteren Geschäfts- jahre enden jeweils am 15.4. und dauern immer zwölf Monate.

Lösung zu Aufgabe 5 (Definitionen)

a) Bilanzstichtag: Das Ende des Geschäftsjahres (meist der 31.12. eines Jahres).

b) Eigenkapital: Die Differenz aus Vermögensgegenständen und Schulden.

c) Vermögenslage: Die in der Bilanz abgebildete Vermögens- und Schuldensituation.

d) Ertragslage: Die in der GuV-Rechnung abgebildete Ertrags- und Aufwands- situation.

e) Geschäftsjahr: Die zeitliche Abrechnungsperiode der Finanzbuchhaltung, die ma- ximal zwölf Monate betragen darf.

f) Jahresabschluss: Die Summe aus Bilanz und Gewinn- und Verlustrechnung.
(alle Kaufleute)

Lösung zu Aufgabe 6 (Jahresabschluss)

Die Multi-Aktiengesellschaft ist eine Kapitalgesellschaft. Der Jahresabschluss einer Kapi- talgesellschaft besteht aus der Bilanz, der GuV-Rechnung und dem Anhang. Der **Anhang** ist ein zusätzliches Rechnungslegungselement von Kapitalgesellschaften. Seine wesentli- che Aufgabe besteht in der Erläuterung der einzelnen Posten der Bilanz und GuV- Rechnung. Seine Aufstellung wird von Einzelunternehmen nicht verlangt.

Lösungen der Aufgaben zum zweiten Kapitel

Lösung zu Aufgabe 1 (Handelsrechtliche Vorschriften)

Nein. Auch für Kapitalgesellschaften gelten grundsätzlich die allgemeinen Vorschriften für alle Kaufleute. Nur wenn die ergänzenden Vorschriften für Kapitalgesellschaften spezielle Regelungen enthalten, müssen diese Normen vorrangig beachtet werden.

Lösung zu Aufgabe 2 (Pflichten nach § 239 HGB)

a) Zulässig, da die Buchführung in einer lebenden Sprache zu erstellen ist und Griechisch diese Bedingung erfüllt.

b) Unzulässig, da der Jahresabschluss zwingend in deutscher Sprache aufzustellen ist.

c) Unzulässig, da Altgriechisch keine lebende Sprache ist.

d) Unzulässig, da sichergestellt sein muss, dass die Eintragungen später nicht unkenntlich gemacht werden können. Bleistifteintragungen können durch Radierung gelöscht werden, so dass diese Bedingung nicht erfüllt ist.

e) Zulässig, da diese Eintragungen später nicht gelöscht werden können. Allerdings muss der Kugelschreiber die Anforderungen erfüllen, die an dokumentenechte Stifte gestellt werden. Oft befindet sich auf der Kugelschreibermine ein entsprechender Hinweis, dass die Norm für dokumentenechtes Schreiben erfüllt ist.

f) Unzulässig. Es muss sichergestellt sein, dass die ursprüngliche Eintragung später noch nachvollzogen werden kann. Bei einer fehlerhaften Eintragung in die Handelsbücher sind Streichungen zulässig, aber es muss ersichtlich sein, wie die ursprüngliche Eintragung lautete.

g) Unzulässig. Durch das Entfernen einer Seite kann nicht mehr nachvollzogen werden, welche ursprünglichen Eintragungen vorgenommen wurden. Auch wenn mehrere Fehler auf einer Seite stattgefunden haben, darf sie nicht entfernt werden. Notfalls könnte die ganze Seite durchgestrichen (entwertet) werden, so dass die Eintragungen aber noch lesbar sind. Dann könnten die Geschäftsvorfälle auf einer neuen Seite nochmals richtig verbucht werden.

Lösung zu Aufgabe 3 (Inventurverfahren)

Die Inventurverfahren lassen sich wie folgt systematisieren:

Inventurverfahren		
Stichtagsinventur	Vor- und nachver- legte Inventur	Permanente Inventur

Bei der **Stichtagsinventur** im strengen Sinne erfolgt die körperliche Bestandsaufnahme am Bilanzstichtag. Nachteil: Kaum zu bewältigender Arbeitsaufwand, so dass diese Methode praktisch nicht anwendbar ist. Die Inventur wird meist innerhalb weniger Tage vor bzw. nach dem Bilanzstichtag durchgeführt (erweiterte Stichtagsinventur). Vorteil: Einfachheit und eindeutiger Nachweis der Vermögensgegenstände.

Bei der **vor- und nachverlegten Inventur** wird die Inventurtätigkeit auf bis zu drei Monate vor bzw. zwei Monate nach dem Bilanzstichtag gestreckt. Die ermittelten Werte werden in einem besonderen Inventar verzeichnet. Anschließend erfolgt eine buchmäßige Vorrechnung bzw. Rückrechnung auf den Bilanzstichtag. Der Vorteil der Ausdehnung des Erfassungszeitraumes ist die Möglichkeit der Arbeitsverteilung: Die Inventur kann bei freien Kapazitäten und/oder niedrigen Lagerbeständen durchgeführt werden. Der Nachteil dieser Vereinfachungsmöglichkeit besteht in der Notwendigkeit eines ordnungsgemäßen Belegwesens, welches oft zu hohen Kosten führt.

Auch bei der **permanenten** Inventur erfolgt eine Streckung der Inventurtätigkeit. Die Erfassung der Vermögensgegenstände und Schulden erfolgt zu einem beliebigen Zeitpunkt innerhalb des Jahres. Anschließend muss eine Vor- bzw. Rückrechnung auf den Bilanzstichtag vorgenommen werden. Die Vor- und Nachteile entsprechen denen der vor- und nachverlegten Inventur.

Lösung zu Aufgabe 4 (Vor- und nachverlegte Inventur)

a) Die Vorgehensweise von Herrn Müller ist **nicht** zulässig! In der Zeit vom 15.11.02 und 31.12.02 sind Veränderungen in den Warenbeständen aufgetreten, die sich nicht ausgleichen. Es ist somit eine Anpassung der Inventurwerte an die veränderten Verhältnisse vorzunehmen, indem eine Vorrechnung auf den 31.12.02 erfolgt.

b) Inventarwert 31.12.02:
    Inventurbestand 15.11.02:   11.800 €
    + Zugang: 20.000 €

- Abgang: 15.600 €
= Endbestand: <u>16.200 €</u> (Inventarwert am 31.12.02)

Lösung zu Aufgabe 5 (Vor- und nachverlegte Inventur)

In der Zeit vom 1.1.02 bis zum 28.2.02 sind Waren im Wert von 12.000 € (16.400 € - 4.400 €) veräußert worden. Diese Waren waren am 31.12.01 noch auf Lager, so dass sie in das Inventar zum 31.12.01 aufzunehmen sind. Die Waren im Wert von 10.000 € sind erst nach dem Bilanzstichtag erworben worden, so dass sie am 31.12.01 nicht zu berücksichtigen sind.

Bestand am 31.12.01: 34.200 € - 10.000 € + 12.000 € = <u>36.200 €</u>

Lösung zu Aufgabe 6 (Inventurverfahren)

a) Das HGB legt nur die Dauer eines Geschäftsjahres fest: Nach § 240 Abs. 2 HGB darf das Geschäftsjahr **nicht mehr als zwölf** Monate betragen. Das ist bei Herrn Schulze der Fall. Da das Gesetz nicht vorschreibt, dass Kalender- und Geschäftsjahr deckungsgleich sein müssen, kann Herr Schulze die Finanzbuchhaltung auf die von ihm gewählte Abrechnungsperiode ausrichten.

b) Da das Warenlager von Herrn Schulze am Ende seines Geschäftsjahres den höchsten Warenbestand aufweist, ist die Stichtagsinventur unzweckmäßig. Die vor- und nachverlegte Inventur ist nur bis zu einem Zeitraum von zwei Monaten nach dem Bilanzstichtag (maximal bis 30.11.) möglich, so dass die **permanente Inventur** zur Anwendung gelangen kann. Die entsprechenden Voraussetzungen sind erfüllt: Der Bestand zum 31.12. wird in einem besonderen Inventar erfasst und ordnungsgemäß auf den Bilanzstichtag zurückgerechnet.

Lösung zu Aufgabe 7 (Definitionen)

a) Definitionen Inventur, Inventar und Bilanz:

Inventur: <u>Körperliche Bestandsaufnahme der Vermögensgegenstände und Schulden durch Zählen, Messen und Wiegen.</u>

Inventar: <u>Verzeichnis der Vermögensgegenstände und Schulden nach Art, Menge und Wert (Einzel- und Gesamtwert).</u>

Bilanz: <u>Gegenüberstellung des Vermögens und der Schulden nach Art und Wert. Hinweis: Auf der Passivseite erscheint als Restgröße noch das Eigenkapital.</u>

b) Unterscheidung Bilanz und Inventar (VG = Vermögensgegenstand):

	Bilanz	Inventar
Form	Kontoform	Staffelform
Größen	Nur Wertgrößen	Mengen- und Wertgrößen
Umfang	Zusammenfassung von VG und Schulden zu Posten	Ausführliche Darstellung von VG und Schulden

c) Arbeitsgang:

1) Durch Inventur werden die Bestände sämtlicher Vermögensgegenstände und Schulden ermittelt. Für bestimmte Posten ist hierbei eine Beleginventur vorzunehmen.

2) Die durch Inventur ermittelten Bestände werden ins Inventar übernommen. Zunächst werden die Vermögensgegenstände nach ihrer Liquidierbarkeit (Geldnähe) aufgelistet. Danach werden die Schulden nach ihrer Fristigkeit aufgeführt. Zuletzt wird das Eigenkapital berechnet, das sich aus der Differenz von Vermögen und Schulden ergibt.

3) Das Inventar wird in die Bilanz überführt. Dabei entfallen die Mengenangaben und einzelne Vermögensgegenstände werden zu Bilanzposten zusammengefasst. Die Darstellung erfolgt in der Bilanz in Kontoform (Inventar: Staffelform).

Lösung zu Aufgabe 8 (Inventar und Bilanz)

a) Das **Inventar** hat folgendes Aussehen:

I. Vermögensgegenstände

1 bebautes Grundstück	500.000,-
1 Lkw, Baujahr 05	20.000,-
1 Pkw, Baujahr 08	28.000,-
1 Schreibtisch, Anschaffung 08	1.200,-
1 Aktenschrank, Anschaffung 09	1.400,-
10 Aktien der ABC-AG à 250,-	2.500,-
2 Wohnzimmergarnituren à 7.000,-	14.000,-
3 Küchen à 3.000,-	9.000,-
2 Schlafzimmer à 3.500,-	7.000,-
10 Schränke à 230,-	2.300,-
15 Stühle à 50,-	750,-

Forderung Schmidt	3.300,-
Forderung Meier	1.500,-
Forderung Müller	1.800,-
Bankguthaben	6.000,-
Kasse	1.250,-
Vermögen	**600.000,-**

II. Schulden

Darlehensverbindlichkeiten	300.000,-
Lieferantenverbindlichkeiten Möbel AG	20.000,-
Lieferantenverbindlichkeiten Wohn GmbH	11.000,-
Schulden	**331.000,-**

III. Reinvermögen

Vermögen	600.000,-
Schulden	331.000,-
Reinvermögen (Eigenkapital)	**269.000,-**

b) Die **Bilanz** sieht wie folgt aus:

Aktiva		Bilanz zum 31.12.10		Passiva
A. Anlagevermögen			**A. Eigenkapital**	269.000
I. Sachanlagen			**B. Fremdkapital**	
1. Grundstücke und	500.000		1. Darlehensverbind-	
Gebäude			lichkeiten	300.000
2. Fuhrpark	48.000		2. Lieferantenverbindlich-	
3. Betriebs- und Ge-			keiten	31.000
schäftsausstattung	2.600			
II. Finanzanlagen	2.500			
B. Umlaufvermögen				
I. Waren	33.050			
II. Forderungen	6.600			
III. Bank und Kasse	7.250			
	600.000			600.000

Lösung zu Aufgabe 9 (Bilanz und Distanzrechnung)

a) Die Bilanz hat das folgende Aussehen. Die liquiden Mittel (Bank, Postbank und Kasse) werden in einem Posten ausgewiesen. Auch die (bebauten und unbebauten) Grundstücke werden zu einem Posten zusammengefasst. Die Fahrzeuge werden in einem speziellen Posten "Fuhrpark" ausgewiesen.

Aktiva	Bilanz zum 31.12.01		Passiva
A. Anlagevermögen		**A. Eigenkapital**	1.800.000
I. Immaterielles Vermögen	120.000	**B. Fremdkapital**	
II. Sachanlagen		1. Darlehensverbindlichkeiten	250.000
1. Grundstücke	1.450.000	2. Lieferantenverbindlichkeiten	150.000
2. Fuhrpark	74.000		
3. Geschäftseinrichtung	85.000		
III. Finanzanlagen			
1. Beteiligungen	40.000		
2. Wertpapiere	60.000		
B. Umlaufvermögen			
I. Waren	250.000		
II. Forderungen aus Lieferungen und Leistungen	53.000		
III. Bank, Postbank und Kasse	68.000		
	2.200.000		2.200.000

b) Bilanzsumme: 2.200.000 € und Eigenkapital: 1.800.000 €.

c) Die Finanzierung der Unternehmenstätigkeit erfolgt primär durch Eigenkapital. Weiter gehende Aussagen, insbesondere über die Finanzierung einzelner Vermögensgegenstände, lassen sich aus der Bilanz kaum ableiten.

d) Der Erfolg berechnet sich wie folgt:

Ek_{t1}	1.850.000 €
- Ek_{t0}	1.800.000 €
Gewinn	50.000 €

e) Der wesentliche Nachteil der Distanzrechnung besteht darin, dass die **Erfolgsquellen nicht sichtbar** werden. Es lässt sich zwar feststellen, dass ein Gewinn erwirtschaftet wurde – seine Erfolgskomponenten lassen sich aber nicht darstellen.

Lösung zu Aufgabe 10 (Posten der Bilanz)

a) Posten "Erhaltene Anzahlungen auf Bestellungen".

b) Posten "Betriebs- und Geschäftsausstattung" (evtl. gesonderter Posten "Fuhrpark").

c) Posten "Betriebs- und Geschäftsausstattung".

d) Es erfolgt kein Ausweis, da grundsätzlich nur solche Vermögensgegenstände zu bilanzieren sind, die dem Kaufmann rechtlich oder wirtschaftlich gehören.

e) Posten "Sonstige Ausleihungen" (Anlagevermögen).

f) Posten "Sonstige Wertpapiere" (Umlaufvermögen).

g) Posten "Wertpapiere des Anlagevermögens" (evtl. Ausweis unter "Finanzanlagen").

Lösung zu Aufgabe 11 (Bilanzgleichungen)

Aktiva	=	Passiva
Mittelverwendung	=	Mittelherkunft
Vermögen	=	Kapital

Eine weitere Aufteilung ist hinsichtlich des Vermögens und des Kapitals gemäß folgenden Gleichungen möglich:

a) Vermögen   = Anlagevermögen + Umlaufvermögen

b) Kapital   = Eigenkapital + Fremdkapital

c) Anlagevermögen + Umlaufvermögen = Eigenkapital + Fremdkapital

Lösung zu Aufgabe 12 (Gliederungsprinzipien)

Die Aktivseite ist nach der **Liquidierbarkeit** (Geldnähe) gegliedert. Je später ein Vermögensgegenstand liquidiert (in Bargeld umgewandelt) werden soll, desto weiter oben erscheint er in der Bilanz. Die Passivseite ist nach der **Fristigkeit** des Kapitals gegliedert. Je längerfristiger das Kapital dem Unternehmer zur Verfügung gestellt ist, desto weiter oben erscheint es in der Bilanz.

Lösung zu Aufgabe 13 (Total- und Periodenerfolg)

a) Die Erfolgsermittlung durch Distanzrechnung ergibt (Angaben in Tausend Euro):

Periode 01:	Δ EK	=	EK_1	-	EK_0	=	200	-	150	=	50
Periode 02:	Δ EK	=	EK_2	-	EK_1	=	180	-	200	=	- 20
Periode 03:	Δ EK	=	EK_3	-	EK_2	=	210	-	180	=	30
Totalperiode:	Δ EK	=	EK_3	-	EK_0	=	210	-	150	=	60

In Periode 01 wurde ein Gewinn von 50.000 €, in Periode 02 ein Verlust von 20.000 € und in Periode 03 ein Gewinn von 30.000 € erwirtschaftet. In der Totalperiode erzielte das Unternehmen einen Gewinn von 60.000 €. Diese Größe stimmt mit der Summe der Einzelerfolge überein (50.000 € - 20.000 € + 30.000 € = 60.000 €).

b) Grundsätzlich gilt: Der **Totalerfolg** entspricht der Summe der einzelnen Periodenerfolge. Wird der Erfolg jährlich ermittelt, erhalten die Bilanzleser – der Unternehmer zur Selbstinformation und die Gläubiger zur Fremdinformation – wichtige Informationen über die wirtschaftliche Lage des Unternehmens. Ein Gläubiger kann für eine Kreditvergabeentscheidung die wirtschaftliche Lage eines Unternehmens besser einschätzen, wenn er regelmäßige Informationen erhält. Im Beispiel ist von Bedeutung, dass der Erfolg der Periode 02 negativ ist. Diese Information geht verloren, wenn nur der Gesamterfolg ausgewiesen wird. Deshalb sieht das HGB eine jährliche Erfolgsermittlung vor.

Lösung zu Aufgabe 14 (Distanzrechnung)

a) Eigenkapital 31.12.01: 50.000 €, auf der Passivseite der Bilanz.
   Eigenkapital 31.12.02: -70.000 €, auf der Aktivseite der Bilanz.
   Eigenkapital 31.12.03: 150.000 €, auf der Passivseite der Bilanz.

b) Erfolgsermittlung durch Distanzrechnung:
   Periode 01: -70.000 € - 50.000 € = -120.000 € (= Verlust 120.000 €).
   Periode 02: 150.000 € - (-70.000 €) = 220.000 € (= Gewinn 220.000 €).

c) Die Erfolge der GuV-Rechnung entsprechen denen der Distanzrechnung. Das System der doppelten Buchführung führt zur Erfolgsgleichheit von Distanzrechnung und GuV-Rechnung.

Lösungen der Aufgaben zum dritten Kapitel

Lösung zu Aufgabe 1 (Kontenarten)

Konto in **Reihenform**:

Datum	Vorgang	Betrag	
		Einzahlung	Auszahlung
1.5.	Anfangsbestand	60.000	
2.5.	Einzahlung vom Kunden Müller	1.500	
3.5.	Überweisung Stromrechnung April		4.900
5.5.	Überweisung der Sozialaufwendungen		48.000
6.5.	Auszahlung Reparatur für Firmenwagen		2.000
9.5.	Überweisung der Steuern ans Finanzamt		3.500
10.5.	Überweisung vom Kunden Franke	80.000	
12.5.	Zinsgutschrift für das Vorjahr	4.800	
13.5.	Überweisung an Firma Bandura		12.500
	Saldo		75.400

Konto in **T-Form** ("T-Konto"):

S		Bank				H
1.5.	Anfangsbestand	60.000	3.5.	Stromrechnung		
2.5.	Einzahlung vom			für April	4.900	
	Kunden Müller	1.500	5.5.	Sozialaufwendungen	48.000	
10.5.	Überweisung Franke	80.000	6.5.	Kfz-Reparatur	2.000	
12.5.	Zinsgutschrift	4.800	9.5.	Überweisung Steuern	3.500	
			13.5.	Überweisung Bandura	12.500	
				Saldo	75.400	
		146.300			146.300	

Lösung zu Aufgabe 2 (Bestandskonten)

In einer Bilanz erscheinen nur Bestandsgrößen (Werte bezogen auf einen Zeitpunkt). Jeder Bilanzposten kann auf einem gesonderten Konto erfasst werden. Jedes dieser Konten ist ein **Bestandskonto**. Erscheint der Bestand auf der Aktivseite der Bilanz, spricht man von einem aktiven Bestandskonto (Aktivkonto). Umgekehrt existiert zu jedem bilanziellen Passivposten ein passives Bestandskonto (Passivkonto).

S	Aktivkonto	H	S	Passivkonto	H
AB	Abgänge		Abgänge	AB	
Zugänge	EB		EB	Zugänge	

Beispiele:
Bebaute Grundstücke, Waren,
Maschinen.

Beispiele:
Eigenkapital, Darlehensverbindlichkeiten, Lieferantenverbindlichkeiten.

Lösung zu Aufgabe 3 (Kontenabschluss)

a) Aktives Bestandskonto: Endbestand 3.000,- (Im Haben).

b) Passives Bestandskonto: Endbestand 4.500,- (Im Soll).

c) Aktives Bestandskonto: Endbestand 15.500,- (Im Haben).

d) Aktives Bestandskonto: Endbestand null.

e) Passives Bestandskonto: Endbestand 2.000,- (Im Soll).

Hinweise:

Zu d): Da der Endbestand null ist, wird dieses Konto nicht mehr in die Bilanz aufgenommen. Es ist ausgeglichen.

Zu e): Grundsätzlich ist das Konto "Bank" ein aktives Bestandskonto. Im vorliegenden
Fall wurde das Konto jedoch überzogen, so dass sich eine Verbindlichkeit ("Verbindlichkeit gegenüber Kreditinstituten") ergibt. Das Konto verwandelt sich vom
aktiven zum passiven Bestandskonto.

Lösung zu Aufgabe 4 (Verbuchung von Geschäftsvorfällen)

Unter einem **Geschäftsvorfall** versteht man einen Vorgang, der zu einer Veränderung der
Höhe oder Zusammensetzung des Reinvermögens (in der Bilanz) oder des Erfolges (in der
GuV-Rechnung) führt. Ausschlaggebend für die Verbuchung eines Geschäftsvorfalls ist
der **Realisationszeitpunkt**. Dieser ist gegeben, wenn der Unternehmer wirtschaftlich über
einen Gegenstand verfügen kann (beim Erwerb) bzw. nicht mehr verfügen kann (beim
Verkauf). Die rechtlichen Verhältnisse sind hierbei nicht entscheidend.

a) Durch den Abschluss des Kaufvertrags können wir noch nicht über die Ware verfügen. Der Vertrag verpflichtet unseren Lieferanten nur zur Lieferung, die jedoch
noch nicht erfolgte. **Keine Buchung.**

b) Mit der Lieferung der Ware erfolgt die Realisation des Geschäftsvorfalls, da wir über
die Ware verfügen können. **Buchung am Liefertag (Ware und Verbindlichkeit).**

c) Die Teilzahlung der Ware und die Verrechnung gegen eine Forderung führen zu einer anderen Zusammensetzung des Vermögens und der Schulden (bei konstantem Reinvermögen). Wir können nicht mehr über das Geld bzw. die alte Forderung verfügen. **Buchung am Zahlungstag (Bank und Forderungen).** <u>Hinweis</u>: Der nicht bezahlte Betrag bleibt als Verbindlichkeit bestehen.

d) Der Eigentumsvorbehalt dient der Absicherung des Lieferanten. Der Kunde erwirbt erst mit der Zahlung der letzten Kaufpreisrate das rechtliche Eigentum an der Sache. Entscheidend ist jedoch der wirtschaftliche Aspekt: Mit der Lieferung können wir über die Ware verfügen, sie insbesondere weiterveräußern. Daher ist der Geschäftsvorfall bezüglich der Ware realisiert. **Buchung am Liefertag (Ware und Verbindlichkeit).**

Mit der Bezahlung der Ware liegt ein weiterer Geschäftsvorfall vor, da wir nicht mehr über das Geld verfügen können. Die Verbindlichkeiten und das Bankguthaben nehmen ab. Das Vermögen und die Schulden ändern sich. **Buchung am Zahlungstag.**

e) Die Veräußerung führt zu einer Änderung der Zusammensetzung des Vermögens: Der Warenbestand nimmt ab, die Forderungen nehmen zu. **Buchung am Liefertag.**

Lösung zu Aufgabe 5 (Erfolgsneutrale Geschäftsvorfälle)

a) Erfolgsneutrale Geschäftsvorfälle:

Aktivtausch:

1) Eine Forderung wird durch Banküberweisung beglichen.

2) Wir erhalten Waren gegen Barzahlung.

Passivtausch:

1) Eine Lieferantenverbindlichkeit wird in ein Darlehen umgewandelt.

2) Eine Bankschuld wird durch ein Hypothekendarlehen gesichert.

Bilanzverlängerung:

1) Wir kaufen Ware auf Ziel.

2) Bei der Bank wird ein Darlehen gegen Gutschrift auf unserem Konto aufgenommen.

Bilanzverkürzung:

1) Ein Lieferant erhält zur Begleichung einer Rechnung Bargeld.

2) Wir tilgen eine Hypothekenverbindlichkeit vollständig durch Banküberweisung.

b) Es sind **keine** weiteren erfolgsneutralen Geschäftsvorfälle möglich. Die erläuterten vier Grundtypen umfassen aus systematischer Sicht alle denkbaren bilanziellen Vorgänge mit erfolgsneutralem Charakter.

Lösung zu Aufgabe 6 (Buchungssätze)

1) Masch. Anlagen: Aktivkonto; Mehrung; Sollseite

   Bank: Aktivkonto; Minderung; Habenseite

   Buchungssatz: **Masch. Anlagen an Bank 50.000,-**

2) Waren: Aktivkonto; Mehrung; Sollseite

   Lieferantenverb.: Passivkonto; Mehrung; Habenseite

   Buchungssatz: **Waren an Lieferantenverb. 1.000,-**

3) Kasse: Aktivkonto; Minderung; Habenseite

   Lieferantenverb.: Passivkonto; Minderung; Sollseite

   Buchungssatz: **Lieferantenverb. an Kasse 1.000,-**

4) Bank: Aktivkonto; Minderung; Habenseite

   Kasse: Aktivkonto; Mehrung; Sollseite

   Buchungssatz: **Kasse an Bank 500,-**

5) Kasse: Aktivkonto; Mehrung; Sollseite

   Fuhrpark: Aktivkonto; Minderung; Habenseite

   Buchungssatz: **Kasse an Fuhrpark 5.000,-**

6) Darlehensverb.: Passivkonto; Mehrung; Habenseite

   Bank: Aktivkonto; Mehrung; Sollseite

   Buchungssatz: **Bank an Darlehensverb. 20.000,-**

7) Bank: Aktivkonto; Mehrung; Sollseite

   Forderungen: Aktivkonto; Minderung; Habenseite

   Buchungssatz: **Bank an Forderungen 1.500,-**

8) Lieferantenverb.: Passivkonto; Minderung; Sollseite

   Darlehensverb.: Passivkonto; Mehrung; Habenseite

   Buchungssatz: **Lieferantenverb. an Darlehensverb. 2.000,-**

9) Waren: Aktivkonto; Mehrung; Sollseite

   Lieferantenverb.: Passivkonto; Mehrung; Habenseite

   Kasse: Aktivkonto; Minderung; Habenseite

   Buchungssatz: **Waren 6.000,- an Lieferantenverb. 4.000,- und Kasse 2.000,-**

10) Finanzanlagen: Aktivkonto; Minderung; Habenseite

   Kasse: Aktivkonto; Mehrung; Sollseite

   Bank: Aktivkonto; Mehrung; Sollseite

   Buchungssatz: **Kasse 2.000,- und Bank 3.000,- an Finanzanlagen 5.000,-**

Hinweis: Es kann auch das Aktivkonto "Wertpapiere des AV" verwendet werden.

Lösung zu Aufgabe 7 (Buchungssätze und Geschäftsvorfälle)

1) Einkauf von Waren auf Ziel.
2) Umschuldung des Darlehens A (auf Darlehen B).
3) Verkauf von Betriebs- und Geschäftsausstattung auf Ziel.
4) Bargeld wird auf das Postbankkonto eingezahlt.
5) Eine Forderung wird mit einer Lieferantenverbindlichkeit verrechnet.
6) Waren werden eingekauft; die Bezahlung erfolgt zum Teil bar und zum Teil durch Banküberweisung.
7) Tilgung einer Hypothekenverbindlichkeit durch Banküberweisung.
8) Erwerb von Finanzanlagen (langfristig gehaltene Wertpapiere); die Zahlung erfolgt durch Banküberweisung.

Lösung zu Aufgabe 8 (Bestands- und Erfolgskonten)

Richtig sind: 2), 4), 5), 6), 9). – Falsch sind: 1), 3), 7), 8), 10), 11), 12).

Hinweise:

Zu 8):   Erfolgskonten haben keine Anfangs- und Endbestände.

Zu 10):   Möglich sind Korrekturen auf Ertragskonten, z.B. zu viel erhaltene Miete, die auf der Sollseite des Kontos "Mietertrag" gebucht wird.

Zu 11):   Ertragskonten weisen keinen Endbestand auf, da auch diesem Konto nur Strömungsgrößen erfasst werden. Ertrags- und Aufwandskonten werden durch die Bildung von Salden abgeschlossen.

Lösung zu Aufgabe 9 (Doppelte Buchhaltung)

Richtig sind: 2), 3), 4). – Falsch ist: 1) - Zusammengesetzte Buchungen können auftreten.

Lösung zu Aufgabe 10 (Abschluss von Erfolgskonten)

Bei Aufwandskonten erscheint der Saldo am Ende des Geschäftsjahres meist im Haben, bei Ertragskonten dagegen im Soll. Die Salden werden auf das GuV-Konto übertragen. Sind die Erträge größer als die Aufwendungen, ist ein Gewinn entstanden. Im umgekehrten Fall liegt ein Verlust vor. Der Gewinn führt zu einer Mehrung des Eigenkapitals, der Verlust zu einer Eigenkapitalminderung. Das Eigenkapital in der Bilanz ändert sich entsprechend: Die Eigenkapitalmehrung wird auf dem Konto "Eigenkapital" im Haben, die Eigenkapitalminderung im Soll erfasst. In der folgenden Skizze wird ein Gewinnfall unterstellt.

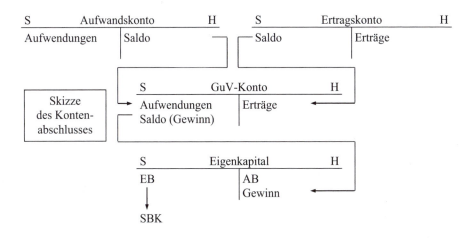

Lösung zu Aufgabe 11 (Aufbau von Erfolgskonten)

Aufwendungen stellen eine Eigenkapitalminderung, Erträge eine Eigenkapitalmehrung dar. Eigenkapitalminderungen werden im Eigenkapitalkonto im Soll, Eigenkapitalmehrungen im Haben erfasst. Die Erfolgskonten (Aufwands- und Ertragskonten) werden aus dem Eigenkapitalkonto ausgelagert und folgen der Systematik des Hauptkontos. Deshalb werden Ertragskonten im Haben (Eigenkapitalmehrung) und Aufwandskonten im Soll (Eigenkapitalminderung) gebucht.

Grafisch:

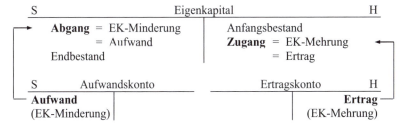

Lösung zu Aufgabe 12 (GuV-Rechnung)

a)   Die GuV-Rechnung befindet sich auf der folgenden Seite (Angaben in Euro).

Gewinn- und Verlustrechnung	
Umsatzerlöse	165.000
- Wareneinsatz	- 42.000
- Personalaufwand	- 34.000
- sonstige betriebliche Aufwendungen	- 19.800
+ sonstige betriebliche Erträge	+ 5.000
- Zinsaufwendungen	- 6.000
= Ergebnis der gewöhnlichen Geschäfts-tätigkeit	68.200
= Gesamtergebnis (Gewinn)	68.200

Hinweise: Die Umsatzerlöse umfassen die Erträge aus dem betrieblichen Kerngeschäft (= Erlöse aus dem Verkauf der Heidesträuße), aber nicht die Einnahmen des Kaffeeautomaten, der ein Nebengeschäft darstellt (= sonstige betriebliche Erträge). Die sonstigen betrieblichen Aufwendungen umfassen den Mietaufwand (insgesamt 12.000 €) und den Strom, die Gebühren und die Beiträge in Höhe von 7.800 €. Insgesamt: 19.800 €. Die Zinsaufwendungen betragen 6.000 € (12% von 50.000 €).

b) Das Betriebsergebnis ist positiv und beträgt 74.200 €, während das Finanzergebnis negativ ist: -6.000 €. Dem Zinsaufwand stehen keine finanziellen Erträge gegenüber. Dadurch wird auch das Ergebnis der gewöhnlichen Geschäftstätigkeit vermindert.

Lösung zu Aufgabe 13 (Ergebnisberechnung)

a) Das Ergebnis der gewöhnlichen Geschäftstätigkeit besteht aus dem Betriebs- und dem Finanzergebnis. In 01: 26.000 €. Zum Gesamtergebnis ist noch das außerordentliche Ergebnis hinzuzurechnen (80.000 €). Gesamtergebnis für Unternehmen A: 106.000 €.

b) Das Betriebsergebnis ergibt als Differenz aus dem Ergebnis der gewöhnlichen Geschäftstätigkeit und dem Finanzergebnis. Für Unternehmen B: 43.000 € in 01.

c) Wenn kein außerordentliches Ergebnis vorliegt, gilt für das Finanzergebnis: Gesamtergebnis abzüglich Betriebsergebnis. Für Unternehmen C in 01: 72.000 €.

Lösung zu Aufgabe 14 (Erfolgsspaltung)

Kreditgeber sind daran interessiert, den gewährten Kredit nebst Zinsen zurückzuerhalten. Die Wahrscheinlichkeit für eine ordnungsgemäße Kredittilgung steigt, wenn ein Unternehmen dauerhaft Gewinne erzielt. Bei Unternehmen A ist diese Bedingung besser erfüllt als bei Unternehmen B, da Unternehmen A über einen hohen Anteil langfristiger Ergebniskomponenten verfügt. Damit ist die Kreditwürdigkeit von Unternehmen A besser als die von Unternehmen B, dessen Erfolg zu einem hohen Anteil aus Einmaleffekten besteht.

Lösung zu Aufgabe 15 (GuV-Rechnung)

Richtig sind: 1), 2), 8). – Falsch sind: 3), 4), 5), 6), 7), 9).

Hinweise:

Zu 5): Bei der Staffelform erscheinen die Posten untereinander.

Zu 7): Es handelt sich um Wareneinsatz: Fleisch ist ein typisches Produkt in einer Metzgerei, so dass sich Umsatzerlöse und Wareneinsatz gegenüberstehen.

Zu 9): Die Dividenden für private Aktien sind nicht im Betrieb entstanden und daher überhaupt nicht in der GuV-Rechnung zu erfassen.

Lösung zu Aufgabe 16 (Privatkonto)

Richtig sind: 1), 4). – Falsch sind: 2), 3), 5).

Lösung zu Aufgabe 17 (Distanzrechnung)

a) **Nein.** Zunächst ist nur eine **Eigenkapitalmehrung** von 30 € festzustellen. Die Aussage, dass diese Eigenkapitalmehrung ein Erfolg (Gewinn) ist, gilt nur unter der Annahme, dass keine Privatvorgänge stattgefunden haben (z.B. Privatentnahmen).

b) Erfolg = EK_1 - EK_0 + Privatentnahmen - Privateinlagen

Erfolg = 130 € - 100 € + 10 € - 50 € = -10 € (Verlust)

Diese Form der Erfolgsermittlung heißt **erweiterte Distanzrechnung**.

Lösung zu Aufgabe 18 (Verbuchung von Privatvorgängen)

a) Buchungssätze

(1)	Privatkonto	an	Kasse	5.000,-
(2)	Postbank	an	Privatkonto	4.200,-
(3)	Privatkonto	an	Bank	1.000,-
(4)	Privatkonto	an	Kasse	2.800,-
(5a)	GuV-Konto	an	Aufwandskonten	280.000,-

LÖSUNGEN

(5b) Ertragskonten	an	GuV-Konto	350.000,-
(5c) GuV-Konto	an	Eigenkapitalkonto	70.000,-
Abschluss des Privatkontos:			
(6) Eigenkapitalkonto	an	Privatkonto	4.600,-

b) Kontendarstellung:

S	Privatkonto		H
(1)	5.000	(2)	4.200
(3)	1.000	(6)	4.600
(4)	2.800		
	8.800		8.800

S	Eigenkapitalkonto		H
(6)	4.600	AB	520.000
EB	585.400	(5c)	70.000
	590.000		590.000

S	GuV-Konto		H
(5a) Div. Aufwendungen	280.000	(5b) Div. Erträge	350.000
(5c) Gewinn	70.000		
	350.000		350.000

Erfolgsermittlung:

	EK_1	585.400,-
-	EK_0	520.000,-
+	Entnahmen	8.800,-
-	Einlagen	4.200,-
	Gewinn	70.000,-

Hinweis: Der Erfolg des GuV-Kontos und der Erfolg nach (einfacher oder erweiterter) Distanzrechnung stimmen immer überein (hier: Gewinn: 70.000 €).

Lösung zu Aufgabe 19 (Erweiterte Distanzrechnung)

Das Eigenkapital ist in 02 um 55.000 € gestiegen (80.000 € - 25.000 €). Aber zwei private Zahlungen haben das Eigenkapital vermindert: Die Einkommensteuer mit 5.000 € und die Kirchensteuer mit 500 €. Diese privaten Entnahmen sind wieder zuzurechnen, so dass der Gewinn 60.500 € beträgt. Die übrigen beiden Zahlungen sind betrieblich veranlasst.

Lösung zu Aufgabe 20 (Buchungssätze und Erfolgswirkungen)

1) Waren an Lieferantenverbindlichkeiten – erfolgsneutral.
2) Lohn- und Gehaltsaufwand an Kasse – erfolgswirksam.
3) Bank an Privatkonto – erfolgsneutral.
4) Darlehensverbindlichkeit an Bank – erfolgsneutral.
5) Sonstiger betrieblicher Aufwand an Bank – erfolgswirksam.
6) Privatkonto an Bank – erfolgsneutral. **Hinweis**: Bei der Einkommensteuer und der Kirchensteuer handelt es sich immer um private Steuern und in diesem Fall um eine Privatentnahme, da die Bezahlung vom betrieblichen Bankkonto erfolgt.
7) Kasse an Mietertrag – erfolgswirksam.
8) Lieferantenverbindlichkeiten an Bank – erfolgsneutral.
9) Reparaturaufwand an Bank – erfolgswirksam.
10) Privatkonto an Kasse – erfolgsneutral.
11) Steueraufwand an Privatkonto – erfolgswirksam.
12) Keine Buchung relevant. **Hinweis**: Es handelt sich um eine private Steuer, die vom privaten Bankkonto bezahlt wird. Somit wird die betriebliche Ebene nicht berührt und es liegt kein buchungsrelevanter Geschäftsvorfall vor.

Lösung zu Aufgabe 21 (Buchungssätze und Erfolgsermittlung)

Buchungssätze:

(1) Bank	an	Fuhrpark		10.000,-
(2) Betr.- u. Gesch.ausst.	an	Bank		5.000,-
(3) Bank	an	Zinsertrag		600,-
(4) Kasse	an	Forderungen		2.500,-

Kontenmäßige Darstellung:

S	Betr.-u. Gesch.ausst.		H		S	Fuhrpark		H
(2)	5.000	SBK	5.000		AB	50.000	(1)	10.000
							SBK	40.000
	5.000		5.000			50.000		50.000

S	Bank		H		S	Kasse		H
AB	20.000	(2)	5.000		(4)	2.500	SBK	2.500
(1)	10.000	SBK	25.600			2.500		2.500
(3)	600							
	30.600		30.600					

S	Zinsertrag		H
GuV	600	(3)	600
	600		600

S	Forderungen		H
AB	5.000	(4)	2.500
		SBK	2.500
	5.000		5.000

S	Fremdkapital		H
SBK	30.000	AB	30.000
	30.000		30.000

S	GuV-Konto		H
Gewinn	600	Zinsertrag	600
	600		600

Der Gewinn von 600 € führt zu einer Eigenkapitalmehrung im Schlussbilanzkonto (von 45.000 € auf 45.600 €)

S	SBK		H
Fuhrpark	40.000	Eigenkapital	45.600
Betr.- u. Geschäftsausstattung	5.000	Fremdkapital	30.000
Forderungen	2.500		
Bank	25.600		
Kasse	2.500		
	75.600		75.600

Erfolgsermittlungen:

1) Erfolg lt. GuV-Konto: 600 € (Ertrag: 600 €; Aufwand: 0 €).

2) Erfolg nach Distanzrechnung: 600 € (EK-Vergleich: 45.600 € - 45.000 €).

Hinweis: Das Eigenkapital wird nur durch den erfolgswirksamen Zinsertrag verändert. Es steigt um 600 € an. Das Eigenkapitalkonto erfährt auf der Habenseite einen Zuwachs von 600 € (Endbestand somit 45.600 €: 45.000 € + 600 €).

Lösung zu Aufgabe 22 (Anfangsbilanz – Buchungen – Schlussbilanz)

Das Eröffnungsbilanzkonto ergibt sich aus der Anfangsbilanz zum Jahresbeginn durch formale Vertauschung der Kontenseiten. Damit ergibt sich das folgende Aussehen:

S	EBK			H
Eigenkapital	169.000	Grundstücke und Gebäude		200.000
Hypothekenverbindlichkeiten	120.000	Fuhrpark		45.000
Darlehensverbindlichkeiten	60.000	Betriebs- u. Geschäftsausstattung		31.000
Lieferantenverbindlichkeiten	13.000	Finanzanlagen		18.000
		Waren		32.000
		Forderungen		8.000
		Bank		26.000
		Kasse		2.000
	362.000			362.000

Buchungssätze:

(1) Waren   an Lieferantenverbindlichkeiten   4.500,-

(2) Privatkonto   an Fuhrpark   11.000,-

(3) Zinsaufwand   an Lieferantenverbindlichkeiten   100,-

(4) Bank   an Forderungen   3.300,-

(5) Kasse   an Umsatzerlöse   2.100,-

(6) Hypothekenverb. 16.000,-   an Bank   21.500,-
    Darlehensverb.   5.500,-

(7) Kein buchungsrelevanter Tatbestand, da in 01 nur ein Vertragsabschluss vorliegt
    und noch keine Auszahlung des Geldes erfolgte. Die Buchung erfolgt erst in 02.

(8) Bank   an Zinserträge   800,-

(9) Mietaufwand   an Bank   1.800,-

(10) Kasse   an Privatkonto   2.200,-

(11) Reparaturaufwand   an Kasse   500,-

(12) Betr.- u. Geschäftsausstattung   an Lieferantenverbindlichkeiten   2.800,-

(13) Büroaufwand   an Bank   1.600,-

(14) SBK   an Waren   36.500,-

Kontenmäßige Darstellung:

S	Grundst. u. Gebäude		H		S	Fuhrpark		H
AB	200.000	SBK	200.000		AB	45.000	(2)	11.000
	200.000		200.000				SBK	34.000
						45.000		45.000

S	Betr.- u. Geschäftsausstattung		H
AB	31.000	SBK	33.800
(12)	2.800		
	33.800		33.800

S	Finanzanlagen		H
AB	18.000	SBK	18.000
	18.000		18.000

S	Waren		H
AB	32.000	(14)	36.500
(1)	4.500		
	36.500		36.500

S	Forderungen		H
AB	8.000	(4)	3.300
		SBK	4.700
	8.000		8.000

S	Bank		H
AB	26.000	(6)	21.500
(4)	3.300	(9)	1.800
(8)	800	(13)	1.600
		SBK	5.200
	30.100		30.100

S	Kasse		H
AB	2.000	(11)	500
(5)	2.100	SBK	5.800
(10)	2.200		
	6.300		6.300

S	Eigenkapital		H
Privat	8.800	AB	169.000
GuV	1.100		
SBK	159.100		
	169.000		169.000

S	Hypothekenverbindlichkeiten		H
(6)	16.000	AB	120.000
SBK	104.000		
	120.000		120.000

S	Darlehensverbindlichkeiten		H
(6)	5.500	AB	60.000
SBK	54.500		
	60.000		60.000

S	Lieferantenverbindlichkeiten		H
SBK	20.400	AB	13.000
		(1)	4.500
		(3)	100
		(12)	2.800
	20.400		20.400

S	Privatkonto		H
(2)	11.000	(10)	2.200
		EK	8.800
	11.000		11.000

S	Zinsaufwand		H
(3)	100	GuV	100
	100		100

S	Umsatzerlöse		H
GuV	2.100	(5)	2.100
	2.100		2.100

S	Zinserträge		H
GuV	800	(8)	800
	800		800

S	Mietaufwand		H
(9)	1.800	GuV	1.800
	1.800		1.800

S	Reparaturaufwand		H
(11)	500	GuV	500
	500		500

S	Büroaufwand		H
(13)	1.600	GuV	1.600
	1.600		1.600

S	GuV-Konto		H
Zinsaufwand	100	Umsatzerlöse	2.100
Mietaufwand	1.800	Zinsertrag	800
Reparaturaufwand	500	Verlust	1.100
Büroaufwand	1.600		
	4.000		4.000

S	SBK		H
Grundstücke und Gebäude	200.000	Eigenkapital	159.100
Fuhrpark	34.000	Hypothekenverbindlichkeiten	104.000
Betriebs- u. Gesch.ausstattung	33.800	Darlehensverbindlichkeiten	54.500
Finanzanlagen	18.000	Lieferantenverbindlichkeiten	20.400
Waren	36.500		
Forderungen	4.700		
Bank	5.200		
Kasse	5.800		
	338.000		338.000

Erfolgsermittlungen:

Erfolg gemäß GuV-Konto: Erträge 2.900 € - Aufwendungen 4.000 € = Verlust 1.100 €.

Erfolg gemäß Distanzrechnung: Differenz der Eigenkapitalbestände aus den Bilanzen: 159.100 € - 169.000 € = -9.900 €. Die Zurechnung der privaten Entnahmen von 8.800 € führt zum Verlust von 1.100 €. **Beide Erfolge stimmen überein.**

Lösungen der Aufgaben zum vierten Kapitel

Lösung zu Aufgabe 1 (Gemischtes Warenkonto)

a) Das gemischte Warenkonto wird wie folgt abgeschlossen:

S	Waren		H
AB	31.000	Abgang 1	12.600
Zugang 1	11.000	Abgang 2	19.300
Zugang 2	6.500	EB lt. Inventur	28.500
Zugang 3	7.400		
Saldo	4.500		
	60.400		60.400

SBK	an	Waren	28.500,-
Waren	an	GuV-Konto	4.500,-

b) Der Saldo wird als Warenroherfolg bezeichnet. Der positive Erfolg heißt Warenroh-gewinn, der negative Erfolg Warenrohverlust. Der Saldo von 4.500 € ist ein Waren-rohgewinn, weil die Abgänge mit höheren Verkaufspreisen bewertet werden.

c) Anfangsbestand: Eröffnungsbilanzkonto.

Zugänge: Lieferantenverbindlichkeiten (bei Zieleinkauf) oder Zahlungsmittelkonto (z.b. Bank, Kasse).

Abgänge: Forderungen (bei Zielverkauf) oder Zahlungsmittel-konto (z.B. Bank).

Endbestand: Schlussbilanzkonto.

Saldo (Warenroherfolg):   GuV-Konto.

d) Anfangsbestand: zu Einstandspreisen.

Zugänge: zu Einstandspreisen.

Abgänge: zu Verkaufspreisen.

Endbestand: zu Einstandspreisen.

e) **Keiner**. Anschaffungskosten und Einstandspreise sind identische Begriffe. Einstands-preise sind die Anschaffungskosten der Waren. Es gilt § 255 Abs. 1 HGB.

Lösung zu Aufgabe 2 (Gemischtes Warenkonto)

1. Unübersichtlichkeit. Da sowohl Buchungen zu Einkaufswerten als auch Buchungen zu Verkaufswerten vorgenommen werden, wird das Konto unübersichtlich.

2. Unhandlichkeit. Das Konto ist gleichzeitig Bestands- und Erfolgskonto. Der Erfolg kann erst nach einer Inventur des Warenendbestandes ermittelt werden. Das gemischte Warenkonto ist somit unhandlich.

Lösung zu Aufgabe 3 (Getrennte Warenkonten)

Der Bilanzposten "Waren" wird zur Verbuchung des Warenverkehrs in die beiden Konten "Wareneinkauf" und "Warenverkauf" aufgeteilt. Am Jahresende erscheint das Konto "Wareneinkauf" in der Bilanz wieder unter der Bezeichnung "Waren".

Buchungssätze:

(1) Wareneinkauf	an	Bank	10.000,-
(2) Bank	an	Forderungen	3.200,-
(3) Forderungen	an	Warenverkauf	5.000,-
(4) Darlehensverbindlichkeiten	an	Bank	3.000,-

Buchungssätze zum Abschluss der Warenkonten und des GuV-Kontos:

(a) SBK	an	Wareneinkauf	35.000,-
(b) GuV-Konto	an	Wareneinkauf	15.000,-
(c) Warenverkauf	an	GuV-Konto	5.000,-
(d) Eigenkapital	an	GuV-Konto	10.000,-

Kontenmäßige Darstellung:

S	Bank		H
AB	12.000	(1)	10.000
(2)	3.200	(4)	3.000
		SBK	2.200
	15.200		15.200

S	Forderungen		H
AB	15.000	(2)	3.200
(3)	5.000	SBK	16.800
	20.000		20.000

S	Wareneinkauf		H
AB	40.000	(b)	15.000
(1)	10.000	(a)	35.000
	50.000		50.000

S	Warenverkauf		H
(c)	5.000	(3)	5.000
	5.000		5.000

S	Darlehensverbindlichkeiten		H
(4)	3.000	AB	27.000
SBK	24.000		
	27.000		27.000

S	Betr.- u. Gesch.ausstat.		H
AB	25.000	SBK	25.000
	25.000		25.000

S	GuV-Konto (Bruttomethode)			H
Wareneinsatz (b)	15.000	Warenverkauf (c)		5.000
		Verlust (d)		10.000
	15.000			15.000

S	SBK		H
Betr.- u. Gesch.ausst.	25.000	Eigenkapital	55.000
Wareneinkauf (a)	35.000	Darlehensverbindlichkeiten	24.000
Forderungen	16.800		
Bank	2.200		
	79.000		79.000

Lösung zu Aufgabe 4 (Rücksendungen)

a) **Buchungssätze**:

(1) Wareneinkauf	an	Lieferantenverbindlichkeiten	6.300,-
(2) Lieferantenverbindlichkeiten	an	Bank	5.000,-
(3) Kasse	an	Warenverkauf	6.000,-
(4) Forderungen	an	Warenverkauf	18.000,-
(5) Warenverkauf	an	Forderungen	12.000,-
(6) Wareneinkauf	an	Kasse	4.000,-
(7) Bank	an	Wareneinkauf	2.000,-

b) **Kontenmäßige Darstellung**:

S	Wareneinkauf		H		S	Forderungen		H
AB	28.000	(7)	2.000		AB	31.000	(5)	12.000
(1)	6.300	EB	29.300		(4)	18.000	SBK	37.000
(6)	4.000	GuV	7.000			49.000		49.000
	38.300		38.300					

S	Bank		H		S	Eigenkapital		H
AB	10.000	(2)	5.000		SBK	51.500	AB	46.500
(7)	2.000	SBK	7.000				GuV	5.000
	12.000		12.000			51.500		51.500

S	Lieferantenverbindlichkeiten		H		S	Kasse		H
(2)	5.000	AB	22.500		(3)	6.000	(6)	4.000
SBK	23.800	(1)	6.300				SBK	2.000
	28.800		28.800			6.000		6.000

S	Warenverkauf		H
(5)	12.000	(3)	6.000
GuV	12.000	(4)	18.000
	24.000		24.000

S	GuV-Konto (Bruttomethode)		H
Wareneinsatz	7.000	Warenverkauf	12.000
Gewinn	5.000		
	12.000		12.000

S	SBK		H
Wareneinkauf	29.300	Eigenkapital	51.500
Forderungen	37.000	Lieferantenverbindlichkeiten	23.800
Bank	7.000		
Kasse	2.000		
	75.300		75.300

c) Die Buchungen 5) und 7) heißen **Stornobuchungen**, da bereits gebuchte Geschäftsvorfälle nachträglich korrigiert werden.

d) Die Buchungssätze bei der Nettomethode lauten:

(a) Warenverkauf	an	Wareneinkauf	7.000,-
(b) Warenverkauf	an	GuV-Konto	5.000,-
(c) GuV-Konto	an	Eigenkapital	5.000,-

Lösung zu Aufgabe 5 (Wareneinsatzkonto)

a) Buchungssätze:

(1a) Wareneinsatz	an	Wareneinkauf	900,-
(1b) Forderungen	an	Warenverkauf	1.800,-
(2a) Wareneinsatz	an	Wareneinkauf	4.800,-
(2b) Forderungen	an	Warenverkauf	9.600,-
(3a) Wareneinsatz	an	Wareneinkauf	1.200,-
(3b) Forderungen	an	Warenverkauf	2.400,-
(4a) Wareneinsatz	an	Wareneinkauf	2.100,-
(4b) Forderungen	an	Warenverkauf	4.200,-
(5a) Wareneinsatz	an	Wareneinkauf	1.950,-
(5b) Forderungen	an	Warenverkauf	3.900,-

(6a)	Wareneinsatz	an	Wareneinkauf	1.050,-
(6b)	Forderungen	an	Warenverkauf	2.100,-
(7)	GuV-Konto	an	Wareneinsatz	12.000,-
(8)	Warenverkauf	an	GuV-Konto	24.000,-
(9)	SBK	an	Forderungen	24.000,-

b) Kontenmäßige Darstellung:

S	Wareneinkauf		H
AB	9.000	(1a)	900
ZG 1	6.750	(2a)	4.800
ZG 2	5.250	(3a)	1.200
		(4a)	2.100
		(5a)	1.950
		(6a)	1.050
		EB	9.000
	21.000		21.000

S	Wareneinsatz		H
(1a)	900	(7)	12.000
(2a)	4.800		
(3a)	1.200		
(4a)	2.100		
(5a)	1.950		
(6a)	1.050		
	12.000		12.000

S	GuV-Konto		H
(7)	12.000	(8)	24.000
Roh-gewinn	12.000		
	24.000		24.000

S	Warenverkauf		H
(8)	24.000	(1b)	1.800
		(2b)	9.600
		(3b)	2.400
		(4b)	4.200
		(5b)	3.900
		(6b)	2.100
	24.000		24.000

S	Forderungen		H
(1b)	1.800	(9)	24.000
(2b)	9.600		
(3b)	2.400		
(4b)	4.200		
(5b)	3.900		
(6b)	2.100		
	24.000		24.000

Der Rohgewinn beträgt 12.000 €.

Lösung zu Aufgabe 6 (Getrennte Warenkonten)
Richtig sind: 1), 5). – Falsch sind: 2), 3), 4).

Lösung zu Aufgabe 7 (Umsatzsteuersystem)

	Vorsteuer	Berechnete USt	Zahllast
Urerzeugung	0,-	100,-	100,-
Industrie	100,-	150,-	50,-
Einzelhändler	150,-	180,-	30,-
Summe	250,-	430,-	180,-

Der Endverbraucher zahlt 180 € Umsatzsteuer. Dies entspricht genau 10% von 1.800 €. Dieser Betrag wird im Wirtschaftsverkehr neu geschaffen; er repräsentiert die **Wertschöpfung**. Die Höhe der Steuerlast ist unabhängig von der Zahl der Stufen, die ein Produkt von der Urerzeugung bis zum Endverbraucher durchläuft.

Lösung zu Aufgabe 8 (Abschluss von Umsatzsteuerkonten)

Drei-Konten-Methode:

(1) USt-Verrechnung	an	Vorsteuer	13.800,-
(2) Berechnete USt	an	USt-Verrechnung	18.300,-
(3) USt-Verrechnung	an	Sonstige Verbindlichkeiten	4.500,-

Im nächsten Jahr:

(4) Sonstige Verbindlichkeiten	an	Bank	4.500,-

Zwei-Konten-Methode:

(1) Berechnete USt	an	Vorsteuer	13.800,-
(2) Berechnete USt	an	Sonstige Verbindlichkeiten	4.500,-

Im nächsten Jahr:

(3) Sonstige Verbindlichkeiten	an	Bank	4.500,-

Lösung zu Aufgabe 9 (Warenverbuchung mit Umsatzsteuer)

Buchungssätze:

(1) Wareneinkauf I	6.000,-	an Lieferantenverbindlichkeiten		6.600,-
Vorsteuer	600,-			
(2) Wareneinkauf II	6.000,-	an Lieferantenverbindlichkeiten		6.600,-
Vorsteuer	600,-			
(3) Bank	11.000,-	an Warenverkauf I		10.000,-
		Berechnete USt		1.000,-

| (4) Bank | 8.800,- | an | Warenverkauf II | 8.000,- |
| | | | Berechnete USt | 800,- |

Abschlussbuchungen:

(a1)	Wareneinkauf	an	Wareneinkauf I	22.000,-
(a2)	Wareneinkauf	an	Wareneinkauf II	15.600,-
(a3)	SBK	an	Wareneinkauf	37.600,-
(b1)	Wareneinsatz	an	Wareneinkauf I	4.000,-
(b2)	Wareneinsatz	an	Wareneinkauf II	2.400,-
(b3)	GuV-Konto	an	Wareneinsatz	6.400,-
(c1)	Berechnete USt	an	Vorsteuer	1.200,-
(c2)	Berechnete USt	an	Bank	600,-
(d1)	Warenverkauf I	an	Warenverkauf	10.000,-
(d2)	Warenverkauf II	an	Warenverkauf	8.000,-
(d3)	Warenverkauf	an	GuV-Konto	18.000,-

Kontenmäßige Darstellung:

S	Wareneinkauf I		H		S	Wareneinkauf II		H
AB	20.000	(b1)	4.000		AB	12.000	(b2)	2.400
(1)	6.000	(a1)	22.000		(2)	6.000	(a2)	15.600
	26.000		26.000			18.000		18.000

S	Warenverkauf I		H		S	Warenverkauf II		H
(d1)	10.000	(3)	10.000		(d2)	8.000	(4)	8.000
	10.000		10.000			8.000		8.000

S	Vorsteuer		H		S	Berechnete USt		H
(1)	600	Ber. USt	1.200		VSt	1.200	(3)	1.000
(2)	600				Bank	600	(4)	800
	1.200		1.200			1.800		1.800

S	Bank		H		S	Lieferantenverbindlichkeiten		H
AB	48.000	Ber. USt.	600		SBK	13.200	(1)	6.600
(3)	11.000	SBK	67.200				(2)	6.600
(4)	8.800					13.200		13.200
	67.800		67.800					

S	Wareneinkauf		H
(a1)	22.000	SBK	37.600
(a2)	15.600		
	37.600		37.600

S	Wareneinsatz		H
(b1)	4.000	GuV	6.400
(b2)	2.400		
	6.400		6.400

S	Warenverkauf		H
GuV	18.000	(d1)	10.000
		(d2)	8.000
	18.000		18.000

S	GuV-Konto		H
Wareneinsatz	6.400	Warenverkauf	18.000
Rohgewinn	11.600		
	18.000		18.000

S	SBK		H
Wareneinkauf	37.600	Eigenkapital	91.600
Bank	67.200	Lieferantenverbindlichkeiten	13.200
	104.800		104.800

Zur Fremdinformation: Die Informationsbedürfnisse externer Personen wie z.B. von Kreditgebern sind erfüllt, wenn die Veränderung des Unternehmenserfolgs im Zeitablauf hinreichend deutlich wird. Auf eine Detailgenauigkeit wird zugunsten der Übersichtlichkeit verzichtet. Daher genügt es, in der Bilanz einen Posten "Wareneinkauf" und in der GuV-Rechnung die zusammengefassten Posten "Wareneinsatz" bzw. "Warenverkauf" auszuweisen. **Ergebnis**: Zur Fremdinformation werden keine speziellen Warenkonten benötigt.

Zur Selbstinformation: Durch die Einrichtung spezieller Warenkonten kann die Absatzentwicklung einzelner Warenarten genauer überwacht werden und der Kaufmann erhält z.B. Hinweise darauf, welche Produkte "sich besonders gut verkaufen". Es besteht auch die Möglichkeit, die Erfolgsentwicklung einzelner Warenarten genauer zu überwachen, indem eine Saldierung (Warenverkauf - Wareneinkauf) für einzelne Warenarten erfolgt. Dies ist insbesondere bei variablen Einkaufs- und Verkaufspreisen wichtig. Hierbei kann der Einsatz der EDV zweckmäßig sein, mit deren Hilfe diese Informationen sehr schnell verfügbar sind. **Ergebnis**: Zur Selbstinformation ist die Einrichtung spezieller Warenkonten zweckmäßig.

Lösung zu Aufgabe 10 (Diverse Warenverbuchungen)

(1)	Wareneinkauf	7.000,-	an	Lieferantenverb.	7.700,-
	Vorsteuer	700,-			
(2)	Lieferantenverb.	3.850,-	an	Wareneinkauf	3.500,-
				Vorsteuer	350,-
(3)	Lieferantenverb.		an	Postbank	3.850,-
(4)	Forderungen	1.430,-	an	Wareneinkauf	1.300,-
	(Gutschrift)			Vorsteuer	130,-
(5)	Betr.- u. Gesch.ausst.	8.800,-	an	Lieferantenverb.	9.680,-
	Vorsteuer	880,-			
(6)	Forderungen	4.950,-	an	Warenverkauf	4.500,-
	Schulze			Berechnete USt	450,-
(7a)	Warenverkauf	4.500,-	an	Forderungen Schulze	4.950,-
	Berechnete USt	450,-			
(7b)	Forderungen	4.950,-	an	Warenverkauf	4.500,-
	Müller			Berechnete USt	450,-

Lösung zu Aufgabe 11 (Rücksendungen)

Richtig sind: 2), 3). – Falsch ist: 1).

Lösung zu Aufgabe 12 (Rücksendungen)

Buchungssätze:

(1)	Wareneinkauf	50.000,-	an	Lieferantenverb.	55.000,-
	Vorsteuer	5.000,-			
(2)	Lieferantenverb.	13.750,-	an	Wareneinkauf	12.500,-
				Vorsteuer	1.250,-
(3)	Forderungen	46.200,-	an	Warenverkauf	42.000,-
				Berechnete USt	4.200,-
(4)	Warenverkauf	21.000,-	an	Forderungen	23.100,-
	Berechnete USt	2.100,-			
(5)	Bank		an	Forderungen	23.100,-
(6)	Lieferantenverb.		an	Bank	41.250,-

Kontenmäßige Darstellung:

S	Wareneinkauf		H
AB	100.000	(2)	12.500
(1)	50.000	GuV	10.000
		SBK	127.500
	150.000		150.000

S	Warenverkauf		H
(4)	21.000	(3)	42.000
GuV	21.000		
	42.000		42.000

S	Forderungen		H
(3)	46.200	(4)	23.100
		(5)	23.100
	46.200		46.200

S	Bank		H
AB	20.000	(6)	41.250
(5)	23.100	SBK	1.850
	43.100		43.100

S	Vorsteuer		H
(1)	5.000	(2)	1.250
		Ber. USt	3.750
	5.000		5.000

S	Berechnete USt		H
(4)	2.100	(3)	4.200
Vor-	3.750	Sonstige	1.650
steuer		Ford.	
	5.850		5.850

S	Eigenkapital		H
SBK	116.000	AB	105.000
		GuV	11.000
	116.000		116.000

S	Lieferantenverb.		H
(2)	13.750	AB	15.000
(6)	41.250	(1)	55.000
SBK	15.000		
	70.000		70.000

S	GuV-Konto		H
Wareneinsatz	10.000	Warenverkauf	21.000
Rohgewinn	11.000		
	21.000		21.000

S	SBK		H
Wareneinkauf	127.500	Eigenkapital	116.000
Bank	1.850	Lieferantenverb.	15.000
Sonstige Ford.	1.650		
	131.000		131.000

Lösung zu Aufgabe 13 (Bezugsaufwand)

Fall a): Verrechnung des Bezugsaufwands in voller Höhe. Es ergeben sich die folgenden Warenverkäufe, Wareneinsätze und Gewinne:

Periode	I	II	Summe
Warenverkauf	2.600,-	2.400,-	5.000,-
Wareneinsatz	1.300,-	1.200,-	2.750,-
Bezugsaufwand	250,-		
Gewinn	1.050,-	1.200,-	2.250,-

Buchungssätze Periode I:

(1) Wareneinkauf   2.500,- an Lieferantenverbindlichkeiten   2.750,-
     Vorsteuer   250,-

(2) Bezugsaufwand   250,- an Lieferantenverbindlichkeiten   275,-
     Vorsteuer   25,-

(3) Forderungen   2.860,- an Warenverkauf   2.600,-
                      Berechnete USt   260,-

Abschlussbuchungen Periode I:

(4) SBK   an Wareneinkauf   1.200,-

(5) GuV-Konto   an Wareneinkauf   1.300,-

(6) GuV-Konto   an Bezugsaufwand   250,-

(7) Warenverkauf   an GuV-Konto   2.600,-

(8) GuV-Konto   an Eigenkapital   1.050,-

Buchungssätze Periode II:

(1) Wareneinkauf   an EBK   1.200,-

(2) Forderungen   2.640,- an Warenverkauf   2.400,-
                      Berechnete USt   240,-

Abschlussbuchungen Periode II:

(3) GuV-Konto   an Wareneinkauf   1.200,-

(4) Warenverkauf   an GuV-Konto   2.400,-

(5) GuV-Konto   an Eigenkapital   1.200,-

Fall b): Verteilung des Bezugsaufwands auf die einzelnen Perioden. Die Waren werden mit 11 € je Stück bewertet, so dass der Wareneinsatz von 130 Stück in 01 und 120 Stück in 02 ebenfalls mit 11 € bewertet werden: In 01 ergibt sich somit ein Wareneinsatz von 1.430,- € (130 Stück zu je 11 €/Stück):

Periode	I	II	Summe
Warenverkauf	2.600,-	2.400,-	5.000,-
Wareneinsatz	1.430,-	1.320,-	2.750,-
Gewinn	1.170,-	1.080,-	2.250,-

Buchungssätze Periode I:

(1)	Wareneinkauf	2.500,-	an Lieferantenverbindlichkeiten	2.750,-
	Vorsteuer	250,-		
(2)	Bezugsaufwand	250,-	an Lieferantenverbindlichkeiten	275,-
	Vorsteuer	25,-		
(3)	Forderungen	2.860,-	an Warenverkauf	2.600,-
			Berechnete USt	260,-

Abschlussbuchungen Periode I:

(4)	Wareneinkauf	an Bezugsaufwand	250,-
(5)	SBK	an Wareneinkauf	1.320,-
(6)	GuV-Konto	an Wareneinkauf	1.430,-
(7)	Warenverkauf	an GuV-Konto	2.600,-
(8)	GuV-Konto	an Eigenkapital	1.170,-

Buchungssätze Periode II:

(1)	Wareneinkauf		an EBK	1.320,-
(2)	Forderungen	2.640,-	an Warenverkauf	2.400,-
			Berechnete USt	240,-

Abschlussbuchungen Periode II:

(3)	GuV-Konto	an Wareneinkauf	1.320,-
(4)	Warenverkauf	an GuV-Konto	2.400,-
(5)	GuV-Konto	an Eigenkapital	1.080,-

Fall a): Das Konto "Bezugsaufwand" wird über das GuV-Konto abgeschlossen. Der Bezugsaufwand ist in voller Höhe erfolgswirksam. Die Bewertung des Warenendbestandes erfolgt zu Einkaufspreisen (ohne Bezugsaufwand, d.h. mit 10 € je Stück). Dadurch wird der Erfolg der ersten Periode zu niedrig, der der zweiten Periode zu hoch ausgewiesen.

Fall b): Das Konto "Bezugsaufwand" wird über das Konto "Wareneinkauf" abgeschlossen. Damit wird nur der Teil des Bezugsaufwandes erfolgswirksam, der auf die abgesetzte Menge entfällt. Der Rest wird aktiviert, indem die Bewertung des Endbestandes zu Einstandspreisen erfolgt (Einkaufspreis zzgl. Bezugsaufwand, hier: 11 €/Stück). Es sollte wie im Fall b) vorgegangen werden, um einen periodengerechten Gewinn zu ermitteln. Dieser Meinung ist auch der Gesetzgeber, der die Aktivierung von Anschaffungsnebenkosten fordert (soweit sie direkt zurechenbar sind).

Lösung zu Aufgabe 14 (Verbuchung von Bezugsaufwand)

Buchungssätze:

(1)	Wareneinkauf	15.000,-	an Lieferantenverbindlichkeiten	16.500,-
	Vorsteuer	1.500,-		
(2)	Bezugsaufwand	1.500,-	an Lieferantenverbindlichkeiten	1.650,-
	Vorsteuer	150,-		
(3a)	Kasse	99.000,-	an Warenverkauf	90.000,-
			Berechnete USt	9.000,-
(3b)	Wareneinsatz		an Wareneinkauf	33.000,-
(4)	Betriebs- und Geschäftsausstattung	5.000,-	an Bank	5.500,-
	Vorsteuer	500,-		

Abschlussbuchungen:

(a)	Wareneinkauf	an Bezugsaufwand	1.500,-
(b1)	Warenverkauf	an GuV-Konto	90.000,-
(b2)	GuV-Konto	an Wareneinsatz	33.000,-
(c1)	Berechnete USt	an Vorsteuer	2.150,-
(c2)	Berechnete USt	an Bank	6.850,-
(d)	GuV-Konto	an Eigenkapital	57.000,-

Kontenmäßige Darstellung:

S	Betriebs- u. Gesch.ausstat.	H		S		Kasse	H
(4)	5.000	SBK	5.000	AB	500	SBK	99.500
	5.000		5.000	(3a)	99.000		
					99.500		99.500

S	Bank		H
AB	40.000	(4)	5.500
		(c2)	6.850
		SBK	27.650
	40.000		40.000

S	Berechnete USt		H
(c1)	2.150	(3a)	9.000
(c2)	6.850		
	9.000		9.000

S	Wareneinkauf		H
AB	22.000	(3b)	33.000
(1)	15.000	SBK	5.500
(a)	1.500		
	38.500		38.500

S	Warenverkauf		H
(b1)	90.000	(3a)	90.000
	90.000		90.000

S	Vorsteuer		H
(1)	1.500	(c1)	2.150
(2)	150		
(4)	500		
	2.150		2.150

S	Eigenkapital		H
SBK	98.500	AB	41.500
		(d)	57.000
	98.500		98.500

S	Darlehensverbindlichkeiten		H
SBK	21.000	AB	21.000
	21.000		21.000

S	Lieferantenverbindlichkeiten		H
SBK	18.150	(1)	16.500
		(2)	1.650
	18.150		18.150

S	Bezugsaufwand		H
(2)	1.500	(a)	1.500
	1.500		1.500

S	Wareneinsatz		H
(3b)	33.000	(b2)	33.000
	33.000		33.000

S	GuV-Konto		H
(b2)	33.000	(b1)	90.000
(d)	57.000		
	90.000		90.000

S	SBK		H
Betr.- und Gesch.ausstat.	5.000	Eigenkapital	98.500
Wareneinkauf	5.500	Darlehensverbindlichkeiten	21.000
Bank	27.650	Lieferantenverbindlichkeiten	18.150
Kasse	99.500		
	137.650		137.650

Lösung zu Aufgabe 15 (Verbuchung von Anschaffungsnebenkosten)

Die Buchungssätze lauten:

(1)	Fuhrpark	33.550,-	an Bank		36.895,-
	Vorsteuer	3.345,-			
(2)	Wertpapiere des AV		an Bank		6.030,-
(3)	Betr. u. Gesch.ausst.	1.200,-	an Bank		1.430,-
	Sonst. betr. Aufwand	100,-			
	Vorsteuer	130,-			
(4)	Betr. u. Gesch.ausst.	5.500,-	an Bank		6.050,-
	Vorsteuer	550,-			

Lösung zu Aufgabe 16 (Verbuchung von Boni)

Die Buchungssätze lauten:

(1)	Wareneinkauf	15.300,-	an Lieferantenverb.		16.830,-
	Vorsteuer	1.530,-			
(2)	Bank	26.125,-	an Warenverkauf		23.750,-
			Berechnete USt		2.375,-
(3a)	Bank	3.300,-	an Lieferantenboni		3.000,-
			Vorsteuer		300,-
(3b)	Lieferantenboni		an Wareneinkauf		3.000,-
(4a)	Kundenboni	3.100,-	an Bank		3.410,-
	Berechnete USt	310,-			
(4b)	Warenverkauf		an Kundenboni		3.100,-

Lösung zu Aufgabe 17 (Verbuchung von Skonto)

a) Buchungssätze bei der Bruttomethode:

(1)	Wareneinkauf	20.000,-	an Lieferantenverb.		22.000,-
	Vorsteuer	2.000,-			
(2)	Lieferantenverb.	22.000,-	an Bank		21.340,-
			Lieferantenskonto		600,-
			Vorsteuer		60,-
(3)	Bank	10.670,-	an Wareneinkauf		10.000,-

	Lieferantenskonto	300,-		Vorsteuer	970,-
(4)	Forderungen	33.000,-	an	Warenverkauf	30.000,-
				Berechnete USt	3.000,-
(5)	Postbank	10.780,-	an	Forderungen	11.000,-
	Kundenskonto	200,-			
	Berechnete USt	20,-			
(6)	Postbank		an	Forderungen	22.000,-

Abschluss der Skontokonten:

(7)	Lieferantenskonto	an	Wareneinkauf	300,-
(8)	Warenverkauf	an	Kundenskonto	200,-

b) Buchungssätze bei der Nettomethode:

(1)	Wareneinkauf	19.400,-	an	Lieferantenverb.	22.000,-
	Skontoaufwand	600,-			
	Vorsteuer	2.000,-			
(2)	Lieferantenverb.	22.000,-	an	Bank	21.340,-
				Skontoaufwand	600,-
				Vorsteuer	60,-
(3)	Bank	10.670,-	an	Wareneinkauf	9.700,-
				Vorsteuer	970,-
(4)	Forderungen	33.000,-	an	Warenverkauf	29.400,-
				Skontoertrag	600,-
				Berechnete USt	3.000,-
(5)	Postbank	10.780,-	an	Forderungen	11.000,
	Skontoertrag	200,-			
	Berechnete USt	20,-			
(6)	Postbank		an	Forderungen	22.000,-

Abschluss der Skontokonten:

(7)	Skontoertrag	an	GuV-Konto	400,-

Hinweis: Die Nettomethode interpretiert den Skonto als Zinsbetrag, so dass die Einkaufs-
bzw. Verkaufspreise unabhängig vom Skontoabzug sind. Die Rücksendung (Buchung 3)
hat keinen Einfluss auf die Skontokonten, die über das GuV-Konto abgeschlossen werden.

Lösung zu Aufgabe 18 (Aussagen zum Skonto)

Richtig sind: 1), 2), 6), 7). – Falsch sind: 3), 4), 5).

Hinweise:

Zu 3): Bei der Bruttomethode werden die Skontokonten entweder über das Wareneinkaufskonto (beim Lieferantenskonto) oder das Warenverkaufskonto (beim Kundenskonto) abgeschlossen.

Zu 4): Es muss eine Korrektur der berechneten Umsatzsteuer nach unten erfolgen. Somit wird das Konto "Berechnete USt" im Soll und nicht im Haben gebucht.

Lösung zu Aufgabe 19 (Verbuchung von Skonto)

Karl Meier bucht:

(1)	Forderungen	11.960,69	an	Warenverkauf	10.051,-
				Berechnete USt	1.909,69
(2)	Bank	11.601,87	an	Forderungen	11.960,69
	Kundenskonto	301,53			
	Berechnete USt	57,29			

Peter Schmidt bucht:

(1)	Wareneinkauf	10.051,-	an	Lieferantenverb.	11.960,69
	Vorsteuer	1.909,69			
(2)	Lieferantenverb.	11.960,69	an	Bank	11.601,87
				Lieferantenskonto	301,53
				Vorsteuer	57,29

Abschluss der Skontokonten:

a) Kundenskonto: Es liegt eine Minderung der Erlöse vor (Erlösschmälerung). Daher muss am Jahresende eine Umbuchung auf das Konto "Warenverkauf" erfolgen, das somit im Soll gebucht wird.

b) Lieferantenskonto: Es liegt eine Minderung der Anschaffungskosten vor. Es muss am Jahresende eine Umbuchung auf das Konto "Wareneinkauf" erfolgen, das somit im Haben gebucht wird.

Diese Umbuchungen werden von den handelsrechtlichen Vorschriften verlangt.

Lösung zu Aufgabe 20 (Verbuchung von Boni)

Berechnung des Jahresumsatzes (netto):

```
        27.500,-
    +   33.100,-
    +   10.650,-
    +   47.170,-
    +   37.400,-
    +   25.510,-
    -   18.530,-
    = 162.800,-   (Bruttoumsatz)
    -  14.800,-   (anteilige USt)
    = 148.000,-   (Nettoumsatz)
```

Damit fällt ein Bonus in Höhe von 10% an.

Buchungssätze bei Karl Meier:

(1a)	Kundenboni	14.800,-	an	Bank	16.280,-
	Berechnete USt	1.480,-			
(1b)	Warenverkauf		an	Kundenboni	14.800,-

Buchungssätze bei Peter Schmidt:

(2a)	Bank	16.280,-	an	Lieferantenboni	14.800,-
				Vorsteuer	1.480,-
(2b)	Lieferantenboni		an	Wareneinkauf	14.800,-

Lösung zu Aufgabe 21 (Diverse Warenverbuchungen)

Die Buchungssätze lauten:

(1)	Forderungen	4.400,-	an	Warenverkauf	4.000,-
				Berechnete USt	400,-
(2)	Fuhrpark	82.000,-	an	Lieferantenverb.	90.200,-
	Vorsteuer	8.200,-			
(3a)	Bank	4.268,-	an	Forderungen	4.400,-
	Kundenskonto	120,-			
	Berechnete USt	12,-			
(3b)	Warenverkauf		an	Kundenskonto	120,-
(4)	Lieferantenverb.		an	Postbank	5.000,-

(5)	Mietaufwand		an Bank	3.000,-
(6)	Privatkonto	1.650,-	an Warenverkauf	1.500,-
			Berechnete USt	150,-
(7a)	Wareneinkauf	20.000,-	an Lieferantenverb.	22.000,-
	Vorsteuer	2.000,-		
(7b)	Bezugsaufwand	800,-	an Kasse	880,-
	Vorsteuer	80,-		
(8)	Nebenk. d. Geldverk.		an Bank	100,-
(9)	Lieferantenverb.	11.000,-	an Wareneinkauf	10.000,-
			Vorsteuer	1.000,-
(10)	Kein buchungsrelevanter Tatbestand.			
(11)	Steueraufwand	500,-	an Kasse	800,-
	Privatkonto	300,-		
(12a)	Lieferantenverb.	11.000,-	an Bank	10.780,-
			Lieferantenskonto	200,-
			Vorsteuer	20,-
(12b)	Lieferantenskonto		an Wareneinkauf	200,-
(13a)	Kasse	2.750,-	an Lieferantenboni	2.500,-
			Vorsteuer	250,-
(13b)	Lieferantenboni		an Wareneinkauf	2.500,-

Kontenmäßige Darstellung:

S	Grundst. u. Gebäude	H		S	Fuhrpark	H	
AB	100.000	SBK	100.000	AB	20.000	SBK	102.000
	100.000		100.000	(2)	82.000		
					102.000		102.000

S	Gesch.ausstat.	H		S	Wareneinkauf	H	
AB	30.000	SBK	30.000	AB	38.000	(9)	10.000
	30.000		30.000	(7a)	20.000	(12b)	200
				(7b)	800	(13b)	2.500
						SBK	46.000
						GuV	100
					58.800		58.800

S	Forderungen		H
AB	17.000	(3a)	4.400
(1)	4.400	SBK	17.000
	21.400		21.400

S	Bank		H
AB	21.000	(5)	3.000
(3a)	4.268	(8)	100
		(12a)	10.780
		SBK	11.388
	25.268		25.268

S	Postbank		H
AB	11.000	(4)	5.000
		SBK	6.000
	11.000		11.000

S	Kasse		H
AB	5.000	(7b)	880
(13a)	2.750	(11)	800
		SBK	6.070
	7.750		7.750

S	Eigenkapital		H
Privat	1.950	AB	130.000
SBK	129.730	Gewinn	1.680
	131.680		131.680

S	Darlehensverb.		H
SBK	80.000	AB	80.000
	80.000		80.000

S	Warenverkauf		H
(3b)	120	(1)	4.000
GuV	5.380	(6)	1.500
	5.500		5.500

S	Berechnete USt		H
(3a)	12	(1)	400
USt.-Ver.	538	(6)	150
	550		550

S	Lieferantenverb.		H
(4)	5.000	AB	32.000
(9)	11.000	(2)	90.200
(12a)	11.000	(7a)	22.000
SBK	117.200		
	144.200		144.200

S	Privatkonto		H
(6)	1.650	EK	1.950
(11)	300		
	1.950		1.950

S	Vorsteuer		H
(2)	8.200	(9)	1.000
(7a)	2.000	(12a)	20
(7b)	80	(13a)	250
		USt	9.010
	10.280		10.280

S	Kundenskonto		H
(3a)	120	(3b)	120
	120		120

S	Mietaufwand		H
(5)	3.000	GuV	3.000
	3.000		3.000

S	Bezugsaufwand		H
(7b)	800	Waren	800
	800		800

S	Nebenk. d. Geldverk.	H	S	Steueraufwand	H
(8)	100	GuV 100	(11)	500	GuV 500
	100	100		500	500

S	Lieferantenskonto	H	S	Lieferantenboni	H
(12b)	200	(12a) 200	(13b)	2.500	(13a) 2.500
	200	200		2.500	2.500

S	USt-Verrechnung	H	S	Sonstige Ford.	H
Vor-steuer	9.010	Berechnete USt 538	USt-Ver.	8.472	SBK 8.472
		Sonstige Ford. 8.472		8.472	8.472
	9.010	9.010			

S	GuV-Konto			H
Wareneinsatz	100	Warenverkauf		5.380
Mietaufwand	3.000			
Steueraufwand	500			
Nebenk. d. Geldverk.	100			
Gewinn	1.680			
	5.380			5.380

Gewinn: 1.680 €. Nach Berücksichtigung der Entnahmen in Höhe von 1.950 € sinkt das Eigenkapital in der Bilanz um 270 € (von 130.000 € auf 129.730 €).

S	SBK		H
Grundst. u. Gebäude	100.000	Eigenkapital	129.730
Fuhrpark	102.000	Darlehensverbindlichkeiten	80.000
Gesch.ausstat.	30.000	Lieferantenverbindlichkeiten	117.200
Wareneinkauf	46.000		
Forderungen	17.000		
Sonstige Forderungen	8.472		
Bank	11.388		
Postbank	6.000		
Kasse	6.070		
	326.930		326.930

Lösung zu Aufgabe 22 (Verbuchung von Anzahlungen)

15.01.: Noch kein buchungsrelevanter Geschäftsvorfall.

28.01.: Bank   200.000,-   an Erhalt. Anzahl.   181.818,-

                                      Berechnete USt   18.182,-

01.03.:	Forderungen	207.000,-	an	Warenverkauf	370.000,-
	Erhalt. Anzahl.	181.818,-		Berechnete USt	18.818,-
10.03.:	Bank		an	Forderungen	207.000,-

Lösung zu Aufgabe 23 (Verbuchung von Privatentnahmen)

Die Buchung lautet:

| Privatkonto | 2.750,- | an | Warenverkauf | 2.500,- |
| | | | Berechnete USt | 250,- |

Die Entnahme ist mit USt zu verbuchen, da beim Erwerb die Vorsteuer abgezogen wurde. Der Unternehmer soll nicht besser gestellt werden als eine Privatperson. Daher muss er auf die Warenentnahme die USt verrechnen.

Lösung zu Aufgabe 24 (Verbuchung der Wechselausstellung)

Buchungssätze bei Wechselgläubiger F:

(1)	Besitzwechsel		an	Forderungen	9.000,-
(2)	Nebenk. d. Geldverk.		an	Kasse	45,-
(3)	Bank	198,-	an	Diskontertrag	135,-
				Nebenk. d. Geldverk.	45,-
				Berechnete USt	18,-

Buchungssätze bei Wechselschuldner K:

(1)	Lieferantenverb.		an	Schuldwechsel	9.000,-
(2)	Diskontaufwand	135,-	an	Bank	198,-
	Nebenk. d. Geldverk.	45,-			
	Vorsteuer	18,-			

Lösung zu Aufgabe 25 (Verbuchung der Wechselweitergabe)

Der alte Wechselgläubiger F bucht:

(1)	Lieferantenverb.	15.000,-	an	Besitzwechsel	9.000,-
				Bank	6.000,-
(2)	Diskontaufwand	90,-	an	Lieferantenverb.	115,50
	Nebenk. d. Geldverk.	15,-			
	Vorsteuer	10,50			

Der neue Wechselgläubiger L bucht:

(1)	Besitzwechsel	9.000,-	an Forderungen	15.000,-
	Bank	6.000,-		
(2)	Sonstige Ford.	115,50	an Diskontertrag	90,-
			Nebenk. d. Geldverk.	15,-
			Berechnete USt	10,50

Lösung zu Aufgabe 26 (Verbuchung der Wechseleinreichung)

(1)	Bank	8.905,-	an Besitzwechsel	9.000,-
	Diskontaufwand	68,18		
	Ber. USt	6,82		
	Nebenk. d. Geldverk.	20,-		

Hinweis: Die Diskontierung durch die Bank führt zur Minderung des Entgelts bzgl. der Lieferung von L an F, so dass die USt des L sowie die Vorsteuer des F zu korrigieren sind.

Lösung zu Aufgabe 27 (Verbuchung des Wechselprotests)

a) **Wechselschuldner K bucht**:

(1) Schuldwechsel	an Bank	9.000,-

Wechselgläubiger L bucht:

(1) Bank	an Besitzwechsel	9.000,-

b) **Wechselschuldner K bucht**:

(1) Schuldwechsel	an Protestwechsel	9.000,-

Wechselgläubiger L bucht:

(1) Protestwechsel	an Besitzwechsel	9.000,-

c) **Wechselgläubiger L bucht**:

(1) Bank	an Protestwechsel	9.000,-

Früherer Wechselgläubiger F bucht:

(1) Protestwechsel	an Bank	9.000,-

d) **Wechselgläubiger F bucht**:

(1) Prolongationswechsel		an Protestwechsel	9.000,-
(2) Forderungen	148,50	an Diskontertrag	90,-
		Nebenk. d. Geldverk.	45,-
		Berechnete USt	13,50

(3) Kasse	an Forderungen	148,50

Wechselschuldner K bucht:

(1) Diskontaufwand	90,-	an Lieferantenverb.	148,50
Nebenk. d. Geldv.	45,-		
Vorsteuer	13,50		
(2) Lieferantenverb.		an Kasse	148,50

Lösung zu Aufgabe 28 (Verbuchung des Personalaufwands)

a) Die Buchungen Ende Juli 01 lauten:

(1) L.u.G. Aufwand	3.100,-	an Bank	2.450,-
		Noch abzuführende Abgaben	650,-
(2) Sozialaufwand (AGA)		an Bank	420,-

Der Abgang auf dem Bankkonto umfasst den Nettolohn (2.030 €) und den Arbeitnehmeranteil zur Sozialversicherung (420 €). Die Lohn- und Kirchensteuer wird auf das Passivkonto "Noch abzuführende Abgaben" gebucht.

b) Anfang August 01 sind die Steuern an das Finanzamt zu überweisen (bis zum 10.8.):

Noch abzuführende Abgaben	an Bank	650,-

Lösung zu Aufgabe 29 (Verbuchung des Personalaufwands)

(1) Sonstige Ford.		an Kasse	800,-
(2) L.u.G. Aufwand	3.800,-	an Bank	2.164,-
		Sonstige Ford.	800,-
		Noch abzuführende Abgaben	836,-
(3) Sozialaufwand (AGA)		an Bank	960,-
(4) Noch abzuführende Abgaben		an Bank	836,-

Hinweis zu (2): Der Nettolohn beträgt 1.204 € und der Arbeitnehmeranteil zur Sozialversicherung 960 €. Beide Beträge vermindern den Bankbestand zum Monatsende.

Lösungen der Aufgaben zum fünften Kapitel

Lösung zu Aufgabe 1 (Fertigfabrikate)

Bei der Erstellung des Inventars sind die durch Inventur festgestellten Mengengrößen zu bewerten. Bei selbst erstellten Fertigfabrikaten stellt sich das Problem, dass keine Anschaffungskosten existieren. Zur Lösung des Bewertungsproblems sind deshalb die Herstellungskosten heranzuziehen. Sie sind der Teil des gesamten Periodenaufwands, der für die Erzeugung der Fertigfabrikate angefallen ist. Die Ermittlung der bilanziellen Herstellungskosten ist in § 255 Abs. 2 HGB geregelt.

Lösung zu Aufgabe 2 (Erfolgswirkungen von Bestandsänderungen)

Im GuV-Konto werden im Soll alle Aufwandsposten ausgewiesen, die durch den Produktionsaufwand x_p ausgelöst werden. Auf der Habenseite erscheinen die Umsatzerlöse, die durch den Absatz x_a realisiert werden, als Ertrag. Die Erfolgsermittlung ist unproblematisch, wenn gilt: $x_p = x_a$, wenn also die gesamte Produktionsmenge in der Fertigungsperiode abgesetzt wird.

Ist $x_p > x_a$, hat der Industriebetrieb auf Lager produziert. Es kommt zu einer mengenmäßigen Bestandszunahme bei den Fertigfabrikaten in Höhe von $(x_p - x_a)$. Diese Zunahme stellt einen Ertrag (= Wertzuwachs) dar. Sie wird zu Herstellungskosten bewertet und als Ertragsbestandteil im GuV-Konto ausgewiesen.

Ist $x_p < x_a$, hat der Industriebetrieb einen Teil des Lagerbestands abgebaut. Die Umsatzerlöse werden zu einem Teil aus laufender Produktion, zum anderen Teil durch Abbau des Fertigfabrikatelagers bestritten. Demzufolge ist im Soll des GuV-Kontos nicht nur der Aufwand aus laufender Produktion x_p, sondern auch der Aufwand aus der Bestandsminderung der Fertigfabrikate $(x_a - x_p)$, bewertet zu Herstellungskosten, auszuweisen.

Lösung zu Aufgabe 3 (Bestandsänderungen)

Bei einer Bestandsmehrung erscheint ein zusätzlicher Ertrag auf der Habenseite des GuV-Kontos. Bei einer Bestandsminderung wird im Soll des GuV-Kontos ein zusätzlicher Aufwand verrechnet.

Bestandsmehrung ($x_p > x_a$)

S	GuV-Konto	H
Aufwand aus laufender Produktion (x_p)	Umsatzerlöse (x_a)	
	Bestandsmehrung ($x_p - x_a$)	
Gewinn		

Bestandsminderung ($x_p < x_a$)

S	GuV-Konto	H
Aufwand aus laufender Produktion (x_p)	Umsatzerlöse (x_a)	
Bestandsminderung ($x_a - x_p$)		
Gewinn		

Lösung zu Aufgabe 4 (Inventur- und Skontrationsmethode)

a) Einmalige Verbuchung des Rohstoffaufwands (INVENTURMETHODE):

01.01.	Rohstoffe		an EBK	18.000,-
07.05.	Rohstoffe	20.000,-	an Lieferantenverb.	22.000,-
	Vorsteuer	2.000,-		
09.09.	Rohstoffe	25.000,-	an Lieferantenverb.	27.500,-
	Vorsteuer	2.500,-		
31.12.	SBK		an Rohstoffe	26.000,-
31.12.	Aufwand Rohstoffe		an Rohstoffe	37.000,-

b) Verbuchung des Aufwands bei jeder Entnahme (SKONTRATIONSMETHODE):

01.01.	Rohstoffe		an EBK	18.000,-
27.02.	Aufwand Rohstoffe		an Rohstoffe	6.000,-
05.04.	Aufwand Rohstoffe		an Rohstoffe	9.000,-
07.05.	Rohstoffe	20.000,-	an Lieferantenverb.	22.000,-
	Vorsteuer	2.000,-		
29.06.	Aufwand Rohstoffe		an Rohstoffe	15.000,-
09.09.	Rohstoffe	25.000,-	an Lieferantenverb.	27.500,-
	Vorsteuer	2.500,-		
20.11.	Aufwand Rohstoffe		an Rohstoffe	7.000,-
31.12.	SBK		an Rohstoffe	26.000,-

In beiden Fällen ergibt sich insgesamt derselbe Rohstoffaufwand, da rechnerischer und tatsächlicher Endbestand nicht voneinander abweichen. Allerdings ist die zeitnahe Information über die Höhe des aktuellen Rohstoffaufwands und Rohstoffbestands zum Zweck der Verbrauchs- und Bestandskontrolle nur im Fall b) möglich.

Lösung zu Aufgabe 5 (Verbuchung von Werkstoffen)

Buchungssätze:

(1)	Hilfsstoffe	6.500,-	an	Bank	7.150,-
	Vorsteuer	650,-			
(2)	Aufwand Rohstoffe		an	Rohstoffe	18.000,-
(3)	Aufwand Hilfsstoffe		an	Hilfsstoffe	1.500,-
(4)	Rohstoffe	11.000,-	an	Bank	12.100,-
	Vorsteuer	1.100,-			
(5)	Aufwand Rohstoffe		an	Rohstoffe	32.000,-
(6)	Bank	77.000,-	an	Umsatzerlöse	70.000,-
				Berechnete USt	7.000,-

Kontenmäßige Darstellung:

S	Rohstoffe		H
AB	40.000	(2)	18.000
(4)	11.000	(5)	32.000
		SBK	1.000
	51.000		51.000

S	Bank		H
AB	30.000	(1)	7.150
(6)	77.000	(4)	12.100
		SBK	87.750
	107.000		107.000

S	Eigenkapital		H
SBK	88.500	AB	70.000
		GuV	18.500
	88.500		88.500

S	Hilfsstoffe		H
(1)	6.500	(3)	1.500
		SBK	5.000
	6.500		6.500

S	Vorsteuer		H
(1)	650	USt-Ver.	1.750
(4)	1.100		
	1.750		1.750

S	Berechnete USt		H
USt.-Ver.	7.000	(6)	7.000
	7.000		7.000

S	Aufwand Rohstoffe		H
(2)	18.000	GuV	50.000
(5)	32.000		
	50.000		50.000

S	Aufwand Hilfsstoffe		H
(3)	1.500	GuV	1.500
	1.500		1.500

S	Umsatzerlöse		H
GuV	70.000	(6)	70.000
	70.000		70.000

S	USt-Verrechnung		H
Vorsteuer	1.750	Ber. USt	7.000
Sonstige Verb.	5.250		
	7.000		7.000

S	Sonstige Verbindlichkeiten	H
SBK	5.250	USt-Ver.	5.250
	5.250		5.250

S		GuV-Konto		H
Aufwand Rohstoffe	50.000	Umsatzerlöse	70.000
Aufwand Hilfsstoffe	1.500		
Gewinn	18.500		
	70.000		70.000

S		SBK		H
Rohstoffe	1.000	Eigenkapital	88.500
Hilfsstoffe	5.000	Sonstige Verbindlichkeiten	5.250
Bank	87.750		
	93.750		93.750

Lösung zu Aufgabe 6 (Bestandsänderung fertiger Erzeugnisse)

Buchungssätze:

(1)	Aufwand Rohstoffe		an Rohstoffe	15.000,-
(2a)	L.u.G. Aufwand	11.000,-	an Bank	8.000,-
			Noch abz. Abgaben	3.000,-
(2b)	Sozialaufwand (AGA)		an Bank	1.000,-
(3)	Noch abz. Abgaben		an Bank	3.000,-
(4)	Rohstoffe	15.000,-	an Bank	16.500,-
	Vorsteuer	1.500,-		
(5)	Aufwand Rohstoffe		an Rohstoffe	13.000,-
(6)	Bank	40.700,-	an Umsatzerlöse	37.000,-
			Berechnete USt	3.700,-
(7a)	USt-Verrechnung		an Vorsteuer	1.500,-
(7b)	Berechnete USt		an USt-Verrechnung	3.700,-
(7c)	USt-Verrechnung		an Bank	2.200,-
(8)	fertige Erzeugnisse		an Bestandsänderung fE	12.000,-

Hinweis zu 8): Die Ermittlung der Herstellungskosten je Stück bzw. des gesamtes Wertes der Lagerbestandserhöhung zeigt die folgende Rechnung:

Aufwand Rohstoffe	28.000,-
Lohn- und Gehaltsaufwand	11.000,-
Sozialaufwand	1.000,-
Gesamtaufwand	40.000,-
Produktionsmenge x_p	200 Stück
Herstellungskosten pro Stück:	200 €
Lagerbestandserhöhung fE: (60 Stück à 200 €)	12.000,-

Darstellung in Kontenform:

S	Rohstoffe		H		S	Bank		H
AB	20.000	(1)	15.000		AB	30.000	(2a)	8.000
(4)	15.000	(5)	13.000		(6)	40.700	(2b)	1.000
		SBK	7.000				(3)	3.000
							(4)	16.500
							(7c)	2.200
	35.000		35.000				SBK	40.000
						70.700		70.700

S	Eigenkapital		H		S	Aufwand Rohstoffe		H
SBK	59.000	AB	50.000		(1)	15.000	GuV	28.000
		GuV	9.000		(5)	13.000		
	59.000		59.000			28.000		28.000

S	L.u.G. Aufwand		H		S	Noch abz. Abgaben		H
(2a)	11.000	GuV	11.000		(3)	3.000	(2a)	3.000
	11.000		11.000			3.000		3.000

S	Sozialaufwand		H		S	Vorsteuer		H
(2b)	1.000	GuV	1.000		(4)	1.500	(7a)	1.500
	1.000		1.000			1.500		1.500

S	Berechnete USt		H		S	USt-Verrechnung		H
(7b)	3.700	(6)	3.700		(7a)	1.500	(7b)	3.700
	3.700		3.700		(7c)	2.200		
						3.700		3.700

S	fertige Erzeugnisse		H
(8)	12.000	SBK	12.000
	12.000		12.000

S	Bestandsänderung fE		H
GuV	12.000	(8)	12.000
	12.000		12.000

S	Umsatzerlöse		H
GuV	37.000	(6)	37.000
	37.000		37.000

S	GuV-Konto		H
Aufwand Rohstoffe	28.000	Umsatzerlöse	37.000
L.u.G. Aufwand	11.000	Bestandserhöhung fE	12.000
Sozialaufwand	1.000		
Gewinn	9.000		
	49.000		49.000

S	SBK		H
Rohstoffe	7.000	Eigenkapital	59.000
fertige Erzeugnisse	12.000		
Bank	40.000		
	59.000		59.000

Die Lagerbestandserhöhung (Wertzuwachs) muss als Ertragskomponente berücksichtigt werden, da sonst der Erfolg zu niedrig ausgewiesen wird. Es werden auf der Sollseite des GuV-Kontos die Aufwendungen für die Produktion von 200 Stück ausgewiesen (Produktionsaufwand). Auf der Habenseite erscheint der Ertrag für den Absatz von 140 Stück. Deshalb sind zusätzlich 60 Stück zu Herstellungskosten als Ertrag auszuweisen, damit der Periodenerfolg korrekt ermittelt wird.

Lösung zu Aufgabe 7 (Wirkung von Bestandsänderungen)
Richtig sind: 1), 3), 5). – Falsch sind: 2), 4).

Lösung zu Aufgabe 8 (Buchung von Bestandsänderungen)
Bei den fertigen Erzeugnissen liegt eine Bestandserhöhung von 18.000 € vor. Der Buchungssatz lautet: "Fertige Erzeugnisse an Bestandsänderung fertiger Erzeugnisse 18.000,-" Bei den unfertigen Erzeugnisse liegt eine Bestandsminderung von 2.000 € vor. Der Buchungssatz lautet: "Bestandsänderung unfertiger Erzeugnisse an unfertige Erzeugnisse 2.000,-".

LÖSUNGEN

Lösung zu Aufgabe 9 (Bestandsänderung fertiger Erzeugnisse)

Der Endbestand (10 Stück) der Fertigfabrikate stammt aus der Produktion der Periode 02.

Mietaufwand (Leasing)	4.000 €
Aufwand Rohstoffe	5.000 €
Lohn- und Gehaltsaufwand	3.500 €
Sozialaufwand	500 €
Gesamtaufwand	13.000 €
Produktionsmenge x_p	50 Stück
Herstellungskosten pro Stück	260 €
Herstellungskosten des Endbestands (EB)	2.600 €
Bestandsänderung fE (AB 12.000 - EB 2.600)	9.400 €

Buchungssätze:

(1)   Mietaufwand   4.000,-   an Bank   4.400,-

       Vorsteuer   400,-

       Hinweis: Bei Leasingmieten ist die Umsatzsteuer zu beachten, die den Leistungsempfänger zum Vorsteuerabzug berechtigt.

(2)   Aufwand Rohstoffe   an Rohstoffe   5.000,-

(3)   Sonstige Forderungen   an Bank   2.000,-

(4a) L.u.G. Aufwand   3.500,-   an Sonstige Ford.   2.000,-

                                          Noch abz. Abgaben   700,-

                                          Bank   800,-

(4b) Sozialaufwand   an Bank   500,-

(5)   Noch abz. Abgaben   an Bank   700,-

(6)   Bank   33.000,-   an Umsatzerlöse   30.000,-

                                          Berechnete USt   3.000,-

(7a) USt-Verrechnung   an Vorsteuer   400,-

(7b) Berechnete USt   an USt-Verrechnung   3.000,-

(7c) USt-Verrechnung   an Sonstige Verb.   2.600,-

(8)   Bestandsänderung fE   an fertige Erzeugnisse   9.400,-

Darstellung in Kontenform:

S	fertige Erzeugnisse		H		S	Noch abz. Abgaben		H
AB	12.000	(8)	9.400		(5)	700	(4a)	700
		SBK	2.600					
	12.000		12.000			700		700

S	Rohstoffe		H
AB	7.000	(2)	5.000
		SBK	2.000
	7.000		7.000

S	Bank		H
AB	40.000	(1)	4.400
(6)	33.000	(3)	2.000
		(4a)	800
		(4b)	500
		(5)	700
		SBK	64.600
	73.000		73.000

S	Sonstige Forderungen		H
(3)	2.000	(4a)	2.000
	2.000		2.000

S	Eigenkapital		H
SBK	66.600	AB	59.000
		GuV	7.600
	66.600		66.600

S	Sonstige Verbindlichkeiten		H
SBK	2.600	(7c)	2.600
	2.600		2.600

S	L.u.G. Aufwand		H
(4a)	3.500	GuV	3.500
	3.500		3.500

S	Sozialaufwand		H
(4b)	500	GuV	500
	500		500

S	Vorsteuer		H
(1)	400	(7a)	400
	400		400

S	Berechnete USt		H
(7b)	3.000	(6)	3.000
	3.000		3.000

S	USt-Verrechnung		H
(7a)	400	(7b)	3.000
(7c)	2.600		
	3.000		3.000

S	Mietaufwand		H
(1)	4.000	GuV	4.000
	4.000		4.000

S	Bestandsänderung fE		H
(8)	9.400	GuV	9.400
	9.400		9.400

S	Umsatzerlöse		H
GuV	30.000	(6)	30.000
	30.000		30.000

S	Aufwand Rohstoffe		H
(2)	5.000	GuV	5.000
	5.000		5.000

S	SBK		H
Rohstoffe	2.000	Eigenkapital	66.600
fertige Erzeugnisse	2.600	Sonstige Verbindlichkeiten	2.600
Bank	64.600		
	69.200		69.200

AB Eigenkapital am 1.1.01: 59.000 €. Zugang durch Gewinn 7.600 €, somit EB 66.600 €.

S	GuV-Konto		H
Aufwand Rohstoffe	5.000	Umsatzerlöse	30.000
L.u.G. Aufwand	3.500		
Sozialaufwand	500		
Mietaufwand	4.000		
Bestandsminderung fE	9.400		
Gewinn	7.600		
	30.000		30.000

Lösung zu Aufgabe 10 (Unfertige und fertige Erzeugnisse)

a) Das GuV-Konto hat in 01 das folgende Aussehen, wenn nur die Fertigerzeugnisse abgesetzt werden:

S	GuV-Konto		H
Bestandsminderung fE	10.000	Umsatzerlöse	16.000
Gewinn	6.000		
	16.000		16.000

b) Das GuV-Konto hat in 01 das folgende Aussehen, wenn zusätzlich die unfertigen Erzeugnisse umgearbeitet und anschließend alle fertigen Erzeugnisse veräußert werden:

S	GuV-Konto		H
Bestandsminderung fE	10.000	Umsatzerlöse	25.600
Bestandsminderung uE	2.400		
Div. Aufwendungen	3.400		
Gewinn	9.800		
	25.600		25.600

Die Umsatzerlöse betragen 25.600 € (320 Stück zu je 80 €/Stück). Die Bestandsminderung fertiger Erzeugnisse (fE) entspricht dem Wert aus a). Die Bestandsminderung unfertiger Erzeugnisse (uE) beträgt 2.400 € (120 Stück zu je 20 €/Stück). Zusätzlich ist der Aufwand für die Weiterverarbeitung zu berücksichtigen: Die diversen Aufwendungen betragen 3.400 € (1.200 € + 400 € + 200 € + 1.600 €).

c) Es ergeben sich **keine Wirkungen**. Das GuV-Konto wird durch den Erwerb der Rohstoffe und Betriebsstoffe nicht verändert, da es sich um einen erfolgsneutralen Vorgang handelt (Aktivtausch). Erst der Einsatz der Werkstoffe in der Produktion führt zu einem Aufwand und somit zur Veränderung des GuV-Kontos.

Lösung zu Aufgabe 11 (Unfertige und fertige Erzeugnisse)

a) Die Konten "unfertige Erzeugnisse" und "fertige Erzeugnisse" haben das folgende Aussehen, wenn auf **Mengengrößen** abgestellt wird:

S	unfertige Erzeugnisse		H	S	fertige Erzeugnisse		H
AB	2.000 St.	AG	1.000 St.	AB	1.000 St.	AG	600 St.
		EB	1.000 St.	ZG	1.000 St.	EB	1.400 St.
	2.000 St.		2.000 St.		2.000 St.		2.000 St.

Der Bestand unfertiger Erzeugnisse ist durch die Weiterverarbeitung um 1.000 Stück gesunken. Eine Produktion hat auf Stufe I nicht stattgefunden (kein Zugang). Der Endbestand fertiger Erzeugnisse ist um 400 Stück gewachsen: Der Zugang entsteht durch die neu erstellten Produkte (1.000 Stück), der Abgang durch den Verkauf von 600 Stück.

b) Der Endbestand der **unfertigen Erzeugnissen** (1.000 Stück) wird mit denselben Herstellungskosten bewertet, die auch für den Anfangsbestand galten. Der Endbestand beträgt 20.000 € (1.000 Stück à 20 €/Stück).

Bei den **fertigen Erzeugnissen** ist Folgendes festzustellen. Der Anfangsbestand wurde mit 86 € je Stück bewertet (1.000 Stück zu 86 €/Stück = 86.000 €). Die neu produzierten 1.000 Stück sind ebenfalls mit 86 € je Stück zu bewerten: Der Aufwand für die verbrauchten unfertigen Erzeugnissen beträgt 20.000 € (1.000 Stück zu je 20 € je Stück) und der Produktionsaufwand für die Weiterverarbeitung 66.000 €. Insgesamt ist der Aufwand 86.000 € für 1.000 Stück, somit 86 € je Stück. Damit ist Endbestand von 1.400 Stück mit 86 € je Stück zu bewerten und beträgt 120.400 €.

Hinweis: In der Praxis weichen die Herstellungskosten des Anfangsbestandes und der Zugänge meist voneinander ab, da z.B. die Rohstoffpreise steigen. Dann wird für die Bewertung oft ein (gewogener) **Durchschnitswert** berechnet. Bei einem Anfangsbestand von 1.000 Stück zu 86 €/Stück und Zugängen von z.B. 600 Stück zu 90 €/Stück betragen die durchschnittlichen Herstellungskosten 87,50 €/Stück ((1.000 x 86 + 600 x 90)/1.600). Mit diesem Wert werden der Endbestand und die Abgänge bewertet.

c) Berechnung der wertmäßigen Bestandsänderungen: Die Bestandsminderung unfertiger Erzeugnisse (uE) beträgt 20.000 € (1.000 Stück à 20 €/Stück). Die Bestandserhöhung fertiger Erzeugnisse (fE) beträgt 34.400 € (400 Stück à 86 €/Stück).

d) Darstellung der Abschlusskonten:

S	GuV-Konto		H
Div. Aufwendungen	66.000	Umsatzerlöse	60.000
Bestandsminderung uE	20.000	Bestandserhöhung fE	34.400
Gewinn	8.400		
	94.400		94.400

S	SBK		H
unfertige Erzeugnisse	20.000	Eigenkapital	168.400
fertige Erzeugnisse	120.400		
Bank	28.000		
	168.400		168.400

Hinweise: Das Eigenkapital wächst in 01 um 8.400 €, da ein Gewinn erzielt wurde (Anfangsbestand 160.000 € + Gewinn 8.400 € = Endbestand 168.400 €). Das Bankkonto sinkt um 6.000 €, da durch den Produktionsaufwand auf der Stufe II 66.000 € abfließen und nur 60.000 € durch den Verkauf der Produkte zufließen.

Lösung zu Aufgabe 12 (GuV-Konto mit Bestandsänderungen)
Die Umsatzerlöse betragen 40.000 € (2.000 Stück x 20 €/Stück). Sie werden im GuV-Konto netto ausgewiesen, da die Umsatzsteuer kein Ertragsbestandteil ist. Die Bestandsänderungen der fertigen und unfertigen Erzeugnisse ergeben sich aus den Differenzen der jeweiligen Anfangs- und Endbestände. In beiden Fällen liegen Bestandserhöhungen vor: Bei den Fertigerzeugnissen in Höhe von 38.000 €, bei den unfertigen Erzeugnissen in Höhe von 12.000 €.

Das GuV-Konto hat das folgende Aussehen. Da die Aufwendungen höher sind als die Erträge ergibt sich ein Verlust in Höhe 35.000 €. Er erscheint zum Ausgleich der Kontenseiten im Haben des GuV-Kontos.

S	GuV-Konto		H
Div. Aufwendungen	125.000	Umsatzerlöse	40.000
		Bestandserhöhung fE	38.000
		Bestandserhöhung uE	12.000
		Verlust	35.000
	125.000		125.000

Lösung zu Aufgabe 13 (Verbuchung von Bestandsänderungen)

a) Ermittlung der Herstellungskosten unfertiger Erzeugnisse:

UNFERTIGE ERZEUGNISSE		Stück	€
Anfangsbestand		1.000	60.000,-
Zugang		800	
Aufwand Rohstoffe	20.000,-		
+ Mietaufwand (Leasing)	6.000,-		
+ Personalaufwand	22.000,-		
Herstellungsaufwand	48.000,-		48.000,-
		1.800	108.000,-

Der Anfangsbestand und die Zugänge (48.000 €/800 Stück) werden mit 60 €/Stück bewertet. Dieser Wert gilt auch für den Endbestand: 1.600 Stück à 60 € = 96.000 €.

Die Herstellungskosten fertiger Erzeugnisse werden wie folgt berechnet:

FERTIGE ERZEUGNISSE		Stück	€
Anfangsbestand		2.000	200.000,-
Zugang		200	
Einsatz uE 200 St.	12.000,-		
+ Personalaufwand	7.000,-		
+ Sozialaufwand	1.000,-		
Herstellungsaufwand	20.000,-		20.000,-
		2.200	220.000,-

Der Anfangsbestand und die Zugänge (20.000 €/200 Stück) werden mit 100 €/Stück. bewertet. Dieser Wert gilt auch für den Endbestand: 1.200 Stück à 100 € = 120.000 €.

b) **Buchungssätze:**

(1)	Aufwand Rohstoffe		an Rohstoffe	20.000,-
(2)	Mietaufwand	6.000,-	an Bank	6.600,-
	Vorsteuer	600,-		
(3)	Personalaufwand	22.000,-	an Bank	24.200,-
	Vorsteuer	2.200,-		
(4)	Bank	132.000,-	an Umsatzerlöse	120.000,-
			Berechnete USt	12.000,-
(5)	Keine Buchung			
(6)	Personalaufwand	7.000,-	an Bank	8.000,-
	Sozialaufwand	1.000,-		
(7a)	USt-Verrechnung		an Vorsteuer	2.800,-
(7b)	Berechnete USt		an USt-Verrechnung	12.000,-
(7c)	USt-Verrechnung		an Bank	9.200,-
(8)	SBK		an Rohstoffe	80.000,-
(9)	Bestandsänderung fE		an fertige Erzeugnisse	80.000,-
(10)	unfertige Erzeugnisse		an Bestandsänderung uE	36.000,-

c) **Kontenmäßige Darstellung:**

S	Rohstoffe		H
AB	100.000	(1)	20.000
		SBK	80.000
	100.000		100.000

S	Bank		H
AB	140.000	(2)	6.600
(4)	132.000	(3)	24.200
		(6)	8.000
		(7c)	9.200
		SBK	224.000
	272.000		272.000

S	fertige Erzeugnisse		H
AB	200.000	(9)	80.000
		SBK	120.000
	200.000		200.000

S	unfertige Erzeugnisse		H
AB	60.000	SBK	96.000
(10)	36.000		
	96.000		96.000

S	Aufwand Rohstoffe		H
(1)	20.000	GuV	20.000
	20.000		20.000

S	Eigenkapital		H
SBK	520.000	AB	500.000
		GuV	20.000
	520.000		520.000

S	Sozialaufwand		H
(6)	1.000	GuV	1.000
	1.000		1.000

S	Personalaufwand		H
(3)	22.000	GuV	29.000
(6)	7.000		
	29.000		29.000

S	Bestandsänderung fE		H
(9)	80.000	GuV	80.000
	80.000		80.000

S	Bestandsänderung uE		H
GuV	36.000	(10)	36.000
	36.000		36.000

S	Berechnete USt		H
(7b)	12.000	(4)	12.000
	12.000		12.000

S	USt-Verrechnung		H
(7a)	2.800	(7b)	12.000
(7c)	9.200		
	12.000		12.000

S	Mietaufwand		H
(2)	6.000	GuV	6.000
	6.000		6.000

S	Vorsteuer		H
(2)	600	(7a)	2.800
(3)	2.200		
	2.800		2.800

S	Umsatzerlöse		H
GuV	120.000	(4)	120.000
	120.000		120.000

S	GuV-Konto		H
Aufwand Rohstoffe	20.000	Umsatzerlöse	120.000
Mietaufwand	6.000	Bestandserhöhung uE	36.000
Personalaufwand	29.000		
Sozialaufwand	1.000		
Bestandsminderung fE	80.000		
Gewinn	20.000		
	156.000		156.000

Hinweise: Die Bestandserhöhung uE beträgt 600 Stück zu je 60 €/Stück. Die Bestandsminderung fE beträgt 800 Stück zu je 100 €/Stück.

S	SBK		H
Rohstoffe	80.000	Eigenkapital	520.000
unfertige Erzeugnisse	96.000		
fertige Erzeugnisse	120.000		
Bank	224.000		
	520.000		520.000

Lösung zu Aufgabe 14 (GuV-Rechnung nach GKV)

Die GuV-Rechnung nach dem Gesamtkostenverfahren hat das folgende Aussehen (Angaben in Euro, ohne betriebliche Steuern):

Gewinn- und Verlustrechnung	
Umsatzerlöse	240.000
+ Erhöhung des Bestandes an fertigen Erzeugnissen	+ 30.000
- Materialaufwand	- 32.000
- Personalaufwand	- 70.000
- Sonstige betriebliche Aufwendungen	- 48.000
+ Dividenden	+ 6.000
- Zinsaufwendungen	- 3.600
= Ergebnis der gewöhnlichen Geschäftstätigkeit	= 122.400
= Gesamtergebnis (Gewinn)	= 122.400

Hinweise: Die Umsatzerlöse betragen 240.000 € (8.000 Stück zu 30 €/Stück). Die Umsatzsteuer führt nicht zu Erträgen, so dass der Nettopreis zu verwenden ist. Die mengenmäßige Bestandserhöhung beträgt 2.000 Stück, die mit den Herstellungskosten pro Stück zu bewerten ist. Berechnung der Herstellungskosten: Für 10.000 Stück fallen Aufwendungen von insgesamt 150.000 € an. Somit betragen die Herstellungskosten pro Stück 15 €. Wert der Bestandserhöhung: 2.000 Stück x 15 €/Stück = 30.000 €.

Die Leasinggebühr für die Maschinen gehört zu den sonstigen betrieblichen Aufwendungen. Die Zinsaufwendungen betragen in 01 3.600 € (12 x 300 €). Die Tilgung ist erfolgsneutral und berührt die GuV-Rechnung nicht, da sie eine Rückzahlung des Kredites darstellt. Die Tilgung führt zu einer Bilanzverkürzung. Die Dividenden und Zinsaufwendungen bilden bei dieser Aufgabe das Finanzergebnis (Finanzgewinn: 2.400 €).

Lösung zu Aufgabe 15 (GuV-Rechnung nach UKV)

Die GuV-Rechnung nach dem Umsatzkostenverfahren hat das folgende Aussehen (Angaben in Euro, ohne betriebliche Steuern):

Gewinn- und Verlustrechnung	
Umsatzerlöse	240.000
- Umsatzaufwand	- 120.000
+ Dividenden	+ 6.000
- Zinsaufwendungen	- 3.600
= Ergebnis der gewöhnlichen Geschäftstätigkeit	= 122.400
= Gesamtergebnis (Gewinn)	= 122.400

Hinweise: Der Umsatzaufwand berechnet sich wie folgt: Die abgesetzte Menge von 8.000 Stück wird mit den Herstellungskosten von 15 € pro Stück bewertet (Berechnung siehe oben). Somit beläuft sich der Umsatzaufwand auf 120.000 € (8.000 Stück x 15 € je Stück).

Lösung zu Aufgabe 16 (GuV-Rechnung nach GKV und UKV)

a) Beim **Gesamtkostenverfahren** ergeben sich nur bei den Umsatzerlösen und der Bestandsänderung Effekte: Die Umsatzerlöse betragen 360.000 € (12.000 Stück x 30 € je Stück). Anstelle einer Bestandserhöhung ergibt sich eine Bestandsminderung von 30.000 € (2.000 Stück x 15 € je Stück). Daraus ergibt sich ein Saldo von 330.000 € (bei x_a = 12.000 Stück). Beim Absatz von 8.000 Stück betrug die Summe aus Umsatzerlösen und Bestandserhöhung 270.000 €. Somit beträgt die Differenz 60.000 €. In dieser Höhe steigt der Gewinn, da die übrigen Komponenten gleich bleiben

b) Beim **Umsatzkostenverfahren** verändern sich nur die Umsatzerlöse und der Umsatzaufwand: Den Umsatzerlösen von 360.000 € steht ein Umsatzaufwand von 180.000 € (12.000 Stück x 15 €/Stück) gegenüber. Beim Absatz von 12.000 Stück ist der Saldo 180.000 €. Beim Absatz von 8.000 Stück ergab sich ein Wert von 120.000 €. Die Differenz ist wiederum 60.000 € und kennzeichnet den Gewinnzuwachs.

Lösung zu Aufgabe 17 (Buchungen beim UKV)

Beim Umsatzkostenverfahren werden die Produktionsaufwendungen zunächst als Zugang auf dem Konto "fertige Erzeugnisse" gebucht (1). Anschließend wird der Endbestand fertiger Erzeugnisse mit den Herstellungskosten bewertet und in das Schlussbilanzkonto gebucht (2). Als Saldo ergibt sich der Abgang fertiger Erzeugnisse, bewertet zu Herstellungskosten, also der Umsatzaufwand. Er wird in das GuV-Konto gebucht (3). Damit ist das Konto "fertige Erzeugnisse" ausgeglichen.

(1) Fertige Erzeugnisse	180.000,-	an	Aufwand Rohstoffe	60.000,-
			L.u.G. Aufwand	80.000,-
			Sonst. betr. Aufwand	40.000,-
(2) SBK		an	Fertige Erzeugnisse	36.000,-
(3) GuV-Konto		an	Fertige Erzeugnisse	144.000,-

Hinweise: Die Herstellungskosten betragen 9 € je Stück (180.000 €/20.000 Stück). Damit beträgt der Endbestand 36.000 € (4.000 Stück x 9 €/Stück). Er erscheint im Schlussbilanzkonto. Der Umsatzaufwand beträgt 144.000 € (16.000 Stück x 9 €/Stück).

Lösung zu Aufgabe 18 (Gesamt- und Umsatzkostenverfahren)

a) Bei einer Bestandserhöhung wird beim Gesamtkostenverfahren ein zusätzlicher Ertrag im Haben erfasst. Den gesamten Erträgen aus abgesetzter Menge und Bestandserhöhung werden die gesamten Aufwendungen gegenübergestellt. Beim Umsatzkostenverfahren wird den Umsatzerlösen der Umsatzaufwand gegenübergestellt. Die Darstellung zeigt die Funktionsweise für 01 (Angaben in Tausend Euro). Bei einer Bestandserhöhung ist die **Kontensumme** beim GKV höher als beim UKV.

S	GuV-Konto (GKV) 01		H	S	GuV-Konto (UKV) 01		H
Aufwand x_p	400	Umsatzerlöse	600	Aufwand x_a	240	Umsatzerlöse	600
Gewinn	360	Bestandserhöhung	160	Gewinn	360		
	760		760		600		600

b) Bei einer Bestandsminderung (Periode 02) wird beim Gesamtkostenverfahren zusätzlich zum Produktionsaufwand eine Bestandsminderung fertiger Erzeugnisse als Aufwand erfasst. Beim Umsatzkostenverfahren besteht der gesamte Umsatzaufwand aus dem Produktionsaufwand der laufenden Periode und der Bestandsminderung fertiger Erzeugnisse. Bei einer Bestandsminderung ist die **Kontensumme** beim Gesamtkostenverfahren genauso hoch wie beim Umsatzkostenverfahren. Die Erfolge für 02 lauten:

S	GuV-Konto (GKV) 02		H	S	GuV-Konto (UKV) 02		H
Aufwand x_p	400	Umsatzerlöse	1.400	Aufwand x_a	560	Umsatzerlöse	1.400
Bestandsminderung	160			Gewinn	840		
Gewinn	840						
	1.400		1.400		1.400		1.400

Lösungen der Aufgaben zum sechsten Kapitel

Lösung zu Aufgabe 1 (Abschreibungsursachen)

Man unterscheidet:

- Verbrauchsbedingte Abschreibungsursachen,
- Wirtschaftlich bedingte Abschreibungsursachen und
- Zeitlich bedingte Abschreibungsursachen.

Merkmal der **verbrauchsbedingten** Abschreibung ist die Abnahme der Nutzungsmenge eines Anlagegegenstandes. Beispiele sind: Einsatz eines Lkws zum Gütertransport, Korrosion einer Förderanlage, Abnutzung einer Maschine im Produktionsprozess.

Bei der **wirtschaftlich bedingten** Wertminderung nimmt der Wert der Nutzungen ab. Durch den technischen Fortschritt sinkt der Wert einer bisher eingesetzten EDV-Anlage, wenn ein neues, leistungsfähigeres Modell auf den Markt kommt.

Bei der **zeitlich bedingten** Abschreibungsursache können nicht alle Nutzungen aus einer Sache oder einem Recht gezogen werden, da sie nur eine bestimmte Zeit im Unternehmen eingesetzt werden dürfen (Ablauf der Nutzungszeit). Beispiel: Auf zehn Jahre beschränkte Lizenz (= Recht) zur Fertigung eines pharmazeutischen Produkts.

Lösung zu Aufgabe 2 (Abschreibungsarten)

Die planmäßige Abschreibung zeichnet sich durch folgende Merkmale aus:

- Anwendbarkeit nur beim **abnutzbaren Anlagevermögen**.
- **Verteilungsrechnung** (Verteilung des Ausgangswertes auf die Nutzungsdauer).
- Erfassung des Wertverzehrs nach einem **vorsehbaren Abschreibungsplan**.
- Insbesondere Berücksichtigung von **verbrauchsbedingten Wertminderungsursachen**.

Dagegen ist die außerplanmäßige Abschreibungen durch die folgenden Merkmale charakterisiert:

- Anwendbarkeit beim **abnutzbaren und nicht abnutzbaren Anlagevermögen sowie beim Umlaufvermögen**.
- **Anpassungsrechnung** (Anpassung des Buchwertes an den Marktwert).

- Herabsetzung des Wertes aufgrund **nicht vorhersehbarer Ursachen** (z.B. gesunkener Marktwerte).
- Insbesondere Berücksichtigung von **wirtschaftlichen Wertminderungsursachen**.

Lösung zu Aufgabe 3 (Abschreibungsbasis)

Richtig sind: 2), 4), 6). – Falsch sind: 1), 3), 5).

Hinweise:

Zu 3): Bei einer Lieferung "frei Haus" entstehen keine Kosten für die Lieferung.

Zu 5): Bei einem Abzug der Vorsteuer erfolgt die Abschreibung zum **Netto**preis.

Lösung zu Aufgabe 4 (Erfolgswirkung der Abschreibung)

a) Erfolgsausweis bei sofortiger Aufwandsverrechnung (volle Anschaffungskosten):

	Jahr 1	Jahr 2	Jahr 3	Jahr 4	Jahr 5
Ertrag	240.000	220.000	240.000	300.000	250.000
Aufwand	150.000	145.000	160.000	180.000	160.000
Anschaffungskosten	120.000				
Erfolg	-30.000	75.000	80.000	120.000	90.000

b) Erfolgsausweis bei periodisierter Aufwandsverrechnung (jährliche Abschreibungen):

	Jahr 1	Jahr 2	Jahr 3	Jahr 4	Jahr 5
Ertrag	240.000	220.000	240.000	300.000	250.000
Aufwand	150.000	145.000	160.000	180.000	160.000
Abschreibungen	24.000	24.000	24.000	24.000	24.000
Erfolg	66.000	51.000	56.000	96.000	66.000

c) Die Summe der Periodengewinne ist im Fall a) und im Fall b) gleich (335.000 €). Allerdings kommt es zu einer unterschiedlichen zeitlichen Verteilung. Im Fall a) wird im ersten Jahr ein Verlust ausgewiesen. In den Folgejahren ist der Gewinn dagegen relativ hoch. Im Fall b) werden nur Gewinne ausgewiesen. Diese sind jedoch niedriger als im Fall a). Unterstellt man eine gleichmäßige Abnutzung der Anlage in den einzelnen Jahren des Einsatzes, ist der Fall b) vorzuziehen. Jeder Periode wird der Aufwand zugeordnet, der in ihr angefallen ist. Damit ergibt sich ein **periodengerechter Gewinnausweis** in den einzelnen Nutzungsjahren.

Lösung zu Aufgabe 5 (Abschreibungsverfahren)

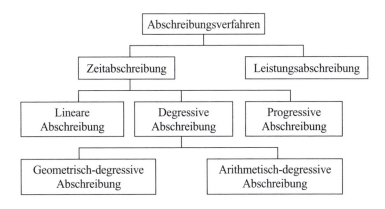

Lösung zu Aufgabe 6 (Abschreibungsverfahren)

Lineare Abschreibung:

$$\text{Abschreibungsbetrag} = \frac{50.000 + 6.000}{7 \text{ Jahre}} = 8.000 \text{ €/Jahr}$$

Arithmetisch-degressive Abschreibung:

$$\text{Degressionsbetrag} = \frac{50.000 + 6.000}{7 + 6 + 5 + 4 + 3 + 2 + 1} = 2.000 \text{ €/Jahresziffer}$$

Im ersten Jahr werden 7 x 2.000 € (= 14.000 €), im zweiten Jahr 6 x 2.000 € (= 12.000 €) als Abschreibungsbeträge verrechnet. Der vollständige Abschreibungsplan befindet sich auf der folgenden Seite.

Geometrisch-degressive Abschreibung: Im ersten Jahr werden 20% von 56.000 verrechnet (11.200), im zweiten Jahr 20% von 44.800 (56.000 -11.200) verrechnet (8.960), usw.

Hinweis: Die geometrisch-degressive Abschreibung führt nicht zum Wert von null, so dass im 7. Jahr neben der "normalen" Abschreibung 07 von rund 2.936 € (0,2 x 14.680,06) auch noch der Restwert am Ende des 7. Jahres von 11.744,06 abgeschrieben werden muss. In der Summe wird der gesamte Restwert Ende 06 (14.680,06 €) in 07 als Aufwand verrechnet. Um diesen hohen Abschreibungsbetrag zu vermeiden, wird vorher meist ein Wechsel auf die lineare Methode vorgenommen.

Die Abschreibungspläne ergeben sich wie folgt (RBW = Restbuchwert):

Jahr	Linear		Geometrisch-degressiv		Arithmetisch-degressiv	
	Abschreibung	RBW	Abschreibung	RBW	Abschreibung	RBW
01	8.000	48.000	11.200,-	44.800,-	14.000	42.000
02	8.000	40.000	8.960,-	35.840,-	12.000	30.000
03	8.000	32.000	7.168,-	28.672,-	10.000	20.000
04	8.000	24.000	5.734,40	22.937,60	8.000	12.000
05	8.000	16.000	4.587,52	18.350,08	6.000	6.000
06	8.000	8.000	3.670,02	14.680,06	4.000	2.000
07	8.000	0	14.680,06	0,-	2.000	0
Gesamt	56.000		56.000,-		56.000	

Lösung zu Aufgabe 7 (Leistungsabschreibung)

Die Abschreibung pro Leistungseinheit beträgt 0,25 €/Stück (56.000 €/224.000 Stück).
Der Abschreibungsbetrag 01 beläuft sich auf 8.250 € (33.000 Stück x 0,25 €/Stück).

Lösung zu Aufgabe 8 (Unterjährige Abschreibung)

Abschreibung Maschine A in 01: 10/12 von 12.000 € = 10.000 € (keine Abschreibungen
für Januar und Februar). Abschreibung Maschine B in 01: 2/12 von 18.000 € = 3.000 €
(nur Abschreibungen für November und Dezember). Der angefangene Monat zählt jeweils
mit. In 02 werden die vollen jährlichen Abschreibungsbeträge verrechnet, d.h. für Maschine A 12.000 € und für Maschine B 18.000 €.

Lösung zu Aufgabe 9 (Abschreibungsverbuchung)

Die Buchungssätze lauten:

(1) Abschr. auf Sachanlagen   an   Masch. Anlagen   16.000,-

(2) SBK   an   Masch. Anlagen   64.000,-

(3) GuV-Konto   an   Abschr. auf Sachanlagen 16.000,-

Lösung zu Aufgabe 10 (Abschreibungsverbuchung)

Das Patent ist entgeltlich erworben und muss im Anlagevermögen aktiviert werden. Da es
gleichmäßig entwertet wird, kommt die lineare Abschreibungsmethode zur Anwendung.
In 01 werden 11.000 € (11/12 von 12.000 €) als Aufwand zu verrechnet. Die Abschrei-
bungsbuchung lautet (VG = Vermögensgegenstand):

Abschr. auf immaterielle VG   an   Entgeltlich erworbene Patente   11.000,-

Lösung zu Aufgabe 11 (Abschlusserstellung)

Buchungssätze:

(1) Forderungen	22.000,-	an	Warenverkauf	20.000,-
			Berechnete USt	2.000,-
(2) Fuhrpark	25.000,-	an	Bank	27.500,-
Vorsteuer	2.500,-			
(3) Betr.- u. Geschäftsausst.	5.000,-	an	Bank	5.500,-
Vorsteuer	500,-			
(4) Darlehensverb.		an	Bank	10.000,-

Abschreibungen:

- Vitrine: 5.000 €/10 Jahre = 500 €/Jahr. In 01: 6/12 des Betrages, da Zugang im Juli.
- Fahrzeug: 25.000 €/5 Jahre = 5.000 €/Jahr. In 01: Voller Betrag, da Zugang im Januar.

Kontenmäßige Darstellung:

S	Betr.- u. Gesch.ausst.		H
AB	100.000	Abschr.	20.000
(3)	5.000	Abschr.	250
		SBK	84.750
	105.000		105.000

S	Bank		H
AB	25.000	(2)	27.500
SBK	18.000	(3)	5.500
		(4)	10.000
	43.000		43.000

S	Fuhrpark		H
(2)	25.000	Abschr.	5.000
		SBK	20.000
	25.000		25.000

S	Wareneinkauf		H
AB	40.000	Waren-	10.000
		verkauf	
		SBK	30.000
	40.000		40.000

S	Forderungen		H
(1)	22.000	SBK	22.000
	22.000		22.000

S	Sonstige Ford.		H
USt	1.000	SBK	1.000
	1.000		1.000

S	Vorsteuer		H
(2)	2.500	Ber. USt	3.000
(3)	500		
	3.000		3.000

S	Berechnete USt		H
VSt	3.000	(1)	2.000
		Sonst.	1.000
		Ford.	
	3.000		3.000

S	Warenverkauf		H		S	Abschr. auf Sachanlagen		H
Waren-	10.000	(1)	20.000		BGA	20.000	GuV	25.250
einkauf					BGA	250		
GuV	10.000				Fuhr-	5.000		
	20.000		20.000		park			
						25.250		25.250

S	Eigenkapital		H		S	Darlehensverb.		H
GuV	15.250	AB	130.000		(4)	10.000	AB	35.000
SBK	114.750				SBK	25.000		
	130.000		130.000			35.000		35.000

S	GuV-Konto		H
Abschr. auf Sachanlagen	25.250	Warenverkauf	10.000
		Verlust	15.250
	25.250		25.250

S	SBK		H
Betr.- u. Ge-schäftsausst.	84.750	Eigenkapital	114.750
Fuhrpark	20.000	Darlehensverb.	25.000
Wareneinkauf	30.000	Verb. gegenüber Kre-	18.000
Forderungen	22.000	ditinstituten	
Sonst. Ford.	1.000		
	157.750		157.750

Hinweise: Das Konto "Bank" hat nicht mehr den Charakter eines aktiven, sondern eines passiven Bestandskontos. Es liegen Verbindlichkeiten gegenüber dem Kreditinstitut vor. Die Abschreibungen auf dem Konto "Betriebs- und Geschäftsausstattung" hätten auch zusammengefasst werden können. Die Trennung erfolgt allein aus didaktischen Gründen.

Lösung zu Aufgabe 12 (Abschreibungsverbuchung)

a) Masch. Anlagen   50.000,-   an   Bank   55.000,-
   Vorsteuer   5.000,-

   Abschr. auf Sachanlagen   an   Masch. Anlagen   1.250,-

b) Der Restbuchwert der Maschine beträgt am 31.12.04 zunächst 33.750 €. Im ersten Jahr sind 1.250 € (3/12 von 5.000 €) und danach 3 x 5.000 € abzuschreiben. Da die Wiederbeschaffungskosten am 31.12.04 nur noch 20.250 € betragen, sind neben der planmäßigen Abschreibung noch 13.500 € außerplanmäßig zu verrechnen. Die Buchung des Jahres 04 lautet:

Abschr. auf Sachanlagen   5.000,-   an   Masch. Anlagen   18.500,-

Außerplanm. Abschr.   13.500,-

c) Es muss ein neuer Abschreibungsplan erstellt werden. Der Buchwert nach vier Jahren beträgt 20.250 €, die Restlaufzeit 6,75 Jahre (10 Jahre - 3,25 Jahre, da im ersten Jahr nur für drei Monate – 0,25 Jahre – abgeschrieben wurde). Der neue Abschreibungsbetrag beläuft sich auf 3.000 € (20.250 €/6,75 Jahre) pro Jahr. Die Buchung lautet:

Abschr. auf Sachanlagen   an   Masch. Anlagen   3.000,-

Lösung zu Aufgabe 13 (Außerplanmäßige Abschreibung im Anlagevermögen)

a) Abschr. auf Sachanlagen   an   Masch. Anlagen   7.000,-

b) Durch die Umweltschutzvorschriften tritt eine Verkürzung der Nutzungsdauer ein. Der ursprünglich für die Berechnung der Abschreibungsbeträge zugrunde gelegte **Abschreibungsplan muss geändert** werden. Der Restwert von 35.000 € (56.000 - 3 x 7.000) ist vollständig auf die verbleibenden zwei Jahre abzuschreiben.

Der entsprechende Buchungssatz lautet:

Abschr. auf Sachanlagen   an   Masch. Anlagen   17.500,-

c) Im 5. Jahr wird das Rohrleitungssystem letztmals genutzt. Es wird die volle Abschreibung verrechnet, so dass die Anlage mit null bewertet wird und nicht mehr in der Bilanz erscheint.

Abschr. auf Anlagen   an   Masch. Anlagen   17.500,-

Lösung zu Aufgabe 14 (Außerplanmäßige Abschreibung im Umlaufvermögen)

a) Die Buchungssätze lauten:

(1) Rohstoffe   70.000,-   an   Lieferantenverb.   77.000,-

     Vorsteuer   7.000,-

(2) Aufwand Rohstoffe   an   Rohstoffe   42.000,-

(3) Abschr. auf Vorräte   an   Rohstoffe   8.000,-

Hinweis: Da der Tageswert um 10 € je Stück gesunken ist, muss der Endbestand von 800 Stück entsprechend abgewertet werden (Gesamtbetrag: 800 Stück x 10 €/Stück).

(4) SBK   an   Rohstoffe   20.000,-

b) Das Rohstoffkonto hat folgendes Aussehen:

S		Rohstoffe 01		H
Zugang	70.000	Verbrauch	42.000	
		Abschreibungen	8.000	
		Endbestand	20.000	
	70.000		70.000	

Auf der Sollseite erscheint der Zugang im Wert von 70.000 €. Auf der Habenseite werden der Verbrauch von 42.000 € und die Abwertung von 8.000 € erfasst. Der Endbestand von 20.000 € wird in das Schlussbilanzkonto gebucht.

Lösung zu Aufgabe 15 (Anlagenverkauf)

In 05 werden noch 8/12 (monatsgenau) von 6.000 € planmäßig abgeschrieben (4.000 €). Damit ist der Restbuchwert im Verkaufszeitpunkt noch 26.000 € (30.000 € - 4.000 €). Es entsteht ein Veräußerungsverlust von 1.500 € (24.500 € - 26.000 €). Es wurde in der Vergangenheit zu wenig abgeschrieben, d.h. das Fahrzeug wurde zu hoch bewertet.

Lösung zu Aufgabe 16 (Anlagenverkauf)

Die Buchungssätze lauten:

(a)	Bank	22.000,-	an	Masch. Anlagen	20.000,-
				Berechnete USt	2.000,-
(b)	Bank	27.500,-	an	Masch. Anlagen	20.000,-
				sonst. betr. Ertrag	5.000,-
				Berechnete USt	2.500,-
(c)	Bank	17.600,-	an	Masch. Anlagen	20.000,-
	sonst. betr. Aufwand	4.000,-		Berechnete USt	1.600,-

Lösung zu Aufgabe 17 (Direkte und indirekte Abschreibung)

Bei der **direkten Abschreibung** verringert sich der ausgewiesene Wert des Vermögensgegenstandes (z.B. einer Maschine) um den Abschreibungsbetrag. In der Bilanz erscheint nur noch der Restbuchwert: Die Anschaffungs- oder Herstellungskosten vermindert um die Summe der angefallenen Abschreibungsbeträge. Aus der Bilanz wird nicht ersichtlich, wie hoch die Anschaffungs- bzw. Herstellungskosten des Vermögensgegenstandes waren. Ebenso wenig kann festgestellt werden, wie hoch die Summe der bisher verrechneten Abschreibungen ist.

Bei der **indirekten Abschreibung** werden die Abschreibungsbeträge auf der Passivseite der Bilanz unter dem Posten "Wertberichtigung auf Sachanlagen" gesammelt. Auf der Aktivseite bleiben die vollen Anschaffungskosten erhalten. Der Restbuchwert ergibt sich als Saldo aus Anschaffungskosten des Postens und zugehöriger Wertberichtigung. Durch diese Methode kann jederzeit die Abschreibungsbasis sowie die Summe der bisher verrechneten Abschreibungen festgestellt werden. Das Konto "Wertberichtigung auf Sachanlagen" hat den Charakter eines Wertkorrekturkontos.

Lösung zu Aufgabe 18 (Wertberichtigung)

a) Um die Übersicht nicht zu verlieren, empfiehlt sich die Zerlegung des Gesamtvorgangs in die Bestandteile "Kauf", "Verkauf" und "Bezahlung". Dabei sollte vorab das Konto "Wertberichtigung auf Sachanlagen" über das Konto "Fuhrpark" aufgelöst werden.

Kauf:

(1)	Fuhrpark	30.000,-	an	Lieferantenverb.	33.000,-
	Vorsteuer	3.000,-			

Verkauf:

(2)	Wertber. auf Sachanlagen		an	Fuhrpark	15.000,-
(3)	Forderungen	13.200,-	an	Fuhrpark	10.000,-
				sonst. betr. Ertrag	2.000,-
				Berechnete USt	1.200,-

Bezahlung:

(4)	Lieferantenverb.	33.000,-	an	Forderungen	13.200,-
				Bank	19.800,-

Die Buchungssätze (1) - (4) lassen sich auch zusammenfassen Buchungssatz (5):

(5)	Fuhrpark	30.000,-	an	Fuhrpark	25.000,-
	Vorsteuer	3.000,-		sonst. betr. Ertrag	2.000,-
	Wertber. auf Sach-anlagen	15.000,-	an	Berechnete USt	1.200,-
				Bank	19.800,-

b) Verbuchung der Abschreibungen:

(6)	Abschr. auf Sachanlagen		an	Wertber. auf Sachanlagen	6.000,-

c) Verbuchung der Zahllast:

(7) USt-Verrechnung	an	Vorsteuer	3.000,-
(8) Berechnete USt	an	USt-Verrechnung	1.200,-
(9) Bank	an	USt-Verrechnung	1.800,-

S	Fuhrpark		H
AB	25.000	(5)	25.000
(5)	30.000	SBK	30.000
	55.000		55.000

S	Bank		H
AB	30.000	(5)	19.800
(9)	1.800	SBK	12.000
	31.800		31.800

S	Eigenkapital		H
GuV	4.000	AB	40.000
SBK	36.000		
	40.000		40.000

S	Wertber. auf Sachanlagen		H
(5)	15.000	AB	15.000
SBK	6.000	(6)	6.000
	21.000		21.000

S	Vorsteuer		H
(5)	3.000	(7)	3.000
	3.000		3.000

S	Berechnete USt		H
(8)	1.200	(5)	1.200
	1.200		1.200

S	sonst. betr. Ertrag		H
GuV	2.000	(5)	2.000
	2.000		2.000

S	Abschr. auf Sachanlagen		H
(6)	6.000	GuV	6.000
	6.000		6.000

S	USt-Verrechnung		H
(7)	3.000	(8)	1.200
		(9)	1.800
	3.000		3.000

S	GuV-Konto		H
Abschr.	6.000	sonst. betr. Ertrag	2.000
		Verlust	4.000
	6.000		6.000

S	SBK		H
Fuhrpark	30.000	Eigenkapital	36.000
Bank	12.000	Wertber. auf Sachanlagen	6.000
	42.000		42.000

Lösung zu Aufgabe 19 (Direkte und indirekte Abschreibungsverbuchung)

Die Buchungssätze lauten:

(1)	Abschr. auf Sachanlagen	an	Masch. Anlagen	10.000,-
(2)	Abschr. auf Sachanlagen	an	Wertber. auf Sachanlagen	15.000,-
(3)	GuV-Konto	an	Abschr. auf Sachanlagen	25.000,-

(4)	Eigenkapital	an	GuV-Konto	25.000,-
(5)	SBK	an	Masch. Anlagen	50.000,-
(6)	SBK	an	Fuhrpark	30.000,-
(7)	Wertber. auf Sachanlagen	an	SBK	25.000,-
(8)	Eigenkapital	an	SBK	55.000,-

Kontenmäßige Darstellung:

S	Masch. Anlagen		H
AB	60.000	(1)	10.000
		(5)	50.000
	60.000		60.000

S	Fuhrpark		H
AB	30.000	(6)	30.000
	30.000		30.000

S	Wertber. auf Sachanlagen		H
(7)	25.000	AB	10.000
		(2)	15.000
	25.000		25.000

S	Abschr. auf Sachanlagen		H
(1)	10.000	(3)	25.000
(2)	15.000		
	25.000		25.000

S	Eigenkapital		H
(4)	25.000	AB	80.000
(8)	55.000		
	80.000		80.000

S	GuV-Konto		H
(3)	25.000	(4)	25.000
	25.000		25.000

S	SBK		H
Masch. Anlagen	50.000	Eigenkapital	55.000
Fuhrpark	30.000	Wertber. auf Sachanlagen	25.000
	80.000		80.000

Lösung zu Aufgabe 20 (Forderungsabschreibung)

Eine **Einzelabschreibung** von Forderungen wird vorgenommen, wenn für eine bestimmte Forderung ein vollständiger oder teilweiser Ausfall sicher oder wahrscheinlich ist. Die Einzelabschreibung berücksichtigt das **spezielle Kreditrisiko** einer bestimmten Forderung. Mit der **Pauschalabschreibung** wird das **allgemeine Kreditrisiko**, das in jeder Forderung steckt, durch eine Abschreibung berücksichtigt. Eine Pauschalabschreibung bezieht sich nicht auf eine spezielle Forderung, sondern auf den Gesamtbestand der (restlichen) Forderungen. Die bereits einzeln abgeschriebenen Forderungen bleiben hierbei unberücksichtigt, da ihr Kreditrisiko schon vollständig verarbeitet wurde.

Lösung zu Aufgabe 21 (Forderungsabschreibung)

Richtig sind: 2), 3), 6), 7) - Falsch sind: 1), 4), 5).

Lösung zu Aufgabe 22 (USt-Korrektur)

a) Eine Umsatzsteuerkorrektur darf erst erfolgen, wenn der Forderungsausfall sicher feststeht. Ein derartiger sicherer Ausfall ist z.b. bei Abschluss eines Insolvenzverfahrens gegeben. Bei einem nur wahrscheinlichen Forderungsausfall erfolgt dagegen eine Abschreibung ohne Umsatzsteuerkorrektur.

b) **Hinweis**: An Stelle des Kontos "Dubiose" kann nachfolgend auch das Konto "Zweifelhafte Forderungen" gebucht werden.

Umbuchung auf Konto "Dubiose"

Dubiose		an	Forderungen	1.650,-

Sicherer Ausfall:

Abschr. auf Ford.	750,-	an	Dubiose	825,-
Berechnete USt	75,-			

Wahrscheinlicher Ausfall:

Abschr. auf Ford.		an	Dubiose	750,-

Lösung zu Aufgabe 23 (Verbuchung der Forderungsabschreibung)

(1) Dubiose		an	Forderungen	16.500,-
(2) Abschr. auf Ford.		an	Dubiose	3.000,-
(3) Abschr. auf Ford.	4.000,-	an	Dubiose	4.400,-
Berechnete USt	400,-			

Lösung zu Aufgabe 24 (Verbuchung des Zahlungseingangs)

Forderung A:

(1a) Bank	6.600,-	an	Dubiose	8.000,-
sonst. betr. Aufwand	1.000,-			
Berechnete USt	400,-			
(1b) Bank	7.700,-	an	Dubiose	8.000,-
Berechnete USt	300,-			

Forderung B:

(2) Bank		an	Dubiose	1.100,-

Lösung zu Aufgabe 25 (Pauschalwertberichtigung)

a) Zuerst muss der Forderungsbestand netto berechnet werden:

	Forderungsbestand brutto	440.000,-
-	USt-Anteil	40.000,-
=	Forderungsbestand netto	400.000,-

Forderungsausfall (pauschal): 20.000 € (5% von 400.000 €). Die zugehörige Buchung lautet:

Abschr. auf Forderungen	an	PWB auf Ford.	20.000,-

b) Einzelwertberichtigte Forderungen werden nicht mehr pauschalwertberichtigt. Alle Kreditrisiken, auch das allgemeine Kreditrisiko, wurden bereits bei der Einzelabschreibung berücksichtigt. Damit wird keine weitere Buchung mehr notwendig.

Lösung zu Aufgabe 26 (Statisches Verfahren)

Forderungsbestand brutto:	418.000,- €
Forderungsbestand netto:	380.000,- €

Alter Bestand PWB:	20.000,- €
Neuer Bestand PWB:	19.000,- €

Buchungssatz (zur teilweisen Auflösung der PWB):

PWB auf Ford.	an	sonst. betr. Ertrag	1.000,-

Lösung zu Aufgabe 27 (Forderungsabschreibung)

Die Buchungssätze lauten:

(1) Dubiose		an	Forderungen	3.850,-
(2) Bank	770,-	an	Dubiose	3.850,-
Abschr. auf Ford.	2.800,-			
Berechnete USt	280,-			

Hinweis: Das statische Verfahren bezieht sich immer auf den Forderungsbestand zum Jahresende, auf den die PWB berechnet und eventuell angepasst wird. Fallen einzelne Forderungen im laufenden Jahr aus, werden sie immer einzelwertberichtigt.

Lösung zu Aufgabe 28 (Forderungsabschreibung)

Die Pauschalwertberichtigung (PWB) auf Forderungen wird wie folgt ermittelt:

Forderungsbestand (brutto)	550.000,-
- Zweifelhafte Forderungen (brutto)	110.000,-
= Vermeintlich sichere Forderungen (brutto)	440.000,-
- USt-Anteil	40.000,-
= Vermeintlich sichere Forderungen (netto)	400.000,-
PWB auf Ford. (2,5% von 400.000)	10.000,-

Die PWB auf Forderungen muss also durch eine zusätzliche Abschreibungsverrechnung in Höhe von 2.800 € (10.000 €- 7.200 €) aufgestockt werden. Kontenbild:

S	Forderungen		H
	550.000	(1)	110.000
		EB	440.000

S	PWB auf Forderungen		H
EB	10.000	AB	7.200
		(2)	2.800

S	Dubiose		H
(1)	110.000	EB	110.000

S	Abschr. auf Ford.		H
(2)	2.800	Saldo	2.800
		(ins GuV-Konto)	

a) Handelt es sich beim bilanzierenden Unternehmen um ein **Einzelunternehmen** (oder eine Personengesellschaft, z.B. eine OHG), werden die drei Bestandskonten über das SBK abgeschlossen. In der Schlussbilanz erscheinen die folgenden Posten:

A	Schlussbilanz - Einzelunternehmen		P
Forderungen	440.000	PWB auf Forderungen	10.000
Dubiose	110.000		

b) Eine **Kapitalgesellschaft** darf nach geltendem Handelsrecht keinen Posten "Wertberichtigung" auf der Passivseite ausweisen. Das Konto "PWB auf Forderungen" wird deshalb nicht über das Schlussbilanzkonto, sondern über das Konto "Forderungen" abgeschlossen:

S	Forderungen		H		S	PWB auf Forderungen		H
550.000	Dubiose	110.000			EB	10.000	AB	7.200
	PWB	10.000					(2)	2.800
	EB	430.000				10.000		10.000
	(ins SBK)							

A	Schlussbilanz - Kapitalgesellschaft		P
Forderungen	430.000		
Dubiose	110.000		

Bei Kapitalgesellschaften wird die PWB auf vermeintlich sichere Forderungen zunächst indirekt verbucht, in der Schlussbilanz aber aktiv vom Forderungsbestand abgesetzt ("PWB auf Forderungen an Forderungen 10.000,-"). Der Posten "Forderungen" wird also um die PWB gekürzt und erscheint mit 430.000 € in der Schlussbilanz.

Lösung zu Aufgabe 29 (Abschlusserstellung)

Buchungssätze:

(1)	Bank		an	Forderungen	44.000,-
(2)	Wareneinkauf	5.000,-	an	Lieferantenverb.	5.500,-
	Vorsteuer	500,-			
(3)	Forderungen	22.000,-	an	Warenverkauf	20.000,-
				Ber. USt	2.000,-
(4a)	Zweifelh. Ford.		an	Forderungen	22.000,-
(4b)	Abschreibungen auf Ford.		an	Zweifelh. Ford.	8.000,-

Kontenmäßige Darstellung:

S	Wareneinkauf		H		S	Forderungen		H
AB	20.000	SBK	20.000		AB	44.000	(1)	44.000
(2)	5.000	Waren-	5.000		(3)	22.000	(4a)	22.000
		verkauf				66.000		66.000
	25.000		25.000					

S	Bank		H		S	Eigenkapital		H
AB	25.000	USt	1.500		SBK	66.000	AB	58.200
(1)	44.000	SBK	67.500				GuV	7.800
	69.000		69.000			66.000		66.000

S	Darlehensverb.		H
SBK	30.000	AB	30.000
	30.000		30.000

S	PWB		H
Sonst. betr. Ertrag	800	AB	800
	800		800

S	Lieferantenverb.		H
SBK	5.500	(2)	5.500
	5.500		5.500

S	Vorsteuer		H
(2)	500	Ber. USt	500
	500		500

S	Berechnete USt		H
VSt	500	(3)	2.000
Bank	1.500		
	2.000		2.000

S	Warenverkauf		H
Waren-einkauf	5.000	(3)	20.000
GuV	15.000		
	20.000		20.000

S	Sonst. betr. Ertrag		H
GuV	800	PWB	800
	800		800

S	Abschr. auf Ford.		H
(4b)	8.000	GuV	8.000
	8.000		8.000

S	Zweifelh. Ford.		H
(4a)	22.000	(4b)	8.000
		SBK	14.000
	22.000		22.000

S	GuV-Konto		H
Abschr. auf Ford.	8.000	Warenrohgewinn	15.000
Gewinn	7.800	Sonst. betr. Ertrag	800
	15.800		15.800

S	SBK		H
Wareneinkauf	20.000	Eigenkapital	66.000
Zweifelh. Ford.	14.000	Darlehensverb.	30.000
Bank	67.500	Lieferantenverb.	5.500
	101.500		101.500

Hinweis: Die PWB von 800 € wird nicht mehr benötigt und daher aufgelöst.

Lösung zu Aufgabe 30 (Zuschreibungen im Anlagevermögen)

a) Die Bankgebühren gehören als Nebenkosten mit zu den Anschaffungskosten der Wertpapiere, die mit 50.100 € bewertet werden. Die Buchung lautet:

Wertpapiere des AV　　　an　　　Bank　　　50.100,-

b) Am 31.12.01 ist der Tageswert dauerhaft auf 30.000 € gesunken, so dass eine außerplanmäßige Abschreibung um 20.100 € erfolgen muss. Die Buchung lautet:

Außerplanm. Abschr.	an	Wertpapiere des AV	20.100,-

Am 31.12.02 ist der Tageswert auf 36.500 € gestiegen, so dass eine Zuschreibung um 6.500 € erfolgen muss. Die Buchung lautet:

Wertpapiere des AV	an	Zuschreibungsertrag	6.500,-

Lösung zu Aufgabe 31 (Zuschreibungen im Anlagevermögen)

Der Tageswert von 52.000 € darf am 31.12.02 nicht berücksichtigt werden, da er über den Anschaffungskosten von 50.100 € liegt. Es ist maximal bis zu den Anschaffungskosten zuzuschreiben. Das **Realisationsprinzip** verbietet Wertsteigerungen, die über die Anschaffungskosten hinausgehen und nicht durch einen Umsatz verwirklicht sind.

Lösung zu Aufgabe 32 (Zuschreibungen im Umlaufvermögen)

a) Es handelt sich um Wertpapiere, die zu Handelszwecken erworben wurden. Sie werden bei Banken mit dem Tageswert bewertet, der auch über den Anschaffungskosten liegen kann. Es handelt sich um einen Ausnahmefall, für den das Realisationsprinzip nicht gilt.

b) Die Buchungen lauten:

(1)	Bank	an	Zinsertrag	600,-
(2)	Wertpapiere des UV	an	Zuschreibungsertrag	700,-

A	Bilanz 1.1.02		P
Wertpapiere des UV	8.200	Eigenkapital	8.800
Bank	600		
	8.800		8.800

c) Der Erfolg wird mit einer Distanzrechnung ermittelt. Es ergibt sich ein Gewinn von 1.300 € (8.800 € - 7.500 €).

Lösung zu Aufgabe 33 (Zuschreibungen im Umlaufvermögen)

Die Wertpapiere sind mit den Anschaffungskosten von 7.500 € zu bewerten. Nur wenn bei Banken Wertpapiere des Handelsbestands vorliegen, werden die Anschaffungskosten überschritten. Bei allen anderen kurzfristigen Wertpapieren bilden die Anschaffungskosten die Wertobergrenze. Entsprechendes gilt für alle Unternehmen, die keine Kreditinstitute sind.

LÖSUNGEN

Lösung zu Aufgabe 34 (Zuschreibungen)

Richtig sind: 2), 3), 4), 5) – Falsch sind: 1), 6), 7), 8).

Lösung zu Aufgabe 35 (Rechnungsabgrenzungsposten)

Richtig sind: 1), 3), 4), 5), 8), 9) – Falsch sind: 2), 6), 7).

Hinweis zu 2): Der Zahlungsvorgang geht nicht über den Bilanzstichtag hinaus.

Lösung zu Aufgabe 36 (Systematisierung von RAP)

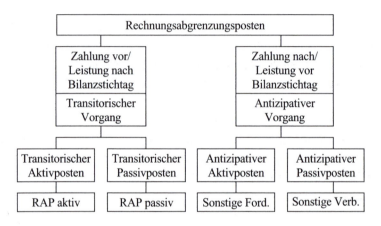

Lösung zu Aufgabe 37 (Bildung von RAP)

Die Buchungssätze lauten:

(1a)	Zinsaufwand	an	Bank	600,-
(1b)	RAP aktiv	an	Zinsaufwand	300,-

(Transitorischer Aktivposten)

(2a)	Bank	an	Mietertrag	6.000,-
(2b)	Mietertrag	an	RAP passiv	4.000,-

(Transitorischer Passivposten)

(3)	Versicherungsaufwand	an	Sonstige Verb.	1.200,-

(Antizipativer Passivposten)

(4)	Sonstige Ford.	an	Zinserträge	900,-

(Antizipativer Aktivposten)

Lösung zu Aufgabe 38 (Auflösung von RAP)

Die Buchungssätze lauten:

(1)	Zinsaufwand		an	RAP aktiv	300,-
(2)	RAP passiv		an	Mietertrag	4.000,-
(3)	Versicherungsaufwand	1.200,-	an	Bank	2.400,-
	Sonstige Verb.	1.200,-			
(4)	Bank	1.200,-	an	Zinserträge	300,-
				Sonstige Ford.	900,-

Lösung zu Aufgabe 39 (Bildung von RAP)

Buchungssätze:

(1)	Sonstige Ford.		an	Mieterträge	3.000,-
(2a)	Steueraufwand		an	Bank	2.400,-
(2b)	RAP aktiv		an	Steueraufwand	800,-
(3a)	Bank		an	Zinserträge	400,-
(3b)	Zinserträge		an	RAP passiv	300,-

Hinweis: Ein Viertel der Zinserträge – für einen halben Monat – entfällt auf 01.

(4)	Aufwendungen für Beiträge		an	Sonstige Verb.	1.600,-

Kontenmäßige Darstellung:

S	Bank		H
AB	30.000	(2a)	2.400
(3a)	400	SBK	28.000
	30.400		30.400

S	Eigenkapital		H
GuV	100	AB	30.000
SBK	29.900		
	30.000		30.000

S	Sonstige Ford.		H
(1)	3.000	SBK	3.000
	3.000		3.000

S	Sonstige Verb.		H
SBK	1.600	(4)	1.600
	1.600		1.600

S	RAP aktiv		H
(2b)	800	SBK	800
	800		800

S	RAP passiv		H
SBK	300	(3b)	300
	300		300

S	Mieterträge		H
GuV	3.000	(1)	3.000
	3.000		3.000

S	Zinserträge		H
(3b)	300	(3a)	400
GuV	100		
	400		400

S	Steueraufwand		H
(2a)	2.400	(2b)	800
		GuV	1.600
	2.400		2.400

S	Aufwendungen für Beiträge		H
(4)	1.600	GuV	1.600
	1.600		1.600

S	GuV-Konto		H
Steueraufwand	1.600	Mieterträge	3.000
Aufwendungen für	1.600	Zinserträge	100
Beiträge		Verlust	100
	3.200		3.200

S	SBK		H
Bank	28.000	Eigenkapital	29.900
Sonstige Ford.	3.000	Sonstige Verb.	1.600
RAP aktiv	800	RAP passiv	300
	31.800		31.800

Lösung zu Aufgabe 40 (Auflösung von RAP)

a) Das Eröffnungsbilanzkonto hat folgendes Aussehen:

S	EBK		H
Eigenkapital	29.900	Bank	28.000
Sonstige Verb.	1.600	Sonstige Forderungen	3.000
RAP passiv	300	RAP aktiv	800
	31.800		31.800

Eröffnungsbuchungen zu Jahresbeginn:

(1)	EBK	an	Eigenkapital	29.900,-
(2)	EBK	an	Sonstige Verb.	1.600,-
(3)	EBK	an	RAP passiv	300,-
(4)	Bank	an	EBK	28.000,-
(5)	Sonstige Ford.	an	EBK	3.000,-
(6)	RAP aktiv	an	EBK	800,-

b) Auflösung von periodenbezogenen Abgrenzungsposten:

(7)	Bank	3.600,-	an	Mieterträge	600,-
				Sonstige Ford.	3.000,-

(8)	Steuernaufwand		an	RAP aktiv	800,-
(9)	RAP passiv		an	Zinserträge	300,-
(10)	Aufwendungen für	3.200,-	an	Bank	4.800,-
	Beiträge				
	Sonstige Verb.	1.600,-			

c) **Kontenmäßige Darstellung**:

S	Bank		H		S	Sonstige Ford.		H
(4)	28.000	(10)	4.800		(5)	3.000	(7)	3.000
(7)	3.600	SBK	26.800			3.000		3.000
	31.600		31.600					

S	RAP aktiv		H		S	Eigenkapital		H
(6)	800	(8)	800		GuV	3.100	(1)	29.900
	800		800		SBK	26.800		
						29.900		29.900

S	Sonstige Verb.		H		S	RAP passiv		H
(10)	1.600	(2)	1.600		(9)	300	(3)	300
	1.600		1.600			300		300

S	Mieterträge		H		S	Steueraufwand		H
GuV	600	(7)	600		(8)	800	GuV	800
	600		600			800		800

S	Zinserträge		H		S	Aufwendungen für Beiträge		H
GuV	300	(9)	300		(10)	3.200	GuV	3.200
	300		300			3.200		3.200

S	GuV-Konto		H
Steueraufwand	800	Mieterträge	600
Aufwendungen für	3.200	Zinserträge	300
Beiträge		Verlust	3.100
	4.000		4.000

S	SBK		H
Bank	26.800	Eigenkapital	26.800
	26.800		26.800

Lösung zu Aufgabe 41 (Rückstellungen)

a) In der Bilanz sind die Schulden eines Unternehmens vollständig auszuweisen, um die Gläubiger richtig über das Reinvermögen zu informieren. Die Schulden umfassen nicht nur die sicheren, sondern auch die ungewissen Verpflichtungen eines Unternehmens, die zu Rückstellungen führen. Rückstellungen dienen dem vollständigen Schuldenausweis.

b) Bei gemieteten Fahrzeugen besteht meist die vertragliche Pflicht zur jederzeitigen Instandhaltung. Diese Verpflichtung ist rechtsverbindlich und besteht gegenüber Dritten (dem Vermieter). Bei der Instandhaltung eigener Fahrzeuge hat der Unternehmer nur eine wirtschaftliche Verpflichtung "gegenüber sich selbst". Wenn er seinen Fuhrpark nicht pflegt, muss er mit Folgeschäden rechnen, die meist einen hohen Aufwand zur Folge haben. In beiden Fällen sind zum Bilanzstichtag Rückstellungen zu bilden, da die Höhe der Instandhaltungskosten meist ungewiss ist.

Lösung zu Aufgabe 42 (Steuerrückstellungen)

a) Da unsicher ist, ob das Finanzamt die Gewerbesteuer in der berechneten Höhe festsetzt, handelt es sich um eine unsichere Verpflichtung. Daher wird in der Bilanz eine Rückstellung für Steuern gebildet. Betrag: 6.000 €.

b) Die Gewerbesteuer ist eine betriebliche Steuer (Aufwandssteuer), die wie folgt verbucht wird: "Steueraufwand an Rückstellung (für Steuern) 6.000,-".

c) Die Einkommensteuer ist eine Personensteuer, die nicht betrieblich (sondern privat) veranlasst ist. Daher wird die Einkommensteuer in der Bilanz **nicht** berücksichtigt.

Lösung zu Aufgabe 43 (Rückstellungen)

Richtig sind: (1) ein Aufwand; (2) aufgelöst; (3) periodenfremder Ertrag. Bei (3) beträgt der zu zahlende Nettobetrag der Instandhaltung 24.000 €. Da die Rückstellung ebenfalls netto gebildet wird, müssen 1.000 € erfolgswirksam als Ertrag aufgelöst werden.

Lösung zu Aufgabe 44 (Bildung von Rückstellungen)

(1)	L.u.G. Aufwand	an	Rückstellungen	30.000,-
(2)	Garantieaufwand	an	Rückstellungen	11.000,-
(3)	Mietaufwand	an	Sonstige Verb.	1.800,-

Hinweis: Da der Mietaufwand eindeutig bestimmt ist, wird eine Verbindlichkeit und keine Rückstellung passiviert. Es handelt sich um einen antizipativen Vorgang.

(4)	Reparaturaufwand	an	Rückstellungen	3.800,-

(5) Reparaturaufwand   an   Rückstellungen   50.000,-

(6) Keine Buchung, da die Einkommensteuer eine private Steuer ist.

Lösung zu Aufgabe 45 (Bildung und Auflösung von Rückstellungen)

a) (1) Sonst. betr. Aufwand		an	Rückstellungen	33.000,-
(2) GuV-Konto		an	Sonst. betr. Aufwand	33.000,-
(3) Rückstellungen		an	SBK	33.000,-
b) EBK		an	Rückstellungen	33.000,-
(1) Rückstellungen		an	Bank	33.000,-
(2) Rückstellungen	33.000,-	an	Bank	20.000,-
			Sonst. betr. Ertrag	13.000,-
(3) Rückstellungen	33.000,-	an	Bank	38.000,-
Sonst. betr. Aufwand	5.000,-			
c) 02: Rückstellungen	33.000,-	an	Bank	28.000,-
Sonst. betr. Aufwand	1.000,-		Sonstige Verb.	6.000,-
03: Sonstige Verb.		an	Bank	6.000,-

Lösung zu Aufgabe 46 (Latente Steuern)

a)   In 01 ist der Handelsbilanzgewinn um 10.000 € höher als der Steuerbilanzgewinn, so dass eine passive latente Steuer in Höhe von 3.000 € entsteht (0,3 x 10.000 €). Da sich der Gewinnunterschied in 02 wieder auflöst, nimmt die latente Steuer in 02 wieder um diesen Betrag ab. Der Steueraufwand bemisst sich nach dem Handelsbilanzgewinn und beträgt für 01 12.000 € und für 02 18.000 €. Die Steuerzahlungen für 01 bzw. 02 belaufen sich auf 9.000 € bzw. 21.000 €.

b)   Buchung für 01:

Steueraufwand	12.000,-	an	Bank	9.000,-
			Passive latente Steuer	3.000,-

Buchung für 02:

Steueraufwand	18.000,-	an	Bank	21.000,-
Passive latente Steuer	3.000,-			

Lösung zu Aufgabe 47 (Latente Steuern)

a)   Die handelsrechtlichen Abschreibungen berechnen sich wie folgt: Der Degressionsbetrag ist 8.000 € (168.000 €/21 Jahresziffern). Für die Summe der Jahresziffern gilt:

1 + 2 + 3 + 4 + 5 + 6 = 21. Die Abschreibungen des ersten Jahres sind 48.000 € (6 x 8.000 €), die des zweiten Jahres 40.000 € (5 x 8.000 €) usw.

Zieht man vom vorläufigen Gewinn (80.000 €) die handelsrechtlichen (hr) Abschreibungen ab, erhält man den Handelsbilanzgewinn (HBG). Der handelsrechtliche Steueraufwand ergibt sich, indem die Handelsbilanzgewinne mit dem Steuersatz von 30% multipliziert werden (für 01: 0,3 x 32.000 € = 9.600 €). Die steuerrechtlichen Gewinne sind konstant und betragen 52.000 € (80.000 € - 28.000 €), da die steuerrechtlichen Abschreibungen mit 28.000 € gleich bleiben (168.000 €/6 Jahre). Die Steuerzahlungen von 15.600 € ergeben sich wie folgt: 0,3 x 52.000 = 15.600.

Periode	hr. Abschreibung	HBG	Steueraufwand	Steuerzahlung
01	48.000	32.000	9.600	15.600
02	40.000	40.000	12.000	15.600
03	32.000	48.000	14.400	15.600
04	24.000	56.000	16.800	15.600
05	16.000	64.000	19.200	15.600
06	8.000	72.000	21.600	15.600
Summe	168.000	312.000	93.600	93.600

b) In 01 ist der Steueraufwand kleiner als die Steuerzahlung, so dass eine **aktive latente Steuer** entsteht (6.000 €). In 02 ist der Steueraufwand ebenfalls kleiner als die Steuerzahlung, so dass die aktive latente Steuer um 3.600 € ansteigt. Ende 02 werden in der Bilanz 9.600 € aktiviert. Erst in 04 kehrt sich der Effekt um, so dass der Bestand der latenten Steuern ab diesem Jahr wieder abgebaut wird und Ende 06 null beträgt (Ursache: Die gesamten Steueraufwendungen entsprechen den Steuerzahlungen).

c) Die Buchung im ersten Jahr lautet:

Steueraufwand   9.600,-   an   Bank   15.600,-
Aktive latente Steuer   6.000,-

Lösung zu Aufgabe 48 (Hauptabschlussübersicht)

1) **Fehlererkennung**: Durch die Auflistung der Jahresbuchungen (insbesondere in den Spalten Umsatzbilanz, Summenbilanz und Saldenbilanz I) sollen Fehler bei der Verbuchung von Geschäftsvorfällen aufgedeckt werden. Ziel ist die Aufklärung von Soll-

und Habendifferenzen in den einzelnen Konten. Sachlich falsche Buchungen unter Beibehaltung der Kontensystematik werden hierbei allerdings nicht aufgedeckt.

2) **Durchführung von Bilanzpolitik**: Durch Integration verschiedener bilanzpolitischer Maßnahmen insbesondere im Bereich der Umbuchungen bzw. Saldenbilanz II können unterschiedliche Erfolgswirkungen getestet werden. Der Unternehmer kann feststellen, ob der Jahresabschluss seinen Zielvorstellungen entspricht oder nicht.

Lösung zu Aufgabe 49 (Hauptabschlussübersicht)

a) Die Buchungssätze lauten (Hinweise folgen nach der Hauptabschlussübersicht):

(1)	Kasse		an	Sonstige Ford.	2.000,-
(2)	RAP passiv		an	Zinserträge	1.500,-
(3)	Wareneinkauf	7.000,-	an	Lieferantenverb.	7.700,-
	Vorsteuer	700,-			
(4)	Privatkonto		an	Bank	3.700,-
(5)	Beratungsaufwand		an	Kasse	800,-
(6)	Forderungen	22.000,-	an	Warenverkauf	20.000,-
				Berechnete USt	2.000,-
(7)	Rückstellungen	11.000,-	an	Bank	9.900,-
	Vorsteuer	900,-		sonst. betr. Ertrag	2.000,-
(8)	Stromaufwand		an	Kasse	2.100,-
(9)	Hypothekenverb.		an	Bank	5.000,-
(10a)	Mietaufwand		an	Bank	4.500,-
(10b)	RAP aktiv		an	Mietaufwand	3.000,-
(11a)	Dubiose		an	Forderungen	1.100,-
(11b)	Abschr. auf Ford.	500,-	an	Dubiose	550,-
	Berechnete USt	50,-			
(12)	Zinsaufwand		an	Sonstige Verb.	1.000,-
(13a)	Abschr. auf Sachanlagen		an	Fuhrpark	2.000,-
(13b)	Abschr. auf Sachanlagen		an	Betr.- u. Gesch.ausst.	2.200,-
(14)	Abschr. auf Ford.		an	PWB auf Ford.	900,-
(15)	SBK		an	Wareneinkauf	27.000,-
(16a)	USt-Verrechnung		an	Vorsteuer	1.600,-
(16b)	Berechnete USt		an	USt-Verrechnung	1.950,-
(16c)	USt-Verrechnung		an	Sonstige Verb.	350,-

b) Die Hauptabschlussübersicht sieht wie folgt aus (Hinweise folgen anschließend):

Konten	Anfangsbilanz		Umsatzbilanz		Summenbilanz		Saldenbilanz I	
	Aktiva	Passiva	Soll	Haben	Soll	Haben	Soll	Haben
Grundstücke und Gebäude	80.000				80.000		80.000	
Fuhrpark	20.000				20.000		20.000	
Betr.- u. Gesch.ausst.	15.000				15.000		15.000	
Wareneinkauf	30.000		7.000		37.000		37.000	
Forderungen	28.600		22.000	1.100	50.600	1.100	49.500	
Dubiose			1.100	550	1.100	550	550	
Sonstige Ford.	2.000			2.000	2.000	2.000		
Bank	23.000			23.100	23.000	23.100		100
Kasse	3.500		2.000	2.900	5.500	2.900	2.600	
RAP aktiv								
Eigenkapital		88.600				88.600		88.600
Rückstellung		11.000	11.000		11.000	11.000		
Hypothekenverb.		60.000	5.000		5.000	60.000		55.000
Lieferantenverb.		41.000		7.700		48.700		48.700
PWB auf Forderungen								
Sonstige Verb.								
RAP passiv		1.500	1.500		1.500	1.500		
Privatkonto			3.700		3.700		3.700	
Warenverkauf				20.000		20.000		20.000
Vorsteuer			1.600		1.600		1.600	
Berechnete USt			50	2.000	50	2.000		1.950
USt-Verrechnung								
Wareneinsatz								
Beratungsaufwand			800		800		800	
Stromaufwand			2.100		2.100		2.100	
Zinsaufwand								
Mietaufwand			4.500		4.500		4.500	
Abschr. auf Sachanlagen								
Abschr. auf Forderungen			500		500		500	
Zinserträge				1.500		1.500		1.500
Sonst. betr. Ertrag				2.000		2.000		2.000
Summe	202.100	202.100	62.850	62.850	264.950	264.950	217.850	217.850

Umbuchungen		Saldenbilanz II		Schlussbilanz		GuV-Rechnung	
Soll	Haben	Soll	Haben	Aktiva	Passiva		Erträge
		80.000		80.000			
	2.000	18.000		18.000			
	2.200	12.800		12.800			
	10.000	27.000		27.000			
		49.500		49.500			
		550		550			
			100		100		
		2.600		2.600			
3.000		3.000		3.000			
3.700			84.900		84.900		
			55.000		55.000		
			48.700		48.700		
	900		900		900		
	1.350		1.350		1.350		
	3.700						
			20.000				20.000
	1.600						
1.950							
1.950	1.950						
10.000		10.000				10.000	
	800					800	
		2.100				2.100	
1.000		1.000				1.000	
	3.000	1.500				1.500	
4.200		4.200				4.200	
900		1.400				1.400	
			1.500				1.500
			2.000				2.000
26.700	26.700	214.450	214.450	193.450	190.950	21.000	23.500
					2.500	2.500	
				193.450	193.450	23.500	23.500

Hinweise zu den Buchungen: Bei den Geschäftsvorfällen 5) und 8) kann regelmäßig die Umsatzsteuer als Vorsteuer abgezogen werden. Voraussetzung ist jedoch, dass eine Rechnung vorliegt, die den Anforderungen des Umsatzsteuergesetzes (UStG) genügt. Nach der Aufgabenstellung war diese Voraussetzung nicht erfüllt, so dass kein Vorsteuerabzug möglich ist.

Hinweise zur Hauptabschlussübersicht:

1) Der Wareneinsatz wird brutto verbucht: Ein neues Konto "Wareneinsatz" erscheint. In der Umbuchungsspalte wird der Wareneinsatz erfasst ("Wareneinsatz an Wareneinkauf 10.000,- "). Für den Wareneinsatz gilt: Der Anfangsbestand der Waren beträgt 30.000 €. Es werden Waren im Wert von 7.000 € eingekauft. Da ein Endbestand von 27.000 € ermittelt wurde, ergibt sich ein Wareneinsatz von 10.000 €.

2) Obwohl Abschreibungen im Allgemeinen zu den Umbuchungen gehören, werden die Einzelabschreibungen auf Forderungen im Laufe des Geschäftsjahres verbucht. Sie gehören somit zu den laufenden Geschäftsvorfällen und erscheinen in der Umsatzbilanz. Die Buchung erfolgt, wenn Informationen über einen wahrscheinlichen oder sicheren Forderungsausfall zugehen. Die Pauschalwertberichtigung wird dagegen am Jahresende gebildet und gehört somit zu den Abschlussbuchungen, die in der Spalte "Umbuchungen" vorgenommen werden.

3) Transitorische Rechnungsabgrenzungsposten (hier: Nr. 10) enthalten einen normalen Geschäftsvorfall (Zahlung) und eine Abschlussbuchung (Bildung des RAP aktiv/RAP passiv). Obwohl hier beide Buchungssätze unter den Geschäftsvorfällen erscheinen (wie in der Praxis auch üblich), muss der Vorgang in der Hauptabschlussübersicht auf die Umsatzbilanz (Zahlung: Buchungssatz 10a) und die Umbuchungen (Rechnungsabgrenzung: Buchungssatz 10b) aufgeteilt werden.

4) Wird die Zahllast der USt als "Sonstige Forderung" oder "Sonstige Verbindlichkeit" bilanziert, erfolgt dies unter den Abschlussbuchungen. Wird sie dagegen am Jahresende noch an das Finanzamt überwiesen (in Ausnahmefällen: vom Finanzamt überwiesen), ist dieser Vorgang ein laufender Geschäftsvorfall.

Lösungen der Aufgaben zum siebten Kapitel

Lösung zu Aufgabe 1 (Erfolgsverbuchung der OHG)

a) **Bewertung**: Grundsätzlich mit Anschaffungskosten (Anschaffungspreis zzgl. Nebenkosten); bei veränderten Wiederbeschaffungskosten: Mit Wiederbeschaffungskosten. Es wird eine Lieferung der OHG an ihre Gesellschafter unterstellt.

b) Für die **Kapitalverzinsung** gilt: Das Kapital von A beträgt zum Jahresbeginn nur noch 590.000 €, da er sofort Entnahmen von 90.000 € tätigt. Für B ergibt sich ein Wert von 735.000 €. Nur diese Beträge stehen der OHG zur Verfügung und sind mit 4% zu verzinsen. Für A ergibt sich: 4% von 590.000 = 23.600. Der **Zeitpunkt** der Entnahmen ist für die Verzinsung von Bedeutung. Da die Einlagen von B und C erst zum Jahresende erfolgen, haben sie keinen Einfluss auf die Zinsen. Bei der Kapitalentwicklung als solches spielt der Zeitpunkt der Privatvorgänge keine Rolle. Die **Gewinnverteilung** lautet:

Gesellschafter	Kapital (1.1.)	Gewinnverteilung: 4% auf Kapital, Rest pro Kopf		Summe	Entnahmen	Einlagen	Kapital (31.12.)
A	680.000	23.600	55.000	78.600	90.000	-	668.600
B	750.000	29.400	55.000	84.400	15.000	22.000	841.400
C	300.000	12.000	55.000	67.000	-	6.000	373.000
Summe	1.730.000	65.000	165.000	230.000	105.000	28.000	1.883.000

c) **Buchungssätze:**

(1) GuV-Konto	230.000,-	an	Privatkonto A	78.600,-
			Privatkonto B	84.400,-
			Privatkonto C	67.000,-
(2) Kapital A		an	Privatkonto A	11.400,-
(3) Privatkonto B		an	Kapital B	91.400,-
(4) Privatkonto C		an	Kapital C	73.000,-
(5) Kapital A		an	SBK	668.600,-
(6) Kapital B		an	SBK	841.400,-
(7) Kapital C		an	SBK	373.000,-

d) Kontenmäßige Darstellung:

S	GuV-Konto		H
(1)	230.000	Erträge	230.000

S	Privatkonto A		H
Entn.	90.000	(1)	78.600
		(2)	11.400
	90.000		90.000

S	Privatkonto B		H
Entn.	15.000	Einl.	22.000
(3)	91.400	(1)	84.400
	106.400		106.400

S	Privatkonto C		H
(4)	73.000	Einl.	6.000
		(1)	67.000
	73.000		73.000

S	Kapital A		H
(2)	11.400	AB	680.000
(5)	668.600		
	680.000		680.000

S	Kapital B		H
(6)	841.400	AB	750.000
		(3)	91.400
	841.400		841.400

S	Kapital C		H
(7)	373.000	AB	300.000
		(4)	73.000
	373.000		373.000

S	SBK		H
	Kapital A		668.600
	Kapital B		841.400
	Kapital C		373.000

Lösung zu Aufgabe 2 (Erfolgsverbuchung der KG)

a) **Gewinnverteilungsübersicht**:

Gesell-schafter	Kapital/ Gewinnanteil (1.1.)	Verlust-verteilung 3:1	Privat-einlage	Kapital/ Gewinnanteil (31.12.)
Groß	280.000	./. 45.000	20.000	255.000
Klein	9.000	./. 15.000	-	./. 6.000
Summe	289.000	./. 60.000	20.000	249.000

b) Buchungssätze:

(1) Privatkonto Groß	45.000,-	an	GuV-Konto	60.000,-
Gewinnanteil Klein	15.000,-			
(2) Kapital Groß		an	Privatkonto Groß	25.000,-
(3) Kapital Groß		an	SBK	255.000,-
(4) Kapital Klein		an	SBK	80.000,-
(5) SBK		an	Gewinnanteil Klein	6.000,-

c) Kontenmäßige Darstellung:

S	GuV-Konto		H
		(1)	60.000

S	Kapital Groß		H
(2)	25.000	AB	280.000
(3)	255.000		
	280.000		280.000

S	Kapital Klein		H
(4)	80.000	AB	80.000
	80.000		80.000

S	Gewinnanteil Klein		H
(1)	15.000	AB	9.000
		(5)	6.000
	15.000		15.000

S	Privatkonto Groß		H
(1)	45.000	Einl.	20.000
		(2)	25.000
	45.000		45.000

A	SBK		P
Gewinnanteil Klein	6.000	Kapital Groß	255.000
		Kapital Klein	80.000

Lösung zu Aufgabe 3 (Erfolgsverbuchung der AG)

a) Die drei Posten stellen das Eigenkapital der M-AG dar.

Grundkapital: Der Teil des Eigenkapitals, der satzungsmäßig festgeschrieben und deshalb in seiner Größe grundsätzlich nicht variabel ist. Der bilanzielle Ausweis erfolgt nach dem AktG unter dem Posten "Gezeichnetes Kapital".

Gewinnrücklagen: Gehören zum variablen Teil des Eigenkapitals; sie ergeben sich aus Gewinnen der Vorjahre, die nicht ausgeschüttet wurden.

Jahresüberschuss: Gehört ebenfalls zum variablen Teil des Eigenkapitals. Der Posten wird gebildet, wenn im Vorjahr (hier: 01) ein Gewinn in der GuV-Rechnung entstanden ist (hier: 80.000 €). Der Gewinnverwendungsbeschluss erfolgt erst im Folgejahr (hier: 02) durch Beschluss der Hauptversammlung. Zunächst wird der Gewinn auf dem Konto "Jahresüberschuss" geführt und zu Beginn des Folgejahres auf das Konto "Gewinnverwendung" umgebucht, auf dem er bis zum Gewinnverwendungsbeschluss verbleibt.

b) Buchungen am Ende des Geschäftsjahres 01:

    (1) GuV-Konto   an   Jahresüberschuss   80.000,-

    (2) Jahresüberschuss   an   SBK   80.000,-

c) Buchung zu Beginn des Geschäftsjahres 02:

    Jahresüberschuss   80.000,-   an   Gewinnverwendung   80.000,-

    Buchung bei Gewinnausschüttung nach Gewinnverwendungsbeschluss:

    Gewinnverwendung   80.000,-   an   Bank   32.000,-

                                         an   Gewinnrücklagen   48.000,-

S	Schlussbilanz zum 31.12.02		H
Anlagevermögen	2.130.000	Gezeichnetes Kapital	2.100.000
Umlaufvermögen	2.518.000	Gewinnrücklagen	848.000
		Verbindlichkeiten	1.700.000
	4.648.000		4.648.000

Der Jahresüberschuss wird teilweise zur Dividendenzahlung (Banküberweisung 32.000 €) und teilweise zur Aufstockung der Gewinnrücklagen (48.000 €) verwendet. Soweit der Jahresüberschuss zur Rücklagenbildung verwendet wird (Passivtausch), spricht man von **Gewinnthesaurierung**. Die Gewinnausschüttung ist dagegen mit einer Bilanzverkürzung verbunden. Der Verringerung der liquiden Mittel (Kasse, Bank) auf der Aktivseite entspricht eine Abnahme des Eigenkapitals auf der Passivseite.

Lösung zu Aufgabe 4 (Eigenkapital der Kapitalgesellschaft)
Richtig sind: 3), 8). – Falsch sind: 1), 2), 4), 5), 6), 7).

Hinweis: Halten Sie die Begriffe auseinander: Die AG hat ein Grundkapital und die GmbH ein Stammkapital. Beide Rechtsformen sehen ein Mindestkapital vor, so dass das Eigenkapital mindestens 25.000 € bzw. 50.000 € betragen muss (GmbH bzw. AG).

Lösungen der Aufgaben zum achten Kapitel

Lösung zu Aufgabe 1 (Bilanz nach IFRS)

Die Bilanz nach IFRS (Statement of Financial Position) hat das folgende Aussehen:

Assets		Statement of Financial Position	Equity and Liabilities	
A. Non Current Assets			A. Capital and Reserves	
I. Intangible Assets	30.000		I. Issued Capital	400.000
II. Property, Plant and Equipment	600.000		II. Reserves	248.000
III. Non Current Financial Assets	120.000		B. Liabilities	
B. Current Assets			I. Non Current Liabilities	130.000
			II. Current Liabilities	172.000
I. Inventories	50.000			
II. Trade and Other Receivables	79.000			
III. Current Financial Assets	40.000			
IV. Cash	31.000			
	950.000			950.000

1. Die Sachanlagen (Property, Plant and Equipment) umfassen die Gebäude (340.000 €), die Maschinen (200.000 €) und die Betriebs- und Geschäftsausstattung (60.000 €). Zur verbesserten Informationsvermittlung ist auch ein gesonderter Ausweis möglich.
2. Die Roh-, Hilfs- und Betriebsstoffe gehören als Werkstoffe (ingesamt 50.000 €) zu den Vorräten (Inventories).
3. Das Grundkapital erscheint in der Bilanz als gezeichnetes Kapital (Issued Capital).
4. Die kurzfristigen Schulden umfassen die Lieferantenverbindlichkeiten (22.000 €) und die Schadensersatzrückstellung (150.000 €).
5. Die Rücklagen stellen das variable Eigenkapital der Aktiengesellschaft dar. Sie bilden den Saldo zwischen den Aktiva (950.000 €) und übrigen Passiva (702.000 €).

Lösung zu Aufgabe 2 (GuV-Rechnung nach IFRS)

Die Umsatzerlöse betragen 1.200.000 € (30.000 Stück x 40 €/Stück). Die Umsatzsteuer stellt keinen Ertrag dar, sondern muss an das Finanzamt abgeführt werden. Die Bestandserhöhung (10.000 Stück) ist mit den Herstellungskosten zu bewerten, die pro Stück 13,5 €

(540.000 €/40.000 Stück) betragen. Insgesamt werden 135.000 € als Bestandsänderung ausgewiesen. Der Gewinn aus den Wertpapierverkäufen zählt zum Finanzergebnis und nicht zum Betriebsergebnis. Dieser Ertrag gehört nicht zum Kerngeschäft der Y-AG, die im produzierenden Gewerbe tätig ist.

Statement of Profit or Loss 01	
1. Revenue	1.200.000 €
2. Changes in Inventories of Finished goods	+ 135.000 €
3. Raw Material and Consumables used	- 120.000 €
4. Employee benefits Expense	- 280.000 €
5. Depreciation Expense	- 140.000 €
Operating Profit	795.000 €
6. Finance Income	15.000 €
Profit	810.000 €

Lösung zu Aufgabe 3 (Aussagen zur IFRS-Bilanz)

Richtig sind: 3), 4), 6), 8). – Falsch sind: 1), 2), 5), 7).

Hinweise:

Zu 1): Das Grundkapital der Aktiengesellschaft muss **mindestens** 50.000 € betragen.

Zu 2): Die Sachanlagen werden bei IFRS als "Property, Plant and Equipment" bezeichnet. Hierzu gehört auch die Büroausstattung (Office Equipment, siehe Nr. 7).

Zu 5): Die Forderungen aus Lieferungen und Leistungen werden als "Trade Receivables" ausgewiesen. Die "Other Receivables" stellen sonstige Forderungen dar.

Zu 7): Die Büroausstattung wird bei IFRS als "Office Equipment" bezeichnet.

Lösung zu Aufgabe 4 (Verbuchung des Warenverkehrs nach IFRS)

a) Wareneinkauf: "Dr Merchandises 50.000, Dr Other Receivables 5.000, Cr Trade payables 55.000". Warenverkauf: "Dr Trade Receivables 44.000, Cr Revenue 40.000, Cr Other payables 4.000".

b) Abschlussbuchung Wareneinkauf: "Dr Income Summary 25.000, Cr Merchandises 25.000" (Wareneinsatz) und "Dr Balance Sheet Account 25.000, Cr Merchandises 25.000" (Endbestand). Abschlussbuchung Warenverkauf: "Dr Revenue 40.000, Cr Income Summary 40.000".

c) Gewinn: 15.000 € (40.000 € - 25.000 €). Der Gewinn wird bei der AG in die Rücklagen (Reserves) gebucht: "Dr Income Summary 15.000, Cr Reserves 15.000".

Lösung zu Aufgabe 5 (Verbuchung von Fertigerzeugnissen nach IFRS)

a) Buchung Rohstoffeinkauf: "Dr Raw Materials or Supplies 30.000, Dr Other Receivables 3.000, Cr Trade payables 33.000". Buchung Rohstoffverbrauch: "Dr Raw Materials and Consumables used 20.000, Cr Raw Materials or Supplies 20.000".

b) "Dr Trade Receivables 55.000, Cr Revenue 50.000, Cr Other payables 5.000".

c) Der Endbestand der Rohstoffe beträgt 10.000 €. Die Rohstoffe werden grundsätzlich mit den Anschaffungskosten bewertet. Der bilanzielle Ausweis erfolgt im Umlaufvermögen unter dem Posten "Inventories" (Vorräte).

Lösung zu Aufgabe 6 (Verbuchung von Bestandsänderungen nach IFRS)

a) Eine Bestandserhöhung wird als Ertrag behandelt und direkt in der GuV-Rechnung ausgewiesen. Eine Bestandsminderung stellt einen zusätzlichen Aufwand dar, der den Erfolg vermindert. Die Nature of Expense Method entspricht dem handelsrechtlichen Gesamtkostenverfahren.

b) Buchung der Bestandserhöhung 01: "Dr Finished goods 50.000, Cr Changes in Inventories of Finished goods 50.000" (20% von 250.000 €). Buchung des Verkaufs: "Dr Trade Receivables 440.000, Cr Revenue 400.000, Cr Other payables 40.000".

c) Buchung der Bestandsminderung 02: "Dr Changes in Inventories of Finished goods 50.000, Cr Finished goods 50.000". Buchung des Verkaufs: "Dr Trade Receivables 110.000, Cr Revenue 100.000, Cr Other payables 10.000".

Lösung zu Aufgabe 7 (Verbuchung von Abschreibungen nach IFRS)

a) In 01 sind planmäßige Abschreibungen von 2.500 € zu verbuchen (50.000 €/10 Jahre = 5.000 €, davon die Hälfte, weil die Maschine erst in der Mitte des Jahres beschafft wird). Der Buchungssatz lautet: "Dr Depreciation Expense 2.500, Cr Machinery 2.500". Der Restwert beträgt Ende 01 47.500 €.

b) In 02 sind planmäßige Abschreibungen von 5.000 € zu verbuchen, so dass der vorläufige Restwert 42.500 € beträgt. Da der Wert auf 30.000 € gesunken ist, wird noch eine außerplanmäßige Abschreibung (Impairment Loss) von 12.500 € verbucht: "Dr Depreciation Expense 5.000, Dr Impairment Loss 12.500, Cr Machinery 17.500".

Lösung zu Aufgabe 8 (Bewertung von Finanzanlagen)

a) Im HGB bilden die Anschaffungskosten grundsätzlich die Obergrenze der Bewertung. Die Finanzanlagen sind mit 50.500 € (inklusive der Nebenkosten) zu aktivieren.

b) Bei IFRS werden die Aktien beim Erwerb zum Fair Value zuzüglich Nebenkosten bewertet (50.500 €). Ende 01 ist der Fair Value von 58.000 € maßgeblich. Die Differenz von 7.500 € wird erfolgsneutral in die Fair Value Rücklage eingestellt.

c) Ende 02 muss der gesunkene Kurswert von 48.000 € berücksichtigt werden. Die Abwertung wird **erfolgsneutral** vorgenommen, so dass die GuV-Rechnung nicht berührt wird. Ein Aufwand wird nicht verrechnet. Die positive Rücklage wird vollständig aufgelöst und zusätzlich eine negative Fair Value Rücklage von -2.500 € gebildet.

Lösung zu Aufgabe 9 (Fair Value-Rücklage)

a) Es handelt sich um Wertpapiere, die zum Verkauf verfügbar sind. Sie werden bei IFRS als Available-for-Sale Financial Assets bezeichnet.

b) Für die Fair Value-Rücklage gilt: Der Anfangsbestand beträgt 1.500 €, da die Wertpapiere Ende 01 mit 11.500 € bewertet werden. In 02 sinkt der Kurs auf 9.200 €, so dass die Rücklage um 2.300 € aufzulösen ist (Abgang im Soll). Damit steht der Endbestand auf der Habenseite, was bei einem passivem Bestandskonto selten ist.

S	Fair Value-Rücklage 02		H
Abgang	2.300	Anfangsbestand	1.500
		Endbestand	**800**
	2.300		2.300

c) Wenn der Endbestand bei einem passiven Bestandskonto auf der Habenseite steht, müsste das Konto auf der Aktivseite der Bilanz erscheinen. Das Konto wechselt jedoch die Bilanzseite und erscheint mit **-800 € auf der Passivseite**.

Lösung zu Aufgabe 10 (Diverse Aussagen zu IFRS)

Richtig sind: 3), 4), 5), 8), 10), 11). – Falsch sind: 1), 2), 6), 7), 9).

Hinweis zu 2) und 5): Bei Financial Assets held for Trading werden Nebenkosten der Beschaffung sofort als Aufwand verbucht. Dagegen sind die Nebenkosten bei Available-for-Sale Financial Assets zu aktivieren.

Lösungen der Aufgaben zum neunten Kapitel

Lösung zu Aufgabe 1 (Grundbuch)

Das Grundbuch hat das folgende Aussehen. Die am 3.5. bestellte Ware ist nicht zu berücksichtigen, da sie noch nicht geliefert wurde. Es liegt noch kein Geschäftsvorfall vor.

Datum Jahr 01	Beleg-Nr.	Geschäftsvorfall	Soll	Haben	Konto
2.5.	49	Warenverkauf bar	797,30		Kasse
				670,--	Warenverkauf
				127,30	Berechnete USt
2.5.	50	Warenverkauf auf Ziel	92,82		Forderungen
				78,--	Warenverkauf
				14,82	Berechnete USt
3.5.	51	Verkauf Firmenwagen	7.140,--		Kasse
				5.000,--	Betr.- u. Gesch.ausst.
				1.000,--	sonst. betr. Ertrag
				1.140,--	Berechnete USt
4.5.	52	Bezahlung von Lieferantenverbindlichkeiten	11.900,--		Lieferantenverb.
				11.900,--	Bank
5.5.	53	Privatentnahme bar	80,--		Privatkonto
				80,--	Kasse
6.5.	54	Lieferung des Firmen-Kfz	22.000,--		Betr.- u. Gesch.ausst.
			4.180,--		Vorsteuer
				26.180,--	Lieferantenverb.
12.5.	55	Bezahlung Firmen-Kfz	26.180,--		Lieferantenverb.
				26.180,--	Bank

Lösung zu Aufgabe 2 (Belegarten)

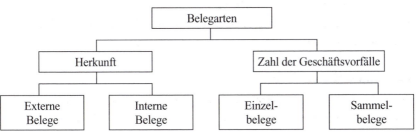

Lösung zu Aufgabe 3 (Buchung nach Belegen)

Buchungen gemäß Kontoauszug der Sparkasse Lüneburg:

(1)	Lieferantenverb.	an	Bank	5.950,-
(2)	Mietaufwand	an	Bank	1.000,-
(3)	Stromaufwand	an	Bank	238,-
(4)	Kasse	an	Bank	2.000,-

Hinweis: Der abgehobene Betrag wird in die Geschäftskasse gelegt.

(5)	Bank	an	Forderungen	1.190,-

Buchung gemäß Eigenbeleg Karl Müller über Kassenentnahme:

Privatkonto	an	Kasse	2.000,-

Buchung gemäß Eingangsrechnung von Lieferanten Kühne:

Wareneinkauf	4.400,-	an	Lieferantenverb.	5.236,-
Vorsteuer	836,-			

Hinweis: Die Skontoverbuchung erfolgt nach der Bruttomethode, so dass zunächst die vollen Rechnungsbeträge gebucht werden.

Buchung gemäß Ausgangsrechnung an Kunden Schulze:

Forderungen	856,80	an	Warenverkauf	720,-
			Berechnete USt	136,80

Lösung zu Aufgabe 4 (Kontenrahmen)

a) Geschäftsvorfälle nach GKR:

1) Erwerb von Rohstoffen/Waren gegen Banküberweisung (4.000 € zzgl. 10% USt).
2) Bilanzielle Abschreibung der Maschinellen Anlagen: 1.000,- €.
3) Sonstige Erlöse werden in Höhe von 500 € dem Bankkonto gutgeschrieben. Es handelt sich um Erlöse aus Nebengeschäften. Sie weisen keine direkte Beziehung zum betrieblichen Kerngeschäft auf (keine Umsatzerlöse).
4) Privatentnahme bar in Höhe von 400,- €.
5) Verkauf von Fertigerzeugnissen im Wert von 11.000 € brutto; Zahlungseingang auf dem betrieblichen Bankkonto.

b) Geschäftsvorfälle nach IKR:

1) Einkauf von Rohstoffen und Bezahlung durch Banküberweisung (5.500 € brutto).
2) Verkauf von Fertigerzeugnissen im Wert von 10.000 € zzgl. 10% USt auf Ziel.

3) Verkauf von Geschäftsausstattung zum Preis von 15.000 € netto; der Buchwert beträgt 10.000 €; damit wird ein periodenfremder Ertrag in Höhe von 5.000,- € erzielt, der als sonstiger betrieblicher Ertrag verbucht wird. Umsatzsteuer: 1.500 €.

4) Banküberweisung von Personalaufwand (18.000 €): 15.000 € für Gehälter und 3.000 € Arbeitgeberanteil zur Sozialversicherung.

5) Verbuchung der Lagerbestandsminderung an Fertigerzeugnissen: 3.000 €.

Lösung zu Aufgabe 5 (Buchungen mit Kontenrahmen)

a) 200, 260/288   9.700,-, 970/10.670,-

b) 77/280   2.500,-

c) 67/280   1.200,-

d) 08, 260/44   22.000,-, 2.200,-/ 24.200,-

e) 74/27   1.800,-

f) 65/07   10.000,-

Lösung zu Aufgabe 6 (Buchungen mit Kontenrahmen)

Für die Verbuchung der Lagerbestandsveränderung wird zunächst in einer Nebenrechnung der Wert der Lagerbestandserhöhung ermittelt:

Rohstoffkosten:	125.000 €	(2.500 kg à 50 €/kg)
Hilfsstoffkosten:	22.400 €	(800 kg à 28 €/kg)
Betriebsstoffkosten:	3.000 €	(600 l à 5 €/l)
Löhne:	12.000 €	
Maschinenkosten:	4.000 €	
Gesamtkosten:	166.400 €	x_p = 2.000 Stck.

Herstellungskosten pro Stück: 83,20 € (166.400/2.000)

Bestandserhöhung Fertigerzeugnisse: 66.560 € (800 Stck. à 83,20 €/Stck.)

a) Buchungssätze nach dem **Gemeinschaftskontenrahmen**:

(1) Rohstoffkosten   an   Rohstoffe   125.000,-
    400/30   125.000,-

(2) Hilfsstoffkosten   an   Hilfsstoffe   22.400,-
    401/350   22.400,-

(3) Betriebsstoffkosten   an   Betriebsstoffe   3.000,-
    402/351   3.000,-

(4)	Löhne und Gehälter	an	Bank	12.000,-
	41/12			12.000,-
(5)	Mietkosten	an	Bank	4.000,-
	42/12			4.000,-
(6)	Bank	an	Umsatzerlöse	120.000,-
	12/80			120.000,-
(7)	fertige Erzeugnisse	an	Bestandsänderung fE	66.560,-
	71/89			66.560,-

(8)	GuV-Konto	166.400,-	an	Rohstoffkosten	125.000,-
			an	Hilfsstoffkosten	22.400,-
			an	Betriebsstoffkosten	3.000,-
			an	Löhne u. Gehälter	12.000,-
			an	Mietkosten	4.000,-
	919/400, 401,			166.400,-/125.000,-, 22.400,-	
	402, 41, 42			3.000,-, 12.000,-, 4.000,-	

(9)	Umsatzerlöse	120.000,-			
	Bestandsänderung fE	66.560,-	an	GuV-Konto	186.560,-
	80, 89/919			120.000,-,66.560,-/ 186.560,-	

Buchungssätze nach dem **Industriekontenrahmen**:

(1)	Aufwand Rohstoffe	an	Rohstoffe	125.000,-
	600/200			125.000,-
(2)	Aufwand Hilfsstoffe	an	Hilfsstoffe	22.400,-
	602/202			22.400,-
(3)	Aufwand Betriebsstoffe	an	Betriebsstoffe	3.000,-
	603/203			3.000,-
(4)	Löhne	an	Bank	12.000,-
	62/280			12.000,-
(5)	Mietaufwand	an	Bank	4.000,-
	67/280			4.000,-
(6)	Bank	an	Umsatzerlöse	120.000,-
	280/50			120.000,-
(7)	fertige Erzeugnisse	an	Bestandsänderung fE	66.560,-
	22/522			66.560,-

(8) GuV-Konto	166.400,-	an	Aufwand Rohstoffe	125.000,-
		an	Aufwand Hilfsstoffe	22.400,-
		an	Aufwand Betriebsstoffe	3.000,-
		an	Löhne	12.000,-
		an	Mietaufwand	4.000,-
802/600, 602, 603,			166.400,-/125.000,-, 22.400,-	
62, 67			3.000,-,12.000,-, 4.000,-	
(9) Umsatzerlöse	120.000,-	an	GuV-Konto	186.560,-
Bestandsänderung fE	66.560,-			
50, 522/802			120.000,-, 66.560,-/186.560,-	

b) Der Unterschied zwischen Ein- und Zweikreissystem besteht in der **unterschiedlichen Behandlung der Kostenrechnung**. Im Einkreissystem wird die Kostenrechnung mit in den Buchungsablauf der Finanzbuchhaltung integriert – im Zweikreissystem erhält sie einen gesonderten Rechnungskreis, der von der Finanzbuchhaltung vollkommen getrennt ist. Hierbei gilt:

- Gemeinschaftskontenrahmen: Einkreissystem,
- Industriekontenrahmen: Zweikreissystem.

Beim GuV-Konto zeigt sich der Unterschied der beiden Systeme bei der Bezeichnung des Wertverzehrs für die eingesetzten Produktionsfaktoren. Es gilt:

- Gemeinschaftskontenrahmen: Bezeichnung des Rohstoffverbrauchs als "Rohstoffkosten",
- Industriekontenrahmen: Bezeichnung des Rohstoffverbrauchs als "Aufwand Rohstoffe".

Die Verwendung des Begriffes "Kosten" zeigt die direkte Integration der Kostenrechnung in den Gemeinschaftskontenrahmen. Dagegen verwendet der Industriekontenrahmen den für die Finanzbuchhaltung üblichen Begriff "Aufwand".

Die Unterschiede zwischen den Kontenrahmen zeigen sich auch beim Aufbau des GuV-Kontos. Das Einkreissystem ermittelt (im vollständigen Buchungsablauf) zunächst den kostenrechnerischen Erfolg auf dem Konto "Betriebsergebnis". Nur dessen Saldo wird danach auf das GuV-Konto gebucht. Durch die Berücksichtigung des neutralen Ergebnisses gelangt man anschließend zum Gesamtergebnis des Geschäftsjahres.

Lösung zu Aufgabe 7 (EDV-Buchhaltung)

Richtig sind: 3), 4), 6). - Falsch sind: 1), 2), 5), 7).

Hinweise:

Zu 2: Die Eingabe kann auch elektronisch erfolgen, wie z.b. bei Scanner-Kassen.

Zu 3: Die eingegebenen Daten werden erst durch einen Bildschirm sichtbar gemacht.

Lösung zu Aufgabe 8 (EDV-Buchhaltung)

a) Die richtige Reihenfolge der Arbeitsschritte lautet:

1) Belege sammeln,

2) Belege vorkontieren,

3) Einschalten des PC,

4) Aufruf des Buchhaltungsprogramms,

5) Eingabe der Buchungssätze,

6) Sichern der Datei,

7) Rückkehr zum Hauptmenü.

b) Buchungssatz 1 lautet:

Aufw. für Kommunikation	1.000,-	an	Kasse	1.000,-
Vorsteuer	100,-			

Buchungssatz 2 lautet:

Zinsaufwand	5.000,-	an	Bank	5.500,-
Vorsteuer	500,-			

Buchungssatz 3 lautet:

Forderungen	10.000,-	an	Eigenkapital	11.000,-
Vorsteuer	1.000,-			

Buchungssatz 1 ist offensichtlich falsch, da die im Soll und Haben gebuchten Beträge nicht übereinstimmen. Derartige Eingaben werden vom Buchhaltungsprogramm im Allgemeinen nicht akzeptiert. Es wird nur die Eingabe von solchen Buchungssätzen zugelassen, bei denen die im Soll und Haben gebuchten Beträge übereinstimmen. Dagegen sind die Buchungssätze 2 und 3 formal richtig. Allerdings sind sie inhaltlich falsch. Auf Umsätze im Geld- und Kapitalverkehr ist im Regelfall keine Umsatzsteuer zu berechnen. Der Buchungssatz 3 ist offensichtlich unsinnig. Die gleichzeitige Buchung auf Forderungs- und Eigenkapitalkonto ist inhaltlich nicht interpretierbar.

Die **Buchungssätze 2 und 3** sind formal korrekt. Es ist derzeit nicht möglich, dass der Computer wie ein Bilanzbuchhalter eine selbständige inhaltliche Prüfung der zu verbuchenden Sachverhalte vornimmt, um sachlich falsche Buchungen zu erkennen. Allerdings können bei der Programmierung von Buchhaltungsprogrammen noch weitere Prüfungsabfragen erfolgen. Da die Verbindung der Konten "Zinsaufwand" und "Vorsteuer" im gleichen Buchungssatz nur selten vorkommt, kann das Programm für ungewöhnliche Kontenkombinationen eine Zusatzabfrage vorsehen. Dann muss der Bediener die Buchung speziell bestätigen.

Lösung zu Aufgabe 9 (Buchungen mit EDV)

1) Die Bildschirmmasken haben folgendes Aussehen:

Sollbuchung	
Konto: 602	Kontenbezeichnung: Aufw. für Hilfsstoffe
Betrag: 2.000 €	
Umsatzsteuerschlüssel: 0	
Weitere Buchungen im Soll: ja/**nein**	
Enter: Nächste Buchung Esc: Zurück zum Hauptmenü . . .	

Habenbuchung	
Konto: 202	Kontenbezeichnung: Hilfsstoffe
Betrag: 2.000 €	
Umsatzsteuerschlüssel: 0	
Weitere Buchungen im Haben: ja/**nein**	
Enter: Nächste Buchung Esc: Zurück zum Hauptmenü . . .	

Buchungstext: Einsatz von Hilfsstoffen in der Produktion
Beleg-Nr.: 001-2007
Belegdatum: 2.1.01
Enter: Nächste Buchung   Esc: Zurück zum Hauptmenü . . .

Die Umsatzsteuer ist nicht zu beachten, da es sich um einen Materialverbrauch und nicht um eine Materialbeschaffung handelt. Daher ist der USt-Schlüssel mit einer 0 einzugeben.

2) Die Bildschirmmasken haben folgendes Aussehen:

Sollbuchung

Konto: 44   Kontenbezeichnung: Lieferantenverb.

Betrag: 3.094 €

Umsatzsteuerschlüssel: 0

Weitere Buchungen im Soll: ja/**nein**

Enter: Nächste Buchung   Esc: Zurück zum Hauptmenü . . .

Habenbuchung

Konto: 200   Kontenbezeichnung: Rohstoffe

Betrag: 3.094 €

Umsatzsteuerschlüssel: **1**

Weitere Buchungen im Haben: ja/**nein**

Enter: Nächste Buchung   Esc: Zurück zum Hauptmenü . . .

Buchungstext: Rücksendung von Rohstoffen

Beleg-Nr.:   353-2007

Belegdatum: 31.5.01

Enter: Nächste Buchung   Esc: Zurück zum Hauptmenü . . .

Bei der Habenbuchung ist der USt-Schlüssel 1 einzugeben. Durch die Rücksendung der Rohstoffe muss eine Korrektur der Vorsteuer stattfinden. Die Vorsteuer ist nach unten zu korrigieren, so dass eine Buchung auf der Habenseite des Vorsteuerkontos erfolgt.

Lösung zu Aufgabe 10 (EDV-gestützte Abschreibung)

a) Abzufragen sind:
  - Nutzungsdauer,
  - Restbuchwert,
  - Abschreibungsmethode.

b) Die automatische Abschreibungsverrechnung ist bei Vermögensgegenständen zweckmäßig, die planmäßig abzuschreiben sind. Nur in diesem Fall kann bereits heute festgelegt werden, wie hoch die Abschreibungen in den nächsten Jahren sind - sofern keine

Gründe für eine außerplanmäßige Abschreibung eintreten. Damit ist die automatische Abschreibungsverrechnung für die Konten "Fuhrpark" und "Betriebs- und Geschäftsausstattung" zweckmäßig. Die auf den Konten "Wareneinkauf", "Forderungen" und "unbebaute Grundstücke" geführten Vermögensgegenstände unterliegen dagegen keiner planmäßigen Abschreibung. Hier sind eventuell nur außerplanmäßige Abschreibungen zu verrechnen, die aber nicht vorhersehbar sind. Für das Konto "Zinsaufwand" sind überhaupt keine Abschreibungen zu verrechnen, da auf diesem Konto kein Vermögensgegenstand geführt wird.

Lösung zu Aufgabe 11 (Unterteilung von Warenkonten)

a) **Buchungssätze:**

Verbuchung der Warenverkäufe:

(1) Kasse	1.320,-	an	Warenverkauf Herrenhosen	1.200,-
			Berechnete USt	120,-
(2) Kasse	1.122,-	an	Warenverkauf Herrenhemden	1.020,-
			Berechnete USt	102,-
(3) Kasse	660,-	an	Warenverkauf Damenhosen	600,-
			Berechnete USt	60,-
(4) Kasse	467,50	an	Warenverkauf Damenröcke	425,-
			Berechnete USt	42,50
(5) Kasse	178,20	an	Warenverkauf Damenblusen	162,-
			Berechnete USt	16,20

b) Verbuchung der Wareneinsätze:

(6) GuV-Konto	an	Wareneinkauf Herrenhosen	720,-
(7) GuV-Konto	an	Wareneinkauf Herrenhemden	480,-
(8) GuV-Konto	an	Wareneinkauf Damenhosen	360,-
(9) GuV-Konto	an	Wareneinkauf Damenröcke	275,-
(10) GuV-Konto	an	Wareneinkauf Damenblusen	78,-

Verbuchung der Salden der Warenverkaufskonten:

(11) Warenverkauf Herrenhosen	an	GuV-Konto	1.200,-
(12) Warenverkauf Herrenhemden	an	GuV-Konto	1.020,-
(13) Warenverkauf Damenhosen	an	GuV-Konto	600,-

(14) Warenverkauf Damenröcke	an	GuV-Konto	425,-
(15) Warenverkauf Damenblusen	an	GuV-Konto	162,-

Kontenmäßige Darstellung:

S	Wareneinkauf Herrenhosen		H
AB	1.500	(6)	720
		SBK	780
	1.500		1.500

S	Warenverkauf Herrenhosen		H
(11)	1.200	(1)	1.200
	1.200		1.200

S	Wareneinkauf Herrenhemden		H
AB	1.440	(7)	480
		SBK	960
	1.440		1.440

S	Warenverkauf Herrenhemden		H
(12)	1.020	(2)	1.020
	1.020		1.020

S	Wareneinkauf Damenhosen		H
AB	1.320	(8)	360
		SBK	960
	1.320		1.320

S	Warenverkauf Damenhosen		H
(13)	600	(3)	600
	600		600

S	Wareneinkauf Damenröcke		H
AB	660	(9)	275
		SBK	385
	660		660

S	Warenverkauf Damenröcke		H
(14)	425	(4)	425
	425		425

S	Wareneinkauf Damenblusen		H
AB	208	(10)	78
		SBK	130
	208		208

S	Warenverkauf Damenblusen		H
(15)	162	(5)	162
	162		162

S	GuV-Konto		H
Wareneinsatz Herrenhosen	720	Warenverkauf Herrenhosen	1.200
Wareneinsatz Herrenhemden	480	Warenverkauf Herrenhemden	1.020
Wareneinsatz Damenhosen	360	Warenverkauf Damenhosen	600
Wareneinsatz Damenröcke	275	Warenverkauf Damenröcke	425
Wareneinsatz Damenblusen	78	Warenverkauf Damenblusen	162
Rohgewinn	1.494		
	3.407		3.407

c) Schließt man die Konten "Damenhosen", "Damenröcke" und "Damenblusen" über das Konto "Damenbekleidung" ab, dann wird wie folgt vorgegangen: Auf das Konto

"Damenbekleidung" sind die Endbestände der Konten "Damenhosen", "Damenröcke" und "Damenblusen" zu buchen. Die Wareneinsätze werden auf ein spezielles Konto "Wareneinsatz Damenbekleidung" gebucht.

Verbuchung der Endbestände der Warenkonten Damenbekleidung:

(1)	Damenbekleidung	an	Wareneinkauf Damenhosen	960,-
(2)	Damenbekleidung	an	Wareneinkauf Damenröcke	385,-
(3)	Damenbekleidung	an	Wareneinkauf Damenblusen	130,-
(4)	SBK	an	Damenbekleidung	1.475,-

Verbuchung der Wareneinsätze der Damenbekleidung:

(5)	Wareneinsatz Damenbekleidung	an	Wareneinkauf Damenhosen	360,-
(6)	Wareneinsatz Damenbekleidung	an	Wareneinkauf Damenröcke	275,-
(7)	Wareneinsatz Damenbekleidung	an	Wareneinkauf Damenblusen	78,-
(8)	GuV-Konto	an	Wareneinsatz Damenbekleidung	713,-

Im Soll des GuV-Kontos erscheint dann ein Saldo in Höhe von 713 €. Fasst man den Wareneinsatz der Warengruppe Herrenbekleidung in gleicher Weise zusammen, dann könnte schließlich ein gesamter Wareneinsatz ermittelt und im GuV-Konto ausgewiesen werden. Üblicherweise wird der Wareneinsatz in der GuV-Rechnung in einer derartigen zusammengefassten Weise dargestellt.

Je stärker die Wareneinsätze bzw. die Warenverkäufe zusammengefasst werden, um so niedriger wird der Informationsgehalt der GuV-Rechnung. Es wird nicht mehr deutlich, welche Produktarten in welcher Weise zum unternehmerischen Erfolg beigetragen haben. Externe Bilanzleser erhalten also im Fall b) bessere Informationen als im Fall c), bei dem der Wareneinsatz der Damenbekleidung zusammengefasst wurde. Allerdings nimmt der Umfang der GuV-Rechnung im Fall b) deutlich zu – die Darstellung wird wesentlich umfangreicher.

d)   Die detaillierte Aufgliederung des gesamten Rohgewinns in Höhe von 1.494 € lässt erkennen, dass allein 1.020 € Rohgewinn (2.220 € - 1.200 €) durch die Warengruppe Herrenbekleidung zustande kommt. Die restlichen 474 € Rohgewinn werden durch die Warengruppe Damenbekleidung realisiert (1.187 € - 713 €). Es ist betriebswirtschaftlich sinnvoll, den Absatz der Waren zu erhöhen, bei deren Verkauf der höchste gesamte Rohgewinn entsteht. Die notwendigen Informationen lassen sich mit Hilfe der differenzierten Verbuchung des Warenverkehrs auf speziellen Warenkonten leicht ermitteln.

e) Der Vorteil der EDV-gestützten Buchhaltung besteht bei der Erfolgsanalyse darin, dass mit relativ niedrigem zeitlichen Aufwand die Erstellung von Zwischenabschlüssen möglich ist. Hierbei interessiert insbesondere das Zustandekommen des Erfolges durch die eigentliche betriebliche Tätigkeit, durch das Kerngeschäft (z.B. die Wareneinkäufe und Warenverkäufe im Handelsbetrieb). Die Ergebnisse können auf dem Bildschirm ausgewiesen oder ausgedruckt werden.

Dagegen müssten bei der konventionellen manuellen Buchhaltung zunächst die Konten im Hauptbuch gesucht und anschließend der Zwischenabschluss mühsam per Hand erstellt werden. Da dieses Verfahren eher umständlich ist, dürfte der Kaufmann kaum einen Anreiz verspüren, die auch in der konventionellen Buchhaltung enthaltenen Daten auszuwerten (obwohl sie grundsätzlich vorhanden sind!).

Lösung zu Aufgabe 12 (Erfolgsanalyse)

a)   Durchführung der Erfolgsanalyse:

S	Wareneinkauf Herrenräder	H		S	Warenverkauf Herrenräder	H
AB	8.250				10.02.	1.560
		10.02.	1.100	Saldo Waren-	15.02.	1.560
		15.02.	1.100	umsatz:	22.02.	3.120
		22.02.	2.200	6.240		
		EB	3.850			
	8.250		8.250		6.240	6.240

Rohgewinn Herren-
räder: 1.840 €

Der Rohgewinn ergibt sich als Saldo aus Warenverkäufen und Wareneinsätzen und beträgt 1.840 € für die Produktgruppe "Herrenräder".

S	Wareneinkauf Damenräder		H
AB	4.700		
		12.02.	470
		16.02.	940
		18.02.	470
		EB	2.820
	4.700		4.700

S	Warenverkauf Damenräder		H
		12.02.	637
Saldo Waren-		16.02.	1.300
umsatz:		18.02.	650
	2.587		
	2.587		2.587

Rohgewinn Damen-
räder: 707 €

Es ist festzustellen, dass die Warengruppe Herrenräder in einem höheren Maße zum unternehmerischen Erfolg des Unternehmens beiträgt. Die Ursache ist zum einen im höheren Rohgewinn pro Stück (Herrenrad: 230 €/Stck., Damenrad: 180 €/Stck.) zu sehen; zum anderen wird eine höhere Menge Herrenräder abgesetzt.

Die beschriebene Erfolgsanalyse lässt sich mit dem Computer sehr leicht durchführen, da der Computer auf Grund seiner hohen Arbeitsgeschwindigkeit die benötigten Salden sehr schnell berechnen kann. Das ist auch der Fall, wenn viele verschiedene Waren im Sortiment oder ein gesamter Zwischenabschluss ermittelt werden sollen.

b) Für die Liquiditätskontrolle zunächst wird die Entwicklung der liquiden Mittel (insbesondere Kasse und Bank) dargestellt:

Kassenbestand per 10.2.01:	1.580,-
1. Zugang Kasse: 10.2.01:	1.560,-
2. Zugang Kasse: 12.2.01:	637,-
3. Zugang Kasse: 16.2.01:	1.300,-
Bestand per 17.2.01:	5.077,-
Bankbestand per 10. 2.01:	640,-
Gesamtbestand liquider Mittel:	5.717,-

Da der Kaufmann selbst am 17.2.01 eine Rechnung in Höhe von 6.000 € bar begleichen muss, ergibt sich ein Liquiditätsengpass. Die gesamten liquiden Mittel am 17.2.01 reichen nicht aus, um den notwendigen Bedarf zu decken. Hierbei ist auch die Forderung aus dem Warenverkauf vom 15.2.01 ohne Bedeutung, da diese nicht kurzfristig in Bargeld umgewandelt werden kann. Es muss geprüft werden, welche Kreditmöglichkeiten vorhanden sind, um den Liquiditätsengpass zu überbrücken

Mit Hilfe der EDV lassen sich Liquiditätsengpässe zumindest ansatzweise aufdecken. Zu diesem Zweck werden bei den erhaltenen bzw. abgesendeten Rechnungen die vorhandenen Zahlungsziele in das Buchhaltungsprogramm mit eingegeben. Im Rahmen der Funktion "betriebswirtschaftliche Auswertungen" können dann tagesgenau die entsprechenden Zahlungen zur Liquiditätskontrolle gegenübergestellt werden, wobei davon ausgegangen wird, dass die Zahlungsziele auch eingehalten werden.

Nicht genau zu planen sind allerdings die Kassen- und Bankbestände, weil diese von zu vielen Unwägbarkeiten abhängen. Es kann nicht genau gesagt werden, zu welchem Zeitpunkt wie viele Waren abgesetzt werden und welche Zahlungseingänge hiermit verbunden sind. Die Liquiditätskontrolle unter Verwendung der Finanzbuchhaltungsdaten gibt somit nur erste Hinweise auf mögliche Liquiditätsprobleme.

Lösung zu Aufgabe 13 (DATEV-Buchhaltung)

Richtig sind: 1), 3), 4), 5), 6).

Falsch sind: 2), 7).

Lösungen der Abschlussklausuren

Lösung zur Abschlussklausur 1

Die Buchungssätze lauten:

1)	RAP passiv		an	Mietertrag	400,-
2)	Mietaufwand		an	Kasse	3.000,-
3a)	Forderungen	44.000,-	an	Warenverkauf	40.000,-
				Berechnete USt	4.000,-
3b)	Wareneinsatz		an	Wareneinkauf	26.000,-
4)	Betr.- u. Geschäfts-	5.000,-	an	Bank	5.500,-
	ausstattung				
	Vorsteuer	500,-			
5)	Bank		an	Forderungen	7.700,-
6)	Sonst. betr. Aufwand	400,-	an	Kasse	440,-
	Vorsteuer	40,-			
7)	Rückstellungen	3.000,-	an	Bank	2.750,-
	Vorsteuer	250,-		Sonst. betr. Ertrag	500,-
8)	Sonstige Forderungen		an	Kasse	500,-
9)	Lieferantenverb.		an	Schuldwechsel	15.000,-
10a)	Kasse	43.120,-	an	Forderungen	44.000,-
	Kundenskonto	800,-			
	Berechnete USt	80,-			
10b)	Warenverkauf		an	Kundenskonto	800,-
11)	Wareneinkauf	3.000,-	an	Lieferantenverb.	3.300,-
	Vorsteuer	300,-			
12)	Lieferantenverb.	1.100,-	an	Wareneinkauf	1.000,-
				Vorsteuer	100,-
13a)	L.u.G. Aufwand	4.000,-	an	Bank	2.700,-
				Sonstige Forderungen	500,-
				Noch abz. Abgaben	800,-
13b)	Sozialaufwand		an	Bank	1.200,-

Hinweis: Der Nettolohn des Buchhalters beträgt 2.000 € (4.000 € abzgl. Lohnsteuer 800 € und Arbeitnehmeranteil zur Sozialversicherung 1.200 €, der dem Arbeitgeberanteil entspricht). Ausgezahlt werden 1.500 €, da die Forderung zu verrechnen ist. Das

Bankkonto sinkt um 2.700 €, da zusätzlich zum ausgezahlten Lohn noch die Sozialversicherungsbeiträge an die entsprechenden Stellen zu überweisen (zum Monatsende).
Die Buchung 13b) betrifft den Arbeitgeberanteil zur Sozialversicherung.

14)	Schuldwechsel		an	Bank		15.000,-
15)	Noch abz. Abgaben		an	Bank		800,-
16)	Privatkonto		an	Bank		9.000,-
17)	Bank	1.650,-	an	Dubiose		1.500,-
	Berechnete USt	100,-		Sonst. betr. Ertrag		250,-
18)	Bank	4.400,-	an	Fuhrpark		5.000,-
	Sonst. betr. Aufwand	1.000,-		Berechnete USt		400,-
19a)	Dubiose		an	Forderungen		3.300,-
19b)	Abschr. auf Forderungen		an	Dubiose		900,-
20a)	Mietaufwand		an	Bank		6.000,-
20b)	RAP aktiv		an	Mietaufwand		3.000,-
21a)	Bank	6.600,-	an	Lieferantenboni		6.000,-
				Vorsteuer		600,-
21b)	Lieferantenboni		an	Wareneinkauf		6.000,-

Die Abschlussbuchungen lauten:

a)	Schlussbilanzkonto	an	Wareneinkauf		3.000,-
b)	Pauschalwertber. auf Ford.	an	Sonst. betr. Ertrag		300,-

Hinweis: Endbestand Forderungen: 33.000 € (30.000 € zzgl. 3.000 € USt)

PWB neu: 900 € (3% von 30.000 €)

PWB alt: 1.200 € - somit Auflösung 300 € (Statisches Verfahren).

c1)	Abschr. auf Sachanlagen	an	Wertber. auf Anlagen		5.000,-
c2)	Abschr. auf Sachanlagen	an	Betr.- u. Gesch.ausst.		3.000,-
d1)	USt-Verrechnung	an	Vorsteuer		390,-
d2)	Berechnete USt	an	USt-Verrechnung		4.220,-
d3)	USt-Verrechnung	an	Bank		3.830,-
e)	Versicherungsaufwand	an	Sonstige Verb.		1.000,-

Kontenmäßige Darstellung:

S	Grundst. u. Gebäude		H
AB	80.000	SBK	80.000
	80.000		80.000

S	Fuhrpark		H
AB	10.000	18)	5.000
		c1)	4.000
		SBK	1.000
	10.000		10.000

S	Wareneinkauf		H
AB	33.000	3b)	26.000
11)	3.000	12)	1.000
		21b)	6.000
		a)	3.000
	36.000		36.000

S	Betr.- u. Gesch.ausst.		H
AB	15.000	c2)	3.000
4)	5.000	SBK	17.000
	20.000		20.000

S	Forderungen		H
AB	44.000	5)	7.700
3a)	44.000	10a)	44.000
		19a)	3.300
		SBK	33.000
	88.000		88.000

S	Dubiose		H
AB	6.600	17)	1.500
19a)	3.300	19b)	900
		SBK	7.500
	9.900		9.900

S	Bank		H
AB	28.000	4)	5.500
5)	7.700	7)	2.750
17)	1.650	13a)	2.700
18b)	4.400	13b)	1.200
21a)	6.600	14)	15.000
		15)	800
		16)	9.000
		20a)	6.000
		d3)	3.830
		SBK	1.570
	48.350		48.350

S	Kasse		H
AB	5.000	2)	3.000
10a)	43.120	6)	440
		8)	500
		SBK	44.180
	48.120		48.120

S	RAP aktiv		H
20b)	3.000	SBK	3.000
	3.000		3.000

S	Sonstige Ford.		H
8)	500	13a)	500
	500		500

S	Eigenkapital		H
Privat	9.000	AB	82.000
GuV	7.850		
SBK	65.150		
	82.000		82.000

S	Darlehensverb.		H
SBK	70.000	AB	70.000
	70.000		70.000

S	Lieferantenverb.		H
9)	15.000	AB	65.000
12)	1.100	11)	3.300
SBK	52.200		
	68.300		68.300

S	Rückstellungen		H
7)	3.000	AB	3.000
	3.000		3.000

S	RAP passiv		H
AB	400	9)	400
	400		400

S	Sonstige Verb.		H
SBK	1.000	e)	1.000
	1.000		1.000

S	Schuldwechsel		H
14)	15.000	9)	15.000
	15.000		15.000

S	Privatkonto		H
16)	9.000	EK	9.000
	9.000		9.000

S	Noch abz. Abgaben		H
15)	800	13a)	800
	800		800

S	Vorsteuer		H
4)	500	12)	100
6)	40	21a)	600
7)	250	d1)	390
11)	300		
	1.090		1.090

S	Berechnete USt		H
10a)	80	3a)	4.000
17)	100	18b)	400
d2)	4.220		
	4.400		4.400

S	USt-Verrechnung		H
d1)	390	d2)	4.220
d3)	3.830		
	4.220		4.220

S	Pauschalwertberichtigung		H
b)	300	AB	1.200
SBK	900		
	1.200		1.200

S	Mietertrag		H
GuV	400	1)	400
	400		400

S	Mietaufwand		H
2)	3.000	20b)	3.000
20a)	6.000	GuV	6.000
	9.000		9.000

Hinweis: Nach dem Bruttoprinzip dürfen die Salden der Konten "Mietertrag" und "Mietaufwand" nicht miteinander verrechnet werden. Diese beiden Konten erscheinen auch im GuV-Konto bzw. in der GuV-Rechnung nebeneinander (und werden aus didaktischen Gründen direkt gegenübergestellt).

S	Warenverkauf		H
10b)	800	3a)	40.000
GuV	39.200		
	40.000		40.000

S	Wareneinsatz		H
3b)	26.000	GuV	26.000
	26.000		26.000

S	Sonst. betr. Aufwand		H
6)	400	GuV	1.400
18)	1.000		
	1.400		1.400

S	Sonst. betr. Ertrag		H
GuV	1.050	7)	500
		17)	250
		b)	300
	1.050		1.050

S	Kundenskonto		H
10a)	800	10b)	800
	800		800

S	L.u.G. Aufwand		H
13a)	4.000	GuV	4.000
	4.000		4.000

S	Lieferantenboni		H
21b)	6.000	21a)	6.000
	6.000		6.000

S	Versicherungsaufwand		H
e)	1.000	GuV	1.000
	1.000		1.000

S	Abschr. auf Forderungen		H
19b)	900	GuV	900
	900		900

S	Abschr. auf Sachanlagen		H
c1)	4.000	GuV	7.000
c2)	3.000		
	7.000		7.000

S	Sozialaufwand		H
13b)	1.200	GuV	1.200
	1.200		1.200

S		GuV-Konto		H
Wareneinsatz	26.000	Warenverkauf		39.200
Mietaufwand	6.000	Mietertrag		400
L.u.G. Aufwand	4.000	Sonst. betr. Ertrag		1.050
Sozialaufwand	1.200	Verlust		6.850
Sonst. betr. Aufwand	1.400			
Abschr. auf Forderungen	900			
Abschr. auf Sachanlagen	7.000			
Versicherungsaufwand	1.000			
	47.500			47.500

Erfolgsermittlung: Per Saldo ergibt sich ein Verlust von 6.850 €. Er berechnet sich als Differenz aus Erträgen und Aufwendungen.

Folge: Es findet eine Minderung des Eigenkapitalbestandes im Schlussbilanzkonto statt. Außerdem nimmt das Eigenkapital durch die Privatentnahme (Zahlung der Einkommensteuer) ab. Diese Zahlung hat aber keinen Einfluss auf die Höhe des Erfolges. Bei der erweiterten Distanzrechnung werden private Vorgänge für die Erfolgsermittlung wieder ausgeglichen, so dass sich derselbe Erfolg (Verlust) ergibt (66.150 € - 82.000 € + 9.000 € = -6.850 €)

S		SBK		H
Grundst. u. Gebäude	80.000	Eigenkapital		66.150
Fuhrpark	1.000	Darlehensverbindlichkeiten		70.000
Betr. u. Gesch.ausst.	17.000	Lieferantenverbindlichkeiten		52.200
Wareneinkauf	3.000	Sonstige Verbindlichkeiten		1.000
Forderungen	33.000	PWB auf Forderungen		900
Dubiose	7.500			
Bank	1.570			
Kasse	44.180			
RAP aktiv	3.000			
	190.250			190.250

Lösung zur Abschlussklausur 2

Die Buchungssätze lauten:

1)	Sonstige Verb.		an	Kasse	500,-
2)	Betriebsstoffe	1.500,-	an	Kasse	2.145,-
	Hilfsstoffe	450,-			
	Vorsteuer	195,-			
3)	Sonstige Verbindlichkeiten		an	Bank	3.500,-
4)	Rohstoffe	15.000,-	an	Lieferantenverb.	16.500,-
	Vorsteuer	1.500,-			
5a)	Aufwand Rohstoffe		an	Rohstoffe	25.000,-
5b)	Aufwand Betriebsstoffe		an	Betriebsstoffe	6.000,-
5c)	Aufwand Hilfsstoffe		an	Hilfsstoffe	2.500,-
6a)	Lieferantenverb.	16.500,-	an	Bank	16.005,-
				Lieferantenskonto	450,-
				Vorsteuer	45,-
6b)	Lieferantenskonto		an	Rohstoffe	450,-
7)	Fuhrpark		an	Privatkonto	8.000,-
8)	Bank	88.000,-	an	Umsatzerlöse	80.000,-
				Berechnete USt	8.000,-
9)	Gel. Anzahl.		an	Bank	6.000,-
10a)	Dubiose		an	Forderungen	11.000,-
10b)	Abschr. auf Ford.	10.000,-	an	Dubiose	11.000,-
	Berechnete USt	1.000,-			
11)	Sonst. betr. Aufwand		an	Rückstellungen	1.300,-
12)	Umsatzerlöse	12.500,-	an	Bank	13.750,-
	Berechnete USt	1.250,-			
13a)	Kundenboni	1.500,-	an	Bank	1.650,-
	Berechnete USt	150,-			
13b)	Umsatzerlöse		an	Kundenboni	1.500,-
14a)	Bank		an	Mieterträge	1.500,-
14b)	Mieterträge		an	RAP passiv	900,-

Die Abschlussbuchungen lauten:

a1)	SBK	an	fertige Erzeugnisse	58.500,-
a2)	fertige Erzeugnisse	an	Bestandsänderung fE	13.500,-
b1)	SBK	an	unfertige Erzeugnisse	1.080,-
b2)	Bestandsänderung uE	an	unfertige Erzeugnisse	1.620,-
c1)	Abschr. auf Sachanlagen	an	Maschinelle Anlagen	5.000,-
c2)	Abschr. auf Sachanlagen	an	Fuhrpark	10.000,-
c3)	Abschr. auf Sachanlagen	an	Betriebsausstattung	5.000,-
d)	Abschr. auf Forderungen	an	PWB	1.000,-
e)	Sonstige Forderungen	an	Zinserträge	1.200,-

Kontenmäßige Darstellung:

AKTIVKONTEN

S	Grundstücke und Gebäude		H
AB	120.000	SBK	120.000
	120.000		120.000

S	Maschinelle Anlagen		H
AB	30.000	c1)	5.000
		SBK	25.000
	30.000		30.000

S	Fuhrpark		H
AB	60.000	c2)	10.000
7)	8.000	SBK	58.000
	68.000		68.000

S	Betriebsausstattung		H
AB	20.000	c3)	5.000
		SBK	15.000
	20.000		20.000

S	Rohstoffe		H
AB	28.000	5a)	25.000
4)	15.000	6b)	450
		SBK	17.550
	43.000		43.000

S	Betriebsstoffe		H
AB	9.000	5b)	6.000
2)	1.500	SBK	4.500
	10.500		10.500

S	Hilfsstoffe		H
AB	3.000	5c)	2.500
2)	450	SBK	950
	3.450		3.450

S	fertige Erzeugnisse		H
AB	45.000	SBK	58.500
a2)	13.500		
	58.500		58.500

S	unfertige Erzeugnisse		H
AB	2.700	b2)	1.620
		SBK	1.080
	2.700		2.700

S	Forderungen		H
AB	33.000	10a)	11.000
		SBK	22.000
	33.000		33.000

S	Bank		H
AB	48.000	3)	3.500
8)	88.000	6a)	16.005
14a)	1.500	9)	6.000
		12)	13.750
		13a)	1.650
		SBK	96.595
	137.500		137.500

S	Kasse		H
AB	12.000	1)	500
		2)	2.145
		SBK	9.355
	12.000		12.000

S	Gel. Anzahl.		H
9)	6.000	SBK	6.000
	6.000		6.000

S	Dubiose		H
10a)	11.000	10b)	11.000
	11.000		11.000

S	Sonstige Ford.		H
e)	1.200	SBK	1.200
	1.200		1.200

PASSIVKONTEN

S	Eigenkapital		H
SBK	218.580	AB	196.700
		Privat	8.000
		GuV	13.880
	218.580		218.580

S	Darlehensverb.		H
SBK	180.000	AB	180.000
	180.000		180.000

S	Lieferantenverb.		H
6a)	16.500	AB	30.000
SBK	30.000	4)	16.500
	46.500		46.500

S	Sonstige Verb.		H
1)	500	AB	4.000
3)	3.500	Ber. USt	3.950
SBK	3.950		
	7.950		7.950

S	Privatkonto		H
EK	8.000	7)	8.000
	8.000		8.000

S	Rückstellungen		H
SBK	1.300	11)	1.300
	1.300		1.300

S	RAP passiv		H		S	Pauschalwertberichtigung		H
SBK	900	14b)	900		SBK	1.000	d)	1.000
	900		900			1.000		1.000

UST-KONTEN

S	Vorsteuer		H		S	Berechnete USt		H
2)	195	6a)	45		10b)	1.000	8)	8.000
4)	1.500	Ber. USt	1.650		12)	1.250		
	1.695		1.695		13a)	150		
					VSt	1.650		
					Sonstige Verb.	3.950		
						8.000		8.000

ERFOLGSKONTEN

S	Aufwand Rohstoffe		H		S	Aufwand Betriebsstoffe		H
5a)	25.000	GuV	25.000		5b)	6.000	GuV	6.000
	25.000		25.000			6.000		6.000

S	Aufwand Hilfsstoffe		H		S	Lieferantenskonto		H
5c)	2.500	GuV	2.500		6b)	450	6a)	450
	2.500		2.500			450		450

S	Umsatzerlöse		H		S	Abschr. auf Forderungen		H
12)	12.500	8)	80.000		10b)	10.000	GuV	11.000
13b)	1.500				d)	1.000		
GuV	66.000					11.000		11.000
	80.000		80.000					

S	Sonst. betr. Aufwand		H		S	Kundenboni		H
11)	1.300	GuV	1.300		13a)	1.500	13b)	1.500
	1.300		1.300			1.500		1.500

S	Mieterträge		H
14b)	900	14a)	1.500
GuV	600		
	1.500		1.500

S	Bestandsänderung fE		H
GuV	13.500	a2)	13.500
	13.500		13.500

S	Bestandsänderung uE		H
b2)	1.620	GuV	1.620
	1.620		1.620

S	Abschr. auf Sachanlagen		H
c1)	5.000	GuV	20.000
c2)	10.000		
c3)	5.000		
	20.000		20.000

S	Zinserträge		H
GuV	1.200	e)	1.200
	1.200		1.200

ABSCHLUSSKONTEN

S	GuV-Konto		H
Aufwand Rohstoffe	25.000	Umsatzerlöse	66.000
Aufwand Betriebsstoffe	6.000	Bestandsänderung fE	13.500
Aufwand Hilfsstoffe	2.500	Mieterträge	600
Abschr. auf Ford.	11.000	Zinserträge	1.200
Sonst. betr. Aufwand	1.300		
Bestandsänderung uE	1.620		
Abschr. auf Sachanlagen	20.000		
Gewinn	13.880		
	81.300		81.300

Erfolgsermittlung: Im GuV-Konto entsteht ein Gewinn von 13.880 € als Saldo aus Erträgen und Aufwendungen. Hierdurch steigt der Wert des Eigenkapitals um 21.880 € (13.880 € + 8.000 €), da noch eine private Einlage von 8.000 € erfolgte. Bei der Erfolgsermittlung mittels erweiterter Distanzrechnung sind Privateinlagen wieder abzuziehen, so dass sich Privatvorgänge nicht auf die Höhe des Erfolges auswirken.

LÖSUNGEN

S		SBK		H
Grundst. u. Gebäude	120.000	Eigenkapital		218.580
Maschinelle Anlagen	25.000	Rückstellungen		1.300
Fuhrpark	58.000	Darlehensverbindlichkeiten		180.000
Betriebsausstattung	15.000	Lieferantenverbindlichkeiten		30.000
Rohstoffe	17.550	Sonstige Verbindlichkeiten		3.950
Betriebsstoffe	4.500	Pauschalwertberichtigung		1.000
Hilfsstoffe	950	RAP passiv		900
fertige Erzeugnisse	58.500			
unfertige Erzeugnisse	1.080			
Forderungen	22.000			
Sonstige Forderungen	1.200			
Geleistete Anzahlungen	6.000			
Bank	96.595			
Kasse	9.355			
	435.730			435.730

Hinweis: Bei dieser Klausur wird deutlich, dass die aus dem Handelsbetrieb bekannten Buchungssätze bei der Verbuchung von Boni und Skonti grundsätzlich auch für den Industriebetrieb gelten. Hinsichtlich des Kontenabschlusses muss allerdings im Einzelnen überprüft werden, für welchen Werkstoff (Roh-, Hilfs- oder Betriebsstoff) wir z.B. einen Skontoabzug erhalten haben, da dessen Anschaffungskosten entsprechend zu vermindern sind.

Literaturverzeichnis

Teil A: Ausgewählte Literatur zur Buchhaltung

Bähr, G./Fischer-Winkelmann, W.F./List, S.: Buchführung und Jahresabschluss, 9. Aufl., Wiesbaden 2006.

Bechtel, W./Brink, A.: Einführung in die moderne Finanzbuchführung, 10. Aufl., München, Wien 2010.

Bieg, H.: Buchführung, 6. Aufl., Herne, Berlin 2010.

Bornhofen, M./Bornhofen, M.C.: Buchführung 1 – DATEV-Kontenrahmen 2010, 22. Aufl., Wiesbaden 2010.

Buchner, R.: Buchführung und Jahresabschluss, 7. Aufl., München 2005.

Bussiek, J./Ehrmann, H.: Buchführung, 9. Aufl., Ludwigshafen 2010.

Eisele, W./Knobloch, A.P.: Technik des betrieblichen Rechnungswesens: Buchführung-Kostenrechnung-Sonderbilanzen, 8. Aufl., München 2011.

Engelhardt, W./Raffée, H./Wischermann, B.: Grundzüge der doppelten Buchhaltung, 8. Aufl., Wiesbaden 2010.

Falterbaum, H./Bolk, W./Reiß, W./Eberhart, R.: Buchführung und Bilanz, 21. Aufl., Achim 2010.

Gabele, E./Mayer, H.: Buchführung. Übungsaufgaben mit Lösungen, 8. Aufl., München, Wien 2003.

Hahn, H./Wilkens, K.: Buchhaltung und Bilanz. Teil A: Grundlagen der Buchhaltung, 7. Aufl., München, Wien 2007.

Heinhold, M.: Buchführung in Fallbeispielen, 12. Aufl., Stuttgart 2012.

Horschitz, H./Groß, W./Weidner, W./Fanck, B.: Bilanzsteuerrecht und Buchführung, 12. Aufl., Stuttgart 2010.

Schöttler, J./Spulak, R.: Technik des betrieblichen Rechnungswesens, 10. Aufl., München, Wien 2010.

Schöttler, J./Spulak, R./Baur, W.: Übungsbuch mit ausführlichen Lösungen zu Technik des betrieblichen Rechnungswesens, 10. Aufl., München, Wien 2010.

Wedell, H./Dilling, A.A.: Grundlagen des Rechnungswesens: Buchführung und Jahresabschluss, Kosten- und Leistungsrechnung, 13. Aufl., Herne, Berlin 2010.

Wöhe, G./Kußmaul, H.: Grundzüge der Buchführung und Bilanztechnik, 8. Aufl., München 2012.

Teil B: Ausgewählte Literatur zur Bilanzierung

Adler, H./Düring, W./Schmaltz, K.: Rechnungslegung und Prüfung der Unternehmen, 6. Aufl., Stuttgart 1994 (mit späteren Ergänzungslieferungen).

Baetge, J./Kirsch, H.-J./Thiele, S.: Bilanzen, 11. Aufl., Düsseldorf 2011.

Bieg, H./Kußmaul, H./Waschbusch, G.: Externes Rechnungswesen, 6. Aufl., München, Wien 2012.

Bitz, M./Schneeloch, D./Wittstock, W.: Der Jahresabschluss, 5. Aufl., München 2011.

Buchholz, R.: Grundzüge des Jahresabschlusses nach HGB und IFRS, 7. Aufl., München 2011.

Coenenberg, A.G./Haller, A./Schultze, W.: Jahresabschluss und Jahresabschlussanalyse, 22. Aufl., Stuttgart 2012.

Ditges, J./Arndt, U.: Bilanzen, 13. Aufl., Ludwigshafen 2010.

Federmann, R.: Bilanzierung nach Handelsrecht, Steuerrecht und IAS/IFRS, 12. Aufl., Berlin 2010.

Heinhold, M.: Der Jahresabschluß, 4. Aufl., München, Wien 1996.

Hahn, H./Wilkens, K.: Buchhaltung und Bilanz. Teil B: Bilanzierung, 2. Aufl., München, Wien 2000.

Heno, R.: Jahresabschluss nach Handelsrecht, Steuerrecht und internationalen Standards, 7. Aufl., Heidelberg 2011.

Krag, J./Mölls, S.: Rechnungslegung, handels- und steuerrechtliche Grundlagen, 2. Aufl., München 2012.

Küting, K./Weber, C.P.: Handbuch der Rechnungslegung, 5. Aufl., Stuttgart 2003 (mit späteren Ergänzungslieferungen).

Meyer, C.: Bilanzierung nach Handels- und Steuerrecht, 23. Aufl., Herne, Berlin 2012.

Ruhnke, K./Simons, D.: Rechnungslegung nach IFRS und HGB, 3. Aufl., Stuttgart 2012.

Schildbach, T.: Der handelsrechtliche Jahresabschluß, 9. Aufl., Herne, Berlin 2009.

Weber, H.K./Rogler, S.: Betriebswirtschaftliches Rechnungswesen, Bd. 1: Bilanz sowie Gewinn- und Verlustrechnung, 5. Aufl., München 2004.

Wöhe, G.: Bilanzierung und Bilanzpolitik, 9. Aufl., München 1997.

Teil C: Ausgewählte Literatur zur internationalen Rechnungslegung

Buchholz, R.: Internationale Rechnungslegung. Die Vorschriften nach IFRS und HGB im Vergleich, mit über 150 Aufgaben und Lösungen, 10. Aufl., Berlin 2012.

Grünberger, D.: IFRS 2012, 10. Aufl., Herne, Berlin 2011.

Hayn, S./Waldersee, G.G.: IFRS/HGB/HGB-BilMoG im Vergleich, 7. Aufl., Stuttgart 2008.

Kirsch, H.: Einführung in die internationale Rechnungslegung nach IFRS, 8. Aufl., Herne, Berlin 2012.

Pellens, B/Fülbier, R.U./Gassen, J./Sellhorn, T.: Internationale Rechnungslegung, 8. Aufl., Stuttgart 2011.

Wagenhofer, A.: Internationale Rechnungslegungsstandards – IAS/IFRS, 6. Aufl., Frankfurt, Wien 2009.

Stichwortverzeichnis

- ANHANG -

Klasse 0	Klasse 1	Klasse 2	Klasse 3	Klasse 4	Klasse 5/6	Klasse 7	Klasse 8	Klasse 9
Anlagevermögen und langfristiges Kapital	Umlaufvermögen und kurzfristige Verbindlichkeiten	Neutrale Aufwendungen und Erträge	Material- und Warenbestände	Kostenarten	Freigehalten für Kostenstellenrechnung	Bestände an fertigen/unfertigen Erzeugnissen	Erlöse und andere betriebliche Erträge	Abschlußkonten
00 Grundstücke und Gebäude	10 Kasse	20 Bilanzmäßige Abschreibungen	30 Einkauf Waren/Rohstoffe	40 Stoffkosten		70 Unfertige Erzeugnisse	80-84 Erlöse	90 Bilanzkonto
01 Technische Anlagen und Maschinen	11 Postgiro	21 Haus- und Grundstücksaufwendungen	35 Hilfs- und Betriebsstoffe	400 Rohstoffkosten		71 Fertige Erzeugnisse	85 Erlösschmälerungen, sonstige Umsatzerlöse	91 Ergebniskonten
02 Kraftfahrzeuge und Transportmittel	12 Bank/Sparkasse	22 Zinsaufwendungen und Zinserträge	350 Hilfsstoffe	401 Hilfsstoffkosten			86 Sonstige Erlöse	919 Gewinn- und Verlustkonto
03 Betriebs- und Geschäftsausstattung	13 Wertpapiere des Umlaufvermögens (einschl. Besitzwechsel)	23 Steuern	351 Betriebsstoffe	402 Betriebsstoffkosten			87 Eigenverbrauch	92 Gewinnvortrag
04 Im Bau befindliche Anlagen	14 Forderungen	24 Erträge und Aufwendungen aus Verlustübernahme, Gewinnabführung, Gewinngemeinschaften und Gewinnabführungsverträgen	36 Lieferantennachlässe	41 Löhne und Gehälter			88 Aktivierte Eigenleistungen	93 Einstellung in Rücklagen
05 Immaterielle Vermögensgegenstände	15 Andere kurzfristige Forderungen, Sonstige Vermögensgegenstände	25 Sonstige betriebliche Aufwendungen	37 Bezogene Leistungen	42 Raumkosten, Kosten der Betriebs- und Geschäftsausstattung			89 Bestandsänderungen an Erzeugnissen	94 Entnahmen aus Rücklagen
06 Finanzanlagen	16 Verbindlichkeiten aus Lieferungen und Leistungen	26 Außerordentliche Aufwendungen und Erträge	38 Geleistete Anzahlungen auf Vorräte	43 Steuern, Beiträge, öff. Abgaben, Versicherungsprämien				95 Verwendung des Bilanzergebnisses
07 Langfristige Verbindlichkeiten, langfristig erhaltene Anzahlungen	17 Schuldwechsel	27 Außerplanmäßige Ab- und Zuschreibungen	39 Bestände	44 Fahrzeugkosten				
08 Eigenkapital	18 Sonstige kurzfristige Verbindlichkeiten	28 Betriebsfremde Aufwendungen und Erträge		45 Werbekosten				
09 Rückstellungen, Rechnungsabgrenzungsposten	19 Privatkonten	29 Verrechnete kalkulatorische Kosten		46 Reise- und Vertreterkosten				
				47 Allgemeine Verwaltungskosten				
				48 Sonstige Kosten				
				49 Kalkulatorische Kosten				

Gemeinschaftskontenrahmen der Industrie (Die eingerückten Kontonummern gehen über die zweistellige Gliederung hinaus und werden im Text verwendet)

Klasse 0 Immaterielle Vermögensgegenstände und Sachanlagen	Klasse 1 Finanzanlagen	Klasse 2 Umlaufvermögen und aktive Rechnungsabgrenzung	Klasse 3 Eigenkapital und Rückstellungen	Klasse 4 Verbindlichkeiten und passive Rechnungsabgrenzung	Klasse 5 Erträge	Klasse 6 Betriebliche Aufwendungen	Klasse 7 Weitere Aufwendungen	Klasse 8 Ergebnisrechnung	Klasse 9 – Frei für Kostenrechnung
00 Ausstehende Einlagen	10 Frei	20 Roh-, Hilfs- und Betriebsstoffe	30 Eigenkapital / Gezeichnetes Kapital	40 Frei	50 Umsatzerlöse für eigene Erzeugnisse und andere eigene Leistungen	60 Aufwendungen für Roh-, Hilfs- und Betriebsstoffe	70 Betriebliche Steuern	80 Eröffnung/ Abschluß	
01 Frei	11 Frei	200 Rohstoffe	31 Kapitalrücklagen	41 Anleihen		600 Aufwendungen für Rohstoffe	71 Frei	800 Eröffnungsbilanzkonto	
02 Konzessionen, gewerbliche Schutzrechte und ähnliche Rechte	12 Frei	202 Hilfsstoffe	32 Gewinnrücklagen	42 Verbindlichkeiten gegenüber Kreditinstituten		602 Aufwendungen für Hilfsstoffe	72 Frei	801 Schlußbilanzkonto	
03 Geschäfts- oder Firmenwert	13 Beteiligungen	203 Betriebsstoffe	33 Ergebnisverwendung	420 Kurzfristige Bankverbindlichkeiten	51 Umsatzerlöse für Waren und sonstige Umsatzerlöse	603 Aufwendungen für Betriebsstoffe	73 Frei	802 GuV-Konto nach Gesamtkostenverfahren	
04 Frei	14 Frei	21 Unfertige Erzeugnisse, unfertige Leistungen	34 Jahresüberschuß/ Jahresfehlbetrag	425 Langfristige Bankverbindlichkeiten	52 Erhöhung oder Verminderung des Bestandes an unfertigen und fertigen Erzeugnissen	61 Aufwendungen für bezogene Leistungen	74 Abschreibungen auf Finanzanlagen und Wertpapiere des Umlaufvermögens	803 GuV-Konto nach Umsatzkostenverfahren	
05 Grundstücke und grundstücksgleiche Rechte	15 Wertpapiere des Anlagevermögens (einschließlich Besitzwechsel)	22 Fertige Erzeugnisse und Waren	35 Sonderposten mit Rücklageanteil	43 Erhaltene Anzahlungen auf Bestellungen	521 Bestandsveränderungen unfertiger Erzeugnisse	62 Löhne			
06 Frei	16 Sonstige Finanzanlagen	23 Geleistete Anzahlungen auf Vorräte	36 Wertberichtigungen	44 Verbindlichkeiten aus Lieferungen und Leistungen		63 Gehälter	75 Zinsen und ähnliche Aufwendungen		
07 Technische Anlagen und Maschinen	17 Frei	24 Forderungen aus Lieferungen und Leistungen	361 Auf Sachanlagen	45 Wechselverbindlichkeiten	522 Bestandsveränderung fertiger Erzeugnisse	64 Soziale Abgaben und Aufwendungen für die Altersversorgung	76 Außerordentliche Aufwendungen		
08 Andere Anlagen, Betriebs- und Geschäftsausstattung	18 Frei	25 Frei	368 Pauschalwertberichtigung zu Forderungen	46 Frei	53 Andere aktivierte Eigenleistungen	640 AG-Anteil zur Sozialvers. (Lohnbereich)			
09 Geleistete Anzahlungen und Anlagen im Bau	19 Frei	26 Sonstige Vermögensgegenstände	37 Rückstellungen für Pensionen	47 Frei	54 Sonstige betriebliche Erträge	641 AG-Anteil zur Sozialvers. (Gehaltsbereich)	77 Steuern vom Einkommen und Ertrag		
		27 Wertpapiere des Umlaufvermögens	38 Steuerrückstellungen	48 Sonstige Verb.	55 Erträge aus Beteiligungen	65 Abschreibungen	78 Frei		
		28 Flüssige Mittel	39 Sonstige Rückstellungen	480 Umsatzsteuer	56 Erträge aus anderen Wertpapieren und Ausleihungen des Finanzanlagevermögens	66 Sonstige Personalaufwendungen	79 Frei		
		280 Bank	393 Für ungewisse Verbindlichkeiten	484 Verbindlichkeiten gegenüber Sozialversicherungsträgern		67 Aufwendungen für Rechtsnutzungen			
		288 Kasse		489 Übrige sonstige Verbindlichkeiten	57 Sonstige Zinsen und ähnliche Erträge	68 Aufwendungen für Kommunikation		88 Kurzfristige Erfolgsrechnung	
		29 Aktive Rechnungsabgrenzung			58 Außerordentliche Erträge	69 Aufwendungen für Beiträge			
					59 Frei				

Industriekontenrahmen – Gekürzte Fassung für Aus- und Weiterbildung

Hinweise:

1. Der **Gemeinschaftskontenrahmen der Industrie** ist der ältere der beiden Kontenrahmen und wird in der Praxis immer mehr vom Industriekontenrahmen abgelöst. Daher erfolgt kaum noch eine Anpassung an Rechtsänderungen, wie z.B. das Bilanzrechtsmodernisierungsgesetz vom 29.5.2009, das zu umfangreichen Änderungen in der handelsrechtlichen Bilanzierung geführt hat.

2. Der **Industriekontenrahmen** wird noch weiter aktualisiert. Im Internet finden sich z.b. modernere Versionen, die aber über die Bedürfnisse des vorliegenden Lehrbuchs hinausgehen. Unser Ziel besteht im 9. Kapitel darin, die Buchungstechnik mit Hilfe von Kontennummern systematisch darzustellen. Wenn der Leser diese Buchungstechnik verstanden hat, kann er die erworbenen Kenntnisse auch auf neue Sachverhalte übertragen.

Wörterbuch (Deutsch – Englisch/IFRS)

Abgang	Decrease
Abschreibungsaufwand (immaterielle Vermögenswerte)	Amortisation Expense
Abschreibungsaufwand (Sachanlagen)	Depreciation Expense
Abschreibungsmethode	Depreciation method
Aktivkonto	Asset Account
Aktivseite	Asset side
Aktiver Rechnungsabgrenzungsposten	Prepaid Expenses
Anlagevermögen	Non Current Assets
Ansatz (von Vermögenswerten)	Recognition (of Assets)
Anschaffungskosten	Purchase Costs
Aufstellung (der Bilanz)	Preparation (of the Balance Sheet)
Aufwand	Expense
Aufwandskonto	Expense Account
Außerplanmäßige Abschreibungen	Impairment Loss
Bank (Bargeld)	Cash
Beizulegender Zeitwert	Fair Value
Bestandsänderung	Changes in Inventories
Bestandsänderung fertiger Erzeugnisse	Changes in Inventories of Finished goods
Bestandsänderung unfertiger Erzeugnisse	Changes in Inventories of Work in Progress
Betriebsergebnis	Operating Profit/Loss
Betriebsausstattung	Furniture and Fixtures
Bewertung	Measurement
Bilanz	Statement of Financial Position oder Balance Sheet
Bilanzgliederung	Classification of the Balance Sheet
Bilanzstichtag	End of the Reporting period
Bilanzsumme	Balance Sheet Total
Buchen	To post
Buchung (von Geschäftsvorfällen)	Posting (of Transactions)
Buchführung	Accounting
Büroausstattung	Office Equipment

Eigenkapital	Equity
Eröffnungsbilanz	Opening balance
Erträge	Revenue
Ertragskonto	Revenue Account
Ertragsteueraufwand	Income Tax Expense
Fair Value Rücklage	Fair Value-Surplus
Fertigerzeugnisse	Finished goods
Finanzanlagen	Non Current Financial Assets
Finanzierungsaufwendungen	Finance Expense
Finanzergebnis	Financial Performance
Finanzerträge	Finance Income
Finanzielle Vermögenswerte	Financial Assets
Forderungen aus Lieferungen und Leistungen	Trade Receivables
Fuhrpark	Motor Vehicles
Geometrisch-degressive Abschreibungsmethode	Diminishing balance Method
Gesamtkostenverfahren	Nature of Expense Method
Geschäftsvorfall	Transaction
Geschäftsjahr	Accounting period/Reporting Period
Gewinn	Profit
Gewinn- und Verlustkonto	Income Summary
Gewinn- und Verlustrechnung	Statement of Profit or Loss
Gewinnrücklage	Revenue Reserve
Gezeichnetes Kapital	Issued Capital
Gläubiger (Habenbuchung)	Creditor
Grundbuch	Journal
Grundstück	Land and buildings
Habenseite	Credit side
Hauptbuch	Ledger
Herstellungskosten	Cost of Conversion
Immaterielle Vermögenswerte	Intangible Assets
Im Haben buchen	To credit
Im Soll buchen	To debit
Jahresabschluss	Financial Statement

Kapital und Rücklagen	Capital and Reserves
Konto	Account
Kontoform	Account form
Kurzfristig	Current
Kurzfristige finanzielle Vermögenswerte	Current Financial Assets
Kurzfristige Schulden	Current Liabilities
Langfristig	Non Current
Langfristige Schulden	Non Current Liabilities
Lineare Abschreibungsmethode	Straight-line method
Liquide Mittel	Cash
Maschinen	Machinery
Materialaufwand	Raw Materials and Consumables used
Nutzungsdauer	Useful life
Passivkonto	Liability Account
Passiver Rechnungsabgrenzungsposten	Deferred Income
Passivseite	Equity and Liabilities side
Personalaufwand	Employee benefits Expense
Planmäßige Abschreibung (immaterielle Vermögenswerte)	Amortisation
Planmäßige Abschreibung (Sachanlagen)	Depreciation
Posten	Item
Rechte	Copyrights
Roh-, Hilfs- und Betriebsstoffe	Raw Materials or Supplies
Rücklagen	Reserves
Rückstellungen	Provisions
Sachanlagen	Property, Plant and Equipment
Schlussbilanzkonto	Balance Sheet Account
Schulden	Liabilities
Schuldner (Sollbuchung)	Debtor
Sollseite	Debit side
Sonstige Aufwendungen	Other Expenses
Sonstige Erträge	Other Income
Sonstige Forderungen	Other Receivables
Sonstige Verbindlichkeiten	Other payables
Staffelform	Report form

Steuern	Taxes
Steueraufwand	Tax Expense
T-Konto	T-Account
Umlaufvermögen	Current Assets
Umsatzerlöse	Revenue
Umsatzkostenverfahren	Cost of Sales Method
Unfertige Erzeugnisse	Work in Progress
Verbindlichkeiten	Financial Liabilities
Verbindlichkeiten aus LuL	Trade payables
Verlust	Loss
Vermögenswert	Asset
Vorräte	Inventories
Waren	Merchandises
Wareneinsatz	Merchandises used
Wertpapiere	Securities
Wertpapiere des Umlaufvermögens	Current Financial Assets
Zugang	Increase
Zu Handelszwecken gehaltene finanzielle Vermögenswerte	Financial Assets held for Trading
Zur Veräußerung verfügbare finanzielle Vermögenswerte	Available-for-Sale Financial Assets
Zuschreibung	Write-up

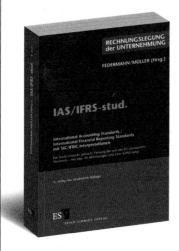